国家社科基金
后期资助项目

电视场对学术场的介越研究

A Research on Arrogation of Television Field to Academic Field

陈红梅 著

上海交通大学出版社
SHANGHAI JIAO TONG UNIVERSITY PRESS

内容提要

　　本书从场域理论出发,对专家学者走上电视这一社会现象进行分析。对电视场介入(越入、越界)学术场的方式、动机、路径,以及对专家学者带来的利弊影响作了具体研究,进而对作为知识分子的学者身份如何突围进行了探讨。可作为新闻传播学及文化传播领域研究人员的参考用书。

图书在版编目(CIP)数据

电视场对学术场的介越研究／陈红梅著. —上海:
上海交通大学出版社,2018
ISBN 978－7－313－19613－2

Ⅰ.①电… Ⅱ.①陈… Ⅲ.①学术—传播媒介—研究
—中国 Ⅳ.①G219.2

中国版本图书馆 CIP 数据核字(2018)第 146945 号

电视场对学术场的介越研究

著　　者:陈红梅			
出版发行:上海交通大学出版社		地　　址:上海市番禺路 951 号
邮政编码:200030		电　　话:021－64071208
出版人:谈　毅			
印　　制:上海景条印刷有限公司		经　　销:全国新华书店
开　　本:710 mm×1000 mm　1/16		印　　张:22.5
字　　数:390 千字			
版　　次:2018 年 8 月第 1 版		印　　次:2018 年 8 月第 1 次印刷
书　　号:ISBN 978－7－313－19613－2/G			
定　　价:88.00 元			

前言 | Foreword

　　20 世纪末的最后几年,知识分子介入电视这一现象开始引起人们的关注,21 世纪初随着《百家讲坛》栏目造星运动的成功,关于知识分子与电视关系的探讨在学术界也便如火如荼地展开,由此,"电视知识分子"作为知识分子群体中的一个新类型正式进入大众及学者的视野,支持者及反对者各自有之。

　　本书以皮埃尔·布尔迪厄的场域理论为研究视角,以华中科技大学、江苏师范大学两所高校、湖北电视台所有频道,以及《百家讲坛》栏目为研究基点,在布尔迪厄"电视场"的基础上,提出了"学术场"的概念,认为这两者是完全不同的场域,本有着各自不同的场域特征、行为惯习及资本形式。然而在大众文化时代,电视场却在不断向学术场靠近和介越,这种碰撞使学术场发生了一些变化,一些原本安于学术研究的知识分子开始走上电视。这些知识分子之所以与电视"合谋",目的在于用学术资本换取社会资本和经济资本,这些是其在学术场域内难以获得的。电视场对学术场的介越(越入、越界),使一部分知识分子的传统人格发生部分改变,促使其社会角色的分流,并改变了知识分子获取象征资本的渠道。电视场介越学术场的路径主要包括:对场内不自主知识分子的寻找、对学术资本的借用、对"符号暴力"的巧妙使用及对电视学者的明星化打造等。电视场的介越行为主要体现在对学术场的总体影响和对学者的个人影响两个方面,就对学术场而言,它部分改变学术场内原有的评价标准、内部秩序和惯习学术语态;就对学者个人而言,它使部分学者转变原来的理论思维模式而成为"快思手",使他们按"固定的思维"迎合受众,从而影响了学者最宝贵的自主性。这种介越行为的本质是:学术文化与时尚传媒的联姻、电视的商业逻辑与学术的文化逻辑的博弈,以及精英文化向大众文化的妥协。它使知识分子群体在现实生活中遇到一定困惑,即明星学者身份定位的尴尬、冷坐书斋与走上媒体的困惑,以及知识分子电视化生存所形成的相关悖论等。

　　经过以上的分析,本书认为,在大众文化时代,部分知识分子走上电视是时代所趋,这也符合布尔迪厄本人对知识分子与电视关系的思考。知识分子可以以文化普及型角色、专业服务型角色和理性批判型角色实现其电视化生存,以便在新时代更好地发挥其社会作用。

目录 | Contents

第一章 绪 论

第一节 研究动因及意义

一、研究动因

（一）"电视学术明星"现象的潮起潮落

回顾改革开放三十多年来发生的文化事件，无论从哪个角度审视，《百家讲坛》都算得上是一个热门话题。它创立于 2001 年，在 2006 年火爆一时，不但培养了一批如易中天、于丹、王立群那样的"学术明星"，也开创了中国学术大众化的先河，由此衍生出的既有"女孔子"的赞誉，又有被"掌掴"的耻辱。然而，巅峰之后的《百家讲坛》被挤出央视收视率的前 10 名，甚至到 2008 年末悲壮地进入"休克"状态。①

"文化讲坛"类电视节目的雏形其实要追溯到 1999 年 7 月 11 日湖南经济电视台推出的别具特色的余秋雨的电视演讲《走向 21 世纪的中国文化》，从而开启了"文化讲坛"类电视节目的先河。继而，湖南卫视于 1999 年 10 月开播《新青年》（后更名为《千年论坛》）。随后，一大批"文化讲坛"类电视节目应运而生，如北京电视台科教频道的《名师讲坛》、北京卫视的《中华文明大讲堂》、中央电视台社会与法频道的《法律讲堂》、河北卫视的《文化大讲堂》、东方电视台的《东方大讲堂》，上海教育电视台的《世纪讲坛》、江苏城市频道的《万家灯火》、南京新闻综合频道的《金陵往事》、长沙政法频道的《世说新语》，等等。其中，尤以凤凰卫视的《世纪大讲堂》和中央电视台科教频道的《百家讲坛》影响最大，而《百家讲坛》更是以其高收视率引来轰动效应。

《百家讲坛》对央视来说无疑是一个神话，从 2001 年到 2006 年，短短五年，它就从一个行将被淘汰的弱势节目，摇身一变成为 CCTV - 10 排名第一

---

① 王龙：《从〈百家讲坛〉看文化创新》，《中华儿女（青联版）》，2009 年第 10 期。

的黄金节目,其收视率最高时竟达到了 0.57%①,这意味着当时有 570 万观众在收看这个原本"曲高和寡"的科教栏目。同时,《百家讲坛》还迅速制造了如阎崇年、易中天、于丹等一批红得发紫的"学术明星",并自豪地宣称"栏目三年出了三个百万富翁"②,一夜成名的神奇,一时成为当今中国传媒界万众瞩目的媒介奇观。而且,热播的轰动效应在中国文化界也掀起了一场轰轰烈烈的讨论。学界的"批易""批于"与"捧易""捧于"的两军对垒,特别是"易迷"与"葛粉"的口诛笔伐,重庆 10 博士与北京 10 博士关于于丹的集团鏖战都使得《百家讲坛》这样一个简单的媒介现象,激变成为一场媒介主导的文化集体狂欢。

然而,形成戏剧效应的是,也就是在 2008 年底,《百家讲坛》收视率却一路下滑,被挤出央视科教频道的前 10 名,"现在科教频道的 24 档节目中,《百家讲坛》在 9、10 月份的收视排名已经跌到了 10 名开外,最低的时候已经是第 18 位,已经处于中下游水平。"③有人甚至认为这档曾经风光火爆的栏目已经进入"死亡倒计时",同时,其娱乐化庸俗化的倾向也一再被学界和观众所诟病。

如今,《百家讲坛》曾经的辉煌已经不再,学术明星的号召力也大不如前,栏目经历了一个从沉寂到喧嚣、再到沉寂的回归。然而,纵览栏目曾经的荣耀,遥想学术明星们昔日的风采,却不由使我们陷入思考:是什么原因,仿佛是在一夜间,中华大地竟出现如此炫目的学术明星? 这究竟是个学术现象、文化现象,还是媒介现象? 这些红极一时的学者们,是否真像很多人所说的,不过是依托电视媒体而出现的披着学术外衣的娱乐明星,而娱乐明星注定是要转瞬即逝的? 他们的潮起潮落又给我们什么样的启发? 这一前所未有的文化现象应该引起人们持久而深刻的关注和研究。

（二）关于知识分子与电视关系的争论

在人们以往的印象中,"学术"是严谨深刻的,一般人很难登堂入室,非学者专家不能与之相联系,而"明星"又显得极为大众化、娱乐化,常常是人们茶余饭后的谈资。把原本两个风马牛不相及的概念结合在一起,这一雅一俗的"联姻",使得"学术明星"这种全新的概念至少应包含两层含义,即

---

① 李晓灵:《〈百家讲坛〉的文化解读》,《东南传播》,2007 年第 12 期。

② 赵允芳:《做电视科教节目的王牌——访中央电视台〈百家讲坛〉制片人万卫》,《传媒观察》,2006 年第 11 期。

③ 林寅:《〈百家讲坛〉进入倒计时》,《新闻天地》,2009 年第 1 期。

在学界是明星,在明星界是学者。

2006 年"十一"长假期间,央视《百家讲坛》七天的《〈论语〉解读》再创收视率新高,北京师范大学教授于丹红遍大江南北,被称为"学术超女"。在电视学者被狂热追捧的同时,他们也受到学界和传媒拍来的"板砖"。有人认为他们是电视忽悠出来的"怪胎"、是学界的悲哀。无论如何,有一点应该值得我们好好反思——在人文知识分子日益边缘化的今天,究竟是什么成就了于丹、易中天这些"文化明星"? 在这一典型现象中,是否隐藏着人文知识分子的出路问题?

赞同者认为,"易中天们"的走红使学者在从深居书斋到社会公众人物转变的过程中完成了传授方式的革命,《百家讲坛》作为一种新的阅读方式和传播方式,是精英文化和大众文化结合的胜利。反对的声音则主要来自学界,比如红学家批评刘心武、葛红兵炮轰易中天、"10 博士反于丹",等等。部分学者不堪忍受"易中天们"言论中的一些"硬伤",并认为"学术明星"将历史娱乐化、庸俗化,使严谨的学术被戏说、被商业化。复旦大学教授汪涌豪认为,因朝商业化运作靠拢,向娱乐化诉求低头,一些演讲人既罔顾史实,哗众取宠,又耸人听闻,随意翻案,已经引起大众的疑虑和反感。他的话鲜明地体现了学界的反对与质疑。

正如学者李彬所言:"传播是一项技巧性很高的活动,不同的传播方式往往带来不同的传播效果。"①这些曾经"躲在小楼成一统"的"书生"为什么突然会这样"红"呢? "'学术明星'的出现是学术与现代传媒成功对接的结果,是市场化运作的产物。"中国人民大学哲学院余开亮博士在接受记者采访时认为,"一方面,随着物质文化的增长,教育的普及,大众对精神文化有了更高的需求。另一方面,学术界也一直在做普及性的推广工作。两方面通过电视传媒的运作,产生了强烈的社会效应。在这种结合过程中,学者通过自身的学术积淀、语言风格和独特的人格魅力等赢得了大众的喜爱,拥有了众多的拥趸,获得了'明星'的待遇。"②

陈丹青说:"中国学者早该利用媒体传播各种知识和思想,这样的节目不是太多,而是太少了。美国很多一流学者教授都在电视上长篇大论。中国的同行们在这方面起步比西方晚了近 50 年,总算现在有人去做了,做得多了,观众看得也多了,优胜劣汰,好节目好角色就会脱颖

---

①　李彬:《大众传播学》,北京,中央广播电视大学出版社,2000 年,第 243 页。

②　曹建文:《"学术明星",化学术之"祸"为学术之"幸"》,《光明日报》,2006 年 9 月 13 日,第 5 版。

而出！"①

　　然而，与"学术明星"不同的是，还有许多学者"板凳甘坐十年冷"，他们为人处世始终保持低调。钱钟书先生曾将学者与其学术成果喻为"母鸡"与"鸡蛋"，人们只要知道鸡蛋就可，没必要探究下蛋母鸡的模样。为此，无论政界要员、媒体怎样盛情相邀，他总是极力回绝。但是，大众媒体的出现，使知识分子产生了分流。

　　这是一个传媒对接学术的时代，也是学者易成明星的时代。新的传媒时代向我们提出新的时代课题：知识分子到底可不可以上电视呢？他们是应该坚守他们传统的学术操守，冷坐书斋，还是应该勇敢地走上电视，成为"文化传教士"？在物欲彰显的时代里，知识分子纷纷"触电"的表象背后又隐藏了什么？这些问题值得我们深思。

　　（三）电视传媒时代知识分子社会责任与理性重建的思考

　　《百家讲坛》在开播之初，坚持走"学术电视"之路，请来的都是各个领域的顶尖学者，如杨振宁、叶嘉莹等，然而一直低迷的收视率却又恰逢央视"末位淘汰制"的实行，于是，《百家讲坛》开始从"学术电视"向"娱乐电视"转型，其收视率也一路飙升，并接连造星成功。其制胜法宝和制作理念是：传统文化通俗化、历史人物故事化、故事情节传奇化。也就是说，在《百家讲坛》的讲述中，观点是不能够从容展示的，细节才是讲述的重点。当观点不得不藏于背后或被细节之海淹没以后，思想就变得支离破碎，或者成为细节的牺牲品。《百家讲坛》的这一运作机制，势必会阉割学者们的思想。

　　关于学者上电视后自主性的丧失，西方学者早已做过相关论述。布尔迪厄（Pierre Bourdieu）指出："上电视的代价，就是要经受一种绝妙的审查，一种自主性的丧失，其原因是多种多样的，其中之一就是主题是强加的，交流的环境是强加的，特别是时间也是限制的，种种限制的条件致使真正意义上的表达几乎不可能有。"②

　　在支持派中，陈丹青力陈占领媒体的重要性，并以西方知识分子、艺术家和学者为例加以说明，以此证明中国学者上电视的必要性与合理性。从宽泛的意义上看，此说法显然有一定道理，但是却又很难经得起严格的学理追问，因为它抹平了中西两种历史文化语境之间的差异，也模糊了两类学者

　　①　陈丹青：《学界声音》，《政协天地》，2006 年第 9 期。
　　②　〔法〕皮埃尔·布尔迪厄：《关于电视》，许钧译，沈阳，辽宁教育出版社，2000 年，第 11 页。

的区分。由于陈丹青提到了萨特(Jean-Paul Sartre),而萨特与媒体之间的交往又具有典型性,它根植于西方的传媒体制中,与中国媒体运行现状有极大的差别,萨特所倡导并身体力行的战斗式知识分子,在中国并不具备孕育的土壤。

当然,应该承认,学术明星对于培养和激发广大民众对于学问的兴趣和对于学习的热情是功不可没的。学术的价值固然远远不仅仅在于影响大众,但学术如果不能影响大众,只是在象牙塔里供极少数的人把玩,它的存在价值自然要大打折扣。一个学术明星比一个单纯的娱乐明星对于学习化社会的贡献无疑要大得多。

但我们必须警惕电视媒体对知识分子的"审查"和"收编",这种暴力是一种通过施行者和承受者的合谋和默契而施加的。通常双方都意识不到自己是在施行或在承受,因而成为一种隐形的"象征暴力"。电视使得本该提供和展现的事物发生了性质上的变化,与事物本身和现实毫不相关。究其根源这很大程度上在于电视媒介的制度本身,各种各样的审查导致了自主性的丧失,最终引向了整个系统的结构腐败,也使得电视本身的性质发生变化:在当代社会中电视并不是一种思想的工具,而是带有压制思想的工具性质。[1]

所以,知识分子上电视,其批判性往往遭到消解,自主性遭到沦丧。然而,知识分子的最主要特征就是具有强烈的社会责任意识,用批判审视的目光对待社会的发展。电视知识分子的出现可以说是知识分子在现代社会发展的一个必然趋势,应该秉承知识分子的鲜明特征。由于电视知识分子已经不再单纯地隶属于文化场,而是游走于文化场和媒介场之间,所以电视知识分子就不能完全遵循文化场的惯习,还要兼顾媒介场的惯习。那么,在媒介场与文化场之间,知识分子该如何行走?这两个场域是一种什么关系,各自的特征是什么?在中国目前的传媒生态中,我们应提供一种怎样的传播体制,才能为知识分子提供适当的话语空间,使其能够传播思想、引领大众,对社会发展中存在或潜在的问题进行一针见血的批判,充分发挥媒体与知识分子的合力优势,使社会更加健康、理性的发展?我们必须立足本土,立足于中国目前的传媒体制实际,从新闻传播学的视角对此作出了理性分析与价值判断。

---

① 许婕:《百家讲坛于丹〈论语〉心得现象解读和文化研究》,广州,暨南大学,2008 年,第 87 页。

二、研究意义

（一）理论意义

（1）本书应用场域理论,在布尔迪厄提出的"电视场"的基础上,提出了"学术场"的概念,并描绘出电视场对学术场的靠近、碰撞、介越后对学术场带来的影响,分析了这一介越行为的实质及路径,有助于认识目前中国电视场与学术场的现状及潜在关系。

（2）本书是"学术明星"现象喧嚣后的理性分析。跟风研究不是严谨的治学态度,其结果只能是表面的、浮躁的,而目前我国的"学术明星"现象最鼎盛时期已经过去,这时回过头来重新审视这一文化现象,有助于我们理性认识它的实质及存在问题。

（3）本书以"学术明星"为桥梁,探讨了当代电视场域中我国知识分子和电视的关系,切实分析知识分子介入电视场对知识分子个人及整个学术场域所造成的影响,并从社会学和文化学角度深入剖析这一现象背后的原因。

（4）本书指出了当代知识分子介入电视的理想模式及应注意的问题,为学界探讨传媒时代真正发挥知识分子的社会作用提出理论参考。

（二）实践意义

（1）本书通过对电视场与学术场两个场域不同特性的对比分析,清晰地揭示出两个场域各自的运行特点,为欲参与电视场域中的知识分子及欲邀请知识分子的媒体工作人员提供建议,以减少彼此摩擦、增加适度合作的可能性。

（2）本书结合我国的"学术明星"现象,具体阐释了布尔厄迪"输者赢"及两个亚场的观点,从而明确指出在学界及大众所持续争论的问题所在,有利于双方看清情况及实质,从而增强交流对话的效率。

（3）本书将由于媒体及社会、文化原因造成的知识分子内部分流清晰地展示出来,指出知识分子的多样性乃是时代所趋,有利于大众及学界对电视知识分子行为的理解与宽容。

（4）本书指出了知识分子参与电视节目的三种不同形态,这种划分不再囿于一般的按节目形态划分的局限,而是按照知识分子自身特性及对电视的介入程度重新审视知识分子介入电视的可行路径,有利于真正发挥知识分子影响社会、启迪民众、传播真理的作用。

第二节 研究现状及评价

一、研究现状

（一）关于场域理论的研究

1. 关于场域理论的总体研究

国内对于布尔迪厄理论的介绍起始于 20 世纪 90 年代中期。布尔迪厄的场域理论主要有三个关键词：场域、资本、惯习。所以，学者对布尔迪厄场域理论的论述主要是围绕这三个关键词展开的。

笔者分别以"场域""布尔迪厄"为题名，在中国知网上查到相关博士论文共 23 篇，其中牵涉对布尔迪厄场域理论或其关键词进行阐释的只有两篇：《布尔迪厄的社会实践理论》[①]《社会世界的底蕴：从二元论到二重性》[②]。这两篇论文只是把布尔迪厄的场域理论作为整个内容的一个部分，对"资本""惯习"有较详细介绍，但对场域本身的整体性阐释不多。在硕士论文的查找中，以"场域"为题名，查到 30 篇，以"布尔迪厄"为题名，查到 27 篇，其中真正对场域理论本体进行理论阐释的几乎没有，多是对其子场域如文学场、教育场、艺术场等的分类研究。

对布尔迪厄场域理论及其关键词进行论述的单篇文章却有不少，以"场域"为题名，从 1980 年至今，查到相关文章 360 篇，以"布尔迪厄"为题名，查到 300 篇左右，其中关于其场域理论的将近一半，主要也是将场域理论与某个具体场域结合，或者对其中的具体概念进行阐释。值得一提的是其中有些学者已经有意识地将场域理论应用到媒介场或电视场的研究当中，对一些媒介现象或电视现象的解释颇有说服力。

2. 关于媒介场域或电视场域的分类研究

将场域理论应用到媒介或电视的研究当中，是近年来新闻传播研究领域的一个新亮点，笔者共查阅到相关论文 30 篇左右，较有学术价值的是：《拆解新闻场的七宝楼台：布尔迪厄的媒体批评》[③]《媒介场域：从概念到理

---

① 宫留记：《布尔迪厄的社会实践理论》，南京，南京师范大学，2007 年。
② 刘拥华：《社会世界的底蕴：从二元论到二重性》，长春，吉林大学，2007 年。
③ 张意：《拆解新闻场的七宝楼台：布尔迪厄的媒体批评》，《文艺研究》，2008 年第 4 期。

论的建构》①《文化工业/公共领域/收视率——从阿多诺到布尔迪厄的媒体批判理论》②《新闻场解密——读布尔迪厄〈关于电视〉》③《布尔迪厄的媒介哲学理论及借鉴价值》④《当代媒介场研究导论》⑤《比较场域中的场域理论：媒介研究的新范式》⑥等，尤值一提的是后两篇文章。

在《比较语境中的场域理论：媒介研究的新范式》一文中，本森分析了若干场域个案，检视了比较语境中的"媒介场域"，并深刻剖析了法国新闻界的历史发展和现状。作者认为，"场域理论"已经成为当前媒介批判研究的新范式。文中通过媒介场对三个场域（科学场、司法场、医学场）的影响，说明了媒介对社会的影响。同时，作者在强调场域理论贡献的同时，也明确指出这个范式尚需进一步的发展和完善。

在《当代媒介场研究导论》一文中，刘海龙认为："媒介场"范式是一个值得注意的新视角。在回顾了场域理论的发展历史后，重点对布尔迪厄的媒介场范式进行了介绍和批判。该文最有价值的地方在于作者提出了在研究中国媒介场时应展开的角度：一是在媒介场生成史的考察中，确定媒介场与其他场之间的关系；二是针对中国的特殊情况，对媒介场内各种媒介及工作者的占位与关系进行研究；三要研究媒介场内行动者的惯习与策略。这对研究中国媒介场与其他场的关系及内部不同"行动者"的关系大有裨益。

3. 关于媒介场域与知识分子的结合研究

这里所说的"知识分子"当然包括本书的关键概念"学术明星"。这方面的研究成果很少，笔者能检索到的也只有几篇文章。《遭遇特洛伊木马〈百家讲坛〉与电视知识分子》⑦一文作者认为，一些知识分子遵循了"伊达诺瓦法则"，与电视媒体"互搭梯子"，把他律的生产者引入了独立自治的领域，借助外部力量，得到无法从同行那得到的认可，这样的后果，是使知识分子成了"电视木偶"和"学术口红"。而"学术明星"之所以得到不同的评判，正是由于批判者使用的是两个独立的、有各自游戏规则的场的评判标准。

① 丁莉：《媒介场域：从概念到理论的建构》，《社科纵横》，2009 年第 8 期。
② 周宪：《文化工业/公共领域/收视率——从阿多诺到布尔迪厄的媒体批判理论》，《新闻与传播研究》，1998 年第 4 期。
③ 孙玮：《新闻场解密——读布尔迪厄〈关于电视〉》，《新闻记者》，2006 年第 5 期。
④ 李兴亮：《布尔迪厄的媒介哲学理论及借鉴价值》，《求索》，2011 年第 1 期。
⑤ 刘海龙：《当代媒介场研究导论》，《国际新闻界》，2005 年第 2 期。
⑥ 〔法〕罗德尼·本森：《比较语境中的场域理论：媒介研究的新范式》，《新闻与传播研究》，2003 年第 1 期。
⑦ 罗四翎：《遭遇特洛伊木马〈百家讲坛〉与电视知识分子》，《上海文化》，2010 年第 3 期。

但作者还是认为，虽然这种场景的介越是不容乐观的，但我们还是要把智性的悲观与行动的乐观结合起来。

在《中国"电视知识分子"与电视场域》①一文中，作者分析了电视知识分子在知识分子场域中的位置及其特征，指出是电视场内部的竞争及工作需要导致了对知识分子的需求，认为电视知识分子具有为电视"添魅"的功能。

相关的硕士论文主要有《场域理论视角下的中国电视知识分子》②，该文以场域理论为背景理论对电视知识分子进行详细的分析。从电视知识分子的定义入手，通过梳理中国电视知识分子在当代的生存环境变化以及角色分化，着重分析了中国电视知识分子在大众媒介中的角色界定，指出中国电视知识分子存在的四种形态"电视媒介的外脑""权威评论人""大众讲师""专家型主持人"，分析了中国电视知识分子出现的意义，即他们启蒙大众、传播文化，充当了意见领袖，提升了大众媒介的社会地位。同时该文针对中国电视知识分子目前存在的问题提出了一些合理化建议以期能促使中国电视知识分子走上良性发展的道路。

（二）关于"电视学术明星"的研究

笔者曾以"学术明星"为关键词，以2001年《百家讲坛》的创办为时间起点，在中国知网的学术期刊网上共搜索到相关文章28篇，其中学术类文章13篇，分别是颜敏的《学术明星的崛起与人文知识分子的现实定位》③、李光斗的《如何看待学术明星》④、郝曼宁的《〈百家讲坛〉的栏目特色与"学术明星"养成》⑤、闫翠静的《浅析大众文化背景下的"学术明星"现象》⑥、《从学术明星现象看大众文化的回归》⑦、柯婧的《学术明星与文化快餐风潮下的符号暴力》⑧、薛宝林的《基于〈百家讲坛〉的"学术明星"现象探析》⑨、

① 张玉川：《中国"电视知识分子"与电视场域》，《符号与传媒》，2010年第1期。
② 张翼飞：《场域理论视角下的中国电视知识分子》，长春，吉林大学，2009年。
③ 颜敏：《学术明得的崛起与人文知识分子的现实定位》，《惠州学院学报》，2010年第10期。
④ 李光斗：《如何看待学术明星》，《经济》，2009年第11期。
⑤ 郝曼宁：《〈百家讲坛〉的栏目特色与"学术明星"养成》，《电影文学》，2009年第5期。
⑥ 闫翠静：《浅析大众文化背景下的"学术明星"现象》，《河北师范大学学报（哲学社会科学版）》，2009年第1期。
⑦ 闫翠静：《从学术明星现象看大众文化的回归》，《阿坝师范高等专科学校学报》，2008年第4期。
⑧ 柯婧：《学术明星与文化快餐风潮下的符号暴力》，《才智》，2008年第20期。
⑨ 薛宝林、张旭：《基于〈百家讲坛〉的"学术明星"现象探析》，《理论观察》，2007年第5期。

章芝羚的《学术明星：文化传播与大众传媒对接的产物》①、朱丹的《解构"学术明星"现象——兼论〈百家讲坛〉的生存策略》②、李倩倩的《对学术性节目与"学术明星"的思考》③、余靖静的《"学术明星"如何传播经典》④、惠东坡的《"学术电视"需要"学术明星"——以央视"百家讲坛"为例》⑤、许闹的《透视知识分子的"学术明星化"》⑥。

笔者又以"学术明星"为关键词在知网上搜索近 10 年的硕士博士论文，结果未发现一篇相关论文。

为了进一步保证文献检索的精确性和全面性，本书又分别以"易中天""于丹"作为关键词进行检索。其中以"易中天"为关键词，查到文章三百多篇，其中相关的学术论文只有 30 篇左右，相关硕士论文共五篇，分别是黄佳利的《"易中天现象"研究》⑦、王珊珊的《论易中天〈品三国〉通俗化与幽默化的语言特征》⑧、谷佳旋的《〈百家讲坛〉的"易中天现象"研究》、张娜的《古代经典的当代解读》⑨、莫幼兰的《从余秋雨到易中天、于丹》⑩。博士论文查无。

以"于丹"为关键词进行查询，共有 349 篇文章，其中相关的学术文章约60 篇。硕士论文九篇（其中有一篇与以"易中天"为关键词查询的硕士论文同题），分别是：王丁的《于丹〈论语〉心得世俗化传播研究》⑪、于婷的《"于丹现象"研究》⑫、杨群的《"于丹现象"简论》⑬、许婕的《百家讲坛于丹〈论语〉心得现象解读和文化研究》⑭、莫幼兰的《从余秋雨到易中天、于丹》⑮、李仲庆的《大众传媒语境下的于丹热解读》⑯、张沛的《媒介专家的专业性和

①　章芝羚：《学术明星：文化传播与大众传媒对接的产物》，《今传媒》，2007 年第 12 期。

②　朱丹：《解构"学术明星"现象——兼论〈百家讲坛〉的生存策略》，《新闻爱好者（理论版）》，2007 年第 5 期。

③　李倩倩：《对学术性节目与"学术明星"的思考》，《新闻窗》，2007 年第 1 期。

④　余靖静：《"学术明星"如何传播经典》，《检察风云》，2007 年第 8 期。

⑤　惠东坡：《"学术电视"需要"学术明星"——以央视"百家讲坛"为例》，《新闻与写作》，2004 年第 11 期。

⑥　许闹：《透视知识分子的"学术明星化"》，《湖北社会科学》，2004 年第 2 期。

⑦　黄佳利：《"易中天现象"研究》，武汉，华中科技大学，2008 年。

⑧　王珊珊：《论易中天〈品三国〉通俗化与幽默化的语言特征》，济南，山东大学，2009 年。

⑨　张娜：《古代经典的当代解读》，保定，河北大学，2009 年。

⑩　莫幼兰：《从余秋雨到易中天、于丹》，广州，暨南大学，2009 年。

⑪　王丁：《于丹〈论语心得〉世俗化传播研究》，兰州，兰州大学，2009 年。

⑫　于婷：《于丹现象研究》，石家庄，河北师范大学，2009 年。

⑬　杨群：《"于丹现象"简论》，海口，海南师范大学，2008 年。

⑭　许婕：《百家讲坛于丹〈论语心得〉现象解读和文化研究》，广州，暨南大学，2008 年。

⑮　莫幼兰：《从余秋雨到易中天、于丹》，广州，暨南大学，2008 年。

⑯　李仲庆：《大众传媒语境下的于丹热解读》，长春，吉林大学，2007 年。

公共性探析》①、高哲辉的《于丹〈论语〉感悟商榷》②、张雪雁的《于丹〈论语〉感悟纠谬》③。博士论文查无。

在以"学术明星"为篇名的查询中,最早的文献见于 2004 年,为许闹在《湖北社会科学》(2004/02)发表的《透视知识分子的"学术明星化"》。也就是说,国内学者最早对于学术明星现象的探讨是从 2004 年开始的,本人认为原因有两方面:

其一,《百家讲坛》始创于 2001 年,于 7 月 9 日正式开讲,首播节目为《美与物理学》,主讲人是著名的物理学家、诺贝尔奖得主杨振宁教授。栏目定位为"文化品位,科学品质,教育品格"④。然而,由于节目内容高深,传播方式简单,多是讲座的简单录制,剪辑后直接播出,所以效果并不好,也就是说,《百家讲坛》虽然已经设坛开讲,但其影响还不足以造成"学术明星"效应,所以,不管是此栏目,还是在其中讲授的教授,均未引起关注。2003 年,栏目进行调整,降低门槛,策划了一系列文史类节目,收视率有所提升。2004 年 5 月,阎崇年《清帝十二疑案》的讲解,带来了《百家讲坛》的第一次飞跃。2005 年,刘心武的《揭秘红楼》带来了第二次飞跃。2006 年,易中天《品三国》使《百家讲坛》达到了高潮,之后又有了于丹的《论语心得》、王立群的《史记》等,使得《百家讲坛》的收视率逐步攀升,一步一步走向高峰。于是乎,《百家讲坛》作为一个醒目的媒介事件和文化事件广受关注,对它的讨论和研究也相应多了起来。

其二,就在 2003 年,即《百家讲坛》调整策略,收视率开始回升当年,《当代传播》便在同年第二期推出郭五林的文章《教授走进电视直播间的学理思考》,接下来,引发后来学界的一连串讨论。陈力丹在 2004 年第 2 期的《当代传播》针对郭五林的文章抛出《教授走进电视直播间的学理追问》,紧跟其后,黄顺铭在 2005 年第 3 期的《当代传播》上发表《"教授走进直播间"与"布尔迪厄式批判"》。2006 年第 1 期的《当代传播》中,党生翠的文章《"公共知识分子""传媒知识分子"与"节目专家"——传媒时代知识分子与大众传媒关系探析》再次引起学界的广泛关注。

在搜索到的近百篇稍有价值的讨论易中天、于丹的论文中,文章的主题主要集中于以下几类:

1. 从产生原因角度分析学术明星现象

对于电视学术明星大红大紫的现象,许多学者进行了多方位的思考,希

---

① 张沛:《媒介专家的专业性和公共性探析》,合肥,安徽大学,2010 年。
② 高哲辉:《于丹〈〔论语〕感悟〉商榷》,太原,山西大学,2010 年。
③ 张雪雁:《于丹〈〔论语〕感悟〉纠谬》,太原,山西大学,2010 年。
④ 百家讲坛,http://www.cctv.com/program/bjjt/101175.shtml.2005.12.30。

望找出背后的原因。李倩倩认为："学术明星颠覆了人们传统印象中的学者形象,消除了居高临下的距离感,与普通民众更为贴近,因此获得了观众的信任和好感。观众需要,学术明星就有存在的价值。"①薛宝林则认为："现代传媒的媒介特性是'学术明星'产生的客观条件;大众的文化需要是'学术明星'产生的根本原因。"②

朱丹的分析更为透彻:"学术明星现象是大众对传统历史文化需求心理的真实反映,其实质是电视媒体在消费社会对文化进行的商品化运作。我们身处一个文化日趋大众化的大众传媒时代,精英文化与大众文化的界限逐渐消失,文化已成为消费社会的一部分。把文化当作商品来消费是大众文化的一个重要特征,它所满足的是商品的意义需求,通过蓄意制造明星偶像的周期性替换来推行受众追逐和模仿明星化的时尚运动。在此背景下,学术明星现象应运而生。"③

还有研究通过易中天、于丹等学术明星分析《百家讲坛》的成功运作。如陈文艳认为:"《百家讲坛》即是如此,把艰深枯燥的知识做成故事性强、通俗易懂的剧本,让主讲来表演,把一个学者变成一个说书人、讲故事的高手,通过不断地设置悬念,环环相扣来吸引受众的注意力,从而引导受众来感受文化的丰富内涵。"④也有学者从经济角度来分析原因,"学术专家成为学术明星正是源于他们对消费者的准确认知,以及对消费者需求的尊重与满足。他们放弃了高屋建瓴的学术地位,摒弃了晦涩难懂的学术语言,将学术触角伸向大众最迫切的需求领域。"⑤

2. 从学术角度分析学术明星现象

对学术明星们的演讲内容、学术操守的怀疑,也是学者们争论的一个焦点。葛红兵是国内最早批评易中天的学者,他在《我为什么批评易中天的〈品三国〉》一文中说道:"我的观点是:如果你的目的是正说历史,是正本清源,是传播知识和真理,不是娱乐大众,那么就要有一个针对知识的科学态度,针对历史的观念信仰……我批评易中天有这样几条:① 过多地解释了权术,而较少地关注了历史本身。② 过多地讲了故事,而较少地阐释了人文理念。③ 以《三国演义》为假想敌,用历史来要求文学,对文学不公

---

① 李倩倩:《对学术性节目与"学术明星"的思考》,《新闻窗》,2007 年第 1 期。

② 薛宝林、张旭:《基于〈百家讲坛〉的"学术明星"现象探析》,《理论观察》,2007 年第 5 期。

③ 朱丹:《解构"学术明星"现象》,《声屏世界》,2007 年第 5 期(下半月)。

④ 陈文艳:《从"易中天现象"解读〈百家讲坛〉的成功》,《承德民族师专学报》,2007 年第 3 期。

⑤ 李光斗:《如何看待学术明星》,《经济》,2009 年第 11 期。

平——伤害了《三国演义》在人们心目中的地位,解构了《三国演义》中的美学追求、人文理想。"①

有学者更为尖锐地指出:"在易中天们那里,学问实在已经成为敲门砖。一旦敲进了名利之门,做学问便被丢到了脑后。你看,余秋雨、易中天、于丹……成名走红以后,一个个在社会上飘来荡去,乐不思蜀,大约视书房为冰窟窿了吧。"②

当然,也有不少学者十分认可学术明星现象,认为这是学术大众化的有效途径,比如惠东坡就认为,"学术性电视节目需要选择和打造出一批'学术明星',这对栏目来说至关重要……'百家讲坛'作为一档学术性电视栏目,它是传统意义上的电视社教类节目的一种新形态,它是一种新的理念。学术性电视栏目的崛起必将造就一批'学术明星',必将实现'悬壶济世''去除愚疾''科教兴国'的神圣使命"③。

3. 从文化角度分析学术明星现象

这类文章所占比例较大,因为电视学术明星现象首先是一个无可争议的文化现象。叶青在《"于丹"的文化意义及带给我们的启示》中指出:"'于丹现象'只是一种文化现象而不是学术现象,它的出现,是中国文化在社会转型期所表现出的一种特殊文化现象,有其特殊的文化意义之所在:① 学术知识通俗化、生活化,贴近老百姓的日常生活,有助于激发起大众对传统文化的喜爱,使大众进一步了解我国优秀的传统文化,促进传统文化的普及;② 具有维持与强化主流文化的功能;③ 具有深层的文化启蒙功能。"④

王俊棋认为:"于丹在形式上以'学者讲座'的名义出现,在内容上有大胆的发挥,甚至抛弃了任何关于学术规范的拘束,论点论据没有明显界限,论证逻辑文学化、艺术化、审美化。因而,于丹现象的出现,是消费社会审美化传播的新现象,只是它借了一件国学的外衣出现而已。但于丹讲座所涉及的内容(国学)的精英色彩,极易让人忽视其大众文化本质。"⑤

有的学者能将这学术明星现象与时代背景结合起来,进行更深入的文

① 葛红兵:《我为什么批评易中天》,《读书文摘》,2008 年第 9 期。
② 风铃草:《学者明星化与学术浅薄化》,《语文新圃》,2008 年第 6 期。
③ 惠东坡:《"学术电视"需要"学术明星"》,《新闻与写作》,2004 年第 11 期。
④ 叶青:《"于丹"的文化意义及带给我们的启示》,《新西部》,2007 年第 8 期(下半月)。
⑤ 王俊棋:《超越精英与大众的紧张——从于丹现象看传统文化的审美化传播》,《当代文坛》,2007 年第 5 期。

化思考。如李建群就提出："问题的关键是：许多精英们都在否定于丹，为什么现在还没有精英可以取代于丹？谁能让真正的学术走向民间？试问在日新月异的当代社会，传统的皓首穷经式的学术训诂之道，如何能跟得上高速发展的时代步伐？于丹现象的背后，实际上就有一个迫切建立中国传统文化的现代学派的要求。这就是中国迟早会出现一个群体，迟早会出现一些能够解释中国传统文化的、融入当代哲学视角的新学派，由他们负担中国文化的传承任务和解释任务。讨论于丹现象的一个现实意义正在于对这个新群体、新学派的呼唤。"①

4. 从传媒角度分析学术明星现象

相当一批学者清醒地认识到学术明星之所以产生，与电视媒体密不可分。学者们也只有在电视提供的场域中，才可能如此一夜成名。

章羚芝认为："借助电视媒体的力量，'学术明星'扬名天下，但同时伴随而来了一些学术界批判的声音。精英文化向大众文化转变是进步还是倒退？是电视工业化还是学术商业化……学术和文化原本淳朴的内涵也就丧失殆尽，人们在电视面前变得思维懒惰、不思进取，文化基准的下滑将成为我们不得不面对的新问题。"②

张颐武对电视的"浅思维"特性进行阐释："余秋雨靠《文化苦旅》的书打出名气，而如今却完全靠电视维护声誉，余的'浅思维'靠书先传播出去之后，由于电视对'浅思维'文化的强烈需求，余才登上电视，易中天的崛起却完全是电视的功劳，易也写了许多相当有趣的著作，却并不流行——电视的平台将易中天变成新的偶像……没有电视，就不可能有易中天的火爆""电视不是不能走'文化'路线，只是这文化路线自然有其自己的限制，也就是没有'浅思维'的发挥，反而是试图将学理'通俗化'，本质上是没有把握媒体今天的特性。"③

李正国的观点是："学者介入电视首先是与主流意识形态的联姻……如果说最初学者介入电视还能体现提升电视品质的追求，如今，学者介入电视已经成为纯粹的时尚。当演艺明星已经失去了新鲜感甚至引起反感时，知识之河对岸的学者明星却还有可待挖掘的时尚的价值，他们可偶尔制造些拉丁文处方，让传媒增添些神秘高深的色彩"，他进而深刻指出："学者介入电视当然并非全无意义，至少能够提供多样化的表达方式，通过提供多元化

---

① 李建群：《关于"于丹现象"的文化思考》，《西安交通大学学报（社会科学版）》，2007 年第 6 期。
② 章芝羚：《学术明星：文化传播与大众传媒对接的产物》，《今传媒》，2007 年第 12 期。
③ 张颐武：《易中天走红与浅思维文化》，《青年作家》，2006 年 Z1。

的信息与分析培养观众的多元与民主意识,并且在有限的空间直接传播精英思想,加深了部分节目切入生的广度与深度,以抗衡大众文化,而这种种功效都不足以改变电视的大众文化实质,倒是让凡夫俗子们有了认识——原来浮躁的并不只是我们,专家学者们也同样耐不住寂寞。"①

5. 对电视学术明星现象存在问题的反思

对于火热一时的学术明星现象,很多学者也进行了冷静思考,表达了他们对这一现象可能潜在的负面作用的忧虑。李倩倩的观点颇具代表性:"他们与歌星、影星不同,其身份的特殊性——学者,所传播内容的重要性——科学文化知识,传播途径的影响力——大众传播媒介,使得'学术明星'所代表的意义和产生的影响难以估量。而且高知名度和广泛的认同度也让他们的学术观点和理论比一般学者的学说更容易被观众接受,不论正确与否都将被广为流传。学术性的电视节目在尝到'学术明星'甜头的同时应该深深地思考:如何明确认识,扬长避短,避免可能发生的负面影响,让'学术明星'们更好地为观众服务。"②

有学者在反思学术明星现象时,提出了"知识分子"与"知道分子""书斋学者"与"学术明星"的区别,并对这一伴随电视媒体而出现的对知识分子的区分现象进行了考量。"乐观派"认为:"当今语境的'知道分子'可以说是'知识分子'传统角色在现代传媒社会中的一种变身"③"知识分子的不介入造成了电视的平庸"④。尹鸿指出,"为在消费社会中饱尝'失语'焦虑的当代人文知识分子提供了切入社会实践领域的契机"⑤。郭五林认为:"教授走进直播间增强了电视的批判性,从总体上实现了性格平衡,同时也造就了一批知识时代的新偶像。"⑥曹建文也在《人民日报》发表看法:"'书斋学者'和'学术明星'并不矛盾。社会既需要甘坐冷板凳的书斋式学者'为往圣继绝学',也需要亲近大众的明星化学者'为生民立命'。"⑦

然而,绝大多数学者还是对这一现象表示忧虑:陈力丹提出"教授是电

---

① 李正国、凌燕:《学者+电视=?》,《青年记者》,2001 年第 3 期。

② 李倩倩:《对学术性节目与"学术明星"的思考》,《新闻窗》,2007 年第 1 期。

③ 转引自冯艳:《由"易中天现象"浅析大众文化背景下"知道分子"的出现原因》,《社会科学家》,2007 年 S1。

④ 崔永元:《在中国现代文学馆的演讲》,http://www.china.org.cn/Chinese/RS/133199.htm。

⑤ 尹鸿:《媒介文化研究:知识分子的发言域》,http://www.tsinghua.edu.cn/docsn/cbx/cft/yh/diceng-shidian-mi.htm。

⑥ 郭五林:《教授走进电视直播间的学理思考》,《当代传播》,2003 年第 6 期。

⑦ 曹建文:《"学术明星",化学术之"祸"为学术之"幸"》,《光明日报》,2006 年 9 月 13 日。

视台的工具性符号"①。周宪认为,部分知识分子以"上镜率"和"收视率"来获得附加资本,并扰乱学术自身的游戏规则。②冯艳认为:"消费时代大众生活的杠杆是欲望,动力是金钱,而方式则是理财与赚钱。大众社会中崇尚精神的知识分子的精英地位被大大削弱,知识分子作为'批判者''启示者''立法者'的传统角色被一一消解……也熟悉市场经济运行准则的'知道分子'应运而生,他们利用自身的文化资本,通过大众传媒批量生产平面化、世俗化、游戏化的大众文化制品,借助'文化工业'控制或迎合大众,集中满足大众的感性娱乐需求和文化消费需求。"③

出于对知识分子未来前途命运的担忧,以及如何更好地发挥知识分子作用的思考,有学者提出建立公共电视台的建议,比较有代表性的是蒋艳芳的观点:"公共电视为形塑'意识形态'机器播出内容,主要集中在文化、教育和科学等节目方面,不同利益群体都可以在公共电视节目中发表自己的意见和声音,对重大的社会问题进行公开辩论……公共电视是非商业性的,最基本的使命就是对时代问题进行思考。它有权利提出问题,有权利表达意见。这正是精英文化的使命……当下在我国消费文化'一统天下',精英文化淡出历史舞台的问题症结在于公共电视的缺失。"④这的确不失为一种思考发挥知识分子作用及使命的思考维度。

在专著方面,由于学术明星现象是近几年才出现的一种新的文化现象和媒介现象,目前能见到的关于学术明星的著作不多,如:《会诊"百家讲坛"》⑤《且慢,易中天》,是从史学角度,批评易中天的历史观⑥;《批评于丹》则主要是针对于丹对传统经典的内容解读而提到易中天⑦。其中,《且慢,易中天》主要是质疑,属于专业学术领域内的争鸣。真正从文化角度、媒介角度、社会学角度探讨学术明星现象的只有《会诊"百家讲坛"》,应该说这本书还是有相当理论深度的,收录了国内一线文化研究学者们的文章,包括张法、赵勇、陶东风、肖鹰、王兆胜、彭锋、刘玉宇、杨早、胡晓明、王学泰、李宗陶、张健、徐晋如、陈香和陈洁等人作品。

① 李明伟、陈力丹:《教授走进电视直播间的学理追问》,《当代传播》,2004 年第 2 期。
② 周宪:《德布雷与中国知识分子问题——读德布雷〈教师、作家、名流:现代法国知识分子〉》,《对话丛刊:"跨文化对话"(第 4 辑)》,上海,上海文化出版社,2000 年,第 117 页。
③ 冯艳:《由"易中天现象"浅析大众文化背景下"知道分子"的出现原因》,《社会科学家》,2007 年 S1。
④ 蒋艳芳:《电视精英文化拯救与公共电视的建立》,《声屏世界》,2006 年第 9 期。
⑤ 张法、肖鹰、陶东风等:《会诊"百家讲坛"》,合肥,安徽教育出版社,2007 年,第 190 页。
⑥ 红孩主编:《且慢,易中天》,上海,学林出版社,2006 年,第 177 页。
⑦ 李悦:《批评于丹》,呼和浩特,远方出版社,2007 年,第 219 页。

（三）关于知识分子的研究

此部分文献检索又可分为两类：即西方学者的著作和国内学者的著作。

1. 西方学者关于知识分子的研究文献

（1）曼海姆（Karl Mannheim）与《意识形态与乌托邦》（*Ideoiogie und Utopie*）。曼海姆在其著作《意识形态与乌托邦》中，创设了知识社会学流派，并提出了知识分子是自由漂浮者的概念，并认为知识分子应当是"漫漫长夜的守更人"，他偏重于知识分子公共性的强调。

（2）葛兰西（Antonio Gramsci）与《狱中札记》（*The Prison Notebooks*）。安东尼奥·葛兰西以"社会关系的总体"作为知识分子的划分标准，即以知识分子在社会关系总体中担负的社会职能作为衡量标准。他对知识分子作出了质的划分：传统知识分子与"有机"知识分子。传统知识分子是指那些在历史上产生的而现今赖以存在的生产方式已经消失，但仍然保留的世代相传的知识分子。"有机"知识分子是新生阶级的知识分子，行使着新社会阶级的技术组织职能，大部分代表人物是各个方面的专家，如工业技术人员、政治经济学家、新文化和新法律等的组织者。在葛兰西那里，"只有对社会历史发展起推动作用的有机知识分子，才真正执行着知识分子的社会职能，才是真正意义上的知识分子"①。

（3）福柯（Michel Foucault）与《权力的阐释》②。福柯提出两种知识分子的划分：普遍知识分子与特殊知识分子。普遍知识分子其实包含了传统知识分子和有机知识分子，因为他们都有一种强烈的天职感：听从理性、真理、正义、良知或阶级的召唤，为拯救人类整体命运的神圣使命而奋斗。特殊知识分子只是一些专家、学者，他们关心的是在具体的领域中如何解构整体的权力。福柯本人就是特殊知识分子的一个典型。特殊知识分子不安于现状，在现存秩序中谋取可怜的生计，他们在某一点上继承了普遍知识分子的历史传统，那就是批判性。但他们与普遍知识分子的批判却大不相同，普遍知识分子相信自己是外在于现实权力系统的，自己所掌握的理性、真理和正义，是与权力相对的伟大力量。

（4）萨义德（Edward W. Said）与《知识分子论》（*Representations of the*

---

① 转引自夏群友、豑美妮：《论葛兰西的知识分子理论》，《云南社会科学》，2008 年第 3 期。
② 〔法〕福柯：《权力的眼睛——福柯访谈录》，严锋译，上海，上海人民出版社，1997 年，第22~34 页。

Intellectual)。萨义德提出知识分子应具有公共角色而又不能只化约为面孔模糊的专业人士。他强烈批判所谓的专业知识分子。他认为知识分子本质上是业余的：真正的知识分子不是为某种利益而存在，而永远是为了某种兴趣而存在。他把业余性看作知识分子的根本属性。知识分子永远都应该是批判性的，对权势是反抗的，而专业知识分子总是遵从知识的体制，缺乏背叛的反抗精神，完全失去公共关怀，只把专业作为谋生的手段，而一离开狭窄的专业领域便变成无知的专家。

（5）利奥塔（Jean-Francois Lyotard）与鲍曼（Zygmunt Bauman）。利奥塔提出了"知识分子死亡"的问题。他认为知识分子因为往往将自己放在人、人类和人民的位置上，认同于一个普遍的主体，而现在，知识分子作为原来对社会全体所承诺的那些整体性话语的承担者已经完全不存在了。从这个意义上来说，知识分子已经死亡了。① 英国思想家鲍曼认为，知识分子在现代社会是"立法者"，然而到了后现代社会，由于整个社会开始多元化，使得整个知识系统也开始解体了，不再有一个统一的知识场，知识分子在后现代社会只有在自己的共同体内部才扮演"立法者"角色，超出共同体之外便不再是普遍有效的"立法者"。这样，知识分子的功能实际上发生了变化，变成为一个"阐释者"，就是将自己共同体内部的知识翻译、阐释为其他共同体成员能够理解的知识。

（6）其他相关论述。1987 年，美国哲学家雅各比（Russel Jacoby）在《最后的知识分子》（*The last Intellectuals*）一书中，最早提出"公共知识分子"概念，认为真正的知识分子应当立足专业，放眼天下，用自己的言行和创作参与社会运转，并呼吁富有社会责任感的知识分子，勇于充当引路人。波兰学者兹纳涅茨基（Florian Znanieki）在《知识人的社会角色》（*The Social Role of the Man of Knowledge*）一书中，对知识人可能扮演的不同社会角色进行了分类。他区分为技术顾问、圣哲、神圣学者与世俗学者。顺次又可分为各种类型，从"真理发现者"到"知识传播者"，从"组织者"、贡献者到"真理战士"。他还研究了"知识创造者"，顺次又可分为事实发现者或问题发现者。兹纳涅茨基指出，社会圈子对知识人的要求，随着期望于他所扮演之角色的不同而变化。所以，知识人所扮演的每一种特殊角色都带有某种期望，每一个社会圈子奖惩特定的知识绩效。② 科塞（Lewis Coser）1965 年在美国出版的《理念人：一项社会学的考察》（*Men of Ideas: A Sociologist's View*）一书中指

---

① 许纪霖：《中国知识分子十论》，上海，复旦大学出版社，2008 年，第 16~17 页。
② 〔波兰〕弗·兹纳涅茨基：《知识人的社会角色》，郑斌祥译，南京，译林出版社，2000 年。

出,最理想的知识分子的形象,是知识分子能够"设法避免完全退缩和彻底整合的双重诱惑",并且致力于"献身文化的主要价值和履行其与生俱来的批判职责"。他不赞成知识分子成为社会上绝对的边缘人,也反对知识分子完全被体制所吸收,提倡一种超然的关系,即虽存在于体制中,但仍要保持知识分子作为"民族触角"的敏感性。① 朱利安·班达(Julien Benda)的《知识分子的背叛》(*The Betrayal of Intellectuals*)中,分门别类地列出了"知识分子的背叛行径",最后得出结论:促使知识分子背叛的原因:把政治利益强加给所有的人;不断给政治激情提供精神食粮;文人们介入政治的欲望和可能性;他们为了名利双收必然替日益不安的资产阶级服务;通过与资产阶级联合而日渐接受了资产阶级的身份及其虚荣心;他们的浪漫主义已登峰造极;他们的古代知识和精神操守已严重下降。② 雷蒙·阿隆(Raymond Aron)在《知识分子的鸦片》(*The Opium of Intellectuals*)中,谈到三种知识分子的批判方式:一种是技术化的批判,就是类似于英国知识分子,承认既有体制,然后在体制内进行一种理性的、试错式的改良;另一种是道德的批判,从应然的角度批判实然,用应该是怎么样的来批判实际的、不合理的东西,但常常忽视如何使批判变成可操作的具体方案;最后一种是意识形态和历史的批判,那是一种整体主义的批判,用一种所谓未来社会的模式,以及历史发展的某种决定性的东西来批判现有社会的不合理,而且把所有的问题都归结为当前社会制度的缺陷,并推导出一个整体性的革命模式。③ 雷蒙·阿隆认为,"知识分子越来越成为一个技术人员",其"研究或思维不再是无偿的活动,而是谋生的手段"④,但在其职业之外,他还是应该"以知识分子的方式生活和思想",毕竟"知识分子的批判使命应该长期存在,不管在什么制度下"⑤。弗兰克·富里迪(Frank Furedi)在《知识分子都到哪去了》(*Where Have All the Intellectuals Gone*)一书中提出了知识分子的"弱智化"概念,对知识分子职业化和技术化、放弃其社会职能的批判等问题进行深入探讨,并将文化精英的溃退与当代学术和文化的弱智化直接联系在一起。美国学者理查德·A.波斯纳(Richard Allen Posner)提出了一个重要问题:应

① 〔美〕科塞:《理念人:一项社会学的考察》,郭方译,北京,中央编译出版社,2004 年,第78 页。
② 〔法〕朱利安·班达:《知识分子的背叛》,余碧平译,上海,上海人民出版社,2005 年,第210 页。
③ 〔法〕雷蒙·阿隆:《知识分子的鸦片》,吕一民、顾杭译,南京,译林出版社,2005 年,第134 页。
④ 〔法〕雷蒙·阿隆:《阶级斗争》,周以光译,南京,译林出版社,2003 年,第198 页。
⑤ 〔法〕雷蒙·阿隆:《阶级斗争》,周以光译,南京,译林出版社,2003 年,第22~202 页。

当科学、系统地研究公共知识分子。他虽然也在其著作《公共知识分子——衰落之研究》(*Public Intellectuals: A Study of Decline*)中批评了"学院道德家"——一类公共知识分子——脱离实际的问题,但是他并没有拒绝公共知识分子,他只是分析了为什么会衰落,他试图建立或完善一些机制,使公共知识分子说话能负责任一些。波斯纳对公共知识分子总体的基调是宽容的,他说:"对待现代公共知识分子,不论是学术、还是非学术公共知识分子,皆不应概括地予以责难,概括的责难也无正当性。"①

2. 国内学者关于知识分子的研究文献

在国内,研究知识分子问题的学者以许纪霖、郑也夫和余英时为代表。许纪霖在《中国知识分子十论》《智者的尊严:知识分子与近代文化》《许纪霖自选集》等专著和主编的《公共空间中的知识分子》《二十世纪中国知识分子史论》《第三种尊严》等书中,对中国知识分子的心路历程、知识分子所面临的问题、知识分子与市场的关系等做了梳理,并在知识分子的个案研究中取得些成果。2011 年他出版了《启蒙如何起死回生:现代中国知识分子的思想困境》,书中从公共领域中社会文化的视野研究知识分子在现代中国社会是如何自我理解和历史实践的,以及为什么到了 20 世纪末公共知识分子成为一个公共的问题,该如何重建知识分子的公共性。而郑也夫的《知识分子研究》则从社会学的角度出发,对知识分子的概念做了详细的梳理并进行了划分。他还从知识分子与大众、知识分子与政治、我国脑力劳动者与体力劳动者收入差距的历史变迁和知识阶层权力地位的回顾与展望等各方面进行了论述和研究。② 余英时的《中国知识分子论》在梳理儒学的过程中,重点关注了中国古代知识分子的相关问题,在《士与中国文化》一书,他认为中国古代的士阶层已具有了现代西方意义上的公共性,但与西方定义上的"知识分子"又决非同物。"士"阶层更集中地表现了中国文化的特性,也更能说明中西文化的异质之所在。③ 但在当代,根据观察,余英时提出了知识分子边缘化的观点,并从文化、政治等方面进行了概说。何晓明在 2007 年出版了《知识分子与中国现代化》中,将知识分子复杂的心路历程与坎坷曲折的中国现代化历程水乳交融地编织起来。作者在书中也描述了当代知识分子的生存困境,并

---

① 〔美〕理查德·A.波斯纳:《公共知识分子——衰落之研究》,徐昕译,北京,中国政法大学出版社,2002 年,第 263 页。

② 郑也夫:《知识分子研究》,北京,中国青年出版社,2004 年。

③ 余英时:《"士"与中国文化》,上海,上海人民出版社,1987 年。

发出了尊重知识、尊重知识分子的呼声。①

在由学者主编的著作中，有两本颇值得一提：一是由祝勇主编的《知识分子应该干什么》。书中收录了钱穆、鲁迅、王富仁、胡适、李大钊、周作人、余杰、张志忠、陈晓明、王小波、陈平原、孟繁华、许纪霖、祝勇等人的相关文章。另一本是由陶东风主编的《知识分子与社会转型》，这无疑又是知识分子研究领域的又一大力作。本书收编了近年来国内学术界对知识分子研究的最近成果，作者包括周宪、许纪霖、张汝伦、徐贲、许明、王岳川、陈晓明、陈平原、陶东风、黄平、曹卫东、邵建等国内知识分子研究的一流学者。②

另外，中国学术界似乎对公共知识分子问题尤其感兴趣，2002 年以前，国内的相关探讨十分少见。2002 年"公共知识分子与现代中国"国际研讨会后，国内开始对这一问题投去更多关注的目光，许纪霖《公共性与公共知识分子》一书就集合了会议的相关论述。他提出公共知识分子的三层含义是：面向公众发言、为了公众思考、涉及公共社会中的公共事务或重大问题。面对现代性带来的专业性与公共性之间的矛盾，学者们对此做了自己的探讨，如陈占彪的《论知识分子的专业性与公共性》③、陈来的《儒家思想传统与公共知识分子——兼论现代中国知识分子的公共性与专业性》④等。

值得一提的是，国内学者也渐渐开始用场域理论来分析知识分子的特征及现状。如陶东风的《知识分子与文化资本》一文，认为知识分子的社会利益与社会地位确实是与其掌握的文化资本与文化权力相联系的，而中国的学界向来喜欢在超越的、非功利的层面研究知识分子，对于这种知识拜物教作者心存疑虑。作者对布尔迪厄理论的把握很准确，对中国现实的分析也很到位。⑤ 再如《以场域观消解知识分子公共性与自利性的对立》一文，袁同成认为布尔迪厄的场域理论能够消解现代知识分子是自利性还是依然具有公共性这种二元对立：自利的现代知识分子主要栖身于学术场域中寻求着自身的利益，但这并不阻碍他们投身公共领域的政治场域，赢取政治和符号利益，如此就使知识分子在自利的基础上，由自利走向公共，实现多重

---

① 何晓明：《知识分子与中国现代化》，北京，东方出版中心，2007 年。
② 陶东风主编：《知识分子与社会转型》，开封，河南大学出版社，2004 年。
③ 陈占彪：《论知识分子的专业性与公共性》，《社会科学战线》，2008 年第 4 期。
④ 许纪霖：《公共性与公共知识分子》，南京，江苏人民出版社，2003 年。
⑤ 陶东风：《知识分子与文化资本——读布尔迪厄〈反思与实践——反思社会学引论〉》，《博览群书》，1998 年第 12 期。

场域里多元角色扮演中的公共性和自利性的统一,这对知识分子在理论与实践中的意义都极其重大。① 这种类型的文章虽然不多,但毕竟开拓了一种知识分子分析的新视角,值得借鉴。

(四)关于知识分子与电视关系的研究

1. 西方学者关于知识分子与电视关系的研究

从知识分子要不要"介入"传媒的争论结果来看,可以划分为对立的两极:一是重在否定批判的批评派;一是重在积极肯定的建设派。

法国学者德布雷(Regis Debray)最早关注到大众媒体时代的知识分子,他运用媒介学的角度和方法研究知识分子,著有《教师·作家·名流:近代法国知识分子》(*Teachers, Writers, Celebrities: The Intellectuals of Modern France*)。他概括法国知识分子自法国大革命走过的三个阶段:"教师""作家""名流"。1968年以后,知识分子开始转向大众媒介,在大众传媒时代,知识分子的代表既不是"教师",也不是"作家",而是频频出现于电视屏幕和流行报刊的"名流",他们是"追逐名声的动物"。他将"五月风暴"后走向媒介的知识分子称作"名流知识分子",他们通过媒体获取名声和资本,他们的言论不是激发而是限制了公众独立的判断和表达。这个时代,知识分子所谓的"成功"取决于与媒体的接近程度,以及利用媒体所获得的文化资本的多寡。那些明星式的"学者"或"作家"凭借其上镜率而获得了向公众谈论公共事务的权力,并随着出镜率和收视率的上升,其权力、地位和商业价值也不断上涨。

德布雷关注大众媒体时代的知识分子,采用了媒介学的研究角度与方法。他认为:"大众媒体借着扩大接受的领域,降低了知识分子合法性的来源,以更宽广的同心圆——那些要求较不严苛因而更容易获取的同心圆——包围了职业的知识分子,而以往职业的知识分子是正统的合法性的来源……大众媒体已经打破了传统知识阶层的封闭,以及传统知识阶层的评价规范和价值标准",德布雷把知识分子与媒体的亲近关系程度当作较高和较低的知识阶层地位的一个标志,它决定了知识分子的观点能否以及在多大程度上实现,决定观念的传播范围与影响范围,因此对于知识分子来说至关重要。

在欧洲,许多杰出的学者和知识分子也成为公共领域和大众传媒中

① 袁同成:《以场域观消解知识分子公共性与自利性的对立》,《济南大学学报(社会科学版)》,2009年第5期。

的活跃人物,萨义德、哈贝马斯(Jürgen Habermas)都是如此。萨义德认为:"知识分子要不要靠近或进入大众媒介,几乎已经不成为一个问题。"①

法国学者布尔迪厄在《关于电视》(On Television)中,讽刺电视知识分子与电视台互搭梯子,是"快思手"。媒介取代大学和出版社成为文化和知识制度化的主要手段,这深刻地表征着社会的巨大变迁。布尔迪厄在批评电视固有的弊端时也为"电视知识分子"解魅。传媒化的经济力量渗透到最纯粹的科学领域,媒体就必须在它看重的"场"中找到同谋,于是一批批"电视知识分子"出现了,"快思手""媒介常客""搭梯子的人""特洛伊的木马人"等成了他们的代名词。由于布尔迪厄的相关理论已在前文理论部分做了详细交代,这里就不再赘述。

2. 国内学者关于知识分子与电视关系的研究

国内学者关于知识分子与电视关系的探讨主要见于最近十年,更确切点说,主要出现于 2004 年之后,即在《百家讲坛》的红火与学术明星走红之后。

其实,20 世纪 90 年代中期,中国就出现了关于知识分子与传媒关系的讨论。1997 年 1 月 24 日,《南方周末》曾以《知识分子与大众传媒:爱与恨的纠缠》为题,编发了三位学者的文章:郑也夫的《学者与电视》、包亚明的《警惕传媒》、徐友渔的《学者罗素》。编者按写道:"这是一个大众传媒的时代。知识分子与传媒的广泛合作,成为一道崭新的文化风景线。这种合作本身的价值与意义何在? 知识分子能否通过介入大众传媒,为自己确立一种价值定位? 它是否意味着一种新的文化方式正在生长?"这很可能是知识分子传媒化的首次讨论,从此之后,知识分子与大众传媒的合作问题浮出水面。

具体到"电视知识分子"概念的提出,笔者查遍了中国知网上的所有数据,在 20 世纪,能找到相关论文只有两篇:最早的是何东 1997 年发表在《天涯》第 5 期上的《电视"知识分子"》,以及随后的周安华 1998 年第 2 期在《文艺争鸣》上刊登的《论中国"电视知识分子"》,这是目前在知网上能查到的国内最早的探讨知识分子与电视关系的文献。

在 21 世纪之初,张国功于 2001 年第 2 期的《杂文选刊》上发表了《混个脸熟的"电视知识分子"》,虽然是以杂文的形式出现,但却是目前可查的新

① 〔美〕爱德华·W.萨义德:《知识分子论》,单德兴译,北京,生活·读书·新知三联书店,2002 年,第 68 页。

世纪关注知识分子与电视关系的第一篇文章。

随着《百家讲坛》"造星运动"的进行,国内关于"电视知识分子"的研究也相应多了起来:依次出现了时统宇的《试论电视知识分子》①、周浩峰的《当知识遭遇电视的速食文化——关注"知道分子"的出现》②、李兴亮的《知识分子与电视的关系新论》③、刘艳臣的《中国电视知识分子状况浅析》④、黄宁的《电视知识分子的传播逻辑》⑤、胡畔的《解析电视知识分子现象》⑥、吴世文的《试论我国电视知识分子的公共事务参与》⑦、郑萍的《论中国电视知识分子的特殊性及其作用》⑧、马俊丽的《浅谈电视与当代知识分子的关系》⑨、罗四翎的《遭遇特洛伊木马——〈百家讲坛〉与电视知识分子》⑩、周东华的《中国电视知识分子发展策略探析》⑪、时统宇的《电视知识分子的前世今生》(1~3)⑫、张玉川的《中国"电视知识分子"与电视场域》⑬,前后共 17 篇。

在中国知网上,以"电视知识分子"为题的硕士论文共三篇,分别是张翼飞的《场域理论视角下的中国电视知识分子》⑭、刘钫的《中国电视知识分子发展现状研究》⑮、冯洁的《电视媒介中的知识分子话语意义探寻》⑯。其他类似硕士论文有:张焱生的《机械复制与知识分子的身份转型》⑰、成珊的《知识分子的传媒化生存》⑱、林嘉维的《从讲坛类栏目看学者的电视生存》⑲、金文菲的《当代中国新闻传播中的专家角色分析》⑳、张沛的《媒介专

① 时统宇:《试论"电视知识分子"》,《现代传播》,2003 年第 2 期。
② 周浩峰:《当知识遭遇电视的速食文化——关注"知道分子"的出现》,《新闻知识》,2004 年第 8 期。
③ 李兴亮:《知识分子与电视的关系新论》,《河北大学学报(哲学社会科学版)》,2005 年第 1 期。
④ 刘艳臣:《中国电视知识分子状况浅析》,《齐齐哈尔师范高等专科学校学报》,2005 年第 1 期。
⑤ 黄宁:《电视知识分子的传播逻辑》,《声屏世界》,2006 年第 10 期。
⑥ 胡畔:《解析电视知识分子现象》,《传媒观察》,2007 年第 11 期。
⑦ 吴世文:《试论我国电视知识分子的公共事务参与》,《声屏世界》,2008 年第 10 期。
⑧ 郑萍:《论中国电视知识分子的特殊性及其作用》,《青海社会科学》,2009 年第 1 期。
⑨ 马俊丽:《浅谈电视与当代知识分子的关系》,《电影文学》,2009 年第 22 期。
⑩ 罗四翎:《遭遇特洛伊木马——〈百家讲坛〉与电视知识分子》,《上海文化》,2010 年第 3 期。
⑪ 周东华:《中国电视知识分子发展策略探析》,《新闻界》,2010 年第 4 期。
⑫ 时统宇:《电视知识分子的前世今生(1~3)》,《青年记者》,2011 年第 1、4、7 期。
⑬ 张玉川:《中国"电视知识分子"与电视场域》,《符号与传媒》,2010 年第 1 期。
⑭ 张翼飞:《场域理论视角下的中国电视知识分子》,长春,吉林大学,2009 年。
⑮ 刘钫:《中国电视知识分子发展现状研究》,西安,西北大学,2008 年。
⑯ 冯洁:《电视媒介中的知识分子话语意义探寻》,北京,中国传媒大学,2006 年。
⑰ 张焱生:《机械复制与知识分子的身份转型》,福州,福建师范大学,2008 年。
⑱ 成珊:《知识分子的传媒化生存》,武汉,华中科技大学,2004 年。
⑲ 林嘉维:《从讲坛类栏目看学者的电视生存》,长春,吉林师范大学,2007 年。
⑳ 金文菲:《当代中国新闻传播中的专家角色分析》,北京,中央民族大学,2009 年。

家的专业性和公共性探析》①、温波的《大众传媒时代知识分子与媒体关系研究》②等。而以"电视知识分子""电视与知识分子"等为篇名搜索博士论文库,查无。

在对知识分子的分类上,目前比较成熟的、有代表性的是胡畔的观点,他认为:"整体上来看,目前知识分子与电视媒介的关系体现为以下四种:第一类知识分子仅借助电视媒介传播思想理念和科研成果。他们只把电视视为与报纸杂志一样的传播媒介,因而能够恪守知识分子的学术品格,但此类节目往往美誉度高而收视率低,叫好却不叫座。如早期荧屏上的一些严肃死板的电视讲座。第二类知识分子常以专家学者的身份,对某领域的知识做电视化改造,使其适应电视节目的需要。这就难免在某些情况下做出让步和妥协,以达到电视和学者的双赢。比如风头正劲的《百家讲坛》的诸多嘉宾。第三类就是所谓的'媒介常客'和'快思手'③(fast-thinker),在电视所能带来的巨大名利财富的诱惑下,他们几乎丧失自己的理念和原则,只是假借一个学者的头衔,一切言行只是根据电视节目的需要进行表演。当然这只是少数现象,应当引起我们的警惕。第四类知识分子往往不与或者很少与媒介发生交集,始终深居象牙塔内,一如既往地潜心学术。"④

总体说来,这些论文均以知识分子与媒介关系为中心,从不同角度切入,论述当今媒体时代,知识分子与电视的关系现状及存在问题,总体基调是批判性的。正如许纪霖指出的那样:"媒体知识分子在讨论讨论公共话题的时候,他们所遵循的,不是自己所理解的公共立场,而是隐蔽市场逻辑,即使在诉诸批判的时候,也带有暧昧的商业动机,以迎合市场追求刺激的激烈偏好。"⑤

2007年,《中国传媒报告》第四期发起了以"媒介、知识分子与公共性"为中心的学术专题讨论,掀起了国内讨论知识分子与传媒关系的一个小高潮。

在研究方法的创新上,颇值一提的是叶慧珏在《新闻大学》2007年第2期上发表的文章《新闻点评中大众传媒和专家学者之间关系的异化可能》,这篇文章的不同之处在于它采用了调查访谈的研究方法,从新闻点评的视角考察了大众传媒和专家学者之间的关系,认为新闻场和学术场之间的结

---

① 张沛:《媒介专家的专业性和公共性探析》,合肥,安徽大学,2010年。

② 温波:《大众传媒时代知识分子与媒体关系研究》,广州,暨南大学,2007年。

③ 〔法〕皮埃尔·布尔迪厄:《关于电视》,许均译,沈阳,辽宁教育出版社,2000年,第56页。

④ 胡畔:《解析电视知识分子现象》,《传媒观察》,2007年第11期。

⑤ 许纪霖:《中国知识分子十论》,上海,复旦大学出版社,2003年,第38页。

构性矛盾导致了大众传媒和专家学者之间关系的异化,呼吁大众传媒和专家学者摒弃合谋的不正当状态,建立独立的知识分子评价体系、独立的新闻生产体系及富有专业精神的正当合作。

在学术专著方面,目前可查到的有五部:一是陈媛媛的《社会转型时期的知识分子媒介形象研究》①。该书从知识分子的媒介形象入手,第一次较深入地分析了当代中国知识分子所呈现出的媒介形象,其中探讨了知识分子媒介形象呈现的社会语境、主要方式、形象内涵以及制约机制。该书将对知识分子的研究使用了定性与定量两种方法,将西方理论与中国社会现实结合起来,可认为是在这一领域的开创性著作。

二是牛慧清的《中国知识分子与电视媒体关系研究》②。这可以说是目前为止关于知识分子与电视关系方面研究的比较规范的专著。书中对知识分子介入电视的动力机制进行了分析,指出知识分子介入电视的两种互动模式:历时主导模式和共时主导模式。对知识分子介入电视这一行为所产生的异化倾向,作者也给予了深入的剖析。在最后一章中作者探讨了知识分子与电视可能的良性互动。值得一提的是,作者采用了深度访谈的方法,对知识分子和电视从业者分别进行访谈,这样就使该书的论述更有现实针对性和说服力。

三是张玉川的《电视知识分子论》③。书中探讨了中国知识分子媒介化的历程;中国电视知识分子的特征、类型;场域中的电视知识分子;中国电视知识分子的话语;电视知识分子的文化角色、社会责任。这本书的一个重要特色是它运用了场域理论,虽然只是其中的一个章节,但也是国内学者此类著作中的一个创新之处。

四是徐国源、路鹏程、刘怡等的《知识分子与大众传媒》④。作者首先从知识分子与报刊的公共活动开始梳理,继而推进到知识分子走上电视,即"知识传媒化"现象,进而探讨知识分子的网络镜像,最后提出"知识分子与传媒公共空间"的当代课题。

五是时统宇、吕强的《电视知识分子》⑤。作者从电视知识分子与公共知识分子的概念和意涵出发,重点分析了作为制度的电视知识分子的特点,强调了电视知识分子在公共领域的社会作用,剖析了在面对以电视为代表

---

① 陈媛媛:《社会转型时期的知识分子媒介形象研究》,武汉,湖北人民出版社,2009 年。

② 牛慧清:《中国知识分子与电视媒体关系研究》,北京,中国传媒大学出版社,2011 年。

③ 张玉川:《中国电视知识分子论》,成都,巴蜀书社,2011 年。

④ 徐国源、路鹏程、刘怡等:《知识分子与大众传媒》,北京,中国书籍出版社,2012 年。

⑤ 时统宇、吕强:《电视知识分子》,北京,社会科学文献出版社,2012 年。

的数字网络时代,知识分子在审视"上电视,还是不上电视"这一问题时,所持有的充满断裂性和焦虑感的复杂态度。该书还在部分章节提到了布尔迪厄的《关于电视》。

二、研究现状之评价

(1)目前学界对于知识分子的关注日渐增多,这一方面得益于学界对知识分子在现代生活中重要作用的思考,另一方面也缘于对知识分子在历史发展中所呈现出的文化人格的反思,将两者结合起来,学者们对知识分子的关注也便密集起来。所以,纵观国内的知识分子研究,研究者所处学科领域庞杂、视野开阔,已经逐渐形成一个多学科、交叉性的研究领域。

(2)虽然学界对知识分子的研究日益增多,但能用场域理论,尤其是用电视场域理论对知识分子进行分析和探讨的成果却为数甚少,这两者显得极不成比例。当然,我们也欣喜地看到,在新世纪,对这两者关系的关注也有蓬勃发展之态势。这一方面源于电视媒体的迅猛发展以及对人们生活影响的深入,另一方面也是由于人们对新世纪知识分子社会作用的进一步追问,学者们思考的是如何在当代电视媒体时代充分发挥知识分子的社会责任以及避免电视场域对学者学术行为的不利影响。

(3)在有限的探讨中,学者们对知识分子与电视的关注更多地集中于实践层面,如对电视知识分子的分类、在具体操作中存在的一些技术层面的问题等,也有少数学者借鉴西方理论分析新闻场与学术场的冲突,一些硕士论文也谈到了电视与知识分子的关系,但总体来说不但数量有限,而且大多泛泛而谈,问题不集中、深度不够。

(4)对于新世纪出现的"学术明星"现象,学界的关注更是零散不一、力度缺乏,多是跟风研究,多是对一些细小问题的描述,对其持积极肯定的意见居多,虽也有一些学者对其进行批判,但多集中于文化角度、史学角度及媒介经营管理角度,能从电视这一媒介场域对当代学者所产生影响的角度进行整体性理性反思的不多,这不能不说是一个缺憾。

(5)缺乏研究的宏大视角和理论体系。目前能查到的关于电视与知识分子思考的硕士论文也不过三四篇,关于"学术明星"现象的空无一篇,而博士论文甚至是连相关研究也均查无。而从已出版的著作的数量及质量来看,已有部分学者关注到这一现象及电视知识分子这一群体,但多是现象层面的描述,理论深度不够。总体说来,在有限的文献中,研究的视角还不够开阔,没有把这一新现象以及对电视与知识分子的思考推向深入,即没有历史纵深感和中西对比的宏大背景,而没有这种背景和视角,对这一问题的研究就难免浮于表面,给人隔靴搔痒之感,与此相关,没有真正运用场域理论对知识分子进行深入的剖析,理论体系不够健全。

从总体说来,知识分子和媒介的著述,很多是来自媒介人士之外的学者,知识分子(学者)与电视场域的研究还是一块尚未开垦的处女地,这在目前媒介研究中,还是一个被忽略的领地。

三、研究问题

(一)"电视场"与"学术场"各自的场域特征

"电视场"与"学术场"原本是两个相对独立的场域,它们同属于文化场,而文化场又是社会元场域的一个子场域。那么"电视场"与"学术场"各自的场域特点是什么,这些特点即是它们的场域区隔所在,本书希望能找出电视场这一介越行为的动机。

(二)"电视场"介越"学术场"的具体表现

本书希望找出"电视场"介越"学术场"的具体表现,这些表现能够确切说明在当今媒介生态条件下,电视媒体的功能确实越来越强大,它已超出了自己以往的行为领域,越入了"学术场",这也是本书的价值前提。

(三)"电视场"介越"学术场"的路径探析

"电视场"介越"学术场"已是不争的事实,那么"电视场"是通过什么方式介入"学术场"的呢? 通过对介越路径的分析,意在找出电视场介越学术场的具体方式,以便对它的介越行为有更为清晰的把握。

(四)"电视场"的介越行为对"学术场"的影响

电视场的介越行为,会给学术场造成什么样的影响,这应该分为两个层次,一是对学术场整体的影响,一是对学术场内学者个人的影响。通过影响分析,我们可以进一步看清电视场对学术场的冲击。

(五)"电视场"介越"学术场"的实质所在

电视场介越学术场到底是一种什么行为,这一行为的发生在当代中国文化生态环境中可能意味着什么? 本问题希望进入介越行为的核心层面。

(六)"电视场"对"学术场"的介越给知识分子群体提出的现实难题

学术场面对电视场的诱惑,一部分知识分子游离到电视场中,用自身所具备的学术资本换取了社会资本和经济资本,这种成功交换会给学术场中的知识分子,包括交换成功的知识分子和未参与交换的知识分子带来怎样的现实难题?

（七）在大众传媒时代,知识分子参与电视媒体运作的具体形式

电视媒体已深切融入我们的日常生活,知识分子参与大众文化生产也是媒体时代提出的新课题,那么知识分子应该如何介入电视媒体运作,以更好发挥其传播知识、引导公众的责任和使命?

第三节　理论视角及概念界定

一、理论视角

（一）布尔迪厄的场域理论

本书的主体理论是布尔迪厄的场域理论。布尔迪厄认为,整个社会是一个大的权力场域,这个场域在不断地发展中又逐渐分出若干个小场域,每个场域都有其各自的资本形式和惯习,不同的场域之间是很难相互通约的。场域中布满了不同的行动者,他们为了争夺场域内的资本,采用不同的策略形式。他们手中掌握资本的数量和质量,决定了他们在场域中的位置和权力。资本既是他们斗争的目的,也是他们斗争的手段。每个场域都是相对自主的,同时也是处于永恒斗争的。

他这样定义场域:“从分析的角度来看,一个场域可以被定义为在各种位置之间存在的客观关系的一个网络,或一个架构。正是在这些位置的存在和他们强加于占据特定位置的行动者或机构之上的决定性因素之中,这些位置得到了客观的界定,其根据是这些位置在不同类型的权力或资本(占有这些权力就意味着把持了在这一场域中利害攸关的专门利润的得益权)的分配结构中实际的和潜在的处境,以及它们与其他位置之间的客观关系(支配关系、屈从关系、结构上的同源关系等)。”①

布尔迪厄提出了媒介场理论:媒介场与文学场或艺术场一样,也是纯文化的特殊逻辑的存在场所。但是,媒介与政治场和经济场一样,比科学场、艺术场甚至司法场更会受制于市场上逻辑的裁决与考验。同时,媒介场

---

① 〔法〕皮埃尔·布尔迪厄:《关于电视》,许钧译,沈阳,辽宁教育出版社,2000年,第14页。

的控制力在不断增强,开始通过各种方式加强与其他场域之间的关系,渐渐地对不同文化生产场的自主性构成威胁。正是从这一角度,布尔迪厄分析了以电视为首的大众传媒怎样从民主的非凡工具蜕变为象征的压迫工具的。

本书就是建立在这样的理论推断之上的:电视场与学术场是原本两个各自独立的场域,他们有着各自不同的场域特征和运作方式,但由于经济等因素的影响,电视场不断地靠近并介越了学术场,并对学术场以及学者个人产生影响。

(二)知识分子理论

本书借鉴了一些西方关于知识分子的研究成果,主要有:① 曼海姆等的"自由漂移的知识分子"论:在他的《意识形态与乌托邦》中,曼海姆把知识分子叫作"自由漂移"的人,是"一个相对不具有阶级性、没有被太牢固地安排在社会地位上的阶层……他不是封闭的和完结了的,而是能动的,富有弹性的,处于不断的流动状态"①。他认为知识分子的关键是"自由漂移"和"非依附性";② 葛兰西的"有机知识分子论":他提出了与"传统知识分子"相对应的"有机知识分子"概念。在《狱中札记》中,葛兰西明确地指出:"知识分子便是统治集团的'代理人',所行使的是社会霸权和政治统治的下级职能"②"只有在知识分子有机地成为那些群众的有机知识分子,只有在知识分子把群众在其实践活动中提出的问题研究和整理成融贯一致的原则的时候,他们才和群众组成为一个文化的和社会的集团"③;③ 福柯、利奥塔的特殊知识分子论:1968 年"五月风暴"后,福柯曾悲哀地说,知识分子从此销声匿迹,只剩下在各专业领域里忙碌的"专家"。他坚信社会的变化导致了那种"独立自主、无处不在的普遍形式上的主体"消失了。由此,福柯提出了他著名的两种知识分子角色理论:"知识分子不再以'普遍性代表''榜样''为天下大众求正义与真理'的方式出现,而是习惯于在具体部门——就在他们自己的生活和工作条件把他们置于其中的那些地方(寓所、医院、精神病院、实验室、大学、家庭和性关系)进行工作。……这就是我要称作'专家

---

① 〔德〕卡尔·曼海姆:《意识形态与乌托邦》,黎鸣译,北京,商务印书馆,2000 年,第 157~158 页。

② 〔意大利〕安东尼奥·葛兰西:《狱中札记》,曹雷雨等译,北京,中国社会科学出版社,2000 年,第 7 页。

③ 〔意大利〕安东尼奥·葛兰西:《狱中札记》,曹雷雨等译,北京,中国社会科学出版社,2000 年,第 270 页。

性'知识分子,他相对于'普遍性'知识分子。"①利奥塔所宣称的"知识分子之死"与福柯不谋而合而且更加激进。在他看来,"知识分子之死"是同对知识合法性的解释取向相一致的,以往对知识合法性的解释已遭到后现代知识状态的舍弃。在后现代的知识背景下,"知识分子"身上的神圣光环已经褪去,留下的只是平常的、专门性的技术工人的命运;④ 萨义德的"业余知识分子论":萨义德在他的《知识分子论》中认为知识分子在本质上是业余的:真正的知识分子不是为某种利益而存在,而永远是为了某种兴趣而存在。"今天的知识分子应该是个业余者,认为身为社会中思想和关切的一员,有权对于甚至最具技术性、专业化行动的核心提出道德的议题,因为这个行动涉及他或她的国家、国家的权力、国家与其公民和其他社会互动的模式。……不再做被认为是该做的事,而是能问为什么做这件事,谁从中获利……"②

(三) 相关的文化批判理论

1. 法兰克福学派

法兰克福学派大众文化批判理论萌芽于 20 世纪 30 年代,成熟于 20 世纪 40 年代。这主要体现在三个方面: ① 把大众文化当作主要的研究对象和研究主题;② 明确提出用"文化工业"取代"大众文化"。他们认为,大众文化发展到现代,其主要特征不再是大众化、通俗化,"文化工业"作为大众文化的现代形态,它是大众欺骗的工具,具有极权主义性质,充当法西斯主义的帮凶;③ 全面系统地论述了"文化工业"的含义、特征和社会功能,明确提出"现代大众文化是社会水泥"的著名论断,全面否定大众文化。

在法兰克福学派看来,大众文化尤其是现代大众文化,并不是服务于大众的通俗文化,而是借助于现代科技手段,大规模复制、传播文化产品的娱乐工业体系;它以文化工业生产为标志,以市民大众为消费对象,是商品化、技术化、标准化的现代文化形态;它把艺术、商业、政治、宗教、哲学等融合在一起,在闲暇里控制、操纵人的思想和情感,压抑、抹杀人的个性,平息、消除人的反叛意识,维护和巩固现存社会秩序。总之,作为肯定性、单向度的文化,它具有极权主义性质,起着资产阶级意识形态的作用;它是大众欺骗的工具和巩固现存秩序的"社会水泥"。法兰克福学派之所以批判、否定大众

① 《福柯专访录》,《东西方文化评论(第三辑)》,北京,北京大学出版社,1991 年,第 262 页。
② 〔美〕爱德华·W.萨义德:《知识分子论》,单德兴译,北京,生活·读书·新知三联书店,2002 年,第 71 页。

文化,是因为在他们看来,大众文化具有意识形态的特征和消极的社会功能。

值得一提的是哈贝马斯的公共领域理论。他的公共领域理论认为:①公共领域是由私人集合或汇聚形成的,它既不同于以个人和家庭为核心、以为生存而从事社会劳动和经济生活的完全自主的经济个体所组成的纯粹私人领域,也不同于国家这种以代表和行使公共权力为特征的公共权威领域,是一种非国家或非官方的公共领域;②公共领域是介乎国家与社会(即国家所不能触及的私人或民间活动范围)之间,公民参与公共事务的地方,公民借助公共领域能够就私人领域的"一般性问题"对国家的行政活动发表意见,提出批评。哈贝马斯公共领域理论的理论价值主要体现在:对"公共性"的高扬和彰显;从公共性维度对"公众舆论"的解释;在当今社会的民主发展中,强调了交往理性的功能和民主协商的途径。

2. 文化研究学派

文化研究是在晚期资本主义消费社会日渐成熟、工人阶级革命意识逐渐淡化的现实背景下展开的,因此,在强调保持"批判的文化知识"(出自霍加特[Richard Hoggart])的同时,消解马克思主义文化理解范式中的"经济基础"和"上层建筑"模式成为其理论前提的核心。伯明翰文明研究的一支——文化主义——强调文化是普通人的文化,这是伯明翰中心高举的传统。从理论上看,文化主义主要是从两种批判性对话中产生,其一是反对利维斯主义的精英文化路线,其二是不满对马克思主义的机械理解,特别是经济决定论的理解。

文化主义强调文化的"日常生活性",关注大众积极建构共享意义和实践的能力,让沉默的底层阶级发出自己的声音,进而探究文化在阶级权力中的地位,这些都是文化主义学派的重要目标。霍尔(Stuart Hall)充分肯定了大众传媒的重要性,他非常敏感于观众有可能用他们自己的方式给"统治话语"解码,认为观众的反应未必一定是机械的,就像阿多诺(Theodor W. Adorno)和霍克海默(Max Horkheimer)判定的那样。统治意识形态用选定的意义来编码,将往来事件的解释公布于世,仿佛它们是自然的、理性的。观众可以以反抗霸权的方式来解码。但是霍尔审度下来,发现观众并没有这样做。他们通常不知不觉就接受了统治阶级派定下来的意义。观众确实感到在以自己的方式解码,但是这类解码通常不过是统治代码内部的谈判协商而已。传媒因此是一个结构有序的意识形态领域,一个复杂的统一体。霍尔说,在葛兰西看来,各种统治意识形态固然会互相抗衡和竞争,但是总体上看,借用阿尔都塞(Louis Pierre Althusser)的话说,传媒是被结构在统治支配之中的。

二、概念界定

（一）场域及相关概念

1. 场域

对于场域(Field)这一概念，布尔迪厄这样说过："一个场就是一个有结构的社会空间，一个实力场——有统治者和被统治者，有在此空间起作用的恒定、持久的不平等的关系——同时也是一个为改变或保存这一实力场而进行斗争的战场"①，即场域的大体特征是：场域这个社会空间是有结构的；场域中各种冲突的力量并存，而且构成了不平等的关系；这些力量并非静止的，而是处在不停歇的争斗中。场域能够根据在其中被给予重视的特定资本的种类以及它们彼此相对自主，尤其是相对于经济和政治场域的自主来加以区别。但是没有场域是完全自主的。

2. 电视场域

在《关于电视》中布尔迪厄认为，电视场域也是一个有着自己资本（文化资本）形式和运作规律的场域，但却是一个更容易被经济因素制约的场域。电视正在对艺术、文学、科学、哲学和法律等文化生产构成巨大的危险，揭露电视的象征（或符号）暴力，电视在资本主义社会中体现为两个基本功能：反民主的符号暴力和受商业逻辑制约的他律性。

布尔迪厄对电视场域总体上是持批判态度的，他认为："电视是一种极少有独立自主性的交流工具。"电视不利于表达思想，必须在"固有思维"的轨道上运作。由于电视需要一种"快速思维"，所以，电视只赋予一部分"快思手"以特权，出现了一批"媒介常客"，思想的颠覆性沉沦于老生常谈之中。说到底，电视不过是提供了一种消化过的食品和预先形成的想法。

3. 学术场域

布尔迪厄在《关于电视》和其他著作中，并没有对"学术场域"做过界定或详细陈述，只是把它看作是整个文化场域中的子场域。本书试图从学术场域是整个社会"元场域"的子场域角度，对它的特征做如下描述：

（1）学术场域首先具备"场域"的总体特征，即学术场域是一个结构性空间，里面不同的行动者依据其掌握的资本多少占据着不同的位置，从而产生统治者与被统治者之分。场域中不同行动者的位置是相对固定的，但也

---

① 〔法〕皮埃尔·布尔迪厄：《关于电视》，许钧译，沈阳，辽宁教育出版社，2000 年，第 46 页。

会因其拥有的资本的变化而不断产生变动,所以,它同样是一个"斗争的战场"。

(2)"资本"在布尔迪厄的场域理论中扮演着关键角色,它决定了不同场域的不同特性和同一场域中行动者的占位,因而是一个场域获得独立于其他场域的重要依据。学术场域的资本是以知识为形态的文化资本。当然,其他类型的资本,如社会资本、经济资本等也参与学术场域的运行,但它们不足以界定学术场域的基本形态,而是文化资本——知识,构成了学术场域的"逻辑和必然性"起点,使其得以区别于以经济资本为媒介的经济场域、以权力资本为媒介的政治场域、以情爱为媒介的家庭场域,而成为一个相对自主的文化和意义场域。

(3)"惯习"是场域的重要性情倾向系统,不同的场域有不同的惯习。学术场域是一个具有自身独特逻辑的社会空间,在这个空间中,知识分子按照场域规则采取各种策略,争夺某种在他们眼中利害攸关的事物,即学术资本。为了最大限度地获得这种资本,他们必须按照学术场固有的惯习去行事。学术场以文字为主要媒介,强调知识的创新性、思想的独立性、行动的自主性。

(二)学术明星

"学术明星"是本书的一个核心概念。在中国知网中,以"学术明星"为关键词,搜到文章不过28篇,其中相关的仅有20篇。然而,在这有限的篇章内,却无法找到一个对"学术明星"概念的明确界定,尚未被合理界定却被拿来随意使用。

"学术"在词典中的解释有七:① 学习治国之术;② 指治国之术;③ 指教化;④ 学问、学识;⑤ 观点、主张、学说;⑥ 指学风;⑦ 法术、本领。① 本书取其第五种观点:"观点、主张、学说",即指有系统的、专门的学问。

在《关键概念——传播与文化研究辞典》(*Key Concepts in Communication and Cultural Studies*)中,约翰·费斯克(John Fiske)是这样定义"明星"的:所谓"明星"是由于在银幕与其他媒介上的公开表演而出名,并被视为各种文化群体之间重要象征的个体。②

本书中所提到的"学术明星"是近两年来随社会发展而出现的新词

---

① 罗竹风:《汉语大词典(第四卷)》,汉语大词典编辑委员会,汉语大词典编纂处,1989年,第247~248页。

② 〔美〕约翰·费斯克等:《关键概念——传播与文化研究辞典》,李彬译,北京,新华出版社,2004年,第270页。

汇。这一概念的出现是学术与现代大众传媒成功对接的结果,是市场化运作的产物。它指涉这样一种新兴社会现象:在文化学术界有一定成就的个体,他们通过大众传媒接触广大受众,以其特有的表述方式传播文化知识而为大众所接受,从而具有较高的知名度与观众喜爱度。他们也像歌星、影星一样,有了很大的名气、拥有众多忠实的"粉丝"以及忙不完的采访,成为我们这个"造星"时代无数"星星"中的一群。这些学者从"两耳不闻窗外事,一心只读圣贤书"的"象牙塔"中走出来,他们以媒体为课堂,以观众为学生传道授业,通过大众传媒巨大的影响力完成了由学者向明星的转变。而媒体也因为"学术明星"获得了更多的关注,扩大了自身的影响。

一般说来,学术是代表精英文化的学者所从事的研究,具有一定专业性、权威性的特点,这也使得充满严肃性的"学术"和娱乐味十足的"明星"的组合显得有些不伦不类。但是"学术明星"们以其自身的专业修养和知识,在学府、市场、媒体之间游走,市场的服务性和利益的优先性原则使得学术一改往日阳春白雪的严谨,走上与娱乐联袂之路。

基于以上的认识,本节试图为"学术明星"下一个如下定义:学术明星是指在学术界有一定声望的学者通过在大众媒体(尤指电视)上面向大众展示形象、传播文化知识,从而成为人们所熟知并产生明星效应的知识分子。

本定义的合法性理由如下:

第一,"学术明星"首先是学者,或曰知识分子(广义上的知识分子)。因为他们能够获得大众的认可,主要源自他们传播知识的行为(在媒体上)。不传播知识而成名的,可以称为"明星",但绝不是"学术明星"。

第二,学者之所以能在短时间内成为"学术明星",是因为他们在大众媒体(尤指电视)上的大众传播行为。不上媒体的知识分子,可以成为"学者",但难以成为"学术明星"。

第三,"学术明星"的电视传播行为,面向的是大众,追求的是大众的认可,而非学术场域内的小范围接受。

第四,学者要想成为"学术明星",仅仅在大众媒体上体现"声音"是远远不够的,必须还要展示"形象",这是他们成为"明星"的必备条件。对他们来说,存在,即是"被看到"。

第五,"学术明星"必定会产生明星效应,即有广大的群众号召力,有众多的粉丝,他们是大众文化的"符号",也是大众崇拜的偶像。同时,这种"明星效应"必定会给他们带来一系列可观的经济效益。

（三）知识分子及其相关概念

1. 知识分子

"知识分子"一词最早来源于俄文，出现在 19 世纪的俄国。当时较之西方还很落后的俄国社会里有这么一批人，他们本身属于上流社会，受的是西方教育。以这样一种精神态度来观察俄国当时落后的专制制度，他们便觉得所处的社会极为丑恶、不合理，产生了一种对现行秩序的强烈的疏离感和背叛意识。这样一批与主流社会有着疏离感、具有强烈的批判精神、特别是道德批判意识的群体，当时就被称为知识分子。俄国的知识分子不是一个职业性的阶层，而是一个精神性的群体，这批人甚至有可能来自不同的阶层，有些可能是军官，有些可能是教师，有些可能什么都不是，但他们在精神气质上则有着共通之处，这是西方"知识分子"的一个源头。从这个起源我们可以看到知识分子在语用学的意义上具有强烈的现实与道德的批判精神，并且与一种文化的疏离感联系在一起。

知识分子的第二个来源是 19 世纪的法国。1894 年法国发生了一起著名的德雷福斯事件。德雷福斯（Dreyfus）是一个上尉，因犹太人身份而遭受诬陷，这引起了一批具有正义感与社会良知的人士，包括左拉（Émile Zola）、雨果（Victor Hugo）等文人的义愤，他们站出来为德雷福斯辩护，于 1898 年 1 月 23 日在法国《震旦报》（*L'Aurore*）上发表了一篇题为《知识分子宣言》（*Manifeste des Intellectuels*）的文章。后来这批为社会的正义辩护，批判社会不正义的人士就被他们的敌对者蔑视地称之为"知识分子"。从法国的源头来看，知识分子一词实际上一开始是贬义的。但同样指那些受过教育，具有批判意识和社会良知的一群人。①

如前所述，西方对"知识分子"的讨论各不相同，体现了他们多元的价值判断，主要有曼海姆的"自由漂移的知识分子"论、葛兰西的"有机知识分子"论、古尔德纳（Gould Na）的"知识分子新阶级"论、萨义德的"业余知识分子"论、福柯的"普遍与特殊知识分子"论、鲍曼的"立法者与阐释者"论。这些理论各有特色，但都无一例外地将社会良知和批判精神视为知识分子最具特质的内涵，这和西方的历史文化传统和经济社会发展阶段是一脉相承的。

"知识分子"一词被引入我国大约是在 20 世纪 20 年代，当时并没有引起人们的注意。1925 年 1 月下旬，中国共产主义青年团第三次代表大会通

① 许纪霖：《中国知识分子十论》，上海，复旦大学出版社，2008 年，第 2~3 页。

过的《宣传及煽动决议案》中提到:"本团的宣传工作,应当是矫正从前专注一部分比较进步的知识分子的弊端。"①此后,知识分子一词才在我国逐渐普及和使用。

由于"知识分子"原本就是个舶来品,其在西方也没有统一的定义,所以在被引入中国后,我国的出版物和学界对它的界定更是各式各样。

1989 年版的《辞海》中的解释是:"知识分子是有一定科学文化知识的脑力劳动者,如科学工作者、教师、医生、编辑、记者等。在社会出现剩余产品的阶级划分的基础上产生……知识分子不是一个独立的阶级,而分属不同的阶级。"②这一界定强调了知识分子产生的原因和阶级属性。

《社会学百科辞典》认为:"知识分子是有一定的科学文化知识,以依靠脑力劳动获取报酬为其主要生活来源的社会阶层。如科学工作者、医生、教师、记者、文化工作者等。"③这个概念强调了知识分子的脑力劳动的特性。

大致来说,这两个概念都认为知识分子应该具有一定的科学文化知识,从事的是脑力劳动。但这样带来的就是概念内涵和外延界定不清的问题。"有一定科学文化知识",到底应该具有多高的文化水平?界限在哪里?

应该说,随着社会的发展,国民整体文化水平素质的提高,以文化程度的高低简单地界定知识分子,未免过于宽泛,并且如果仅以从事脑力劳动为其特点,也未免使知识分子的概念过于模糊,在科技高度发达的今天,普遍现象是体力劳动智力化,体力劳动与脑力劳动的区别越来越小。

国内学者近几年也对知识分子概念的界定发表了他们的看法,代表性的主要有余英时、许纪霖、陶东风、郑也夫等。余英时认为,根据西方的理解,知识分子除了献身于本专业之外,还要有关心公共利益的情怀。知识分子的基本性格和中国古代的"士"阶层非常吻合④;许纪霖认为,现代知识分子的定义包含了超越性和介入性双重属性⑤;陶东风认为,知识分子应该主要是指脑力劳动中从事创造性工作的那一部分人,也就是活跃于思想领域的探索者和创造者⑥;郑也夫是从社会学角度为知识分子命名的,他认为:"知识分子应该是这样一些人,他们在其社会生活中,在其工作、交往和表达时,比其社会中多数人员更频繁地使用符号象征体系和一般性的概念、范

①　王增进:《关于知识分子词源的若干问题》,《经济与社会发展》,2003 年第 1 期。
②　《辞海》,上海,上海辞书出版社,1989 年,第 1953 页。
③　《社会学百科辞典》,北京,中国广播电视出版社,1990 年,第 543 页。
④　余英时:《"士"与中国文化》,上海,上海人民出版社,1987 年。
⑤　许纪霖:《中国知识分子十论》,上海,复旦大学出版社,2008 年,第 67 页。
⑥　陶东风:《知识分子与社会转型》,开封,河南大学出版社,2004 年,第 332 页。

畴,即运用一种特殊的评议,这种符号象征体系可以是文字,可以是计算机语言,也可以是自然科学中的公式语言(如数学语言、物理语言等)。"①应该说,这一概念跳出了对知识分子传统人格的限制,界定更加宽泛和实用。

综合知识分子作为一个群体的历史演变和中西方学者的研究成果,本书认为,他们的研究视角可分为广义和狭义两方面,具体内容如下:

广义的知识分子论:主要是从拥有知识的多寡来划定的。知识分子首先必须拥有知识,而且随着整体国民素质的提高,能成为知识分子的底线也在提升。这些知识分子或是从事知识的创造,或是从事知识的传承,或是从事知识的传播。

狭义的知识分子论:除了必须拥有较高程度的知识外,这类群体还必须具备高尚的道德关怀,能够立足于自己的研究领域,面向大众,就公众问题发表看法,这种看法必须是超越个人功利的,具有普适性。他们必须仅仅从知识的理性和良知出发,做出自己的事实分析和价值判断,而不依赖于任何阶级或团体。这正如我国学者陈平原所说:"对于知识分子,首先是为学术而学术,其次是保持人间情怀。"②

基于以上对知识分子概念的梳理,本书比较赞同牛慧清对知识分子下的定义,即本书的知识分子"主要是指受过高等教育,在自己所属的专业领域内取得一定声誉并在社会上产生一定作用和影响的人士"。这一界定的合法性理由如下:③

第一,随着我国经济的加速发展,国内受教育的人数和学历水平都在逐年提高,以简单的学历等价于知识分子来定义知识分子的逻辑不再适用。

第二,知识分子存在的合法性是由知识体制内部提供的。一个在专业领域内取得了一定声望的人,意味着他的专业知识积累达到了较高的水平。

第三,没有将狭义的知识分子作为本书的定义是基于以下考虑的:20世纪90年代以来,媒体的改革释放了一定的话语空间,为狭义的知识分子进入电视提供了平台,但是由于中国电视在市场和国家意识形态的双重钳制下,狭义的知识分子在电视上的发言极其有限,声音相对来说显得较为微弱,并不是知识分子参与电视媒体的主流,因此,本书以广义的知识分子作为论述的逻辑起点。

第四,还有一点必须加以强调,本书在论述知识分子的电视介入行为,

---

① 郑也夫:《知识分子研究》,北京,中国青年出版社,2000年,第3~4页。
② 陈平原:《学者的人间情怀》,《读书》,1993年第3期。
③ 概念界定及合法性理由见牛慧清:《中国知识分子与电视媒体关系研究》,北京,中国传媒大学出版社,2011年,第42~43页。这里有部分改动。

以及对这一行为的反思时,不包括媒体体制内的知识分子。原因如下:从事媒体文化生产的知识分子与本书所提的学术场域内的知识分子不在同一场域,他们本质上属于电视场域,遵循电视场域的游戏规则,而电视场域与学术场域在本书看来,恰恰是两个截然不同的场域。

2. 电视知识分子

在后现代时期,"电视知识分子"作为知识分子一种新的类型被反复提及。"电视知识分子"是布尔迪厄在批评电视固有的弊端时提出来的。"电视知识分子"这一概念的出场语境既是现代社会大众传媒占据霸权地位的一个表征,也是知识分子在社会媒介化过程中角色分化的一个突出表现。①

本书的"电视知识分子"概念,参考了吴世文在《试论我国电视知识分子的公共事务参与》的定义,界定如下:"主要是指经常出现在电视上同时又非专业电视从业人员的知识分子,他们作为特邀专家或嘉宾解答电视观众的问题,或者就某一社会热点问题利用自己的专业知识发表见解,多为大学教授、研究员等,属于高级知识分子阶层。"②

本书采用这一概念界定的合法性理由在于:

第一,"电视知识分子"必须是经常上电视发表看法,但又非电视媒体内部从业人员。不容否认,一些媒体从业人员也具有较高学历或业内声望,但正如前文所说,他们本质上从属于电视场,而本书的逻辑起点是,电视场与学术场分属两个不同的场域。

第二,从功能上看,知识分子上电视,多是就社会问题发表看法或传播知识,这是他们介入媒体的价值所在。

第三,从身份上看,在电视上发言的知识分子一般为大学教授、研究员,这是电视媒体邀请他们最看重的身份标签,也是这部分知识分子能够频繁出现在电视上的资本所在。

在许多人眼里,"电视知识分子"等同于"屈服于电视的知识分子",其实这样忽略了电视知识分子所继承的知识分子利用大众传播媒介对公众进行启蒙的重要传统。在西方,利用电视这一现代媒体进行思想传播、启迪公众的重量级知识分子也大有人在,如萨特(Jean-Paul Sartre)、罗素(Bertrand Russell)、布尔迪厄。当然,由于知识分子介入电视是个新现象,这个概念的褒贬内涵也就尚在争论中。

---

① 郑萍、刘钫:《论中国电视知识分子的特殊性及其作用》,《青海社会科学》,2009 年第 1 期。

② 吴世文:《试论我国电视知识分子的公共事务参与》,《声屏世界》,2008 年第 10 期。这里稍作改动。

自从布尔迪厄的"电视知识分子"概念传入中国以后,学界就对此有一定的争论,也有人使用"传媒知识分子""媒介知识分子"或"媒体知识分子"等说辞,但在他们心中,这些概念已经可以与电视知识分子画上等号,或者电视知识分子本身就是媒介知识分子的主体。

(四)"介越"

"介越"一词在这里的意思是"介入""越界""越入"。

本书的逻辑起点是,学术场和电视场本是两个各自相对独立的场域,原本有着各自应遵循的游戏规则,然而,随着大众文化时代和消费时代的到来,电视场在其收视率的重压下,慢慢向学术场靠拢,正在以其中介性的场域特性越来越多地介入到其他场域之中,如学术场、教育场、司法场等。

本书用"介越"一词,旨在强调电视场向学术场位移中的主动姿态和动态过程,并暗示这一"越入"行为会给原本独立的学术场带来一定的冲击和影响。

(五)公共电视

公共广播电视的起源一般认为在欧洲,最早由英国广播公司(BBC)的首任总经理约翰·雷斯(John Reith)于1925年提出。公共电视是指通过一定的制度设计,以公共视听费,或以社会资助为主,国家财政补贴为辅,以此消除商业营利的驱动力,在非商业主义、民主政治和中立自主的基础上,建立起来的服务于公共利益和对社会负责的电视体制,目标是促进言论的自由传播、文化的多元发展、信息的可选择性、教育的繁荣和高质量节目的制作。[①]

第四节 研究方法及创新、难点

一、研究方法

(一)文献研究法

文献研究是一种通过收集和分析现存的,以文字、数字、符号、画面等信息形式出现的文献资料,来探讨和分析各种社会行为、社会关系及其他社会

---

① 金冠军、郑涵:《当代西方公共广播电视体制的基本类型》,《国际新闻界》,2002年第2期。

现象的研究方式,属于非接触性的研究方法,包括图书文献与电子文献。这里主要用于对一些基本概念、基本观点的借鉴、比较分析和批判性研究上。文献资料的主要来源包括与本书相关的学术著作、从中国期刊网中获得的学术论文和通过其他渠道获得的相关研究成果,如与知识分子相关的学术会议讨论、网上争议性文章等。研究方法主要是对文献进行整理、分类、识别、分析、比较、归纳,从前人的研究成果中借鉴有用的成分,从而寻找拓展本书的视野和深度。

本书的文献研究法,是指将对学术明星、知识分子有关的单篇文章、硕士论文、著作等研究成果进行整理、识别、提取观点或分析批判,以期在前人研究基础上作更进一步的思考。另外,央视《百家讲坛》的影像资料在网络上随时可见,这也为本书提供了丰富的第一手材料。

（二）个案研究法

个案研究法是一种"关于某个社会单位的生活全过程或关于它的某方面的个别事例和整体相关的研究法"①,其特点在于所研究的焦点特别集中,对现象的了解非常深入而详细。个案研究的价值在于为理论论证提供最生动有力的论据,对理论研究进行解释和验证,是文化研究中比较常用的质化研究方法。

本书以易中天、于丹为个案研究对象,分析这一现象的潮起潮落,透视中国知识分子目前电视化生存的现状,并以这一现象为由头,分析当前我国知识分子与电视的关系中存在问题,从而以小看大、见微知著。

（三）比较研究法

比较的方法也是本书的一个特色。比较研究法,是对事物同异关系进行对照、比较,从而揭示事物本质的思维过程和方法。它是人们根据一定的标准或以往经验、教训,把彼此有某种联系的事物加以对照,从而确定其相同或相异之点,对事物进行分类,并对事物内在矛盾的各个方面进行比较,总结出事物的内在联系,从而认清事物的本质。比较研究法分为五类:纵向比较研究与横向比较研究,同类比较研究与异类比较研究,定量分析比较与定性比较研究,单向比较研究和综合比较研究,求同比较研究和求异比较研究。②

---

① 戴元光:《传播学原理与应用》,兰州,兰州大学出版社,1991年,第404页。
② 侯先荣、曹建新:《MBA学位论文写作指南》,广州,华南理工大学出版社,2006年,第233页。

本书采用的是纵向比较研究与横向比较研究的方法。在历史维度中思考中国知识分子传统的文化人格,这种文化人格会对其与媒介的关系产生影响;思考当代电视生态环境中,知识分子应持的不同态度和实际上已产生的角色分流。另外,在与西方知识分子的对比中,寻找中国知识分子的人格缺陷,以及中西传媒体制给知识分子提供的不同平台,在这种横向对比中,揭示问题的症结所在以及可供选择的路径。

(四)深度访谈法

深度访谈又称无结构访谈或自由访谈,是一种半控制或无控制的访问。它与结构式访谈相反,并不依据事先设计的问卷和固定的程序,而是只有一个访谈的主题或范围,由访谈员和被访者围绕这个问题或范围进行比较自由的交谈。它的主要作用在于通过深入细致的访谈,获得生动丰富的定性资料,并通过研究者主观的、洞察性的分析,从中概括或归纳出某种结论。①

本书通过对在《百家讲坛》做过主讲人的学者、其他上过类似电视讲坛类节目的学者、高校知识分子、媒体相关工作人员等进行深入细致的访谈,请他们具体谈谈他们作为"学术明星"的感受、对相关节目及电视知识分子的看法,以及此类电视节目的流程及媒体从业人员对参加节目的学者的要求等,收集到珍贵的第一手材料。

(五)问卷调查法

问卷调查法也称"填表法",它是一种用书面形式搜集研究材料的一种调查手段,一般采用通过若干简短问题请被访者作答的形式了解他们对某一问题的看法。

由于本书探讨的是知识分子在社会大潮中的地位变迁及电视场域对其的影响,所以调查问卷就集中发放于两所大学的人文社会科学学科的相关老师:一是华中科技大学(重点院校),一是江苏师范大学(一般院校),并将对象进一步锁定于有副高职称以上的老师身上,之所以做这样的界定,是因为电视场域本身十分在意借用这种符号资源。

二、创新之处

(1)在布尔迪厄的场域理论及其提出的"电视场"概念基础上,本书提出"学术场"概念,从而在两个场的框架下考察电视与知识分子的关系,具有

---

① 雷鸣、马明峰:《品牌调研》,广州,华南理工大学出版社,2009 年,第 90 页。

分析范畴上的创新性。

（2）本书提出电视场域对学术场域的主动碰撞，使学术场域产生一定分裂的观点，既分析了电视场的这一介越行为对学术场整体的影响，又分析了对知识分子群体及个体的影响，具有观点上的创新性。

（3）深入剖析了在电视场域的影响下，知识分子内部角色及功能发生的变化。本书并不停留在一味地批判上，而是从理性角度分析这一变化的合理性，并在文章最后指出了知识分子参与电视的三种路径，具有研究内容上的创新性。

（4）为增强对这一问题的宏观及微观把握，结合研究目的及研究内容，本书先后对学术明星类知识分子、书斋型知识分子、媒业从业人员等近30位相关人员进行深度访谈，并采用调查问卷的方法切实了解学术场域内知识分子的真实想法，从而掌握了大量第一手材料，使本书没有简单停留在以往前人研究资料基础上，开阔了研究视野，理清了研究思路，具有研究方法上的创新性。

三、研究难点

（1）在相关资料方面：目前可供借鉴的直接研究成果不多，这是本书撰著的最大难题。国内学者对知识分子与电视关系的研究不但理论深度不够而且系统性不强，对学术明星现象能从学理角度进行研究的也零星罕见。而能从学术明星现象透视电视场域，或知识分子群体的，并通过深入分析指出其问题所在的，就更少之又少了。同时，布尔迪厄电视场域理论的主要论著也只有《关于电视》一本，是他在电视上的演讲论文的集合，全书不过五万字，而本书要从这五万字构思整个研究框架，研究者就必须吃透布尔迪厄场域理论的其他相关著作，再用这种宏观视野观照电视场域，这样论述起来才可能述之有物，这里的困难实在不小。

（2）在全书框架构造方面：文献检索显示，目前已有的文献缺乏相关研究的完整体系，学者们的探讨大多零零散散，且深度不够，没有可供借鉴的理论框架，这就要求笔者必须完全依靠自己的力量厘清思路、构建框架，其难度较大。

（3）在访谈方法的实施方面：为增强研究的真实性与可信性，本书必须深入访谈若干位学术明星或从事相关栏目制作的媒体工作人员。这就需要想方设法联系到相关人员，竭尽全力争取得到他们的支持。

第二章 场域理论：媒介 研究新范式

皮埃尔·布尔迪厄,法国社会学家、法兰西学院院士。作为一位世界级的学术大师,布尔迪厄的著作"包含了百科全书式的内容,完全不拘泥于学科的界限,兼及非常广泛的专业化研究领域——从对农民、艺术、失业、教育、法律、科学、文学的研究到对亲缘群体、阶级、宗教、政治、体育、语言、居住状况、知识分子以及国家的分析"①。目前国内对布尔迪厄的研究集中于社会学方面(如文化社会学、女性主义)、教育学、政治学领域,而对其在新闻传播学领域的关注则较少。其实,在 20 世纪 90 年代,布尔迪厄就将关注的目光扩展到了大众传播领域,他与汉斯·哈克(Hans Haacke)通过记录对话方式合著的《自由交流》(*Free Exchange*)以及根据自己在电视讲座上的讲稿写就的《关于电视》,都对大众传播进行了独到的、细致入微的分析。

与传统的英—美式新闻媒介研究传统相比,布尔迪厄对新闻传播学领域的贡献在于他所提供的研究范式几乎是革命性的。首先,他聚集于中观层面的"场域",为传统上割裂的宏观的新闻媒介"社会"(Societal)模式(诸如政治经济、霸权、文化和技术理论)和微观的"组织"(Organizational)研究路径架设了理论与实证合二为一的桥梁;其次,相对于以往不是集中于新闻机构就是集中于受众(但很少同时集中于这两者)的那些研究,布尔迪厄的场域理论更侧重于两者间的联系;再次,场域理论凸显变化的过程,包括媒介场域自身的变化情况,以及一个重组(Reconfigured)的媒介场域是如何影响其他主要社会部门的。

正如法国学者罗德尼·本森(Rodney Benson)所说:"布尔迪厄和他的合作者阿兰·阿卡多(Alain Accardo)、帕特里克·尚帕涅(Patrick Champagne)、雷米·勒诺(Rémi Lenoir)、多米尼克·马切蒂(Dominique Marchetti)及路

---

① 〔法〕皮埃尔·布尔迪厄、华康德:《实践与反思——反思社会学导引》,李猛、李康译,北京,中央编译出版社,2004 年,第 2 页。

易·平托(Louis Pinto)发展了一种以'媒介场域'(Media Field)概念为中心的新闻社会学研究新范式。其中心论点是面对经济场域已然增长的影响和渗透性,新闻的自主(Autonomous)性减弱了。新闻媒介,作为统治权力的代言人(Agent),正在削弱其他文化生产领域的自主性(Autonomy),因此也损害了科学知识生产和艺术创新的最佳社会条件。"①

第一节　场域理论关键词

布尔迪厄的理论体系比较庞杂,我们可以从他理论中最核心的三个关键词入手。

一、场域：结构化的权力空间

布尔迪厄的社会学中融入了人类学、哲学、历史、教育学、艺术、文化学、语言学等诸学科的内容,可谓错综复杂。但我们一般认为场域理论是他的基本理论,也是他研究社会现象的一个基本视角,在其社会学思想体系中占有最重要的地位。

对于场域(Field)这一概念,布尔迪厄是这样说的:"一个场就是一个有结构的社会空间,一个实力场——有统治者和被统治者,有在此空间起作用的恒定、持久的不平等的关系——同时也是一个为改变或保存这一实力场而进行斗争的战场。在这个天地里,每一个人都将他所具备的(相对)力量投入到与别人的竞争中去,正是各人的实力决定了每个人在新闻场的地位,从而也决定了他将来采取何种策略。"②所以,布尔迪厄的场域概念,不能理解为被一定边界物包围的领地,场域是内含力量的、有生气的、有潜力的存在。在这里,布尔迪厄将社会学中传统的研究单位"群体"(Group)扩大到"场域",在场域中,群体占据了位置,他的人类学研究方法正是依托于场域这个基本单位而进行的。

总体说来,场域具有如下特征:

1. 结构性

布尔迪厄的社会学始终致力于消解主客观的二元对立。他对此自称是

---

① 〔法〕罗德尼·本森:《比较语境中的场域理论：媒介研究的新范式》,《新闻与传播研究》,2003年第1期。

② 〔法〕皮埃尔·布尔迪厄:《关于电视》,许钧译,沈阳,辽宁教育出版社,2000年,第46页。

"建构者的结构主义"（Constructivist Structuralism），这一概念精炼地概括了他的这个目标。布尔迪厄的场域理论充分体现出他为此目标而进行的努力。场域从主要方面来讲，是某种结构化的东西，但又不同于一般的结构，特别是不同于结构主义者的结构，后者强调了整体性及其对个体的先验决定作用。布尔迪厄的场域是"一种被赋予特殊引力的合理构型"，其引力使对象和个体充分地融入，如果场域的内容发生了改变，那就等于改变了场域的结构，所以布尔迪厄认为，任何场域"给予本身以可能性结构"。布尔迪厄强调："一个场域不是死的结构，不是空的场所，而是游戏空间，那些相信并追求其所能提供奖励的个体参加了这种游戏，所以，完整的场域理论要求社会个体的理论。"①这正如布尔迪厄自己所说："我将一个场域定义为位置间客观关系的一个网络或一个型构，这些位置是经过客观限定的。"②

2. 关系性

场域是建立在关系的基础上，场域内有复杂的关系。布尔迪厄认为，分化社会中，浑然一体的社会世界分化为一个个"各自为政"的小世界，有着相对的自主、特定的逻辑，然而这些小世界与整个社会世界在生成结构上同源（Homology），即都遵从支配与被支配的等级结构的作用。"场域"概念正是说明一个小世界与其他社会世界之间的关系。③ 每个场域都有着自己相对独立的运作法则，不同场域之间关系虽然复杂，但根本上都是由它们与支配权力之间的关系决定的。场域概念是在用布尔迪厄一贯秉承的关系性思维来思考社会各个"游戏领域"，运用关系性思维理解社会世界中或明确或隐蔽的关系。进入同一个场域的行动者之间，以及场域与场域之间，共同受制于元场（政治场、经济场），并且在政治场和经济场之间各自相互独立又相互关联地存在。所以，这种关系性既在场域之外，也体现在场域之内。布尔迪厄曾说："现实的就是关系的"④"各种场域都是关系的系统"⑤"根据场域概

---

① P. Bourdieu, L.D. Wacquant: *An Invitation to Reflexive Sociology*, The University of Chicago Press, 1992, p.96.

② L.D. Wacquant: Towards a Reflexive Sociology: A Workshop with Pierre Bourdieu, *Sociological Theory*, Vol.7, 1989, p.39.

③ 张意：《文化与符号权力——布尔迪厄的文化社会学导论》，北京，中国社会科学出版社，2005年，第71~72页。

④ 〔法〕皮埃尔·布尔迪厄、华康德：《实践与反思——反思社会学导论》，李猛、李康译，北京，中央编译出版社，1998年，第133页。

⑤ 〔法〕皮埃尔·布尔迪厄、华康德：《实践与反思——反思社会学导论》，李猛、李康译，北京，中央编译出版社，1998年，第145页。

念进行思考就是从关系的角度进行思考"①。因此，"从分析的角度看，一个场域可以定义为在各种位置之间存在的客观关系的一个网络，或者一个构型（Configuration）"②"一个场域的结构可以被看作不同位置之间的客观关系的空间，这些位置是根据他们在争夺各种权力或资本的分配中所处的地位决定的"③。

3. 相对自主性

布尔迪厄认为社会空间中之所以有各种各样的场域，是场域多样化分化的结果，布尔迪厄将其视为场域的自主化过程。自主化实际上是指某个场域摆脱其他场域的限制和影响，在发展过程中坚守自己固有本质的特性。为了说明场域的自主化，布尔迪厄提出了两种"生产场域"的概念，一种是"限定的生产场域"，另一种是"大规模的生产场域"。限定的生产场域是与场域本身的特殊化共同扩展的，较多具有本场域的固有特质，而大规模的生产场域是场域的扩大，有更多的社会力量和世俗力量渗透进来。此种场域，边界往往模糊不清，特殊化程度不高。布尔迪厄认为，一个场域越是自主，它的生产者越只为本场域的生产者生产。所以自主性最强的场域是科学场域，其次是高层次的艺术场域，相形之下，法律场域较少自主性，而自主程度最低的是政治场域。

值得注意的是，场域的自主化只是相对的，而非彻底的。因为场域遵循着"同源性"法则，即任何场域都会受到场域外部政治场、经济场的影响甚至制约，从来都不能脱离社会支配关系的斗争。所以，场域的边界是经验的，场域作为一个社会空间，应该有自己的边界。但是，"场域的界限问题是一个非常难以回答的问题"，确定场域的疆界"不容许任何先验的回答"④。布尔迪厄认为"场域的界限只能通过经验研究才能确定"⑤，如果非要从理论上确立一条划定场域界限的原则，只能说"场域的界限位于场域效果停止作

---

① 包亚明主编：《布尔迪厄访谈录：文化资本与社会炼金术》，包亚明译，上海，上海人民出版社，1997年，第141页。

② 〔法〕皮埃尔·布尔迪厄、华康德：《实践与反思——反思社会学导论》，李猛、李康译，北京，中央编译出版社，1998年，第134页。

③ 〔法〕皮埃尔·布尔迪厄、华康德：《实践与反思——反思社会学导论》，李猛、李康译，北京，中央编译出版社，1998年，第155页。

④ 〔法〕皮埃尔·布尔迪厄、华康德：《实践与反思——反思社会学导论》，李猛、李康译，北京，中央编译出版社，1998年，第134页。

⑤ 〔法〕皮埃尔·布尔迪厄、华康德：《实践与反思——反思社会学导论》，李猛、李康译，北京，中央编译出版社，1998年，第138页。

用的地方"①。

4. 斗争性

场域中以及场域之间充满竞争，这是场域运动的表现。布尔迪厄说："作为包含各种隐而未发的力量和正在活动的力量的空间，场域同时也是一个争夺的空间，这些争夺旨在继续或变更场域中这些力量的构型……他们的策略还取决于他们所具有的对场域的认知，而后者又依赖于他们对场域所采取的观点，即从场域中某个位置点出发所采纳的视角。"②所以，场域在布尔迪厄看来绝不是静止不动的空间，而是充满争斗的，因为场域中存在着积极活动的各种力量，它们之间的不断"博弈"（Game）不仅使场域充满活力，而且使一个场域类似于一种"游戏"。场域中行动者利用各种策略来争夺和维护有利于自己的位置和空间。他们在场域中不断展开斗争，这些斗争维持或变更着场域中各种力量的构型，是场域的动力所在，所以场域内竞争的逻辑是资本的逻辑。从历史的角度来看，任何一个场域，其发生发展都经过了一个为自己的自主性而斗争的历程，这也是一个摆脱政治、经济等外部因素控制的过程，在此过程中，场域自身的逻辑逐渐获得独立性，也就是成为支配场域中一切行动者及其实践活动的逻辑。所以，他认为，场域并非是依照单一规章制度机械性运转的机器，而是充满斗争的社会空间，具有实践上的策略性和不确定性。斗争的焦点在于谁能够强加一种对自身所拥有资本最为有利的等级化原则。场域内的竞争和冲突使个体的位置不断发生变动，从而改变场域的结构和边界。这种变动导致了场域界限和场域力量的变动，并由此维持着社会的运转。

二、资本：场域中活跃的力量

布尔迪厄认为："一个场域不是死的结构，不是空的场所，而是游戏空间，那些相信并追求其所能提供奖励的个体参加了这种游戏。"③这里所说的"追求的奖励"，其实就是场域中最活跃的力量：资本（Capital）。他说："在场域中活跃的力量是那些用来定义各种'资本'的东西。"④

①　包亚明主编：《布尔迪厄访谈录：文化资本与社会炼金术》，包亚明译，上海，上海人民出版社，1997年，第146页。

②　〔法〕皮埃尔·布尔迪厄、华康德：《实践与反思——反思社会学导论》，李猛、李康译，北京，中央编译出版社，1998年，第139~140页。

③　P. Bourdieu, L.D. Wacquant: *An Invitation to Reflexive Sociology*, The University of Chicago Press, 1992, p.96.

④　P. Bourdieu, L.D. Wacquant: *An Invitation to Reflexive Sociology*, The University of Chicago Press, 1992, p.98.

　　布尔迪厄认为："在本质上，资本的种类的价值附着于游戏的存在，附着于可以运用能力的场的存在：资本的种类是一个特定的场中有效验的东西，它既是斗争的一个武器，又是斗争的股本，正是资本使其占有者能够行使权力及施加影响，并因此可以存在于我们正在思考的场内，而不致被人认为是可以忽略的因素。"① 所以，一种资本除非与场有关，否则便不会存在，也不会起作用。

　　布尔迪厄认为资本是积累的劳动，当这种劳动在私人性，即排他的基础上被行动者或行动者小团体占有时，这种劳动就使得他们能够以具体化的或活的劳动形式占有社会资源。所以，资本是一种铭写在客体或主体结构中的力量，它也是一条强调社会世界的内在规律性的力量②，它需要以客观化的形式或具体化的形式去积累。在这里，布尔迪厄大胆地将资本概念与权力概念相连，而这种权力包括了各种物质、文化、象征或社会权力形式。他的资本概念，也就从马克思意义上的物质化状态，广泛延伸到文化符号领域。

　　布尔迪厄把资本分为三种基本形态：经济资本、文化资本和社会资本。① 经济资本，是可以立即并且直接转换成金钱的资本，它以财产的形式被制度化；② 文化资本，在某些情况下可以转化为经济资本，它以教育资格的形式被制度化。文化资本以三种形式存在：一是具体的状态，以精神和身体的持久"性情"的形式存在；二是客观的状态，以文化商品的形式存在；三是体制的状态，以一种客观化的形式，这一形式必须被区别对待，因为这种形式赋予文化资本一种完全是原始性的财产，而文化资本正是受到了这笔财产的庇护；③ 社会资本，以社会义务（"联系"）组成的，这种资本在某些情况下可以转化为经济资本，它以某种高贵头衔的形式被制度化。③ 它就是个人和团体的社会关系、社会地位、声誉等可供利用的社会资源的总和。社会资本和其他资本一样，也有其自身的再生产。布尔迪厄的"资本"是一个广义的资本概念。在这三种资本之外，布尔迪厄提出"符号资本"（也称"象征资本"）的概念，用来解释各类资本为被统治者和平地、自愿地赞同和认可的误识效应，人们误识了这些资本的占有和积累的任意性。布尔迪厄曾这

---

　　① 包亚明主编：《布尔迪厄访谈录：文化资本与社会炼金术》，包亚明译，上海，上海人民出版社，1997 年，第 144~145 页。
　　② 包亚明主编：《布尔迪厄访谈录：文化资本与社会炼金术》，包亚明译，上海，上海人民出版社，1997 年，第 189 页。
　　③ 包亚明主编：《布尔迪厄访谈录：文化资本与社会炼金术》，包亚明译，上海，上海人民出版社，1997 年，第 192~193 页。

样来论述符号资本:"资本符号是有形的'经济'资本的被转换和被伪装的形式,符号资本产生适当效应的原因正是,也仅仅是因为它掩盖了它源自物质性资本形式的这事实,以上分析显示,物质性资本同时也是符号资本的各种效应的根本来源。"①所以,符号资本使得资本的不平等分配得以合法化,它不过是社会的集体巫术,是社会场域建筑的制度和社会行动者共同参与的有效欺骗,使权力滥用合理化的机制。②

布尔迪厄认为,在场域中经济资本是显性的资本,而社会资本和文化资本是隐性的资本。在布尔迪厄的资本理论中,三种不同类型的资本在特定条件下是能以一定的比率相互转换的,但只有以极大的努力才能获得。经济资本作为最有效的形式,它可以更轻易地被转换成社会资本和文化资本,而社会资本和文化资本最终也可以被转换成经济资本,但这种转换却不是即时性的,而且遭受的风险比较大。

场域是行动者争夺有价值的支配性资源的空间场所,这是场域的最本质特征。各种资源构成不同形式的资本,每一个场域都有各自占主导地位的资本,在知识分子场域里是文化资本,权力场域里是政治、经济、社会资本,有多少场域就有多少种资本形式。在特定的场域中,特定的社会位置形成不同的惯习。场域中主导性的支配原则确立和区分惯习的高低贵贱。资本的数量、构成和资本的变化则标志着惯习在场域中的变化轨迹。资本在场域中不是平均分配的,它是历史积累的结果,是一种排他性资源,同时又是新一轮社会活动的起点,不同类型、不同数量的资本分布结构,体现着社会的资源和权力结构,这种起点的不平均决定了竞争活动的不平等。

三、惯习:场域的性情倾向系统

当一个人进入某个场域时,深陷场域中的实践信念并非是一种单纯的自我体验,也不是机械被动地遵从外界灌输的教条,而是被各种社会秩序社会化过的主观性——惯习(Habitus)。

惯习,在布尔迪厄看来并非一个抽象的概念,而是象征化、符号化地体现出产生行动的"建构中的结构"(Structuring Structure)。什么样的习性结构就代表着什么样的思想方式、认知结构和行为模式。而一个人一旦形成习性,就意味着他已形成与其长期社会生活相适应的生存习惯、秉性系统、

---

① Pieere Bourdieu: *Outline of Pratice*, Cambridge: Cambridge University Press, 1997, p.183.

② 张意:《文化与符号权力——布尔迪厄的文化社会学导论》,北京,中国社会科学出版社,2005 年,第 175 页。

认知结构等。同时,个体习性也是因人因时而异的,是一种可调适、转换的性情倾向系统。所以,惯习并不是有意识理性选择的结果,也不是被动地遵循社会规则的产物,而是与生存环境相依相伴的自然结果,也是一个开放的可调节的系统。布尔迪厄指出,惯习强调的是人类行动的性情倾向和实践性特征,尤其是指出惯习作为持久的性情倾向系统,从客观形塑方面是"被结构化的结构"(Structured Structure),从内在生成性而言是"建构中的结构"①。

　　我们可以这样来理解惯习:第一,惯习"是持久的可转移的禀性系统"。法国社会学家菲利普·柯尔库夫(Philippe Corcuff)对这一定义作了详细的解释:"禀性,也就是说以某种方式进行感知、感觉、行动和思考的倾向,这种倾向是每个个人由于其生存的客观条件和社会经历而通常以无意识的方式内在化并纳入自身的。持久的,这是因为即使这些禀性在我们的经历中可以改变,那他们也深深扎根在我们身上,并倾向于抗拒变化,这样就在人的生命中显示某种连续性。可转移的,这是因为在某种经验的过程中获得的禀性(例如家庭的经验)在经验的其他领域(例如职业)也会产生效果,这是人作为统一体的首要因素。最后,系统,这是因为这些禀性倾向于在它们之间形成一致性。"②第二,惯习是与客观结构紧密相连的主观性。布尔迪厄认为,惯习属于"心智结构"的范围。是一种"主观性的社会结构",尽管布尔迪厄认为惯习具有一定的主观性,但他从来不认为惯习是一种纯粹的主观性(这正是他一贯所反对的),这是一种与客观结构(场域)相联系的主观性。也就是说,没有孤立存在的惯习,惯习总是与特定场域相关的;第三,惯习既是个人的又是集体的。惯习作为一种主观性的性情系统和心智结构,它不可能孤立的存在着,必须有一个"寓所"。惯习的"寓所"就是人的身体。惯习"来自社会制度,又寄居在身体之中(或者是生物性的个体里)"③,因此惯习也具有个体性,会因人而异。第四,惯习具有历史性、开放性和能动性。在布尔迪厄看来,惯习是一种生成性结构,是一种人们后天所获得的各种生成性图式的系统。"惯习是历史的产物",并且具有"双重历史性"(Double Historicity)。因为惯习"来源于社会结构通过社会化,即通过个体生成过程(Ontogenesis),在身体上的体现,而社会结构本身,又来源于一代

　　① 张意:《文化与符号权力——布尔迪厄的文化社会学导论》,北京,中国社会科学出版社,2005年,第63页。
　　② 〔法〕菲利普·柯尔库夫:《新社会学》,北京,社会科学文献出版社,2000年,第36页。
　　③ 〔法〕皮埃尔·布尔迪厄、华康德:《实践与反思——反思社会学导论》,李猛、李康译,北京,中央编译出版社,1998年,第171页。

代人的历史努力,即系统生成(Phylogenesis)"①。布尔迪厄指出,惯习"是一个开放的性情倾向系统,不断地随经验而变,从而在这些经验的影响下不断的强化,或者调整自己的结构。它是稳定持久的,但不是永远不变的"②。

在布尔迪厄看来,场域中的行动者进行实践活动的结构与个体化表现之间存在着一个联结,这个联结就是惯习。惯习是个体在实践中形成的。反之,这种惯习又作用于人类的实践活动。惯习使人的生活表现出看似的极大随意性,然而这种随意性的背后是结构化的力量,正如熊彼特(Joseph Alois Schumpeter)所认为的,如果人类不把绝大多数的日常行为融入习惯,并且把这种习惯传承下去,那么社会将无法维持哪怕是一天的正常生活。③

布尔迪厄的场域是一种客观的关系系统,在场域里活动的行动者是有知觉、有意识、有精神属性的人,因此每个场域都有属于自己的"性情倾向系统",即惯习。在这一点上,布尔迪厄的场域和惯习是不可分割的。每个惯习只能在场域中存在,并且每个惯习和产生它的场域是对应的关系。不同的场域有不同的惯习,把此场域形成的惯习简单地"移植"到彼场域中去必然会引起不协调的现象。值得强调的是场域和惯习之间不是简单地"决定"与"被决定"的关系,而是一种通过实践为中介的"生成"或"建构"的动态关系。惯习是一种"被建构的结构",是一种"建构中的结构"。

第二节　不同场域的位置关系及其特征

一、新闻场、电视场、学术场、文化生产场的在整个权力场域中的逻辑关系

(一)社会是一个大的权力场域

布尔迪厄认为,整个社会是一个大场域,但它并不是一个由各种系统功能、一套共享的文化、纵横交错的冲突或者一个"君临四方"的权威整合在一起的浑然总体,而是由各种既相互独立又相互联系的场域构成的。而场域的高度分化是随着社会的结构与功能的变化而产生的一种现象。随着社会

---

① 〔法〕皮埃尔·布尔迪厄、华康德:《实践与反思——反思社会学导论》,李猛、李康译,北京,中央编译出版社,1998 年,第 184 页。
② 〔法〕皮埃尔·布尔迪厄、华康德:《实践与反思——反思社会学导论》,李猛、李康译,北京,中央编译出版社,1998 年,第 178 页。
③ 周鸿:《布尔迪厄的阶层场域论与阶层的形成》,《学术论坛》,2005 年第 1 期。

的发展，人们面对的是形态各异的社会空间，如政治、经济、文化、科学等空间，各个场域在历史发展中逐渐形成具有自己独特法则和规律的微观世界，即"场域"，如经济场域、政治场域、科学场域、数学场域①、新闻场域、艺术场域（文学场域）、学术场域、司法场域、宗教场域、教育场域等。社会作为一个"大场域"就是由这些既相互独立又相互联系的"子场域"构成的。而每个子场域都处于整个社会大的权力场之中，每个子场也都是一个亚权力场，都存在着为争夺权力而进行的斗争。所以，每个场域都处于权力关系之中，处于阶级关系之中。权力关系也就因而构成场域内的基本关系，权力场域是构成各种场域的基本场域，也就是布尔迪厄所说的"元场域"。

（二）新闻场与学术场同为整个权力场域的子场域

对于"新闻场"的概念，布尔迪厄是这么阐释的："新闻界是一个独立的小世界，有着自身的法则，但同时又为它在整个世界所处的位置所限定，受到其他小世界的牵制与推动。说新闻界是独立的，具有自身的法则，那是指人们不可能直接从外部去了解新闻界内部发生的一切"②，可见，新闻场也是一个有自身运作规则的、相对独立场域。

在布尔迪厄的论述中，并没有专门性地提到"学术场"，倒是经常提及"科学场""艺术场""文学场"等一些类似概念，本书提出这一概念，是发展性的借鉴布尔迪厄的场域概念及其理论，尝试以"场域"为单位和分析视角，来审视当今电视对部分知识分子的影响。

布尔迪厄曾这样描述新闻场："新闻场具有特殊的一点，那就是比其他的文化生产场，如数学场、文学场、法律场、科学场等，更受外部力量的钳制。"③可见，在布尔迪厄的逻辑思路中，新闻场属于文化生产场，同理，学术场也必定属于文化生产场，文化生产场又隶属于整个社会大场域。由此可知，新闻场与学术场都是社会大场域不断裂变的结果，是场域不断分化的产物。他说："这一概念虽然有点太专，但我还是不得不提出来。"他指出："新闻界是一个独立的小世界，有着自身的法则，但同时又为它在整个世界所处的位置所限定，受到其他小世界的牵制与推动。说新闻界是独立的，具有自身的法则，那是指人们不可能直接从外部因素去了解新闻界内部发生的一切。"④布尔迪厄分析了"新闻场"的内部结构：由一系列媒体（报纸、广播、

---

①　〔法〕皮埃尔·布尔迪厄：《关于电视》，许钧译，沈阳，辽宁教育出版社，2000年，第61页。
②　〔法〕皮埃尔·布尔迪厄：《关于电视》，许钧译，沈阳，辽宁教育出版社，2000年，第44页。
③　〔法〕皮埃尔·布尔迪厄：《关于电视》，许钧译，沈阳，辽宁教育出版社，2000年，第61页。
④　〔法〕皮埃尔·布尔迪厄：《关于电视》，许钧译，沈阳，辽宁教育出版社，2000年，第44页。

电视等)组成的一个"客观关系网"①。对此,他特别提醒我们,要关注"新闻场"中各家媒体之间的"相对实力"。"相对实力"决定了它在新闻场之"结构史层次"②上究竟能够占据什么样的位置。

（三）电视场在新闻场中地位的提升

布尔迪厄说:"新闻界是一个场,但却是一个被经济场通过收视率加以控制的场。这一自身难以自主的、牢牢受制于商业化的场,同时又以其结构,对所有场施加控制力。"③布尔迪厄这里说的是"新闻界",但在论述中,却不由自主地把电视场强调了出来,从布尔迪厄《关于电视》一书中,我们也不难发现,他已将电视作为媒介批判的主要对象了。确实,与传统媒体相比,电视更容易施展其符号权力,电视已经取代报业成为新闻场域中的支配极了。

布尔迪厄认为,电视以为大众提供"公共信息"为名,不断制造着同质化的东西,而且是一种场域内集体无意识的重复行为。他认为由于竞争以及以大众名义的"通俗化"等原因,电视放弃了改造人们思维的责任,逐步扼杀了自己有可能引导的思维革命。同时,由于新闻场域中的行动者们垄断着信息生产和大规模传播工具,使他们不仅控制着普通公民的收视内容及方式,还决定着学者、作家、艺术家等文化生产者是否能进入大规模传播的空间,这导致了很多文化生产者向电视"投降"和"妥协"。他进而指出,电视的这种受收视率裁决胜负的法则的影响,降低了人们对民主和政治的思考能力。野蛮的炒作、非政治化的言论、轶闻趣事和流言蜚语等,使电视逐步成为"群情动员"的工具。

二、电视场的场域特征

电视场是文化生产场中一个重要场域,布尔迪厄说"所有的文化生产都受制于新闻的结构……"④在布尔迪厄《关于电视》的小册子中,我们不难看出,电视场居于他(媒介)批判的中心地位。他认为电视场比其他媒介场更易受政治、经济因素的影响,其符号权力更具隐蔽性,更易产生"符号暴力"。

① 〔法〕皮埃尔·布尔迪厄:《关于电视》,许钧译,沈阳,辽宁教育出版社,2000年,第45页。
② 〔法〕皮埃尔·布尔迪厄:《关于电视》,许钧译,沈阳,辽宁教育出版社,2000年,第48页。
③ 〔法〕皮埃尔·布尔迪厄:《关于电视》,许钧译,沈阳,辽宁教育出版社,2000年,第62页。
④ 〔法〕皮埃尔·布尔迪厄:《关于电视》,许钧译,沈阳,辽宁教育出版社,2000年,第65页。

（一）结构性

电视场域内部也是一个自足的结构，遍布着不同的行动者，它们拥有不同的资本，并依据资本的不同而占据不同的位置。所以，内部结构就是个体或集团占据的位置之间的客观关系结构，这些个体或集团处于为合法性而竞争的形势中。

电视场域是由所有的与电视行业相关的部门（个人或集团）组成的一个意象性集合，是众多的不同等级的电视机构、团体、文化商人、新闻节目制作者、影视节目创作者、影像出版商、节目民营机构、参与节目的专家学者等共同组成的历史情境，他们占据不同位置，彼此建立复杂关系，这是一个物质性和符号性兼具的空间结构，而非真空般的结构形式。电视场域中每个行动者的位置变动都会影响整个场域的结构发生变化。

（二）关系性

电视场域的关系性同样也是存在场域内关系和场域外关系。从宏观来看，电视场域与其他一些场域，如数学场、文学场、法律场、科学场同处于文化生产场，而文化生产场也只是整个社会大场域的一个子场域，社会场域中的其他子场域，也同样会由于自身的发展成熟，分化出不同的子场域。这样，电视场就同这些场域同处于权力场，在权力场中为自身的利益而抗争。布尔迪厄认为，权力场域中，占据大量政治资本和经济资本和相应社会资本的行动者居于统治阶级，而拥有相对少量经济、权力资本及相应的社会资本的行动者则居于被统治阶级，电视场域就是属于被统治阶级。从微观层面看，行动者团体，如电视场域内部不同层级的电视台、传媒公司、影像传播公司等，行动者个人，如电视台内部不同职务、职责的工作人员，与电视业务相关的媒体外人员等，他们同处于电视场场域内，同样因所掌握资本的不同，而形成统治阶级与被统治阶级的差异。

（三）相对自主性

场域具有自主性，这种自主性只能是相对的，因为场域遵循着"同源性"法则，任何场域都会受到场域外部政治场、经济场的影响甚至制约，对电视场同样如此。虽然布尔迪厄在《关于电视》中分析了电视场域的种种特性，同时他更清楚地看到了电视场薄弱的相对自主性。在他早期的理论中，他更关心权力（或政治场）与其他场的关系，依据场的性质和自律程度，他发现一个与政治权力由近到远的序列：法律场、学术场、艺术场、科学场。① 同时,新闻场远比科学场、艺术场甚至司法场更受制于市场的裁决,始终经受着市场的考验。② 也就是说,占据新闻场主导权的电视媒体,远比其他场域更靠近政治场和经济场,更容易受外界因素的影响,所以,电视场的自主性更弱一些。

(四)斗争性

电视场域同样是充满斗争的所在。场域内不同行动者都在为争夺场域的定义权而进行着斗争,斗争的目标和手段就是资本。行动者依据各自在场域中的占位和手中的资本,以及下意识的惯习,决定采取何种策略投入战斗。电视场域内的斗争就是围绕着其对象征资本的争夺而展开的。不同级别的电视台总是在为争夺观众的注意力而打着眼球大战,各类节日热衷于请专家策划,也是为了在电视场域中争夺收视率,从而获得更多的符号资本。这种斗争在场域中是无所不在的。这种斗争性维护了电视场域的整体性、动态性和自我更新性,从而使电视场始终处于开放的活力状态。

(五)商业性

正如布尔迪厄所言,新闻场比其他场更容易受市场的制约。居于其中的电视场是"一个越来越受制于商业逻辑的场,在越来越有力地控制着其他天地"③。确实,由于受收视率的制约,电视场的商业特性已越来越明显了。"通过收视率这一压力,经济在向电视施加影响,而通过电视对新闻场的影响,经济又向其他报纸、包括最'纯粹'的报纸,向渐渐地被电视问题所控制的记者施加影响。同样,借助整个新闻场的作用,经济又以自己的影响控制着所有的文化生产场",这对电视商业性的分析十分到位。

(六)反智性主义

布尔迪厄认为:"反智性主义是新闻界的一个结构性的长期现象,它促使记者们经常提出知识分子的谬误问题或是挑起争论,能发动的自然只是那些知识分子记者,其存在的唯一理由,是因为这些所谓的争论可以给那些电视知识分子提供机会,在电视上'挖一段时间',得以靠媒介生存。"④

"由于竞争的逻辑以及那些机制起着作用,电视绝不敢越雷池一步。它

---

① 〔法〕皮埃尔·布尔迪厄:《关于电视》,许钧译,沈阳,辽宁教育出版社,2000 年,第 11 页。
② 〔法〕皮埃尔·布尔迪厄:《关于电视》,许钧译,沈阳,辽宁教育出版社,2000 年,第 11 页。
③ 〔法〕皮埃尔·布尔迪厄:《关于电视》,许钧译,沈阳,辽宁教育出版社,2000 年,第 65 页。
④ 〔法〕皮埃尔·布尔迪厄:《关于电视》,许钧译,沈阳,辽宁教育出版社,2000 年,第 68 页。

与公众的思维结构再合拍不过了……用美好的情感，制造的却是'收视率'。"①"最为重要的是，随着电视象征力量的不断增强和竞争的日趋激烈，各电视台极尽犬儒主义之能事，纷纷追求轰动、奇特、耸人听闻的效果，且大获成功。"②

由于电视媒体本身声画并茂、转瞬即逝的特点，它确实是个不利于进行深入思考的媒体，而非政治化的社会新闻的大量存在，使人们沉浸于浅表层次的感官享受或刺激，而成为一个个没有思想深度的透明存在。

三、学术场的场域特征

（一）结构性

学术场域是由所有的与学术研究相关的部门（个人或集团）组成的一个意象性集合，包括大学、各种科研机构、学术团体等，它们共同组成了一个自主的领域，以知识为资本，以对资本占有的多寡来确定自身在场域中的位置，这种由不同行动者构成的关系结构，共同组成了整个场域空间。

（二）关系性

学术场域的关系性同样也是存在场域内关系和场域外关系。从宏观来看，学术场域与其他一些场域，如司法场、宗教场、政治场、经济场等同处于社会大场域之中，也是由元场域不断发展而分化出的一个子场域。这样，学术场也同样在权力场中为自身的利益而抗争。在权力场域中，占据大量政治资本和经济资本和相应社会资本的行动者居于统治阶级，而拥有相对少量经济、权力资本及相应的社会资本的行动者则居于被统治阶级，学术场域由于掌握着大量的文化资本，也被授予某种特权，因此它也具有统治性。然而，由于缺乏政治资本和经济资本，属于统治阶级中的被统治阶级。从微观层面看，行动者团体，如学术场域内不同层级的科研机构、各级院校和学术团体等；行动者个人，如大学讲师、教授、科研机构中的各类知识分子等，他们虽然同处于学术场域内，但却因所掌握资本的不同，而形成统治阶级与被统治阶级的关系。

（三）相对自主性

任何场域的自主性都是相对的，学术场同样如此。虽然在布尔迪厄看

① 〔法〕皮埃尔·布尔迪厄：《关于电视》，许钧译，沈阳，辽宁教育出版社，2000年，第52页。
② 〔法〕皮埃尔·布尔迪厄：《关于电视》，许钧译，沈阳，辽宁教育出版社，2000年，第58页。

来,科学场①是最远离权力和商业逻辑的,艺术场次之。然而,传媒化的经济力量已越来越渗透到纯粹的科学场域和艺术场域之中,进而形成了传媒和学者或艺术家的"合作",而这无疑会大大影响科学场和艺术场的自律性。比如电视开始扮演真理裁判者的角色,导致科学场和艺术场内评判标准的混乱等。

(四)斗争性

场域中不同行动者之间持有不同资本、据有不同占位、基于不同策略的斗争是永恒的。以知识活动为中心的学术场域内蕴了知识生产合法性与合理性的矛盾。这种斗争,既有学术代际之间的新旧观点之争,也有基于不同视角的理论的中心与边缘之争,最终都指向学术话语权的争夺,指向对周遭世界命名权的争夺。

(五)思想性

思想性是学术场域文化资本的重要体现,学术的价值往往体现在其思想的深刻性上,这一点尤其体现在人文社会科学上。所以,在学术场中,学术研究是否具有思想性成为衡量其文化资本的重要标志,也是衡量行动者在场域中位置的重要指标。这也是学术场域区别于其他场域的一个重要特征。

(六)创新性

学术研究以创新为旨归。创新性是学术人的永恒追求。在学术场域中,有学术创新性研究的行动者无疑比其他行动者享有更多的学术资本和更高学术地位,在学术场域中处于支配阶层的位置,比同场域其他阶层的人具有更多的话语权和学术代表性。

第三节　电视场与学术场的区隔

布尔迪厄认为,"在高度分化的社会里,社会世界是由大量具有相对自主性的社会小世界构成的,这些社会小世界就是具有自身逻辑和必然性的

---

①　在《关于电视》中,布尔迪厄并未明确提出"学术场",但明确提到"科学场"和"艺术场"。应该说,学术场包括了"科学场"和"艺术场"的"纯粹凝视"部分。

客观关系的空间,而这些小世界自身特有的逻辑和必然性也不可化约成支配其他场域运作的那些逻辑和必然性"①。的确,在布尔迪厄的理论中,不同的场域的场域结构是不一样的,所遵循的惯习是不一样的,斗争所持有和追求的资本也是不一样的。就电视场域和学术场域来说,他们是两个完全不一样的场域,是有着严格的区隔的。

一、传播媒介不同

在学术场域中,学者们的成就多是以科研成果的形式体现出来的,具体包括论文、著作及研究报告等,文字符号是他们学术创作的最佳载体,学术场域中的行动者们多是将自己的学术研究成果以书、研究报告或论文的形式公之于众,这是他们获得本场域内增强自身实力的资本的主要形式。

在电视场域中,声画并茂的视听符号则成为其主要的传播媒介,这种电子传播符号可以同时占领你的视觉、听觉,直至心灵,并具有转瞬即逝的特点。所以,电视是一种极不利于思考的媒介。

二、行动者与行动目的不同

行动者,是布尔迪厄场域理论中的通用语,用来指代场域中处于一定位置,凭借资本而不断为自己利益斗争的个人或团体。对于学术场域来说,它的行动者主要是各种科研机构的研究人员及高校教师等,他们积极地进行自己学术成果的研究和推广,旨在促进学术成果在学术圈内的交流,获得学术场域中更有利的位置和更多更高的文化资本。

而在电视场域中,行动者则是各级电视台及传媒制作公司以及相关的电视传媒产业公司等媒介组织,他们广泛参与电视各类节目的制作,旨在吸引观众提高收视率,以更多、更快的占领市场,获取更大的经济效益。所以,电视场域追求的只是最大范围内的娱乐性与最广利益的商业性。

三、传播受众不同

由于学术研究的专业性,学术场域内的知识传播并不追求最大范围的读者追捧,而是圈内小众范围的认可,也就是说行动者希望得到的是本书领

---

① 〔法〕皮埃尔·布尔迪厄、华康德:《实践与反思——反思社会学导论》,李猛、李康译,北京,中央编译出版社,1998年,第134页。

域内相关专家学者的赏识,场内同行的认可是学术研究者的最终目标。所以,学者研究成果的对象只能是特定的,而且范围极窄的受众。

电视场域内成果的评价标准不像学术场域那样完全追求内部评价,它追求的是最大范围的观众接受,因此对电视场域内产品质量最有发言权的无疑是其收视率了,它更多的是一种外部评价标准。虽然电视场域内部也会有其评价要求,如内部的评奖活动等,然而归根结底,观众的认可才是最重要的,是其生命线所在。

四、话语方式不同

学术场域通行的是知识分子话语。知识分子话语的主要特征在于语言的科学性和精准性,讲求意义与价值。在学者的论文或著作中,有着很强的互文性,如果没有一定的相关专业背景和知识面,是难以理解的。另外,知识分子话语多是书面语,对读者的知识层次要求较高,很难做到雅俗共赏。

电视场域则大大不同。电视场域追求的是最大众的通俗话语。其实一个场域执行什么话语,是取决于它的传播对象的。电视最广大的传播对象,决定了它必须采用最通俗的话语方式,那就是娱乐的、大众的话语。

五、呈现内容不同

学术场域中的成果重在思想的呈现,作者只要将其思考的过程及结果呈现出来,读者就仿佛在文中与其交流相见,至于作者本身的形象如何却是完全不重要的,也就是说,学术研究的逻辑是思想呈现而形象隐退。

在电视场域中,却与学术场域恰恰相反。由于它的视觉传播特点,它更重传播形象的呈现,虽然也有文字符号参与,但文字符号显然是居于次要地位的,而且那转瞬即逝的图像和声音都是不利于思想的。所以,电视场域通行的法则是形象呈现而思想隐退。

第四节　大众传媒时代电视场向
学术场的动态移动

从布尔迪厄的场域视角来看,正如前文对几个场域关系的分析,电视场和学术场同为文化场域中的子场域,是文化场域发展完善后自主分化的结果。在正常情况下,电视场与学术场因为是两个各自独立的场域,有着各自的资本形式及运作方式,他们分别位于文化场域中的不同位置,按照各自的惯习和策略行事(见图2-1)。

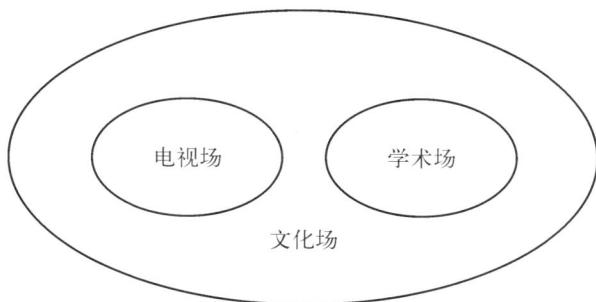

图 2-1　电视场与学术场

然而,随着市场经济的到来,随着电视媒体对收视率越来越疯狂的追逐,电视场域再也不甘心居于原来的位置了。

一、电视场域向学术场域的位移与介越

在收视率的诱惑和棒喝下,电视媒体千方百计,利用一切可以利用的资源,吸引观众的眼球,于是,他们想到了学术场,想到了知识分子群体,想到了利用学术场中知识分子的力量来提高电视节目的质量,扩展收视群体(见图2-2)。

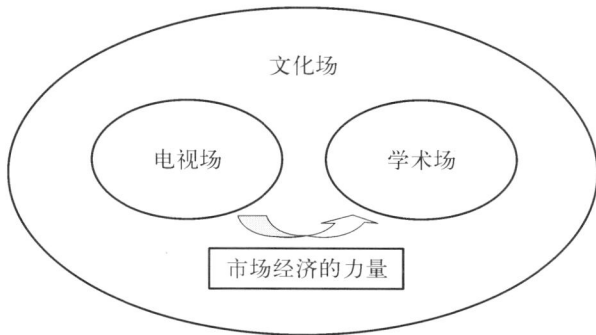

图 2-2　电视场向学术场的位移

位移的结果,电视场介越了学术场,超越了两者本来相对清晰的界限,产生了部分的融合(见图2-3)。

说明：
A：嘉宾参与型知识分子：专家型
B：节目策划型知识分子：幕后型
C：大众讲师型知识分子：明星型
D：主持人型知识分子：思想型

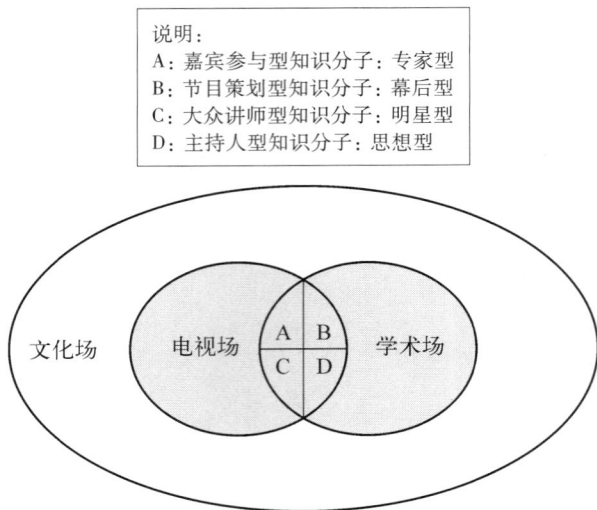

图 2-3 电视场向学术场的介越

这里需要说明的是，电视场只是部分地融入学术场，无论是学术场，还是电视场，都还有大部分的自主领域。在电视场和学术场的交融视域中，是我们一般称作"电视知识分子"的一个群体。这类群体按照他们在电视媒体中起的作用、扮演的角色不同，大致可以分为四种类型：

（1）嘉宾参与型知识分子（专家型）

这一类知识分子经常作为某个电视栏目的嘉宾出现，以他们所属领域的专业知识参与电视节目，为观众解决某方面的疑惑，如关于心理、养生、金融等，或利用相关知识背景分析社会现象与问题，他们经常被主持人或观众称作"专家"。

（2）节目策划型知识分子（幕后型）

此类知识分子并不活跃在电视屏幕上，他们是作为幕后工作者而出现的。他们的工作就是利用所学专长，为某个栏目或某期节目献计献策。

（3）大众讲师型知识分子（明星型）

这类知识分子以"知识传教士"的身份出现在屏幕上，他们面向观众系统地讲述某类知识（一般以文史知识居多）。这类知识分子多是大学老师，或专门学术团体人士。不过他们讲述的内容明显比课堂授课浅显得多，因为他们面对的不是大专院校学生，而是一般的电视观众。由于电视场域的放大效应，这类知识分子很容易一夜成名，成为"学术明星"。这也即是本书所要研究的对象之一。

（4）主持人型知识分子（思想型）

这类知识分子通常都有自己的一份职业，但应邀参与了电视节目的主持工作，他们作为客串的主持人，以思想深邃见长，对问题的分析和评论非常到位，这当然跟他们的学识背景及知识视野有关，也与他们的知识分子特有的话语表述有关。

由于电视场对学术场的部分介越，使一部分学术场融入了电视场，很自然的，这部分学术场的惯习也就发生了变化，受到电视场的干扰，发生了一些新的变化。在《关于电视》，布尔迪厄就对大众媒体的主将——电视——宣战，他用简洁通俗的语言揭示了电视借用传媒技术，垄断和控制公众视野，扰乱宁静自主的学术场域自主运行的现状。

二、电视场域将其"造星功能"运用到学术场域

电视具有"造星功能"，这是大众有目共睹的。先不说一个个真人秀节目对平民明星的重磅推出，单就电视媒体的特点来说，它就比其他媒体更容易让人一夜成名。目前，在电视上经常露脸，似乎已成为一般人成名的最快捷路径了。电视仿佛就成了"造星梦工厂"，各式明星如在流水线上被生产一般，层出不穷。娱乐明星、体育明星应该说是最常见的明星类型，近几年来，随着电视对文化场某些领域的逐步涉入，文化明星也日渐被推出，开始也就是一些畅销书的作家，一些资深的文化评论员等。然而，在 2006 年，一种新的文化明星种类诞生了：学术明星。

一般说来，"学术"和"明星"似乎是两个很难搭边的概念。明星是现代社会大众文化的产物，而"学术"则好像只属于那些专门做学问的学者，和普罗大众有着相当的距离。但是，近几年来，以《百家讲坛》节目为代表的媒体却造就了一批"学术明星"。这些"明星"大都在高校和科研院所工作，是原本以做学问为职业的学者。然而随着他们在《百家讲坛》等节目中开坛授课后，也随即像歌星、影星一样，几乎一夜成名，拥有了众多忠实的"粉丝"以及应接不暇的采访。这些学者从"两耳不闻窗外事，一心只读圣贤书"的"象牙塔"中走出来，他们以媒体为课堂，以观众为学生传道授业，通过大众传媒巨大的影响力完成了由学者向明星的转变。而媒体也因为"学术明星"获得了更多的关注，扩大了自身的影响。

但是，人们对"学术明星"现象的看法从它出现的那一天起就是毁誉参半，而对《百家讲坛》这样的电视节目为"学术造星"创造条件的做法，人们的意见也存在诸多分歧。比如，电视到底该不该介入学术场从而推出所谓的"学术明星"？学者该不该走上电视？这种学术与电视的杂交产物"学术明星"到底价值何在？

第三章 电视场介越学术场的场景描绘

在传媒日益发达的当代社会,电视场是否已介入学术场并对学术场造成一定影响? 为了对这一介越情况有一个全面了解,本书选取了三个支点,做了一个场景似的描绘:一是以湖北电视台的 11 个频道为调查对象,具体了解知识分子的参与程度以及电视场对知识分子的态度;二是以华中科技大学、江苏师范大学两所部、省级高校为对象,以问卷的形式调查人文社科类老师参与电视场大众文化生产的情况;三是以电视知识分子的典型代表"学术明星"为个案,详细考察电视场的介越对学术场产生的强烈冲击。

第一节 以湖北电视台的多频道栏目为例

电视场域到底对知识分子持什么态度,从具体节目运作中对知识分子的态度上可见一斑。为此,本书以湖北电视台的八个非付费频道和三个付费频道为研究对象,通过与频道总监或具体栏目制作人的座谈,来具体了解他们邀请知识分子参与频道活动或节目制作的情况。这八个非付费频道是:湖北电视台综合频道、影视频道、教育频道、体育频道、美嘉购物频道、公共频道、经济频道、湖北卫视。三个付费频道是:孕育指南频道、职业指南频道、碟市频道。

一、三大主要频道几乎所有栏目都曾邀请过专家学者参与

在这十几个频道中,湖北卫视、公共频道、综合频道无疑是最重要的。其中,湖北卫视又无可辩驳地居于老大地位,作为上星频道,它的竞争对象是全国各省的卫视以及央视众多频道,湖北卫视的节目质量无疑代表了湖北电视台的较高水平,湖北卫视的频道总监向培凤(以下简称向)这样说:"我们很乐意邀请专家学者来对我们的节目提出批评改进意见。"

目前,湖北卫视共有 14 个栏目(见表 3－1),几乎所有栏目都以不同形式邀请过知识分子参与。

表 3－1　湖北卫视栏目

《大揭秘》	《湖北新闻》	《饮食养生汇》	《天生我财》	《吾股丰登》
《今晚我当家》	《中国 NO.1》	《长江新闻号》	《中国范儿》	《挑战女人帮》
《生活·帮》	《我爱我的祖国》	《天下同名人》	《调解面对面》	

向表示,不仅在具体节目的运作中他们会从各大高校、科研机构邀请相关专家参与,而且在整个频道举行提升节目质量的活动或研讨时,他们也是积极邀请学者前来给予宝贵意见。他认为,知识分子的参与,明显改善和提高了节目的质量,而且被他们邀请的专家也都很乐意与电视台配合,为提升节目质量积极献言献策。向特别提到了湖北卫视的几个知名栏目,如《长江新闻号》《中国范儿》《我爱我的祖国》《调解面对面》等,这些栏目都是长年坚持邀请知识分子参与节目运作的。

在参与形式上,向坦言,主要有三种:第一是做嘉宾,知识分子以访谈或评论的形式就某期节目的某一主题配合主持人完成节目;第二是作为采访对象,即当遇到某类专业性或比较复杂的新闻事件时,知识分子以专家身份出现,具体分析事件原委及意义;第三,为节目做策划,在栏目改版或收视率不佳时,知识分子为节目出主意、想办法,给出中肯意见。

在邀请的频次和概率上,大体有两种:一是固定频次邀请,即每期节目都会有专家参与,因节目形式较固定,专家参与的概率也相对固定;二是视节目需要偶尔邀请,这主要体现在专家学者作为采访对象而出现。在这种形式中,虽然每个专家参与的次数不多,但这种形式总体上数量却非常之大,是最常见的一种参与形式。

湖北电视台公共频道可以说是一个小综合频道,从 2012 年开始,它完全取消电视剧,全力主打新闻栏目,其频道总监王忠理(以下简称王)对它的定位是:"它是一个以新闻为主的专业频道。"

目前公共频道共有自制栏目 11 个(见表 3－2):

表 3－2　湖北电视台公共频道自制栏目

《新闻全天候 1》	《新闻全天候 2》	《每日文娱播报》	《看世界》
《新闻轻松谈》	《拍案惊奇》	《新闻晚点明》	《书记市长访谈》
《湖北新闻联播》	《长江新闻号》	《旗帜》	

《新闻全天候》有"午间版"和"晚间版"两档,从内容到形式均有很大差别。另外,《书记市长访谈》还有一个姊妹篇《厅局长访谈》,均是湖北官员的高端访问。王说,公共频道的新闻类节目从形式上讲,有的以提供资讯为主,有的则是资讯与深度相融的形式。从内容上讲,有的是时政新闻,如《湖北新闻联播》,有的是民生新闻,如《新闻轻松谈》。王明确表示,作为一个主打新闻栏目的频道,公共频道几乎所有节目都邀请过专家学者参与。就具体形式来说,有以下几种:第一,当频道开研讨会的时候,会邀请相关专家作为一方代表对频道或节目走向、存在的问题提出意见;第二,在节目评奖时作为评委而出现;第三,作为节目策划人员参与具体节目;第四,在节目录制中,作为嘉宾配合主持人提出观点意见(如《新闻全天候》);第五,根据具体节目的需要,作为采访对象而出现,就某一新闻事件谈看法。王说,被他们邀请的知识分子一般都愿意走上电视,当然,这里面也有一个相互磨合的问题,这也是个双向选择的过程。但总体说来,他们是很愿意请各类知识分子参与电视节目的,知识分子的参与也确实对提升他们的节目质量有重要帮助。

湖北电视台综合频道的自制栏目只有五个(见表3-3):

表3-3 湖北电视台综合频道自制栏目

《国医堂》	《调解现场》	《打开天窗》	《新闻360》	《新本草纲目》

在与栏目制作人员的交流中发现,这五个栏目都不同程度地请过专家参与过节目制作。《调解现场》每期都有专业领域的专家参与其中。《打开天窗》则是以辩论的形式请正反方人员就某一问题展开讨论,其中更是少不了知识分子的身影。而《国医堂》和《新本草纲目》则是两档专业性比较强的栏目,没有相关专家学者的参与,顺利制作是不可能的。这四个节目中,知识分子参与的形式和频次都是相对固定的。至于《新闻360》,则更多地是以邀请知识分子接受采访和做节目策划的形式来实现合作的。

二、几个中小频道都视节目性质邀请专家学者参与

相对于卫视、综合频道、公共频道这三大频道,影视、教育、体育、经济等频道就只能称得上是中小频道了。这些频道大多自制节目不多,但也都会视节目性质邀请各类知识分子参与节目。

影视频道有四个栏目:《环保前线》《影视智斗星》《影视喜乐汇》《欢乐满天星》。其频道的工作人员表示,只有《环保前线》,会视节目需要不定时地采访环境保护方面的专家,其他三个节目由于其娱乐性质,不太邀请专家

学者参与。

教育频道有五个栏目:《点亮真相》《广电课了没》《健康百分百》《阳光行动》《书香荆楚》。在这五个栏目中,《点亮真相》《广电课了没》《阳光行动》是较少邀请专家的,而《健康百分百》和《书香荆楚》则是固定邀请知识分子参与节目制作的。《书香荆楚》的制片人王亮告诉笔者,它是一档类似央视《读书》的节目,每期10分钟,每周一期,每期会邀请一位学者(主要是大学老师),具体讲述一本书。所以,这档节目全靠学者的支持才得以顺利录制。《健康百分百》栏目则在其周末版邀请医学专家到演播室通过电话连线给观众诊病,它曾获得全国优秀科教栏目一等奖。频道总监孙汀娟表示,他们是很愿意根据节目的需要邀请知识分子参与节目的。没有各领域专家学者的支持,很多节目是很难坚持下去的。而学者们在时间安排过来的情况下,也是很愿意接受邀请的。

经济频道的10个栏目(见表3-4):

表3-4 湖北电视台经济频道栏目

《武汉110》	《哧天》	《经视直播》	《经视爱生活》	《经视一锅鲜》
《法眼看天下》	《提案追踪》	《经视欢乐送》	《阿星笑长开讲》	《天生我才》

经济频道的工作人员说,由于节目形式的原因,他们没有以固定周期去邀请知识分子参与节目,但他们会经常不定时地就某些问题请教经济领域、法律领域,及其他专业领域的专家学者。

体育频道目前共有18个栏目,其中自制栏目10个(见表3-5):

表3-5 湖北电视台体育频道自制栏目

《我为读书狂》	《绿茵集结号》	《悦动湖北》	《精彩足球》	《相约神农架》
《幽默体育》	《巅峰赛事》	《酷体育》	《顶级荟萃:超极限》	《体育时报》

体育频道多个栏目的制片人向笔者反映他们对知识分子参与电视节目的看法,他们普遍认为,请相关学者专家参与电视节目是十分必要的,这确实可以大大提高节目质量,提升收视率,体育频道的所有节目都曾经定时或不定时地邀请过知识分子参与节目制作。以最具文化气息的《我为读书狂》为例,该栏目编导樊小洁明确表示,该栏目是一个读书、益智、竞技、互动型节目。在本档节目中,每期一个老师以嘉宾的形式配合节目,成为节目的重要组成部分。

湖北电视台美嘉购物频道是一档电视购物频道,以推销商品为主要形式,因此知识分子参与的现象并不明显,但在由都市频道向购物频道的华丽转身中,他们却向不少相关专家咨询论证过的。

三、付费频道几乎所有栏目均邀请知识分子参与节目

湖北电视台共有三个付费频道:孕育指南频道、职业指南频道和碟市频道。这三个付费频道面向全国覆盖,为全国观众提供专业化的服务。三个频道的总监制冷智红说:"我们是专业化程度较高的频道,由于观众付费才能看到,我们必须提供实实在在的服务,我们的宗旨是:方便、权威,因此,请专家参与电视节目对我们来说是必需的。"冷告诉笔者,仅就孕育指南一个频道来说,他们就有着一个近百人的专家团队,均来自医院卫生系统和教育行业,为观众提供婚、孕、产、育四方面的专业服务。其中有专家学者固定参与的栏目就有三档:《孕育百事通》《幸孕快车》《美味妈妈》,这三档节目首播和重播的时间占了整个频道所有播出时间的四分之一。其他栏目则是以不定期的形式请专家走上电视与观众互动。冷还特意提到从前年就开始的由中国计生委发起的中国宝宝记录活动,是对0~6岁宝宝身体和智力发育的评选活动,在整个过程中,有早期教育专家全程陪伴,影响很大。冷总监明确表示,正是有了这些专家们的积极配合,付费频道才可能办得专业而实用,才可能取得较好的经济回报。

四、本调查的结论

从对这11个频道的全面调查中不难发现:电视场域中的"行动者"(布尔迪厄语)们已越来越认识到知识分子在电视节目制作中的作用。他们在自身条件允许的情况下根据节目内容需要,以固定周期或临时邀请的方式积极与各领域的专家学者合作,以期提升节目质量,提高自身的市场竞争力。在付费频道快速发展的情况下,知识分子全面参与电视节目将是一个总体趋势,一个付费栏目,只有在能够提供专业实用信息的前提下才谈得上占有市场、发展自身,而知识分子的参与无疑是节目质量的有力保证。

第二节　以省、部两所高校人文社会科学教师
参与大众文化生产的情况为例

为了对目前中国知识分子介入电视场的情况有一个大体的了解,本书以华中科技大学、江苏师范大学两所部、省级高校人文社科类院系的副高职称以上的教师作为调查对象,采用问卷的形式,对他们介入电视的情况以及

对知识分子与电视关系的态度进行一个全景式的摸查。之所以选取副高职称以上的教师,是因为他们是大众媒体喜欢借用的符号资源。而之所以选择人文知识分子作为调查对象,是因为相对于自然科学领域的知识分子来说,他们以其专业优势更容易介入电视场域的运作之中,而且人文知识分子在我国最近几十年社会地位的变迁也是有目共睹的,他们对待大众媒体的态度更能说明电视场对学术场的影响。

本调查覆盖了华中科技大学的中文系、社会学系、哲学系、新闻与信息传播学院、历史研究所、马克思主义学院、法学院、外语学院、经济学院、管理学院10个院系的202名教师,以及江苏师范大学的文学院、历史文化与旅游学院、法律政治学院、外国语学院、教学科学学院、体育学院、音乐学院、美术学院、信息传播学院、马克思主义学院10个院系的278名教师,两所大学共涉及教师480人。采用自填问卷法(个别发送法和邮寄填答法)①和结构访谈法(当面访问和电话访问)的方法,共回收问卷302份,占总量的63%,回收率符合问卷调查方法的要求②,有效回收率为100%③。经统计分析后,本书发现:

一、15%的教师曾参与过纸质媒体的大众文化生产

在被访教师中,有45位回答说他们曾以各种不同方式参与过纸质媒体的大众文化生产,占总数的15%。其中有四位教师同时以两种方式参与,占此项人数的9%(见表3-6)。

表3-6　参与纸质媒体大众文化生产的比例

类　型	人数及比例(占此项)
A. 在报纸杂志上参与生活时事类专栏	5(11%)
B. 出版与专业研究关系不大的畅销书	11(25%)
C. 偶尔向非专业研究的纸质媒体投稿	23(51%)
D. 其他形式	6(13%)

①　问卷的回收有两种方法:自填问卷法和结构访谈法。其中自填问卷法又包括三种:个别发送法、邮寄填答法、集中填答法;结构访谈法包括当面访问和电话访问两种。参见风笑天:《现代社会调查方法》(第三版),武汉,华中科技大学出版社,2005年。
②　问卷调查方法的回收率应在60%以上。见袁方:《社会调查方法教程》,北京,北京大学出版社,2000年,第248页。
③　有效回收率是指除掉各种废卷后的回收率。见袁方:《社会调查方法教程》,北京,北京大学出版社,2000年,第248页。

教师参与纸质媒体大众文化生产的情况与他们所在专业密切关系。调查发现,这一项中文专业的教师占了比例的83%,他们有较多从事专栏写作、向报纸投稿或出版畅销书的机会和资本。

访谈中,很多没有参加过大众文化生产的教师表示,他们没有机会或能力去参与大众文化的生产,但他们并不反对大学教师参与其中。

二、18%的教师曾以各种形式介入过电视,总体以轻度参与为主

在调查中,有54位回答说他们曾以各种不同形式介入过电视,占调查总数的18%(见表3-7,这和参与纸质媒体大众文化生产的教师有少量重复)。

表3-7　参与电视的教师数比例

类　　型	人数及比例(占此项)
A. 节目嘉宾(包括被电视台采访)	33(61%)
B. 节目策划人	13(24%)
C. 文化讲师(如《百家讲坛》类节目)	7(13%)
D. 兼作节目主持人	0
E. 其他	1(2%)

以上四种形式是目前我国知识分子参与电视场运作的常见形式。由问卷结果可知,在这四种形式中,知识分子作为嘉宾,或被电视台就某一问题进行采访的专家角色而出现,是最普遍形式,占了参与人数的半数以上。知识分子作为节目或栏目的策划人,即幕后型角色而出现的,占总数的第二位。文化讲师是一种类似《百家讲坛》中主讲人的参与形式,知识分子面向大众传授人文社会科学知识,从事的是文化普及的工作。另外,被调查的老师中有六位是同时以两种方式参与电视的,占此项总人数的11%。

在本书所调查到的所有院系中,中文、新闻、法律、历史、环境、哲学是参与电视场域中人数比较多的专业。这主要是由于他们的专业与大众生活更加密切,媒体希望通过他们得到对某一问题、现象的更专业、更权威的解读。

从大学教师参与电视节目的频率来看,总体上以轻度参与为主,即参与次数在1~3次的居多(见表3-8)。

表 3 - 8　教师参与电视节目的频次比例

参 与 次 数	人数及比例（占此项）
A. 轻度：1~3 次	36（67%）
B. 中度：4~6 次	14（26%）
C. 深度：7 次以上	5（7%）

　　深度参与者中，分别为中文、法律及新闻传播方向的教师，这也是由其专业特殊性决定的，即越是与人们生活关系接近的专业，知识分子就越有机会介入电视。

三、绝大部分高校教师对电视媒体持开放态度

　　本调查有这样一个问题："如果有机会被邀上电视，您会同意吗？"结果在 302 名被访者中，有 216 名表示会"视节目性质"而决定是否走上电视，占回收问卷的近 73%；另有 55 名教师表示"愿意"，占 18%，这两项加起来就已达 91%；而明确表示"不愿意"的只有 31 位，占回收问卷的 9%（见表 3 - 9）。这一数据表明，知识分子群体对电视并不是彻底排斥，愿意在条件许可的情况下参与电视节目运作中来，这有力地说明了目前我国知识分子对电视媒体持有较开放的态度。

表 3 - 9　教师对参与电视的意愿

态　度	人数及比例（占全部）
A. 愿意	55（18%）
B. 不愿意	31（9%）
C. 视节目性质而定	216（73%）

　　这一结论与他们总体上对电视的态度成正相关的，本书的另一问题是"您认为知识分子对电视的态度应该是什么"，数据统计如下（见表 3 - 10）：

表 3 - 10　知识分子对电视的态度应该是什么

态　度	人数及比例（占全部）
A. 拒绝	36（12%）
B. 配合	45（15%）
C. 适度走上电视	198（66%）
D. 无所谓	23（7%）

其中,认为知识分子应该绝对配合的、适度走上电视的,或者无所谓的,占了总人数的88%。这再次说明,在条件成熟的情况下,大部分知识分子是愿意参与到电视场域中的大众文化生产中去的。

四、电视场对学术场的介越确实引起学术场的一些变化

对于电视场是否对学术场产生一定影响,本调查得到的数据是(见表3-11):

表3-11　电视场对学术场影响教师的态度比例

选　　项	人数及比例(占全部)
A. 有轻微影响	238(78%)
B. 有严重影响	32(11%)
C. 没什么影响	32(11%)

有78%的被访者认为电视这种大众媒体确实对学术场,或知识分子个人产生轻微影响,认为产生严重影响的占总人数的11%,这两项加起来已占89%,而认为没产生什么影响的占11%,不过值得注意的是,在这32个认为电视场对学术场没产生影响的老师中,有21个是曾以各种形式介入过电视生产的人,占此项总数的66%。而且前面统计出的深度参与电视的七位老师中,有五位选的是"没什么影响",两位选的是"有轻微影响"。从这里可以看出,越是积极介入电视场域的学者,越是倾向于认为电视对知识分子并未产生重大影响,其中一个重要原因就是担心大家对其学者的身份及职业操守产生怀疑。

本问卷没有再将"影响"概念进一步细化,即没有再进一步分为"积极影响"和"消极影响",因为通过前期的试调查发现,教师们在填写问卷的瞬间也很难明确分清什么是积极影响,什么是消极影响,这样的问题无疑会影响到问卷结果的有效性和真实性。因此,本书接下来又采用了结构性访谈的研究方法,在和教师们的深入交流中具体了解他们对这种影响的认识,对电视知识分子现象出现原因的看法,以及他们对电视与知识分子关系的态度。

五、本调查的结论

高校是知识分子最集中的地方,通过对省、部两所高校302位教师问卷调查的统计分析,我们可以对目前我国知识分子介入电视的情况及态度有

一个了解。由此我们可以得出如下结论：目前学术场中的知识分子们总体并不排斥参与到大众文化生产中去，他们以各种形式介入到传媒领域当中，发挥着在专业领域无法发挥的作用。就电视场域而言，知识分子主要以节目嘉宾、节目策划人、大众讲师，或接受电视台采访的方式跟大众生活发生联系，他们对社会的影响已慢慢渗透到学术领域之外。越来越多的知识分子愿意接受电视媒体的邀请，愿意视节目性质而走上电视，从而以其专业知识或人格魅力服务于大众。因此，从总体情况来看，电视场的介越确实对学术场产生了一定的影响。

第三节　《百家讲坛》的"学术造星"运动

一、《百家讲坛》的"学术造星"运动

（一）《百家讲坛》的三个阶段

《百家讲坛》从最初创办到如今，大致经历了三个阶段：

第一阶段：初创期（2001 年 7 月~2004 年 5 月）

2001 年 7 月 9 日，中央电视台科教频道推出《百家讲坛》栏目，其早期的宗旨是"建构时代常识，品味智慧人生"[1]，注重栏目的"三品"："文化品位，科学品质，教育品格"[2]，下面是开播头两周的节目清单（见表 3-12）：

表 3-12　《百家讲坛》开播头两周节目清单

播出日期	节目内容	主讲人
7 月 9 日（第一周）（首播）	美与物理	杨振宁
7 月 10 日	实验物理与物理学前沿	丁肇中
7 月 11 日	唐宋咏春诗赏析	程郁缀
7 月 12 日	泰山美学	杨辛
7 月 13 日	中国南北差异	胡兆量
7 月 16 日（第二周）	20 世纪理论物理学的主旋律	杨振宁

---

① 参见《百家讲坛》的幕后故事资料，央视国际网，http://www.cctv.com/program/bjjt/20060803/103651.shtml。

② 央视科教频道改版，央视网站新闻频道，http://www.cctv.com/news/society/20051227/101188.shtml。

播出日期	节目内容	主讲人
7月17日	科学与艺术的对话	李正道　吴冠中
7月18日	三曹父子与建安诗风	钱志熙
7月19日	孝的艰难与动人	张祥龙
7月20日	古代希腊人的诗性生活——英雄主义	朱孝远

栏目首期播出的是《美与物理学》，主讲人是著名物理学家杨振宁。之后《百家讲坛》推出了从自然科学到人文科学的众多节目。这一时期的栏目特点是：第一，主讲人选择上：开坛讲课的都是学界的泰斗级人物，各研究领域的顶尖级人物，如杨振宁、李政道、丁肇中、周汝昌、叶嘉莹、霍金等；第二，栏目形式上：基本是每人一期，只讲自己最拿手的，同一主题也往往是由多个主讲人各讲一节；第三，内容选题上：包括人文科学和自然科学的前沿课题，体现出浓厚的学术性和专业性，没有相应浓厚的学术根底的人是根本听不懂的；第四，受众定位上：专家学者等精英人群，走小众化路线。

然而，从收视率上看，这一时期的《百家讲坛》一直处于低迷状态，有时甚至为零。2003年，还险些被央视的"末位淘汰制"所淘汰。

第二阶段：黄金期（2004年5月~2007年下半年）

这一阶段可谓是《百家讲坛》的飞跃时期，起点是从阎崇年解读《清十二帝疑案》开始，当时收视率达0.57%，位居科教频道的第一位。① 特别是2004年7月第三任制片人万卫上任后，《百家讲坛》开始形成新的栏目风格。这一时期的栏目特点是：第一，主讲人的选择上：降低主讲人入选资格，不再将学术根基作为最重要标准，而将目光锁定在那些有一定学术基础、口才好、有人格魅力的高校或中学老师身上；第二，栏目形式上：经常由同一主讲人讲完同一主题的系列讲座，集中火力形成强烈的观众印象；第三，内容选择上：以文学历史内容为主②，注重故事性的讲述方式，同时吸收评书和电视剧的传播技巧；第四，在受众定位上：不再定位于社会精英，而是普通的电视观众，将目标观众定位于初中文化水平的大众身上。

---

① 谢苏妮、齐雷杰：《讲坛类电视栏目还能火多久》，人民日报（海外版），2008年1月28日（第7版）。

② 以2005年为例，历史文化及文学经典占据了全年播出内容的74.16%（数据引自张君：《〈百家讲坛〉栏目特色解读及借鉴意义》，南宁，广西大学，2008年，第78页）。

这一时期《百家讲坛》的收视率飙升，一跃成为央视的名牌栏目，并制造了多个光彩照人的"学术明星"，如易中天、于丹、纪连海、王立群等。

第三阶段：平稳期（2008 年下半年至今）

从 2008 年开始，相对于其发展的高潮时期，《百家讲坛》开始走下坡路，它已经被挤出央视科教频道的前十名，最低的时候已经是第 18 位，已经处于中下游水平。① 同时，其在图书市场上的发行销量也已风光不再。虽然栏目也重新启用易中天、王立群等昔日的"学术明星"，但收视率显示他们的感召能力也是极其有限的，《百家讲坛》往日的辉煌难觅踪迹了。

正如许多学者所冷静分析的那样，一档人文社会科学知识普及类的栏目如此红火是不正常的，它反映了当下人们对此类知识的缺乏和渴望，喧嚣过后的《百家讲坛》必定要回到其应有的状态中，在稳定的栏目特色中寻找其固定的收视群体。

（二）《百家讲坛》的"学术明星"

《百家讲坛》的"造星运动"，主要集中于 2005~2007 年。一位位原本埋首"象牙塔"的专家学者，很快由过去的"十年寒窗无人问"到"一举成名天下知"。主讲人易中天、于丹甚至被某些媒体称为"学术超男"和"学术超女"。2007 年 2 月 7 日至 14 日，《人民日报》在一、四两个要闻版连续七天推出了题目为《于丹现象启示录》的七篇系列报道，专门剖析"于丹现象"。这一时期的《百家讲坛》就如"明星发射塔"一般催生出一个又一个璀璨夺目的"明星"。他们因其传播的文化知识而倍受广大观众追捧，也如娱乐明星般有了众多的粉丝，并在获得强烈社会声望的同时，也收获了不菲的经济效益。2006 年，上海文艺出版社以竞标价 500 万元、首印 55 万册夺得易中天《品三国（上）》的版权，开启了中国图书出版版税最高纪录，该社 2006 年总共 6000 万的码洋，有三千多万是易中天的"贡献"。在 2006、2007 年度的作家富豪榜上，易中天收入高达 800 万元和 680 万元。而 2007 年，于丹版税收入高达 1060 万元，超过易中天。②

虽然在《百家讲坛》开讲的学者不少，但能称得上"明星"的也不过易中天、于丹、王立群、纪连海、阎崇年、刘心武等数人，其中刘心武为作家身份，不属于严格意义上我们讨论的"学术明星"。现将五位"学术明星"的学术研究特征介绍如下：

---

① 林寅：《〈百家讲坛〉进入倒计时》，《新闻天地》，2009 年第 1 期。

② 林寅：《〈百家讲坛〉进入倒计时》，《新闻天地》，2009 年第 1 期。

1. 易中天

厦门大学人文学院教授,文学硕士,主要研究方向为文学、艺术、美学、心理学、人类学等,也从事一些跨学科研究。代表著作有《美学思想论稿》《艺术人类学》等,并出版了"易中天随笔体学术著作·中国文化系列"四部:《闲话中国人》《读城记》《品人录》和《中国的男人和女人》。从 2005 年开始在央视科教频道《百家讲坛》栏目中讲解历史,品评"汉代风云人物",因其白话式的幽默分析,受到追捧。2006 年开始制作《易中天品三国》,一举成名。2007 年 11 月,在上海出版了新书《帝国的终结》。2008 年,再度入主《百家讲坛》,录制播出节目《先秦诸子·百家争鸣》。2011 年又出版《易中天文集》16 本,约四百万字。

2. 于丹

北京师范大学艺术与传媒学院教授,古典文学专业硕士,影视传播学博士,研究方向为广播电视媒介学,曾在《现代传播》《中国广播电视学刊》《电视研究》上发表关于电视频道等相关专业论文,出版《形象　品牌　竞争力》等专著。从 1988 年开始为众多媒体做节目策划,先后为《在共和国史册上》《太阳照常升起》等二十余部大型电视专题片撰稿,并为中央电视台《东方时空》《今日说法》《艺术人生》等 50 个电视栏目进行策划,现任中央电视台新闻频道、科教频道总顾问,北京电视台首席策划顾问。2006 年"十一"期间在央视《百家讲坛》连续七天播出专题讲座"于丹《论语》心得"。2007 年春节,又制作播出了"于丹《庄子》心得",成为炙手可热的"学术超女"。

3. 王立群

河南大学文学院教授,文学硕士,中国《文选》学会副会长,《史记》研究会顾问,主要研究方向为两汉魏晋南北朝文学。研究成果主要集中于山水游记研究和《文选》研究两个方面。曾在《文学评论》《文学遗产》上发表论文《游记的文体要素与游记文体的形成》(2005)、《〈文选〉次文类作家编序研究》(2004)、《周贞亮〈文选学〉与骆鸿凯〈文选学〉》(2001)、《历史建构与文学阐释——以〈史记·司马相如列传〉为中心》(2011)等。代表专著有《现代〈文选〉学史》(2003)、《王立群读〈史记〉之汉武帝》(2007)、《王立群读项羽》(2008)、《王立群读〈史记〉之吕后》(2008)等。2008 年,王立群成为"2008 中国魅力 50 人"之一。被称为是《百家讲坛》中最儒雅的"学术明星"。

4. 纪连海

北京师范大学第二附属中学历史专业高级教师,历史学学士,北京西城区学科带头人,西城区兼职历史教研员。曾经先后在中央电视台《百家讲坛》栏目主讲《正说和珅》《正说刘墉》《正说纪晓岚》《正说多尔衮》《正说吴三桂》等56讲,还在上海电视台《文化中国》栏目主讲《〈孝庄秘史〉大揭秘》《历史上的非凡女人》等105讲。史学著作有《历史上的多尔衮》《历史上的和珅》《纪连海叹说四大美人》等。他的"和珅十讲"以平均收视率0.69%荣登《百家讲坛》开播5年来的收视率冠军,至今无人超越。

5. 阎崇年

历史学者,北京社会科学院满学研究所研究员,北京满学会会长,中国紫禁城学会副会长,长期从事满学研究,兼及北京史,倡议并创建第一个专业满学研究机构——北京社会科学院满学研究所、北京满学会和北京满学研究基金会。阎崇年在央视《百家讲坛》讲述《清十二帝疑案》《明亡清兴六十年》和《康熙大帝》,是在《百家讲坛》上一炮而红的第一人。另在北京电视台《中华文明大讲堂》栏目主讲《清宫疑案正解》。论文集有《满学论集》《袁崇焕研究论集》等。专著有《清朝通史·太祖朝》《正说清朝十二帝》(2004)、《袁崇焕传》(2005)、《明亡清兴六十年》(2006)等。

从严格意义上说,纪连海的职业是中学教师,并不是学者,但由于他创造了《百家讲坛》的最高收视率,并且因其讲解特色及外在特有气质而拥有众多粉丝,同样被当作"学术明星"看待。通观下来,这五位"学术明星"各有魅力,有的幽默、有的儒雅、有的沉稳、有的知性、有的亲和。

有一点是在研究了这些"学术明星"的学术背景后必须注意的,即除了阎崇年外,其他四位"学术明星"开讲的内容均不在他们学有所长的专业领域内。易中天在未进《百家讲坛》前其著作除了美学、文艺学等专业书外,就多为人文休闲类书籍了,但他却在《百家讲坛》讲解历史,且为大众所追捧。于丹就更奇怪了,纵使她有着文学硕士的功底,但毕竟是影视传媒专业的博士,而且从其长年的传媒实践及发表论文来看,都与《论语》《庄子》丝毫无关。然而就是在这种专业背景下,于丹竟一夜成名了。王立群虽然给人很浓厚的学术味道,但看其简历及著述来看,其主要研究成果集中于对山水游记的研究和《文选》研究两方面,《史记》研究并不是其强项。在他发表的三十多篇论文(1983至今)中,与《史记》相关的仅有两篇,另有一篇刊在《北京文学》(中篇小说月报)上,而且均为其成名(2006年6月)后所发表。在他成名前,虽然也为中国《史记》研究会顾问,但却仅有一篇关于《史记》的研讨会综述(《1999年中国·开封〈史记〉暨汉代文学研讨综述》)。纪连海的专业学术背景就更苍白了。

　　法兰克福学派对"大众文化明星"的批判中有一个重要观点，认为作为大众传播者的"文化明星"已经不是艺术家，他们和真正的艺术家有明显的区别，表现之一就是明星生产的"偶然性"与"计划性"①。这一点在王立群和纪连海身上表现得尤为明显。王立群是被《百家讲坛》2005年底到河南大学海选时选出来的，当时他正在外地开会，同事一个电话他才风尘仆仆赶回来，临时决定讲项羽。而纪连海也是得益于阎崇年听了儿子的建议向栏目组推荐了他，在被推荐进《百家讲坛》之前，他甚至从来没看过这个栏目，然而就在偶然间，却成了广为人知的明星了。再说阎崇年，当时他答应《百家讲坛》只讲《清朝十二帝》中的第一集（清太祖努尔哈赤），因为早在1983年，他就曾写过一本《努尔哈赤传》。后来应栏目组之邀，又答应把他自己还算有点研究的皇太极讲完。讲完皇太极，他又被要求再加一集，讲顺治。阎崇年拒绝了，认为自己并不是这方面的专家，但在栏目组的一再要求下，他就又加了一讲，随后适应了栏目风格的他也就顺势讲完了康熙、雍正、乾隆等，直至宣统。栏目组原本计划是请12个专家学者讲12个皇帝的，最后都被阎崇年一人包揽了。

　　在《百家讲坛》第三任制片人万卫上任后，他就首创了《百家讲坛》的三维空间选择法。即栏目组在选择主讲人时划了三条轴线。他们把专家的学术根基称为y轴，把能适合大众的表述能力称为x轴，把主讲人的人格魅力称为z轴，只有符合这三条轴线的专家才能走上讲坛。这是同时从学术根基、表达能力和人格魅力三个方面对主讲人提出了综合要求。然而从《百家讲坛》的选人实践来看，表达能力往往是被放在第一位的，它的重要性甚至超过了学者的学术根基。因为改版后的《百家讲坛》已经不把自己视为学术性栏目了，这正如万卫自己所说："我要声明《百家讲坛》不是一个'学术论坛'，也不再是过去的那个《百家讲坛》。之所以这样说，是因为我们认识到自己是一个大众化的专业频道，必须要把'大众'二字放在首位，学术一般是少数人关心的话题，大众听不懂，不管它再好、再精，我们也不需要。"②在这种思想指导下，让大众爱听成为最重要的选人标准了。栏目组后来之所以让阎崇年一人包揽12帝，并非是因为他是12个皇帝研究的专家，而是他通俗易懂的讲解换来了较高的收视率。也正是因为这样，才有了后来学术界关于"学术明星"现象的一系列争论。

---

　　① 汪振城：《当代西方电视批评理论》，北京，中国广播电视出版社，2007年，第201页。

　　② 万卫：《〈百家讲坛〉的酿酒师》，http：//news.enorth.com.cn/system/2006/04/28/001293081.shtml。

二、"学术明星"现象的社会意义

（一）恢复人文知识分子"合法"地位

"合法性"由英文"Legitimacy"翻译而来，这里的"法"不是"法律"的"法"。对合法性基础的认识最经典的是马克斯·韦伯（Max Weber）的概括，他得出的关于"合法性"的定义："显然，社会学所要讨论的关于统治系统的合法性，只能是相应态度存在以及由此引发出与之相符的实际行动二者相关程度的可能性"。换言之，合法性乃是促使一些人服从某种命令机制，而不论这些命令是由统治者个人签发的，抑或是通过契约、协议产生的抽象法律条文、规章或命令。在他看来，合法性无非就是既定统治系统的稳定性，亦即人们对享有权威的人之地位的确认和对其命令的服从。① 所以，合法性必须建立在一个共同认可的基础上，这种认可可以是神秘的或是世俗的力量。韦伯将之分为传统型、法理型和克里斯玛型（个人魅力型）。② "合法性"不仅是指政治制度、经济制度的合法性，而且更加宽泛地指文化形态的合法性。合法性依赖于真理，现代社会的政治制度、经济制度、文化形态之所以是合法性的，正是由于它是"合理"的，即符合科学的真理或人类的理性。

"合法性"是西方概念，在几千年的中国都是缺位的。古人张载曾说："为天地立心，为生民立命，为往圣继绝学，为万世开太平"，但他从未有人提及"为生民立命"的合法性问题。而实际上，中国古代的儒家知识分子总是具有天然的使命感，这近似一种信仰，济世救民是儒家的一个内在要求。也正是这种合法性意识的缺失，使得几千年来儒家知识分子几乎从来没有想到过自身话语的合法性问题，他们总是一如既往地怀着以天下为己任的豪情，追寻着知识分子的价值实现。所以，从中国历史发展来看，中国知识分子参与社会事务、发表公共言论，其合法性似乎是不证自明的。

然而，中国人文知识分子的这种导师角色，在历史的浪尖上一路浮浮沉沉之后，终于在20世纪90年代市场经济逐步确立的时候，史无前例地走到了社会的边缘地带，自身的合法性地位受到前所未有的挑战。陶东风认为大多数精英知识分子在20世纪90年代文化的商业化、世俗化过程中处于不利位置。这是由于20世纪90年代的市场化导致民间文化资本的出现，

① 苏国勋：《理性化及其限制——韦伯思想引论》，上海，上海人民出版社，1988年，第190～191页。
② 〔德〕马克斯·韦伯：《经济与社会》，林荣远译，北京，商务印书馆，1997年，第239～241页。

同时也出现一批所谓的"后知识分子",他们与市场的关系极为紧密,精通市场游戏规则,因而在争夺民间文化资本的过程中如鱼得水,成为文化市场的弄潮儿("文化大款")。① 而知识精英由于在市场竞争中缺乏竞争力而逐渐被边缘化了。② 如同鲍德里亚(Jean Baudrillard)所说:"在大众文化和传媒起主导作用的社会中,大众与知识分子的对立则表现为大众不再同知识分子相关,大众以沉默来对抗传媒的主宰和知识分子的统治企图。"③在这种情况下,知识分子所承载的启蒙和救赎思想显得那样软弱无力,不住地滑向社会边缘,完成一种由"立法者"向"阐释者"的转变(鲍曼语)。④

就目前中国而言,处于社会转型期的中国人文知识分子遭遇到比以往更多的挑战:商业主义话语已作为强势话语深入到社会的各个领域,商品化及其交换原则和效益原则大肆侵入精神生产领域;科学技术作为独立的自组织系统开始控制现代人类的思维、情感和意志,技术的工具理性日益渗入到日常生活和思想的各个层面,此前一直以全知全能形象出现的知识分子的启蒙功能日渐式微,其存在价值遭受到来自社会各阶层的普遍而广泛的质疑。人文知识分子因此陷入了前所未有的困境,后意识形态语境中的相对边缘化、过度专业化产生的片面化以及人文政治化导致的人文精神的失落造成了人文知识分子社会角色的认同危机、传统文化价值体系的崩溃以及当代文化价值立场的缺失。一言以蔽之,当代人文知识分子的合法性出现了危机。

20世纪初,易中天、于丹等"学术明星"的横空出世,使人们再次感到久违的人文知识分子的魅力。他们是如此被需要,仿佛又成了人们的精神领袖和灵魂导师,并在全国乃至海外掀起一股新的国学热。李泽厚在接受记者采访曾说:"为什么中国那么多人从老人到小孩都愿意接受于丹……虽然现在物质生活丰富了,但是心灵上的苦恼不但没有减少,反而增多了,真情难得,人际关系淡漠,每天都在计算金钱,这些都会使人的精神生活感觉更加贫乏。没有宗教,没有寄托,为人处世没有准则,生活意义没处寻觅,等

---

① 陶东风:《社会转型与当代知识分子》,北京,生活·读书·新知三联书店,1999年,第15页。

② 陈勇:《作为消费社会文学文本的媒介现象——对央视〈百家讲坛〉的个案分析》,《株洲师范高等专科学校学报》,2007年第6期。

③ 肖勇:《WTO,全球化和消费主义》,《21世纪经济报道》,2001年11月14日。

④ 英国思想家鲍曼用"立法者"和"阐释者"来表达知识分子在现代社会与后现代社会的不同功能。知识分子不再具有"立法者"所具有的那种普遍的、神圣的、至高无上的性质,而仅仅只是一个阻止意义在交流过程中被扭曲的"阐释者"。

等。所以讲一些孔夫子的东西,能够安慰他们,启发、引导他们。"①的确,从学术明星的被热捧我们不难看出社会、民众对这种精神导师的强烈渴望。而以学术明星为代表的人文知识分子们也因这种被需要,而重新获得了自身存在的"合法性"。

(二)重建人文知识分子的话语空间

1968 年"五月风暴"后,福柯曾悲哀地说,知识分子从此销声匿迹,只剩下在各专业领域里忙碌的"专家"。他坚信社会的变化导致了那种"独立自主、无处不在的普遍形式上的主体"消失了。由此,福柯提出了他著名的两种知识分子角色理论:"知识分子不再以'普遍性代表''榜样''为天下大众求正义与真理'的方式出现,而是习惯于在具体部门——就在他们自己的生活和工作条件把他们置于其中的那些地方(寓所、医院、精神病院、实验室、大学、家庭和性关系)进行工作。……这就是我要称作'专家性'知识分子,他相对于'普遍性'知识分子。"②

利奥塔也宣称了"知识分子之死"。他之所以做出这样的判断,是基于他对"知识分子"独特内涵的看法上的,他认为:"知识分子更像是把自己放在人、人类、民族、人民、无产阶级、生物或其他类似存在着的位置上的思想家,也就是说,这些思想家认同于被赋予了普遍价值的一个主体,以便从这一观点来描述和分析一种情形或状况,并指出应该做什么,使这一主体能实现自我,或至少使他在自我实现上有所进展。这种知识分子针对每一个个体发言,因为每个个体都是这一存在的存放处或胚胎……知识分子的这一责任和普遍主体的(共有)概念是不可分开的。"③基于这一认识上,他认为"不应该再有知识分子了"④。在后现代的知识背景下,"知识分子"身上的神圣光环已经褪去,留下的只是平常的、专门性的技术工人的命运。

不仅是福柯和利奥塔,很多后现代学者都认为,过去那种普遍意义上的知识分子已经消失了,代之而起的是各类型的"专业知识分子",即技术专家。而传统意义上的普遍知识分子,即作为社会良心的人文知识分子已经不存在,或没有什么话语权了。社会的话语权已被各式各样的技术"专家"

---

① 张健、李泽厚:《他们是精英和平民之间的桥梁》,《南方周末》,2007 年 3 月 2 日。
② 《福柯专访录》,《东西方文化评论(第三辑)》,北京,北京大学出版社,1991 年,第 262 页。
③ 包亚明主编:《后现代性与公正游戏——利奥塔访谈、书信录》,谈瀛州译,上海,上海人民出版社,1997 年,第 116~117 页。
④ 包亚明主编:《后现代性与公正游戏——利奥塔访谈、书信录》,谈瀛州译,上海,上海人民出版社,1997 年,第 121 页。

所取代。近代科学技术及其建制的出现,使社会上出现了一批有文化的科学技术工作人员,同人文主义知识分子一样,他们也接受过系统的教育,不过是近代科学技术的教育,这些人是工匠和学者的复合体。他们有着与人文知识分子完全不同的气质,他们既是理性的、经验主义的,同时也是功利的、实用主义的,这与人文知识分子的情感主义、理想主义、审美主义截然不同。从某种程度上讲,他们的气质更接近工匠。如果说,以思想为业的人文知识分子在以前风光无限,以至于人们把他们当成精神导师的话,那么这些新型知识分子的出现,则将人文知识分子打入了时代的冷宫。传统的人文知识分子日渐式微,技术专家走向了前台,成为新的明星。① 人文知识分子的话语权也随之被剥夺。

就中国知识分子来说,中国知识分子的心路来自伦理世界,骨子里崇尚实践理性。假如不能在现实可见的世界里得到肯定,必然寝食难安,这种文人品性逼着他们一定要介入当下的历史,否则就白活了。② 所以,中国知识分子非常看重自己对当下社会现实或存在问题的参与功能,然而当代人文知识分子的话语权的丧失,使多数人文知识分子在失去阅听大众后从"广场"退入"岗位",躲进与平民社会处于隔绝状态的象牙塔,成为学术化的专门知识分子。由此表现出对现实的冷漠和逃避,对自身传统使命的放弃。

然而,也有一部分知识分子,在积极探索着自身的突围之策。20世纪90年代后期,余秋雨依靠"文化散文"独树一帜而成为"文化明星",以自己的方式诠释着精英文化,并在社会上享有很高的知名度。一些以知识分子身份参与电视节目制作的知识分子,也是在以知识分子特有的话语阐释着当代生活。21世纪初,以易中天、于丹为代表的"学术明星"们,更是以"学术大众化"为手段,让学术以简约、亲和的方式走向大众。比起在电视上面向大众广泛传播的影响力来说,学者如果仅以学术出版物、讲座、演讲的形式表达自身,那作用肯定有限许多。作为有社会责任心的知识分子,面向大众传播自己的研究成果、观点、看法,对于提高大众的文化水平、科学修养和人文底蕴,都是有好处的。尽管知识分子争取话语权,进行身份重建的策略各不相同,但是,他们的目标都是一样的:在当代社会,在电子媒体时代,发挥他们社会批评的公器职能,重寻知识分子昔日的荣光,找回人文知识分子失落已久的话语空间。这正如张国功所说:"知识分子应该走进大众传媒,为在消费社会中饱尝失去焦虑的当代知识分子提供切入

---

① 谢江平:《现代社会中的知识分子》,《自然辩证法研究》,2009年第8期。
② 红孩主编:《且慢,易中天》,上海,学林出版社,2006年,第7页。

社会实践领域的契机。"①

（三）拉近精英文化与社会大众的距离

一般说来,精英文化是指一定社会的知识分子所精心创造并在知识分子阶层中盛行的文化。② 精英文化的主体是关注社会发展和活跃在社会各领域的人,是这个知识经济社会形成的"知识群体",充分体现这部分人的"精英追求",多反映出深层次的哲理性反思和人文性思考,体现一种自觉的价值追求,担负着启蒙和教化民众的责任。精英文化的受众群是精英群体。③

大众文化的概念有一个历史性的发展过程。它从在工业时代的初期被看成是一种下层社会的语言,到作为文化工业批量化生产;从被精英阶层所鄙视到成为社会经济、文化所塑造出的一种普遍的生活方式,反映了一种社会转型、社会结构变迁中文化分化的过程。④ 大众文化是以大众传播媒介(主要是电子媒介)为手段,按商品市场规律去运作的,旨在使普通大众获得感性愉悦、并融入生活方式之中的日常文化形态。大众文化是当代通俗文化、传播文化、消费文化、商业文化的复合体。它们既代表了以大众消费为中心的新的文化产业、文化工业的生产,又是现代社会创造出的新的生活方式。⑤ 大众文化的主题是大众日常生活。大众文化大多意识模糊,情感指向平淡,往往表现为一种对时尚的自发引导,它追求商业利润,讲究经济效益,注重现实需要,愉悦普通大众,具有一定的实用性、功利性,同时大众文化去除了审美中的距离感,将审美整合到日常消费的世界中,多表现为娱乐和消费的形式,也多借助大众传媒,成为大众茶余饭后的娱乐资料。大众文化在叙事上的最大特点是通俗性和随意性。

一直以来,由于精英文化是知识分子解释和传播的"经典"和"正统",其传播方式和社会大众有一定的距离,从而造成了一种社会大众和社会小众知识分子之间的断层,两者之间也一直存在着比较严格的界限。在我国,精英文化在精神上与传统的士大夫文化一脉相承,承担着社会教化使命,发挥着价值导向的功能。虽然在 20 世纪 50 年代之后,随着历次政治运动的潮起潮落,知识分子的精英地位不如从前,而且 90 年代之后的市场经济逻

---

① 张国功:《混个脸熟的"电视知识分子"》,http://www.bookker.com.cn。
② 刘玉清:《精英文化借传媒走向大众》,《传媒》,2002 年第 10 期。
③ 林怡:《精英文化与大众文化的科学定位》,《企业家天地(下旬刊)》,2009 年第 8 期。
④ 扈海鹏:《解读大众文化》,上海,上海人民出版社,2003 年,第 44 页。
⑤ 扈海鹏:《大众文化与人的现代性的结合》,《江苏社会科学》,1994 年第 6 期。

辑对精英文化也具有极大的冲击作用,但是,精英文化作为一种文化形式,作为一定社会知识分子精心创造、传播和分享的文化样式,仍然是与大众文化保持着相当的距离,大多只沉浸在自娱自乐的小范围圈子里。然而,从全局看,精英文化却处于文化传播、传承的深度困境之中。在马克斯·韦伯看来,战后资本主义的发展,使现代社会成为一个高度组织化的科层社会,"科层化和合理化渗透到社会生活的各个方面,于是便出现一种'专家文化'和'技术官僚话语',整个社会进入了一种'专业社会'"①。知识的专业化直接导致了公共文化空间的萎缩。曾经面向公众、作为整体的精英文化,现在分化为各个不同的领域,布尔迪厄正是在这样的背景下提出"场"理论的。

既然精英文化承担着启蒙大众的社会责任,那么精英文化就应该是面向公众的,至少是部分地面向。知识分子只有通过精英文化的传播才能"介入"社会,联系公众,形成了一个不可忽视的公共文化空间,从而对社会进程产生深远影响。然而现状是,知识分子大多在封闭的象牙塔内悠闲地经营着自己的事业,脱离了公众,知识分子逐渐消失,转化为"专家"。专家们在专业领域志得意满的时候,也就是公共文化逐渐贫乏衰落的时候。②

与精英文化不同,大众文化在传媒高速发展的条件下,凭借其自身通俗性、娱乐性、群众性的优势备受大众青睐。精英文化不能总是企图居高临下地改造和匡正大众文化,应当考虑如何与大众文化联姻,如何使自己走向大众。精英文化一旦走向大众,就实现了既追求独立创造精神又能为大众普遍接受、既有良好的社会效益又能带来巨大经济利益的良性循环。③ 要实现精英文化与大众文化的联姻,大众媒体是一个积极的路径,传媒可以搭建精英文化走向大众的平台。

一些传媒人或知识分子已经在从事这方面的工作了。"他们对大众流行从未表现出半点厌恶之情,实际上他们总是热情地对待每一位普通人。这些文化媒介人为消解横亘在大众文化与高雅文化之间的旧的差异与符号等级,提供了有效的帮助"④。知识分子与大众文化"合谋",在一定程度上是不得为、不可不为之举。在口传媒介时代,知识分子是圣人或人类的导师;在印刷媒介时代,知识分子是启蒙者和立法者;在大众媒介时代,知识分

---

① 周宪:《审美现代性批判》,北京,商务印书馆,2005 年,第 451 页。

② 易前良:《透析"电视讲坛"现象——关于〈百家讲坛〉的思考》,《中国电视》,2007 年第 3 期。

③ 刘玉清:《精英文化借传媒走向大众》,《传媒》,2002 年第 10 期。

④ 〔英〕费瑟斯通:《消费文化与后现代主义》,刘精明译,南京,译林出版社,2000 年,第 67 页。

子如果不与大众"合谋",很可能会在社会生活中逐渐"消失"。知识分子文化与大众文化联盟一方面可以传播精英文化,促进学术大众化,另一方面也可以提高大众文化品位,消解大众文化的不利影响。从这个意义上讲,知识分子介入大众传媒就是介入大众文化,也是知识分子在媒介时代应采取的一种生存策略和手段。① 但是从目前的传媒内容尤其是电视内容来看,精英文化并没有能够在电视媒介上占领更多的舞台,如果精英文化能够找到一个实现其自身的价值与效用的途径,就能够很好地融入当下的文化生态之中。正如戴维·钱尼(David Chaney)所说:"找到一个途径,把精英文化在文明上的共识传递给工人阶级;找到一种方式,确保精英文化的价值不受由大众介入所带来的粗俗化的威胁。"②

在精英文化大众化、学术大众化方面,以易中天、于丹为代表的"学术明星"们可谓是步伐较大的一部分知识分子先行者。这一现象的出现是当代中国传统精英文化大众化发展趋势的必然结果,《百家讲坛》的做法正是大众传媒利用现代手段使中国传统文化走向大众化的一次尝试。《百家讲坛》的口号是"一座让专家通向老百姓的桥梁",而事实上,无论是传授方式还是讲述内容,它确实做到了这一点。从节目的立意看,《百家论坛》像是观众的"心灵鸡汤",节目中学者们探讨的是人性,是人的内心世界,他们就像一个精神导师给观众心灵上的释疑解惑,引领着观众对真、善、美的追求。在以往的时代里,学术(或精英文化)与大众之间存在着明确的等级秩序,学术居于教育和启蒙的主导地位,大众从属于被教育和被启蒙的受众位置。但在当今的社会中,由于电视媒体的介入,借助电子媒体声画并茂的传播技术,再加上一些知识分子的努力尝试,精英文化与大众文化之间的等级界限已日渐模糊,呈现出一种相互渗透的新型关系。

(四)具有更广范围的文化启蒙功能

如果说中国知识分子在 20 世纪 80 年代的政治边缘化是一个无奈的话,那么其文化边缘化则带有浓厚的悲剧意味,作为知识的拥有者、阐释者和传播者,知识分子在当代已经失去了其存在的合法性,连他们所秉承的人文精神这种情怀也失去了存在的依据,因为现代性的启蒙与救赎话语在当代已经失效。③ 市场经济的崛起,文化工业的流行,使人文知识分子所代表

---

① 李旭:《媒介权力与媒介知识分子的身份认同》,《江西财经大学学报》,2009 年第 1 期。
② 〔英〕戴维·钱尼:《文化转向:当代文化史概览》,戴从容译,南京,江苏人民出版社,2004 年,第 9 页。
③ 温波:《大众传媒时代知识分子与媒体关系研究》,广州,暨南大学,2007 年,第 67 页。

的精英文化备受冷落。人文知识分子在这种世俗化、商业化的社会面前处于悲壮尴尬而又无力回天的境地,他们一向引以为豪的启蒙角色日益暗淡,陷入一种集体性的失落和迷惘中。

从中国近百年历史看,人文知识分子曾在历史上发挥了重要的启蒙作用。19世纪末20世纪初,中国有远见的知识分子就开始大量翻译外文著作,将西方的科学、民主观念引入中国。"五四"之后,知识分子社会启蒙的活动更加活跃,一批有留学经历或广泛涉猎西方文化的知识分子将西方的政治、经济、文化大量介绍进来,对中国社会的积弊,以及中国人的人性进行了深入的剖析,发挥了深广的启蒙作用。这些人文知识分子,充分利用报刊、图书等纸质媒体,最大范围地向大众宣传知识、启迪心智。然而,和现在的电子媒体相比,纸质媒体的作用和影响面就小得多了。

正如剧作家张宏森曾写道:"鲁迅先生的一生,都致力于揭示中华民族的国民性,它的《呐喊》《彷徨》多么希望给当时麻木的心灵敲响重锤;然而,尽管如此,《呐喊》也罢,《彷徨》也罢,当时的总印数也不足几千册。如果鲁迅先生生逢今世呢? 他有力的呐喊声定然不会放过这个一夜之间传遍各个角落的现代传播媒体。现在,手段和媒体正摆放在我们面前,从物质条件上说我们比鲁迅先生优越了许多。优越的条件呼唤的不仅是文化守灵人,它更在呼唤慷慨高歌的文化开拓者。所有真正意义上的文化人都应该重视并重新评估现代科技手段和现代传播媒体在实现文化思想中所发挥的力量。这种力量也会重新构建出当代中国大文化的崭新模型。"①布尔迪厄作为一个"介入型知识分子",也认为从左拉到萨特,新闻界一直就是知识分子思想表达的通道,是知识分子革命和战斗的前沿。如果在任何一次知识分子的讨论中,新闻界起不到扩音器和讲坛的作用,那么事情就不会顺利。

确实,现代传媒特别是电视以其强大的传播攻势,在影响人们的观念方面发挥着非常重要的作用。电视的内容可以涉及社会政治、经济、文化等的方方面面,传播的范围可以覆盖了社会各个阶层、各个年龄段的社会大众。电视为知识分子提供了一个履行社会职责的平台、一个宣传启蒙、启迪民智的平台。在凤凰卫视主持《锵锵三人行》而闻名的香港岭南大学学者许子东谈到自己参与大众传媒的感受时这样说:"学者参与大众传媒的传播是推动社会前进的一种方式,通过电视传媒,可以迅速地将自己的研究与社会批判结合起来,借助电视将自己的思想和见解跟大家分享,也可以达到自己忧国忧民的目的……我同时也从节目中,从观众的即刻的反应中获得新的信息

---

① 张宏森:《中国电视剧给我们带来了什么》,《新华文摘》,1995年第10期。

和信心,更多更好地接触社会和民情,这反过来又有助于我的专业研究,因此说,学者上电视做节目,是将来传媒的发展方向。同时,电视媒介作为一个话语场域,其实是当代社会权力较量的一面镜子,一个角斗场,知识分子应当积极利用这个场域,在商业过于主宰社会的时代里,知识分子更应当借助电视这一强势媒体来担当起社会批评家的责任。"①

所以,为什么一直以来传统文化的传播迟滞不前呢?主要在于文化启蒙严重脱离大众的日常生活世界,精英知识分子一直以高高在上的身姿俯视大众,企图以学术的方式把精英文化灌输给大众,这种文化启蒙必定会受到大众文化精神的排斥,发挥不了应有的作用。而电视媒体,从本质上来说是一种大众媒体、通俗媒体,它与大众有着天然的亲缘关系。无论是于丹的《〈论语〉心得》,还是易中天的《品三国》,都是一种借助媒体力量真正回归大众现实生活世界的文化启蒙,它不再是停留在理论层面的传播,而是以大众的文化接受为目标,立足于大众的日常生活世界,促进精英文化和大众文化的整合,这是一种更深、更广层次的文化启蒙。

三、"学术明星"现象的"群殴奇观"

"学术明星"们一夜暴红。在被狂热追捧的同时,他们也受到学界和传媒拍来的"板砖"。叫好者认为他们搭起了一座让学术走向大众的桥梁,有利于精英文化的普及,认为正是这些学术明星才激活了古代经典著作,普及了传统文化。反对者认为他们这些"学术明星"丧失了学者的本来面目,他们的讲解也异化了学术,是电视忽悠出来的怪胎,是学界的悲哀。双方的论争也一度成为文化热点,众说纷纭。学界的"批易""批于"与"捧易""捧于"的两军对垒,重庆10博士与北京10博士关于于丹的集团鏖战,都使得《百家讲坛》这样一个简单的媒介现象,激变成为一场电视主导的文化集体狂欢。

最早对"学术明星"进行批判并引起广泛关注的是2006年上海大学的葛红兵在其博客上发表的《如此易中天,可以休矣》的文章,称易中天是"混嚼三国"。此文一出,立刻引来"易迷"的攻击。② 有不少"易迷"不但在葛红兵博客上公然叫骂,还溜到葛红兵的个人主页、书迷会等"网络地盘"上发飙,责骂葛红兵"板着面孔""有酸葡萄心理",甚至还有人骂他"崇洋媚外,

---

① 白贵:《知识分子走入电视——电视与知识分子的双赢之举》,《社会科学论坛(学术研究卷)》,2006年第3期。

② 葛红兵:《批易中天乱嚼三国遭"易粉"群殴》,http://view.news.qq.com/a/20060725/000014.htm。

是政治畸形儿"。于此同时,"葛粉"们也没有闲着,他们不但自认"守土有责",纷纷对"易迷"迎头痛击,也深谙"其人之道"地混进了易中天的百度贴吧,骂易中天"垃圾教授"的有之,骂"易粉"是"低智商傻子"的亦有之,发展成为"网络唾沫战"。

2007 年 3 月 2 日,天涯网上出现了一篇《我们为什么要将反对于丹之流进行到底》的帖子,发起者为中山大学研究古诗词和古文献的徐晋如博士,文中言辞激烈,称于丹"极度无知,传播错误的、甚至有害的思想"。后来《北京娱乐信报》报道:北京 10 名博士联名抵制"学术超女"于丹,称要"将反对于丹之流进行到底"。甚至要求她从《百家讲坛》下课,并向电视观众道歉。在帖子的末尾,10 名博士生联名表态称"要将于丹抵制到底"。围绕于丹事件,出版界出在 2007 年先后出版了《解"毒"于丹》①《批评于丹》②。在《解"毒"于丹》的新书发布会上,10 位博士再次重申反对的仅是"于丹现象",而非反对其本人。"中国文化所面临的最大祸患不是来自外来文化的侵蚀,而是来自那些打着振兴传统文化旗号的无知者"③。

关于学术明星的争论,可谓此起彼伏,不绝于耳。赞同者强力拥护,痛骂反对者。反对者据理力争,批驳赞同者。一时间,"板砖""唾沫"漫天飞舞。梳理一下,种种争论大体围绕以下四个问题展开:

（一）对电视学术明星演讲方式的争论

易中天是很多观众非常喜欢的一位主讲人,他说话幽默风趣,言语间不时冒出一两个时尚词汇,让人忍俊不禁。从他嘴里出现的政治流行语有:"政治资本""人力资源""搞定"等;经济流行语有:"绩优股""垃圾股""赢家""输家";再有一些就是社会生活流行语,如"帅哥""老板"等。这样的讲法,通俗易懂,也贴近现代生活,这也是许多老少观众喜爱他的原因。

然而,他的这一讲解方式,也让一些学界人士感到担忧。杨光祖认为:"易中天自己说,他努力把三国人物'平民化',让观众觉得他们就是自己的邻居、自己的朋友。易教授这样做,当然有其合理的一面,但如果一味地如此讲,往往把他们的另一面遮蔽了。倘若再加发挥、添油加醋,如此下来,历史就变成了笑料,思想成了笑谈,成了鲁迅说的'饭后的谈资'。把历史残酷

---

①　徐晋如、杨昊鸥:《解"毒"于丹》,北京,中国物质出版社,2007 年。
②　李悦:《批评于丹》,呼和浩特,远方出版社,2007 年。
③　徐晋如:《我们为什么要将反对于丹之流进行到底》,天涯论坛:天涯杂谈,2007 年 3 月 22 日,http://www.tianyaCn/PublieforuIn/Contentjfree/1/870238.shtml。

的一面、伟大的一面'遮蔽',甚至'改造'成'闹剧',这是当前文化界的惯例。"①刘忠认为:"严肃的史实充满了谐趣,严谨的考证为主观臆测取代,过度诙谐甚至有点无厘头的语言与学术规范渐行渐远,但是,历史知识缺乏的民众们却在易中天的'故事'中窥见了三国人物的英雄气短和三国风云的生存技巧。"②也有学者认为,易中天的讲述方式不够严谨,对学术内容进行了简单化处理,"易中天把刘备与诸葛亮的合作打了个比喻:刘备集团好比一家很有前途的民营企业,可惜缺少一个能干的 CEO,搞不清自己的主打产品和营销路线,因此生意做得平平淡淡,一直没有起色,诸葛亮则好比一位超一流的职业经理人,可以让企业扭亏为盈,起死回生,但自己没有公司,也不想当老板。"③

夏洁认为:"我认为他连篇累牍以一种舒展、生动、不吝调侃,在讲述中插入不少俚俗语和现代时尚语汇……但是,这种不同一般、引人兴趣的调侃并时不时'丢包袱'的讲述风格却不能搞得过分,即不宜因此冲淡了一个重大政治、军事问题的可容底线;更不宜在借用现代语汇时,不慎损伤了当代专用概念的严肃性,造成不良的社会影响。例如,曹操攻宛城张绣投降后,在一段时间耽于温柔乡里,与张绣的婶子邹氏(张济遗孀)淫狎。我记得易先生用了曹操'泡烂妞'这样的词儿。这就未免忒随意了。要知道,曹操此时与邹氏的床笫之欢绝非无关其他的'找乐'。它实际上是羞辱和激恼并使之降后又叛变杀了曹操一个措手不及的大关节点。此役曹操折损了长子曹昂、侄子曹安民,尤其是他的心爱骁将典韦,而且典韦正是在担负曹操私密住所警卫岗位上捐躯的。如此与重大关节相联系的事件,怎能用一个'泡烂妞'了得呢?"④

当然,赞同者同样有之。李泽厚说于丹是架起"精英和平民之间的桥梁"的"布道士"⑤。另有人高调指出:"所谓知识分子的最大问题不是什么堕落,不是什么伤风败俗,更不是什么祸国殃民,而是没有什么非常了不起的成绩出现。易中天先生已在对三国文化的普及,或者说吸引人们的关注

①　杨光祖:《历史祛魅后的娱乐化与价值错位》,载于红孩主编:《且慢,易中天》,上海,学林出版社,2006 年,第 57 页。

②　刘忠:《易中天的矛盾》,载于红孩主编:《且慢,易中天》,上海,学林出版社,2006 年,第 96 页。

③　余三定、朱供罗:《有贡献,但不尽如人意》,载于红孩主编:《且慢,易中天》,上海,学林出版社,2006 年,第 139 页。

④　夏洁、卢衍鹏:《易中天,"学术超男"乎》,载于红孩主编:《且慢,易中天》,上海,学林出版社,2006 年,第 176~177 页。

⑤　张健、李泽厚:《他们是精英和平民之间的桥梁》,《南方周末》,2007 年 3 月 22 日。

上作出了重要贡献。而在我看来无比重要的研究成果,可能不会为易中天先生所发掘,但肯定会与那些所谓严肃知识分子绝缘。"①

于丹对于对她的讲述方式的批评是这样回答的:"中国文化是金字塔,他们在塔尖做精细研究,我是在基座上做大众文化普及。我选择的电视这个大众传播平台,这种传播方式决定要通俗。"坚决"扁鱼"(反对于丹者)的博士徐晋如一直以文化保守派自居,对此于丹回答说,"人各有志,每个人做事不同,高兴就好","每个人都可以用自己的方式为中国文化做事,欢迎他们也做"。②

(二)对电视学术明星演讲内容的争论

从央视《百家讲坛》的"品三国"到文本《品三国》的问世,易中天遭遇的第一个批评者可能是上海大学的葛红兵。葛红兵博客文章题目比较尖锐——《如此易中天,可以休矣》,他批评易中天"混嚼三国",是"品了微言,失了大义"。

葛红兵在他的第一篇批评易中天的文章中指出:"品三国,如果只讲人与人之间的勾心斗角,君臣之间的背叛,兄弟之间的杀戮,国与国之间血腥争夺,那就没有什么意思。这是一个市场经济的时代,一部分人想看尔虞我诈,操弄权术的故事,想听别人对此的分析和指教,但是,一个学者如果只是这样讲三国,那就真的把三国讲得'下'了……真正重要的,其实品三国,应该是品一点中国人的国家观念,中国人的忠义观念,应该品出一点天、地、人、神的大义来,应该有反思,有批判,有褒扬。否则品的只不过是那个勾心斗角的智慧,那是对人的角力的崇拜……这样的三国,能给读者什么呢? 只能是把中国人庸俗化,把政治庸俗化,把中国人的人生哲学庸俗化。"③

杨光祖说:"易中天毕竟不是'下里巴人',不是周星驰,如是后者,我们就不说这些了。作为高校教授,所谓的文化精英,他在普及历史常识的同时,是否也应该注意人文精神的弘扬? 他这样乱'品'三国,是否也是对那些尚缺乏独立的价值评判能力的读者(观众)不负责任? ……我们尊敬的易教授在张扬什么'价值'呢? 这种活命哲学、玩世哲学、投机人生,真值得这么

---

① 王小六:《易中天是个南蛮》,载于红孩主编:《且慢,易中天》,上海,学林出版社,2006 年,第 208~209 页。
② 马爽:《大众传播——后工业时代的仙女棒》,《法制与社会》,2007 年第 6 期。
③ 《如此易中天,可以休矣》,葛红兵的博客:http://blog.sina.com.cn/s/blog_473d280c010003up.html。

大肆宣传吗?"①

　　更有人一针见血地指出:"易中天的硬伤就是世界观和人生观的问题——政治上宣扬谋略,事业上强调人事,人际关系上追求功利实惠。"②

　　后来葛红兵在接受采访时说:"从知识普及上,我承认易中天是有史以来对三国史进行普及工作贡献最大的人。他是对三国历史普及工作功绩最大,同时也是对《三国演义》攻击最大的人……易中天的品评更多的是倾向于权术,是向当下的读者作了一个妥协……易中天的确是在消解历史、躲避崇高。但并非大众就不需要崇高、不要大义的。在当下权谋太多、智慧太多而忠孝仁义太少的时代,大众实际上非常需要这些……如果以《三国演义》为假想敌,把《三国演义》摧毁来讲三国史,这样就把其中的人文理想、审美理想、历史观念、人生信念、社会价值观都颠覆了。"③

　　于丹的讲解更加偏向一种"心理医生"调节式,而非专业化的文化讲解,有人认为她更像是"文化奶妈"的,所讲内容最多也就属于"心灵鸡汤"的性质。有人认为于丹穿凿附会、断章取义,以过于通俗的方式误读经典。更有人对她将"唯女子与小人为难养也"中的"小人"解释为"小孩"大感惊骇。文史专家张蔚星就提出,于丹的讲解存在不少谬误。他指出,于丹的著作热销,她对传统文化很多不正确的解释,会被大众奉为真理贻害巨大。文艺评论家、剧作家有"塞外鬼才"之称的李悦,认为《论语》并不是提供"心灵所需要的那种快乐的生活"的百科全书,于丹只能选取与"快乐的生活"有关的篇章,这些篇章只不过占《论语》的 1/10 左右,即使在这 1/10 中,亦有许多曲解之处。在著名的"天涯社区"网站,ID为"塞外李悦"的网友发表了三万字的长文《〈论语〉可以乱讲吗?》,指出于丹讲解《论语》中的 14 个硬性错误,并对她的七部分内容进行逐篇剖析和批评,引起众多反响。

　　在海外学者中,杜维明先生是一位公开明确透彻地批评于丹的学者,"杜维明告诉记者,他不反对有人对《论语》做个人化的理解。一部《论语》能流传至今,本来就是在不断地被诠释中获得生命力的。《论语》不仅能够,而且也需要从不同角度扩展其外延,获得当代价值。但是,他反对太离谱和

　　①　杨光祖:《历史祛魅后的娱乐化与价值错位》,载于红孩主编:《且慢,易中天》,上海,学林出版社,2006 年,第 63~64 页。

　　②　牛学智:《从易中天看当代知识分子的隐性形象》,载于红孩主编:《且慢,易中天》,上海,学林出版社,2006 年,第 80 页。

　　③　《〈品三国〉重伤〈三国演义〉——访葛红兵教授》,载于红孩主编:《且慢,易中天》,上海,学林出版社,2006 年,第 217~220 页。

肢解性的诠释,毕竟,弄懂原意是基础,在此基础上的理解和心得才是个人的事情。如果第一步出了问题,则有损文化的纯正性和承袭性"①。

然而,赞同者同样有之。比如于敦康这样评价:"于丹讲的是一般人难得接触甚至提到就害怕的古代经典《论语》《庄子》,能把经典诠释的如此接近生活、吸引普通大众,很不简单。……应该说于丹给我们树立了很好的榜样,这对我们学院派有启发……真正的文化建设高潮应该是全民性的运动,不是几个学者在那里埋头苦读。我们的社会需要更多的于丹。"②

对于这些批评,这些学术明星们也有自己的回应。对于种种负面的声音,于丹的反应既很低调又不失谦虚。她解释说:"如果在大学讲坛上我这样讲,那我是渎职的,是对专业的学生不负责任。但是如果在电视上仍强调大学讲堂的严谨,讲求考据的话,也是对大众的不负责任。因为上电视必须考虑观众,15岁以上的中学生要听得懂,还要喜欢听。现在每个人被多重价值观撕扯着","各种争鸣都是有道理的,《论语》可以从太多的角度进行解读。我讲的《论语》,不是汉代罢黜百家独尊儒术的儒术,也不是被后人顶礼膜拜的儒教,也不是被学者皓首穷经钻研的儒学,也不是半部论语治天下。它只关乎个人的修养,是中国人提升自己幸福感的一个参照系。让更多人开始重新翻阅中国古书,效果就达到了"③。

易中天回应说:"除非是硬伤类的差错,我会立刻让人通知我,并且会马上改,至于理论探讨,比如历史该不该这样去品读,或者有人说,这算什么史学,这类争论不是当务之急,可以搁在那儿,有时间再说,我的原则是:不争论、指出硬伤立刻改正,学术问题从长计议。"④

（三）对电视学术明星社会作用和学术操守的争论

"学术明星"原本属于知识分子群体,他们属于知识分子与电视场域杂交后的一个知识人新品种。那么这种"电视知识分子",其社会作用与传统知识分子有什么不同呢?"学术明星"的耀眼光芒将这一问题提到前台。

杨光祖说:"易中天为了迎合大众趣味,为了提高提高收视率,确实不遗余力,使出了全身功夫,满足了电视台,也娱乐了'易迷',只是迷失了自己。他在凸显自己'明星'的角色时,忘记了自己的'学者'身份与责任……文化

---

①　肖鹰:《从"求真悦学"到"视学为术"——"于丹现象"批判》,《当代文坛》,2007年第4期。
②　于敦康:《我们需要更多的于丹》,《光明日报》,2007年5月18日。
③　张稚丹:《于丹为什么这样红》,《教师博览》,2007年第4期。
④　牛学智:《从易中天看当代知识分子的隐性形象》,载于红孩主编:《且慢,易中天》,上海,学林出版社,2006年,第79页。

传媒的普及与发展,需要学者的加盟,使学者的急剧明星化,也使得他们没有起到应该起到的作用。我们知道,传媒本身的权力扩张,经常逼使学者就范……作为现代的学者,走出书房,走出象牙塔,走向电视,是可以肯定的。但千万不要一走出来就变质,'在山泉水青,出山泉水浊',丢了学者应该具有的学术操守。"①他还说:"社会上出现了一大批'是非不分'的'粉丝',也诞生了一批学术明星,迎合这种娱乐趣味,放弃自己的责任,以做'名人'赚取巨额版税为荣,什么国家大义、民族文化、道德底线,都抛诸脑后。"②

牛学智认为:"《品三国》里的知识分子易中天,看起来的确更像'小技术官僚'。从既得利益的角度,唤醒、普及、灌输、渗透对当下世俗现实来说一切庸俗管用的东西。因此,知识分子易中天的形象,完全可以当作富里迪所谓'顺从知识分子'征候在当代中国语境的一种隐性发育来考察。作为知识分子的易中天,不见得愿意认领知识分子的一切精神性承担,但我们却没有理由不把他当作知识分子来看待。甚至把易中天稍作放大,易氏在《品三国》上暴露出来的实用技术型面目,实乃当代中国人文知识者在人文关怀的名义下暗度陈仓的大致轮廓。"③

在《我们为什么要将反对于丹之流进行到底》的帖子中,10位博士在言论中愤慨的指出:"这一次她所面对的是那些打着要'开掘中国传统文化这座富矿'的旗号的人们,他们巧言令色,谄视媚行,实际却偷偷为中国文化掘好了坟墓……当于丹用《心灵鸡汤》般的语言来猥亵孔子时,人们早就在不知不觉中被煮熟……"④

总的说来,批评者对学术明星作为知识分子群体的一部分,在当代社会发挥的作用表示怀疑乃至批判。认为他们为了获得在原本的学术场域中无法获得的社会资本和经济资本,一味迎合市场和大众,背离了知识分子应有的学术操守和道德追求,放弃了自己应承担的社会责任。

（四）对电视学术明星学术资格和电视行为的质疑

对于当代知识分子是否应该走上电视以及这些学术明星们是否有登坛

---

① 杨光祖:《历史祛魅后的娱乐化与价值错位》,载于红孩主编:《且慢,易中天》,上海,学林出版社,2006年,第64~65页。

② 杨光祖:《历史祛魅后的娱乐化与价值错位》,载于红孩主编:《且慢,易中天》,上海,学林出版社,2006年,第66页。

③ 牛学智:《从易中天看当代知识分子的隐性形象》,载于红孩主编:《且慢,易中天》,上海,学林出版社,2006年,第78页。

④ 徐晋如:《我们为什么要将反对于丹之流进行到底》,天涯论坛:天涯杂谈,2007年3月22日,http://www.tianyaCn/PublieforuIn/Contentjfree/l/870238.shtml。

讲学的资格,也是公众及学界争议的问题。肖鹰直接质疑于丹讲论语的身份"合法性":"在 1979～2007 年间,于丹只在正式期刊发表了六篇'专业论文'……在她既往的所有论著中,都没有孔子或《论语》的影子,表明无论从文字上、还是从义理上,她都没有读懂《论语》。最为观众诟病的一个'硬伤',就是将小学生都懂得的'小人'释为'小孩'……足见她对学问的草率。"①我们平时看到的于丹的头衔是:北京师范大学教授、影视传媒系主任、电视栏目策划人,似乎与《论语》《庄子》研究并无瓜葛。但她的《〈论语〉心得》却是首印 60 万册,出版后四个月内热售至 250 万册。朱维铮采访时直言不讳地指出:"她书里讲别的话我都同意,就是讲《论语》的部分我不同意。"②他还说,"于丹不知道《论语》文本为何物。她讲的那个基本属于无知;还有《论语》,用的一些基本概念,都说明她不懂《论语》……基本属于无知;还有《论语》的分章……她连传统的分章也没有搞清,把两个不同时期的章节混作一章,我就知道,这个人连常识也没有,从来没有人这样分过章"③。很多学者认为,于丹的国学修养远未达到可以"教化大众"的程度,甚至一些基本常识也没有搞清楚。她对经典的理解抛开了历史上的经典训释,完全是以自己的理解来替代经典,与其说是于丹讲孔子,不如说是借孔子在讲于丹,其讲解的经典有假冒伪劣之嫌。④

易中天也存在同样问题,他的专业是文学,却漫谈历史。他以文艺美学奠定学术地位,同时涉足文学、美学、心理学、人类学、历史学等多学科。所以有人质疑,他对三国的历史研究到底有多少权威性呢?但凭借他风趣幽默甚至带点油滑的现代大白话的讲述方式,以及极具课堂效果的口才与表演技巧,打出"以故事说人物、以人物说历史、以历史说文化、以文化说人性"⑤的口号,他在北京签售《汉代风云人物》时,就出动了几辆警车。他的《品三国》演讲稿以 260 万的天价拍卖给上海文艺出版社,首印 55 万册,一月半售空,"全国版权费最高 12%,他要 14%"⑥。梁晓声对此曾发表看法:"易中天现象是浮躁的标志。"⑦也有人说:"易中天带来了一个危险的价值

---

① 肖鹰:《从"求真悦学"到"视学为术"——"于丹现象"批判》,《当代文坛》,2007 年第 4 期。
② 李宗陶:《于丹不懂〈论语〉》,《南方人物周刊》,2007 年第 7 期。
③ 李宗陶、朱维铮:《于丹不懂〈论语〉》,《南方人物周刊》,2007 年第 7 期。
④ 王俊棋:《超越精英与大众的紧张——从于丹现象看传统文化的审美化传播》,《当代文坛》,2007 年第 5 期。
⑤ 《我走红因为我人性——易中天教授访谈》,《三联生活周刊》,2006 年第 8 期。
⑥ 鲁民:《易中天为何"如日中天"》,载于蔡栋主编:《说不尽的易中天》,长沙,湖南人民出版社,2006 年,第 233 页。
⑦ 《易中天现象是浮躁的标志——访作家梁晓声》,《重庆晚报》,2006 年 8 月 21 日。

信号",他的《品三国》书稿"无底价竞拍"会使严肃的学术出版面临更大的难题①。

在很多人看来,需要探讨的是,学术是否可以通过电视这种手段来普及? 学者是否可以成为一个电视说书人或文化奶妈? 传统观念认为,专家学者的职业是教师,"舞台"就应该是三尺讲台,应该远离社会的喧嚣,做好教书育人的本分。当《百家讲坛》的一些主讲人走出校园,像明星一样频繁的暴露在闪光灯之下时,许多人对他们的这一行为提出了质疑。在学术界看来,易中天等学术明星颠覆了中国文化人清高淡泊的传统形象,热衷于抛头露面,甚至为了取悦观众不惜插科打诨。这种一夜成名、名利双收的一部分"杂交型"知识分子,对那些甘坐冷板凳、十年磨一剑的学者们来讲是不公平的,也会助长浮躁的社会风气。

李悦对学术明星学术资格及电视行为的批评更为直接:"于丹教授的火,并不是因为她有那么多头衔并读过那么多的书,而是因为这位'古典文化研究者和传播者'还同时是'知名影视策划人和撰稿人',这样她能够有机会在2006年'十一'黄金假日,在央视《百家讲坛》连续七天讲读《论语》心得。……于丹教授依靠强大的央视传媒,在国内一举成名。"②

对于这些争议,不同立场的人会有不同的看法。马少华表示,于丹有贡献,10博士的表达也正常。他们的声音都有利于人们产生自己去看一看《论语》和《庄子》、亲身接近两位前贤的冲动。郑槟儒说,正是这些争吵声唤起了人们对传统文化的关注,传统文化借此在现代社会中日益升温和复苏。③ 而《百家讲坛》红火时的制片人万卫表示:"争议越多我越开心","争议就代表关注,我希望每个学者亮相都能有争议,百花齐放、百家争鸣! 我们是做电视节目不是做学术研究,初衷就是大众喜欢,现在的状况也足以证明这一点,争议越多关注越强"④。

四、"学术明星"现象文化论争之批判：场域立场之争

这场由于"学术明星"崛起而引起的文化大争论,前后持续了将近两年,可谓仁者见仁,智者见智。赞同派与反对派各说其词,也似乎各有各的道理。当我们收集了两派论争的材料后,不难发现,这场"群殴"有一个明显特

①　康慨:《易中天带来了一个危险的价值信号》,载于蔡栋主编:《说不尽的易中天》,长沙,湖南人民出版社,2006年,第180页。

②　李悦:《批评于丹》,呼和浩特,远方出版社,2007年,第89页。

③　余靖静:《"学术明星"如何传播经典》,《检察风云》,2007年第8期。

④　顾晓萍、邢虹:《易中天 刘心武替你读书,何错之有》,人民网,2006年8月7日。

点,那就是一般的电视观众都是持赞同意见,而学界,大多则持反对或保守意见。为什么会有这样的差别呢?

（一）"有限文化生产场域"——"大批量文化生产场域"

布尔迪厄在《关于电视》与《自由交流》两本书中,谈到了文化生产的自律与他律问题,他将此表达为"纯粹化"与"商业化"、"先锋"与"通俗"艺术之间的对立。他以比较成熟的文学为例指出,随着文学场自主化程度的提高,每种文体内部又分化为先锋文学和商业文学两类,形成了先锋和传统风格之间的争夺。文学场内部的这种竞争和更新换代,导致文学场逐渐分化为两个对立的亚场(Sub-Field),从而形成了一个"输者为赢"的逻辑。经过一段时间的艰难历程后,这两个亚场按照艺术自主的逻辑确立了它们的等级次序,即有限生产亚场对大生产亚场的支配和对抗。① 在文化生产场内部,有限生产亚场(也被称作"有限文化生产场"),是高度专门化的文化生产场,参与者为争夺公认的文化资本形式而斗争,其努力的目标是希望得到同行的认可。在这专门化的文化场域中,起决定性作用的是高度自主性的文化资本和符号资本,它们相对独立于经济资本,可以称为是抵抗商业或政治标准的"纯科学"或"为艺术而艺术"的场域,居于文化生产场域内的统治地位。在有限文化生产场内,由于行动者所处位置的不同,所采取的策略也不尽相同。布尔迪厄谈到三种不同的策略类型,即保守、继承和颠覆。"保守的策略常常被那些在场域中占据支配地位、享受老资格的人所采用,继承的策略则常常被那些新参加的成员采用,尝试获得进入场域中的支配地位的准入权;最后,颠覆的策略通过挑战统治者界定场域标准的合法性而采取了多少有些激进的决裂方式"②。

相比较于"有限文化生产场","大批量文化生产场"(the Field of Large-Scale Cultureproduction)则占据较少的文化资本和象征资本,它参照的是商业成功或大众趣味等"外在"的标准。它们生产或追求的是经济资本,居于场域内的被统治地位。布尔迪厄认为,这使得那些更加擅长把他们的作品市场化的文化生产者与那些在这方面不擅长的文化生产者相互竞争。③ 这样,有限生产亚场就对大生产亚场相对应而存在,形成了支配和对抗的关

① 张意:《文化与符号权力——布尔迪厄的文化社会学导论》,北京,中国社会科学出版社,2005年,第282~283页。
② 〔美〕戴维·斯沃茨:《文化与权力:布尔迪厄的社会学》,陶东风译,上海,上海译文出版社,2006年,第145页。
③ 陶东风:《赢者输与颠倒的经济——于丹现象解读》,学术中国(网站),2007年4月6日。

系。两个亚场的结构性对立其实体现了自律文化和大众文化的对立,即"纯"艺术和"商业"艺术,"落拓不羁者"和"资产者""左岸"和"右岸",先锋与传统的对立。

我们透过纷繁杂乱的关于"学术明星"现象的争论,不难看出,赞同派和反对派的看法之所以有那么大的不同,完全是因为他们所在的立场不同,也即他们所处的场域是不同的,布尔迪厄的两个亚场的理论给了我们很好的分析视角。从布尔迪厄的文化生产场域理论看,这场论争,其实就是不同的"文化生产场域"之间的一场对文化资本的争夺。

显而易见,学术场属于有限文化生产场,拥有较多的象征资本和文化资本,也即一般所说的专业圈子,它有着自身严格的价值尺度、对话方式、运行法则与评判标准。它相当专业化,具有抵抗外部力量(如市场)的高度自觉性与自主性,行动者在其中争夺的是专业人士的认可,以及专门化的、相对独立于经济、政治资本的文化学术资本,这一场域的行动者是学术研究者或艺术家等专业工作者。而电视场则属于批量文化生产场,既拥有一定的文化资本,又拥有较多的象征资本和经济资本,它遵循的是外在价值标准,如商业成功或大众趣味等,最终目的是获取直接的经济利益,这一场域更易于为他治原则折腰。这两个场域由于所持资本不同,惯习不同,表现在行为方式及思维方式上也就有很大的不同。"学术明星"及其粉丝与10位博士以及其他声称捍卫学术的严肃性、经典的纯正性的学者之间的论争,实际上就是两个不同文化生产场利益之争的戏剧性体现。

"学术明星"走的实际是一条精英文化大众化的路线,他们通过这种方式稀释了精英文化的学术含量,从而使原本"晦涩"的高雅文化变得如可乐般适合大众的口味。对于那些有点文化基础、渴望接近精英文化的一般观众来说,他们通过这些"学术明星"找到了一条接近高雅文化的便捷之道,所以,他们对"学术明星"极力推崇,对他们的讲述不假思索地全盘接受,这些"学术明星"成了他们的精神导师,成了为他们人生解疑释惑的人生向导。他们是渴望知识的芸芸众生,是需要指导的"大众",他们对于"学术明星"的崇拜几乎是无条件的,这是身处"批量文化生产场"的大众必然的心理状态。

而以葛红兵和北京10博士为代表的反对派,他们批评行为无疑是基于学术场域的标准。他们从学术规范的角度出发,去审视学术明星们的所作所为,认为这些学术明星们违背了学术规范,破坏了学术圈内的运行准则,认为一向因自主性而骄傲的学术场域受到了外来经济资本的强烈干扰,这已威胁到了学术场的自治性。他们看到的是学术明星对传统经典的扭曲和亵渎,是部分学者为迎合观众和媒体对学术品行的放弃。为此,他们不能无视这种学术圈内的异流,他们必须维护学术场域的正常秩序。布尔迪厄认为,所有的学术论争不过是竭力在场域里争夺支配地位,将自身逻辑规定为场域中居统领地位的合法逻辑,从而将对手的观点归为不合法的、非主流的异端思想。① 这些反对派的动机不排除有这种可能性,即通过对于丹、易中天的批判,来彰显他们在学术场域中的正统地位,并以此来争夺学术场域内稀缺的文化资本和象征资本,从而提升和改善自己的资本总量和结构,以期在学术场域中处于更有利的位置。由此,他们对"学术明星"的态度也就自然不同于"批量文化生产场"中的大众了。

这场论争的根源在于,当电视场介越学术场后,原本泾渭分明的有限文化生产场与大批量文化生产场界限趋于模糊了。在媒介的参与下,精英文化与大众文化越来越体现出既相互分离又彼此需要的双重关系,学术场内的精英们是应坚持为艺术而艺术的传统操守,还是应该在媒体的指引下实现形态转型,这实在是一个摆在当代知识分子面前的一个问题。

最后,我们可以用一个图(见图 3 - 1)来表示这两个场域的关系,以及学者与学术明星在其中的位置。

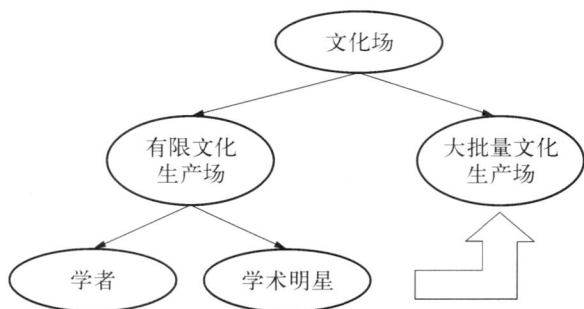

图 3 - 1 两个场域的关系及学者及学术明星在其中的位置

从图 3 - 1 中我们可以清晰看出: 有限文化生产场与大批量文化生产场同属于文化场,是文化场的两个子场域。从场域性质来看,学术场属于有限文化生产场,电视场属于大批量文化生产场,然而由于电视场对学术场的冲击和影响,使一部分原本属于学术场的知识分子慢慢向电视场靠近,他们由原来的纯粹学者身份摇身一变成为了被大众追捧的明星学者,他们实际上已渐渐游离出有限文化生产场,成为带有大批量文化生产场场域特征的学

① 张意:《文化与符号权力——布尔迪厄的文化社会学导论》,北京,中国社会科学出版社,2005 年,第 207 页。

术明星。

（二）"输者赢"逻辑：两个场域的矛盾所在

布尔迪厄以文学场为例,指出文学场内部的竞争和更新换代,导致文学场域分化成两极对立的亚场(即前面所说的"有限文化生产场"和"批量文化生产场"),从而形成了一个"输者为赢"的世界。① 他说："这毕竟是一个颠倒的经济世界：艺术家只有在经济地位上遭到失败,才能在象征地位上获胜(至少在短期内如此),反之亦然(至少从长远来看)。"②

布尔迪厄认为,有限生产亚场持守自治原则,拥有比大生产亚场更多的象征资本,居于场域的支配地位。大生产场是场域里的输家,但它在场外获得巨大的社会知名度和经济收入。如此一来,在"有限文化生产场"与"批量文化生产场"之间,形成了一个"经济颠倒"的逻辑。

在文化场中,伴随着行动者之间的相互斗争,会出现四种情况："输者赢""输者输""赢者赢""赢者输"。布尔迪厄对于"赢者赢"与"赢者输"讨论的不多,他认为进入艺术场时"赢者"由于得天独厚的优势,只需要"世袭"就可占据满意位置。而"输者输"可能是比较普遍的残酷现实。比如一些年轻人曾经一腔热血孤注一掷投入绘画事业,最终却因不堪忍受生活的压力与心灵寂寞而向世俗低头,"输者"为了争得"赢"的结果要付出更多的努力。"赢者赢"和"输者输"相对于"输者赢""赢者输"是个相对简单的过程。"输者赢""赢者输"表明我们的艺术场域开始了分化,不同的场域有了不同的游戏规则和资本形式。而文化场的这种分化其实是反映了社会的进步,因为不同社会文化领域的分化自治正是民主社会的主要标志之一。在一个极权社会,就不可能出现"赢者输""输者赢"的现象,而只会有赢者全赢,输者全输的局面。

在现代社会,文化生产已经成为一个相对自主的场域,文化资本也已经成为相对独立的资本形式。与经济领域赤裸裸地追求利益不同,文化生产场域(特别是那些由专家学者等同行组成的有限的文化生产场)奉行的常常是文化的非功利性和知识分子的超越性神话,那些在文化生产场域追求赤裸裸的物质利益的人将失去同行的认可,这就是所谓的"赢者输"(the Winner Loses)逻辑或"颠倒的经济"(Reversed Economy)。布尔迪厄提出的

① 张意：《文化与符号权力——布尔迪厄的文化社会学导论》,北京,中国社会科学出版社,2005 年,第 284 页。
② 〔法〕皮埃尔·布尔迪厄：《艺术的法则》,刘晖译,北京,中央编译出版社,2001 年,第99 页。

这种"颠倒的经济逻辑"即"输者为赢"的法则,确是一个睿智的发现,文化场以一种隐蔽而委婉的方式加入到社会权力再生产中。和其他场域一样,文化场中行动者也同样要争夺场域中特殊资本和合法性。布尔迪厄关于艺术场的"颠倒的经济"逻辑反映了他为神秘的文化生产除魅的意图。在布尔迪厄看来,由于这两个文化生产亚场遵从的规则不同,所以在"批量文化生产场"获得成功的文化人(学术明星、文化名人等)常常会在"有限文化生产场"遭到抵制,不被承认。有的学者在专业领域里取得很大的成绩,然而在大众领域却没有得到任何回应。大众文化是一种制造和崇尚明星的文化,而专业的圈子的却是以思想和科研为荣的。

布尔迪厄的这个逻辑可以解释为什么那些在市场上赢得巨额利润的文化名人,比如于丹、易中天等,几乎毫无例外地受到学界同行的激烈声讨,认为他们是学术掮客而不是真正的学者,是"文化奶妈""学术超男""学术超女"等。于丹、易中天们在市场上赢了,但其代价是在学术圈内输了;在大众那里赢了,在同行中却输了。这就是学术文化领域里的"赢者输"和"输者赢"的特有景观。当然,说于丹、易中天在学术同行中"输"了,只是从自主的学术场域的标准看的,也有不少学者对于丹、易中天的解读方式进行了肯定,但是这种肯定都是从他们对经典的普的角度来谈的,几乎没有人认为于丹、易中天的解读是创造性的学术研究。所以,学者杨念群曾说过这样的话:"一名卓有建树的学者,在某种程度上也能够获得某种特定文化意义上的承认,但这种承认永远不会是大众化的承认,而更有可能是在一个相对狭小的圈子里得到同仁的评价,以作为辛苦劳动的回报。"①

学术圈内比较明确支持于丹、易中天的人不多,李泽厚是其中一个。他明确表示"我支持于丹"。并且认为于丹类似于是一个"布道者",具有稳定社会、慰安人际、安贫乐道的布道功能。然而他也反复说于丹不是专家,"她是做普及化平民化的工作,她并不是专门研究孔子的专家学者,她只是在宣传孔子的思想,有点相当于西方的布道士。不要用专家学者的标准来要求她"。当记者问李泽厚是否想过做一个"布道者"的时候,他却显得要急于和"布道者"划清界限:"我从来没想过。我没有这个能力,也没有这个兴趣。"他接着还说:"如果我的书一下子销250万,那我就彻底失败了。我想王国维,他也会不情愿自己的书一下子就能卖250万吧。"由此可见,李泽厚很明确地认为,作为一个学者,市场上的巨大成功不但不是专业成功的标志,而且恰恰是失败的标志。所以他宽容于丹的前提是:我不是于丹! 如

_____
① 《"赢者输":于丹们赢在市场,输在学术圈》,http://i.mtime.com/2110969/blog/2356132/。

果我也像于丹那样在市场上大获全胜,就意味着我在同行中的彻底失败。①

这再次印证了布尔迪厄的"赢者输"逻辑:李泽厚先生,还有其他一些学者,他们之所以宽容于丹,那是有前提的,即于丹不是学者,而我是学者。换言之,于丹的赢是一个文化普及者在一个"批量文化生产场"的胜利,是市场上的胜利,对我们完全自主的"有限文化生产场"并不构成威胁。

其实,"赢者输"或"输者赢"都是很正常的现象。赢者通吃才是不正常的。在某种意义上,这种现象还是值得我们庆幸的:"赢者输"表明我们的文化场域开始了分化,不同的场域有了不同的游戏规则和资本形式。而文化市场的这种分化还反映了社会的进步,因为不同社会文化领域的分化自治正是民主社会的主要标志之一。在一个极权社会中,是不可能出现"赢者输"的现象的,而只会有赢者全赢,输者全输的局面。因为在那种社会整体氛围中,文化生产和物质生产的场域统统都没有独立,它们全都一统在极权政治的天下,而这才是文化的真正灾难。

①　张健、李泽厚:《他们是精英和平民之间的桥梁》,《南方周末》,2007 年 3 月 23 日。

第四章　大众传媒时代电视场域介越学术场域的动力机制及表现

在市场机制的作用下,在经济利益的诱惑下,电视场域日渐向学术场靠拢,这种位移使得电视场逐渐介越学术场,从而使电视场与学术场产生了部分的交叉融合。那么是什么动力促使电视场如此积极主动地介入学术场呢? 这种介越具体表现在哪些方面呢?

第一节　电视场介越学术场的动力机制

一、传媒方面的动力机制: 在对精英文化的改造中获取社会资本和经济资本

在这种场域的位移中,电视场域是主动的一方。它积极主动地靠近学术场域,借助学术场域内专业的文化资本,提升自身吸引力,并将其转化为经济资本。电视场域之所以如此这般地努力作为,原因如下:

（一）电视场的中介性及低自主性

电视场从性质上来讲属于中介性的公共服务机构,所以,中介性是电视场域的明显特征。在民主社会中,媒介场域与政治场域、经济场域、文化场域各子场域、公众生活场域都存在着密切的关系,是联结其他场域的纽带。电视的这一中介特性从我们所熟悉的"拟态环境"的理论中也可看出。

李普曼(Walter Lippmann)认为,在大众传播尚不发达的前现代社会,由于人们活动范围的有限性,大部分的知识与信息来自直接经验,但是随着人类社会的进步,每天通过各种媒介收到的信息越来越多,这些信息与生活的直接经验并没有什么关系,而我们却是依据这些信息来形成自己对这个世

界的看法。所以,在现代社会,我们的看法并不来自生活的直接经验,而是来自大众传播媒介给我们营造的拟态环境,媒体成为我们和现实生活之间的一个信息过滤器,我们不得不按照媒介筛选后的信息框架来理解"现实"世界。这个"拟态环境",就是传播媒介通过对象征性事件或信息进行选择和加工、重新加以结构化之后向人们提示的环境。然而,由于这种加工、选择和结构化活动是在一般人看不见的地方(媒介内部)进行的,所以,人们往往把"拟态环境"作为客观环境本身来看待。也就是说,由于当代社会媒介的无处不在,我们只能通过媒介所提供的"拟态环境"来认识周围环境,这种"中介性"好像就赋予了媒体不断靠近、介越其他场域的权利。大众传媒的这种对信息的垄断特权,也使得各种利益、权力群体和意识形态心甘情愿让其侵入自己场域,因为它们知道,自己场域的权力通过媒介场可以更好地发挥作用。

布尔迪厄在《关于电视》中说:"我认为在目前阶段,所有的文化生产场都受制于新闻场的结构,而不是受制于某某记者,某某电视台的台长,因为他们本身也被场的力量所控制……一个越来越受制于商业逻辑的场,在越来越有力地控制着其他的天地。"①由于电视(媒介)的中介角色,电视场域还把他律引入到其他的自治领域,干扰其他场域的自治。就如同罗德尼·本森所说:"媒介场域的'中介'(Mediating)角色——它被授予独特的权力以进入并探察其他场域,然后与公众分享其发现——允许它能动地影响遍布当代社会的权力关系。"②于是,传媒将自己巧妙地置换为大众的代言人,代表着最大多数人的期望值和批评标准,以大众的名义对其他场域的现象或状况进行裁决。所以,由于媒介场域的中介性角色,"它被授予独特的权力以进入并探查其他场域,然后与公众分享其发现——允许它能动地影响遍布当代社会的权力关系"③。

电视场域的这种中介性,也是源于它的低自主性。"新闻场具有特殊的一点,那就是比其他的文化生产场,如数学场、文学场、法律场、科学场等等,更受外部力量的钳制"④。也就是说,作为新闻场中的老大,电视场的自主性尤其低。其实,在场域分化的过程中,各个子场域的自主性都是相对的,

① 〔法〕皮埃尔·布尔迪厄:《关于电视》,许钧译,沈阳,辽宁教育出版社,2000年,第65页。
② 〔法〕罗德尼·本森:《比较语境中的场域理论:媒介研究的新范式》,《新闻与传播研究》,2003年第1期。
③ 〔法〕罗德尼·本森:《比较语境中的场域理论:媒介研究的新范式》,《新闻与传播研究》,2003年第1期。
④ 〔法〕皮埃尔·布尔迪厄:《关于电视》,沈阳,辽宁教育出版社,2000年,第61页。

没有完全自主的场域。而媒介场域的特殊性在于它比其他场域更容易受外部力量的控制。从诞生之初到现在,媒介场域就处于政治和经济的张力下。从新闻业产生的角度来看,新闻从来都不是完全独立的,要么依附于政治而生,要么作为经济发展的附生物。① 所以,这也使得电视场更容易与其他场域发生交叉和融合。

(二)消费时代收视率的重压

布尔迪厄认为:"新闻界是一个场,但却是一个被经济场通过收视率加以控制的场。这一自身难以自主的、牢牢受制于商业化的场,同时又以其结构,对所有场施加控制力。"②他在《关于电视》中的一个基本思路是,20 世纪 50 年代,电视关心的是文化品位,追求有文化意义的产品并关注培养公众的文化趣味,可到了 90 年代,电视极尽媚俗之能事来迎合公众,从脱口秀到生活纪实片再到各种赤裸裸的节目,最终不过是满足人们的"偷窥癖"和"暴露癖"。电视从文化和交往的传播手段,沦落为一种典型的商业操作行为。在布尔迪厄看来,这一切都源于收视率,而收视率又是追求商业逻辑的必然结果。他说:"通过收视率这一压力,经济在向电视施加影响,而通过电视对新闻场的影响,经济又向其他报纸、包括最'纯粹的'报纸,向渐渐地被电视问题所控制的记者施加影响。同样,借助整个新闻场的作用,经济又以自己的影响控制着所有的文化生产场。"③布尔迪厄认为电视在"新闻场"的象征力上占据了统治地位,它左右着人们的生活。

收视率目前确实是高悬在电视媒体头上的达摩克利斯之剑。似乎电视场域中的一切行动都得听命于它。正是因为有它的重压,很多电视媒体才铤而走险,不惜节目造假及虚报收视率。这正如布尔迪厄所说:"它直接受需求的支配,也许比政治场还更加受市场、受公众的控制。"④

其实电视媒体对收视率的追逐源于他们对经济资本的渴望,市场中的电视媒体必定是以利益为导向的。作为一种重要的媒介形式,电视在媒介场日益居于霸主地位,同时它也加速了文化的分化过程,或者说它加速了大众文化(商业文化)的产生及发展,使文化场域内日益分化成精英文化和大众文化、高雅文化和商业文化。然而不幸的是电视的特性及其在文化场域中的位置,使其最终成为商业文化繁殖的温床而非高雅文化的推动器。"电

---

① 丁莉:《媒介场域:社会中的一个特殊场域》,《青年记者》,2009 年第 16 期。
② 〔法〕皮埃尔·布尔迪厄:《关于电视》,许钧译,沈阳,辽宁教育出版社,2000 年,第 62 页。
③ 〔法〕皮埃尔·布尔迪厄:《关于电视》,许钧译,沈阳,辽宁教育出版社,2000 年,第 65 页。
④ 〔法〕皮埃尔·布尔迪厄:《关于电视》,许钧译,沈阳,辽宁教育出版社,2000 年,第 61 页。

视在物欲横流的市场化空间下,患了文化贫血症。电视文艺更多地承载着一种虚假的狂欢"①。然而,当我们追问电视缘何"堕落"至此时,对于收视率的追逐当是其中重要的原因。

2005 年 7 月,中国广播电视协会播音主持委员会在北京梅地亚中心举行"珍惜受众信任,树立健康形象"主题座谈会。在会上,崔永元语出惊人:"收视率是万恶之源。"②电视场域中积极的"行动者"崔永元看到了电视场域在收视率的重压下的扭曲和变形。它以貌似客观的眼光审视哪个节目应该保留,哪个节目应该撤销,但却永远无法解释原因。

电视学术论坛类节目,作为电视节目中的一员,它的运作也必定会受到这种生产逻辑的制约,无法逃脱收视率的限制,虽然像《百家讲坛》之类的栏目也标榜自己的学术含量,但我们仍能明显感到节目背后收视率那若隐若现的身影。其实,这种商业逻辑早已涵化到电视场域中制作者的内心。电视场之所以如此积极主动地靠近学术场,也就是想借学术资本装扮自己的产品,以期开阔另一番收视天地。这正如布尔迪厄所说:"这是个隐匿的上帝,它统治着这个圈子,失去一个百分点的收视率在某种情况下无异于直接走向死亡。"③

罗德尼·本森在他的文章中比较了法国新闻业在 20 世纪 70 年代和 90 年代由于受外界影响不一样而产生的不同。他给出了 70 年代和 90 年代法国新闻场在权力场域中的位置图(见图 4 - 1,图 4 - 2):

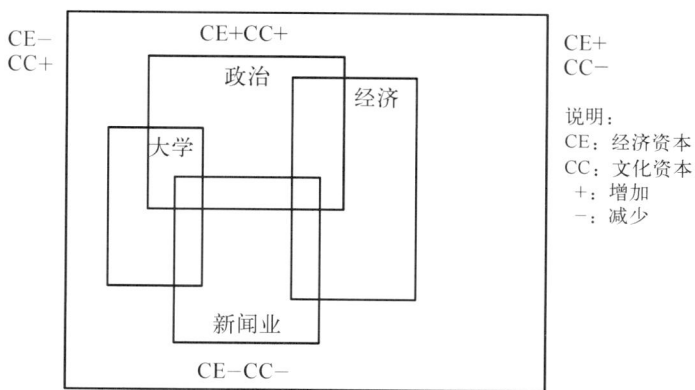

图 4 - 1　法国的权力场域(20 世纪 70 年代)

---

① 赵晖:《电视——文化的诗意栖居》,《现代传播》,2005 年第 1 期。

② 《名嘴倡议抵制低俗化 崔永元称收视率是万恶之源》,http://ent.sina.com.cn/x/2005 -07 -20/0306784917.html。

③ 〔法〕皮埃尔·布尔迪厄:《关于电视》,许钧译,沈阳,辽宁教育出版社,2000 年,第 24 页。

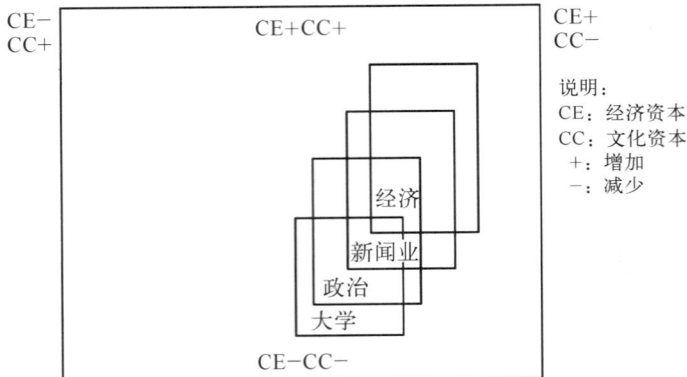

图4-2　法国的权力场域(20世纪90年代)

　　从图4-1和图4-2的变化我们可以看出,当新闻业更紧密地和经济场域排列在一起时,它的资本总量(纵轴)增加,它的经济资本相对于文化资本的比例也增加了(水平轴)。因此,从70年代到90年代,法国新闻业在场域中向右上方移动,并带动其他场域一同移动。

　　虽然本森绘制的是法国权力场域的变化图,其实也同样适用于近二三十年的中国传媒产业的发展状况。因为在这二三十年间,中国的传媒产业,尤其是电视,越来越受到外部经济因素的影响,导致其自身在权力场域中的地位及其资本总量及结构也在不断地发生变化,而这种变化,大都源自对收视率的追逐和渴望。正如布尔迪厄所说:"通过收视率,看到的是置入文化生产的经济逻辑。"[①]

　　(三)电视向知识分子"借脑",提升自身文化品位

　　由于竞争的压力,"内容为王"越来越成为电视场域公认的制胜法则。归根结底,只有好的内容才有好的收视率。电视场靠近学术场的原因之一,也是出于向学术场"借脑"的考虑,即借助知识分子的专业知识和理性头脑,提升电视节目的质量,以期吸引更多的观众。

　　电视从本质上来讲是个大众媒体,它在节目制作上遵循的是大数法则,即观念为大多数人接受、题材为大多数人认同、模式为大多数人熟悉、风格为大多数人喜欢,表现出明显的趋众化特征。而电视的这种无限制追求"大数法则"的做法,又会使电视变得简单、浅显和平面,缺乏品位。随着人们文化水平的提高,这种扁平式、无内涵的电视节目,已经不能满足一部分电视

－－－－－－－－－－

　　① 〔法〕皮埃尔·布尔迪厄:《关于电视》,许钧译,沈阳,辽宁教育出版社,2000年,第27页。

观众的求知渴望了。而且,随着现代社会信息渠道的增加,人们每天都面对大量的信息,并被这些海量信息拍打得无所适从。也就是说,生活在当代社会中的人们,并不缺少各方面的信息,缺少的是对海量信息的梳理。大众越来越想知道,有些事情为什么发生,它背后的深层次原因是什么,它对我们的生活有什么样的影响等,而这些,往往是一般的电视节目制作者独自难以完成的。另外,对于一些文化水平程度高的观众,他们厌倦于泛娱乐化的节目,希望能从电视上感受到精英文化的气息。所以,面对观众不同层次的要求,电视场的行动者们想到了向学术场靠拢,借知识分子之脑,来提升电视节目的质量。

于是,从20世90年代中期开始,一些知识分子渐次走上电视媒体,他们或作为专家,为观众提供某一领域的专业知识,或作为媒体评论员,提供他们对时事的看法或观点,或作为大众讲师,带领观众领略传统文化的魅力。另外还有一些熟悉电视媒介环境和运作规律的知识分子以"外脑"的身份参与电视频道和节目的策划。这些电视知识分子积极帮助频道筹划改版、创办新栏目等,他们在幕后以自己的专业知识为电视台出谋划策。对于电视媒介"外脑",新闻学研究者已充分肯定了他们"对于提升电视节目质量的积极作用"。于丹在出现在《百家讲坛》之前,是电视媒介"外脑"的一个突出代表。她不仅参与了电视频道的策划,也参与了传媒运营的策划,还担任电视栏目的撰稿和顾问。她先后为中央电视台各个电视频道中的近五十个电视栏目进行策划,参与中央电视台新闻频道、音乐频道的筹建,曾任中央电视台新闻频道、西部频道、科教频道总顾问和北京电视台首席策划顾问。不仅如此,于丹还曾应邀为中央电视台、北京电视台等四十余家电视台主持"生存策略研究",并提供内容完备的建设发展方案。为北京国际电视周首届影像国际观摩论坛、天津广播电视局主办的"2004天津国电视娱乐周"、首届沈阳"清文化节"等大型活动策划设计完备的建设运营方案。还曾为2003年中华人民共和国申奥片进行策划,并先后担任中央电视台《香港沧桑》等二十余部大型专题片及《正大综艺》《中国报道》等栏目撰稿人,曾获1994年、1996年星光奖最佳撰稿奖。[①] 这些以电视媒介"外脑"身份出现的电视知识分子使节目的品位有了显著提高。

知识分子以思考社会、探寻意义为己任,是理性与智慧的象征。知识分子的参与可以适当提升电视节目的质量,特别是在一些谈话类、评论类、文

---

① 刘钫:《中国电视知识分子发展现状研究》,西安,西北大学,2008年,第46页。

化类节目中,知识分子可以用所学专长为观众传播知识、讲述道理、解疑释惑,使观众在看电视的过程中增长知识,扩大视野。同时,知识分子的参与使节目向思想、理性的方向发展,深入探寻新闻的原因、背景,并利用其掌握的专业知识对问题作出适当预期并提出自己的看法意见。这是不具备特定专业知识的一般电视从业人员做不到的。中央电视台的一些名牌栏目如《焦点访谈》《央视论坛》,包括《百家讲坛》等其他一些科教类节目,如果没有相关专业、学科的知识分子的出场,要想制作出精彩的电视节目是不可能的。知识分子的参与既增强了电视的知识性和权威性,又使提升了媒体的公信力,对电视的发展起着非常重要的作用。

在我国,电视不是纯商业的营利机构,它同时具有传承文明、启迪民智的社会功能。知识分子介入电视,在一定程度上能够使精英文化与大众文化在一定范围内相互借鉴,从而提高电视节目品位,进而提高观众的品位。像《百家讲坛》栏目,很多知名学者,如龙应台、余秋雨、周汝昌、厉以宁等都先后登坛开讲。可以说,知识分子是这类节目的智力支撑,没有知识分子的参与,这类节目将无以为继,提高电视文化品位的愿望也就无从谈起。

二、学者方面的动力机制:用学术资本换取社会资本和经济资本

(一)寻找学术场外的身份认可

在自主性的文化生产场内,文化生产的目的是得到场内同行的认可,而行动者自身所拥有的资本的数量和结构也取决于他在本场域内所累积的声誉。布尔迪厄解释了什么是"自主",他说:"一个非常自主的场,如数学场,是这样一个场:在场中,除了与自己竞争的同行,生产者就没有别的顾客,竞争对手们完全可以取代他们。"①所以,在真正自主地学术场内,学者的身份认可是源自场域内部的,他有着怎样的学术贡献,便在场域内拥有怎样的资本数量和声望。

然而,电视场域的中介性以及其对经济资本的无限追逐,使得它已越来越靠近其他场域,包括学术场。学术场和电视场这种外部社会场域的斗争,会在一定程度上影响学术成果生产的形式。也就是说,原学术场内的一部分不甘心在场域内处于被支配地位的知识分子,"在面临外部场域的诱惑时,会积极地与各种大众媒体、文化赞助商和审查机构联合,制造轰动效应

---

① 〔法〕皮埃尔·布尔迪厄:《关于电视》,许钧译,沈阳,辽宁教育出版社,2000年,第72页。

和惊人的销售额,要不就出卖艺术自主迎合赞助商和审查机构的趣味、政治态度"①。学术场部分"不自主"知识分子的这种与"批量文化生产场"的"合谋",源自他们对自身在场域内位置的不满,源自他们对自身身份突围的渴望。当知识分子成群结队投奔大众媒体时,专家学者所处领域的同行的评价已变得不再是唯一了,他们所凭借的就是在电视节目中的经常亮相,这也就成为他们在传媒上所获得的知名度,获得社会资本和认可的重要标志。难怪布尔迪厄感叹:"传媒的评判越来越重要,因为一个人能否得到承认,有可能取决于他的知名度,然而,现在人们已经弄不太清楚一个人的名气到底应归功于传媒的好评还是同行间的声誉。"②

在我国市场经济以后,对物质和欲望的追求使得人们较以前显得浮躁而空虚,而这时大众文化却乘机兴起。大众文化的去中心化的解构和碎片化的拼贴,使得以精英文化自居的知识分子失去了发言的机会和平台,中国文化进入了一个文化大众化的时代。因此,如果知识分子想要继续对社会和大众发言,就不得不改变策略,以前那种高高在上的姿态肯定已行不通,于是,一部分不甘心退守书斋的知识分子,主动地接触媒介,寻求场外身份的认可。对此,布尔迪厄是这样描述的:"记者们往往非常得意的看到,众学者纷纷投奔传媒,希望自己的作品得到介绍,乞求得到传媒的邀请,抱怨自己被遗忘。听了他们那些有根据的抱怨,相当让人吃惊,不禁真要怀疑那些作家、艺术家、学者是否想保持自主性。"③一些热衷于在电视上露脸的知识分子,往往都是在本学术场域文化资本不太多,场域位置不突出的人,他们在本场域内可能得不到重视,于是,他们积极与电视场域配合,希望借助于外场域的力量,通过公众的认可来更新身份,提升地位。

（二）对民众的迎合：从"被感觉到"到"被看到"

传统知识分子讲求经世致用,以天下为己任,有着浓厚的历史使命感。他们往往以积极的心态介入社会,针砭时弊,以期对社会发展贡献自己的力量,这似乎是中国传统知识分子渗入骨髓的宿命性格。所谓"达则兼济天下,穷则独善其身",便是这种性格的很好写照。所以,中国传统知识分子本质上是主张入世的,"独善其身"只不过是无法"兼济天下"后的

①　张意:《文化与符号权力——布尔迪厄的文化社会学导论》,北京,中国社会科学出版社,2005年,第288页。
②　〔法〕皮埃尔·布尔迪厄:《关于电视》,许钧译,沈阳,辽宁教育出版社,2000年,第70页。
③　〔法〕皮埃尔·布尔迪厄:《关于电视》,许钧译,沈阳,辽宁教育出版社,2000年,第71页。

无奈选择。为了介入社会，他们往往用著书立说的方式传播自己的主张和观念，也就是说，他们的思想往往是以纸质的形式呈现出来的（当然，这也和过去媒介的发展程度有关），民众要想了解他们的思想及主张，只有通过阅读他们的著作这一条途径。通过阅读，民众了解其思想，洞悉其心声。读他们的著作，就仿佛在与先贤哲人们进行精神上的沟通。钱钟书曾对想认识他的人说，只要品尝到鸡蛋的味道就行了，不必认识下蛋的母鸡，他说的也就是这个意思：只要通过阅读进行思想上的交流就很好了，不必非看到著书立说之人。所以说，传统知识分子更看重的是将自己的主张和观念传播出去，只要受众能领会其思想就足够了，不必非让本人"现身显影"。

　　然而，传媒本身的发展以及其对社会各领域的介入，使这种传统的"感知"先贤的方式逐渐发生变化，一部分知识分子积极地与电视媒体合作，借助媒体的力量传播自己的学术成果。客观地说，就仅以学术出版、讲座、演讲的形式表达自身，或将自己的名字经常出现在报纸上或者电视上露个脸这两种方式来说，前者的影响力无疑要有限得多。因此，一部分知识分子就希望能够通过大众传媒传输自己的研究成果、观点、看法，认为这是一个更加有效与便捷的平台。而电视是一个娱乐的媒体，同时也是一个有强烈"造星"功能与渴望的媒体，在这种两相结合中，这些知识分子很快便成了耀眼的明星。他们在电视屏幕上"现影留声"，面向"批量文化生产场"用大众可以接受的语态传播学术，大众听到其声音，看到其存在，真正做到了"一举成名天下知"。他们通过在媒体的露面，使自己以"明星式"的形象被观众所熟知。所以，在电视媒体的威力面前，文化生产的市场争夺促使更多的知识分子利用媒体来获得文化资本和社会资本。而这种通过大众媒介获得文化资本和社会资本以实现自身价值的方式也成为媒介时代确保知识分子存在的重要手段之一。

　　在消费主义盛行的背景下，似乎没有什么不可以被消费，包括学者的文化研究成果。知识分子要想使更多的人知道自己和自己的作品，就必然要借助媒体的力量，使自己成为"名人"，或"明星"。介入电视后的知识分子不再单纯使用平面媒体进行知识的传授和普及，而懂得利用视听手段，综合调动受众的注意力和兴奋点，这样既迎合了受众，推销了自己，也拉近了大众与文化精英们的心理距离。

　　（三）知识分子对经济资本的追逐

　　布尔迪厄认为，资本表现为三种根本的类型（每一类下面还可以进一步划分出更低的类型），这就是经济资本、文化资本和社会资本。① 资本的不同形式实际上就是在差异化和自主化的过程中形成的不同场域中发挥作用的某些特殊权力。其中以经济资本为最重要和最根本。经济资本形同于经济学意义上的资本概念，以金钱为符号形式，以产权为制度化形式。

布尔迪厄指出：不同的资本形式之间是能够相互转换的。他认为，一种关于社会实践的总体理论，如果不把自己局限于经济，就应当全面地把握资本，充分考虑资本的各种形态和不同形式，并且努力发现不同的资本形式相互转化的规则。在电视这部庞大的机器上，文化资本的作用好生了得。"和其他资本一样，文化资本之所以重要，人争人抢，是因为它也是权力与地位的基础、支配与统治的基础。……这里的奥妙在于：各种类型的资本是可以相互交换与转化的，文化资本的力量不仅在于它的相对自主性，更在于它可以转化为经济资本或其他资本"②。

"在社会游戏中，我们也有将牌，即根据游戏的变化，其效力也随之有所变化的'主牌'：正像不同牌的大小是随着游戏的变化而变化的，不同种类资本（经济的、社会的、文化的、符号的资本）之间的等级次序也随着场域的变化而有所不同。换句话说，有些牌在所有的场域中都是有效的，都能发挥作用——这些就是各种基本类型的资本——但它们作为将牌的相对价值是由每个具体的场域，甚至是由同一场域不同的阶段所决定的"③。在这里，布尔迪厄明确指出，不同的场域其发挥作用的资本形式是不同的，如在学术场域中，起根本调节作用的资本形式是文化资本，但他所说的"在所有的场域中都是有效的"即是指经济资本，作为普遍有效的资本，它往往是在众多场域中都具有潜在效力的，从理论上讲，所有的资本形式都可以转化为经济资本。

按照布尔迪厄关于两个场域（"有限文化生产场"和"批量文化生产场"）的划分，在学术场域中，由于所掌握的文化资本并不雄厚，一部分知识分子在所处场域不受重视，不能很好地将自身的文化资本转化为经济资本，于是，他们开始向场域外拓展发展空间，寻求其他资本形式来增强自身存在的砝码，证明自身存在的价值。像《百家讲坛》所塑造的一批学

①　〔法〕布尔迪厄、华康德：《实践与反思——反思社会学导论》，李猛、李康译，北京，中央编译出版社，1998年，第161页。
②　陶东风：《社会转型与当代知识分子》，上海，上海三联书店，1999年，第158页。
③　〔法〕布尔迪厄、华康德：《实践与反思——反思社会学导论》，李猛、李康译，北京，中央编译出版社，1998年，第135页。

术明星,他们在接触媒介之前没有在学术领域取得足够的文化资本,但是他们愿意与媒体配合,熟知电视场域的运作规律,他们已经不像他们的前辈那样对电视场持有谨慎的距离感,他们能比较随意地游走于文化场和电视场,任意转换文化资本和经济资本,最后名利双收。也就是说他们在投身于电视场之后,借助电视场域的力量得到了之前没有得到的文化资本和经济资本,但同样,他们也遭遇了之前的电视知识分子没有遇到的质疑和诟病。

电视知识分子之所以能够获得比在文化场更多的经济资本,就在于与媒介的紧密联系。也就是说,一些有一定文化资本的知识分子与电视场域的行动者合谋,共同找到了使学术商品化的秘密,通过对学术进行一定的包装,并成功将之推向市场,这些知识分子与电视场域都收获了丰厚的经济回报。这些"学术明星"的身份通常是"三位一体"的:学者、电视明星、畅销书作者。于丹《〈论语〉心得》和于丹《〈庄子〉心得》两书在不到一年的时间里发行量超过 600 万册。《正说清朝十二帝》出版后一年内重印 15 次,发行量超过 32 万册,易中天《品三国》起印就是 55 万册。在评出的 2007 年中国作家富豪榜上,于丹以 1060 万元的版税位居第二名,易中天以 680 万元的版税位列第三名。① 易中天在《品三国》出版后拿到 140 万元版税后有记者问:"您觉得您的书是物有所值的吗?"易中天回答:"本来我还可以得更多呢。而且这是我该得的,市场决定的,能多高就多高,别说 140 万元版税,就算后面再加个零,我也受之无愧。"②

第二节　电视场介越学术场的表现

一、电视场域中知识分子传统人格的部分改变

（一）传统知识分子的人格特征：思想独立和批判意识

现代汉语中的"知识分子"实际上是一个舶来品。《大英百科全书》(第 15 版)将"intelligensia"(知识阶层)作为一个历史性的专有名词,特指 19 世纪末俄国一批对社会持独立批判立场的文化人士。与之相仿,英文中"intelletual"(知识分子)一词则由克雷门梭(Clemenceau)指代为以左拉为

---

① 哈晓光:《从大众文化批判角度看〈百家讲坛〉的娱乐性》,沈阳,辽宁大学,2008 年,第 90 页。
② 杨曾宪:《社会不公与易中天何干》,《学习月刊》,2006 年第 23 期。

首的"德雷福斯案件"批评者,也是一批"主持社会公道的文化人"①。这就是说,"知识分子"一词有两个源头,俄国"知识阶层"定义强调知识分子的思想独立及对公共事务的关怀;法国"知识分子"定义则更强调他们的社会责任及批判意识。

在西方学者关于知识分子的研究中,责任、理性、思想、独立、批判一直是知识分子人格特征的主要关键词。在他们看来,真正的知识分子一定要"公开运用理性","有知识"只是作为知识分子的一个必要条件,但不是充分条件。萨特曾说过一句颇有趣味的话"一位原子能科学家在研究原子物理时不是一个知识分子,但是,当他在反对核武器的抗议信上签名时就是个知识分子"②。西方社会常常把知识分子称为"社会的良心",认为他们是理性、自由、公平等人类基本价值的维护者。他们一方面根据这些基本价值来审视社会上的一切现象,另一方面则要身体力行地推动这些价值的实现,比较有代表性的当属曼海姆的"自由漂浮的""非依附性"的知识分子理论。他在《意识形态与乌托邦》中提出了知识分子是"自由漂浮的阶层"的观点。他认为,现代社会广泛的民主化进程使得知识分子能够从受国家机构的庇护及对它的依赖中解放出来,形成一个"自由漂浮的知识分子阶层","这些不属于任何集团的知识分子是典型的起倡导作用的哲学家、理论家,他们可以为他们可能碰巧参加的政治事业寻求理论支持,但他们自己的社会地位又使他们不受任何事业的约束。不过他们对一切政治和社会思潮都具有一种极其敏感的意识"③。曼海姆所说的知识分子具有社会道德、良心和正义的监护人的意义。

在我国,与西方对知识分子定义最相似的阶层就是中国古代的"士人"了。士人阶层产生于春秋战国时期,当时正逢西周宗法制度土崩瓦解,社会的动荡及分化改组使一些有文化的贵族沦为庶民,于是,他们将文化带到民间,兴办私学,使得很多庶民子弟也因此掌握了文化知识。后来人们将对最低一级贵族的称谓移到这些人身上,称为"士"。这一新兴士人阶层的出现,标志着中国古代文化系统与政治系统的第一次分离。自此之后,精神文化的传承、发展、创造的重任就由士人阶层来承担了。士人阶层首先具有独立

---

① 尤西林:《阐释并守护世界意义的人——人文知识分子的起源与使命》,郑州,河南人民出版社,1996年,第2页。

② 〔美〕杰弗里·C.戈德法布:《"民主"社会中的知识分子》,杨信彰译,沈阳,辽宁教育出版社,2002年,第35页。

③ 〔德〕卡尔·曼海姆:《意识形态与乌托邦》,黎鸣译,北京,商务印书馆,2000年,第126~127页。

性,他们有自己的人格理想和社会理想,有着自己的价值观念;其次有着明确的主体意识,"以天也为己任"是士人阶层主体意识的集中体现;第三,士人阶层具有超越意识,他们不仅要改造社会,而且追问自然宇宙、社会人生的最高价值本原。①

虽然在我国学界,有人认为我国士人阶层与西方知识分子概念具有精神内涵上的一致性。如余英时就认为"西方所刻画的'知识分子'基本性格竟和中国的'士'极为相似"②,但我们应该看到,西方知识分子的定义中非常强调知识分子的人格独立,就政治角度而言,它主要是指个体的自主性及社会批判精神。具体地说,它表现为不依傍任何的外在的精神权威,不依附于任何现实的政治势力,在真理的认同上具有独立的价值批判能力,并依据内心准则而自由行动;在社会实践生活中,积极地参与政治,成为改造社会的独立的批判力量。比照中国来说,这样的独立人格在中国知识分子身上是极为缺乏的,相反却表现为另一种人格形象:依附人格。即在思想上依附古人,拘泥经典,在政治上热衷仕途,委身皇权。③

然而,我们也应该看到,虽然我国的士人阶层与西方传统知识分子概念还有一定差别,但在我国古代封建社会的极权氛围中,能出现这样一个阶层,他们能在一定程度上保持自身精神超越以及与权贵的距离意识已实属不易,他们是我国传统知识分子人格理想的精神代表。

(二) 电视知识分子的现实人格:规避道德与政治可能性

利奥塔曾说,知识分子已经消亡。在大众文化甚嚣尘上,精英文化日益被边缘化的今天,在以娱乐为天职的电子媒体对人们的影响日益深入的当代,利奥塔的这一判断有一定道理。这里利奥塔所定义的"知识分子",当然是以公共意识和批判为首要特征的那一部分群体。德国学者曼海姆也认为,知识分子是"一个相对不具有阶级性的、没有被太牢固地安排在社会地位上的阶层……这个不安定的,只有相对的阶级性的阶层是'无社会依附的知识分子'……他不是封闭的和完结了的,而是能动的、富有弹性的,处于不断的流动状态"④。曼海姆在后来的著作中还敏锐地分析出了知识分子与

---

① 李春青:《乌托邦与诗——中国古代士人文化与文学价值观》,北京,北京师范大学出版社,1995 年,第 1~2 页。

② 余英时:《士与中国文化》,上海,上海人民出版社,1987 年,自序第 2~3 页。

③ 许纪霖:《智者的尊严——知识分子与近代文化》,上海,学林出版社,1991 年,第 3~4 页。

④ 〔德〕卡尔·曼海姆:《意识形态与乌托邦》,黎鸣译,北京,商务印书馆,2000 年,第 157~158 页。

现实生活的"疏离性"和"逃遁性":"有闲本身就是一种脱离现实的源泉,同时又采取了一种对事物升华了的、内在的理解……思想以自身为目的,因而不会轻易失败,也成为孤芳自赏的来源"①。如果按他们的定义来框定当今的知识群体,我们确实可以说,真正的具有"漂移性"的知识分子几近消失。

大众文化盛行,带来的是传统意义上的知识分子的行将消失,这的确是非常可怕的事情。在传统社会,知识分子(士与士大夫)是制衡权力的力量,是矫正社会偏颇的主力,是防止异化的中坚。没有了这些知识分子,社会有可能只有一种力量、一个方向,一种价值观,其结果必然是大众的无理性。尼采(Friedrich Wilhelm Nietzsche)曾经说过,任何由大众做决定的地方,真实性就变得多余、可悲,变成一种无益之物,唯有演员还能唤起巨大热情。是的,在大众社会,只有演员、明星才能唤起大众的巨大热情,而真正的知识分子,逐渐失去了在大众面前的话语权而处于无声状态。

目前中国的电视知识分子们,尤其是那些如明星般闪耀的在电视上开坛的学者们,大众如明星般对待他们,处于群体无理性之中,而这些明星们,为了迎合大众的兴趣与媒体的需要,他们的责任不再是传统知识分子的批判时弊,而必须时刻注意规避道德与政治的可能性。在电视的场域中,有关社会伦理的判断是尽量被避免的,有关政治伦理的批判更是被禁止的。电视知识分子们必须顺应统治阶级意识形态的要求,积极配合电视场域的惯习,营造出一种欢乐祥和的愉快氛围。以《百家讲坛》为例,栏目内容本来就以与现实社会较少关系的历史题材为多,而在对史的讲述中,又以人物经历为主,而且讲人物经历就讲人物经历,对其精神的道德层面的讲得很少。即使是讲人物,其内容大致亦如当前电视剧最流行的题目和内容相近,帝王史,强势人物史,中间杂以风流潇洒,大腕助兴点染历史,至多再加上后妃情感纠葛和"秘帏私趣"。也可能当前许多人兴趣在此,多备这些最有"卖点"②。我们知道,学古是为了鉴今,虽然发生的历史事件已经过去,但它给后人留下的经验教训,却永远对当今具有启迪意义,讲解者即使不大注意涉及人物的品性和道德,至少也应画龙点睛地予以"点破"。这才是我们学习历史的价值所在。

学者天行健曾这样评价于丹:"于丹讲《论语》,有许多地方联系了现实。但她联系现实时,常常避开了社会的主要矛盾,专门谈一些鸡毛蒜皮的

---

① 〔德〕卡尔·曼海姆:《卡尔·曼海姆精粹》,黎鸣译,南京,南京大学出版社,2002年,第222~225页。

② 夏洁、卢衍鹏:《易中天,"学术超男"乎》,载于红孩主编:《且慢,易中天》,上海,学林出版社,2006年,第180页。

小事,如有人好占小便宜、开车闯红灯等,似乎解决了这些问题,我们的社会便更加和谐了。"①这些学者的批评还是十分中肯的。

二、电视场域中知识分子角色功能的分流

陶东风在他的《新时期三十年人文知识分子的沉浮》中说,20世纪90年代以来,知识界发生的另一个重要事件是人文知识分子场域的内部分化。其中一部分仍然秉持知识分子的批判立场,成为公共知识分子;一部分变得越来越专业化,成为学院知识分子;还有一部分则调整了自己的价值立场和话语方式,放弃人文知识分子的批判传统和专业化的学院立场,面向市场为大众生产消费性符号,在权力和市场的同谋游戏中实现了政治和经济的"双赢",成为所谓媒介知识分子或电视知识分子。媒介知识分子的出现得力于大众传播、消费文化和文化市场在20世纪90年代的迅速繁荣,也得力于文化生产场域的分化。文化生产场内部分化为"有限的文化生产场"②和"批量化的文化生产场"③。

确实,电视知识分子的产生是电视媒体与一部分知识分子合谋的一个直接结果。这是由于电视媒体的发展以及其对知识分子场的介越后而出现的一种新的知识分子类型群体。电视场的介入,导致了知识分子场域的内部分化。

(一)"知识分子"与"知道分子"

关于什么是"知识分子",中外的看法是不太一致的。如前文所述,知识分子概念的提出有两个源头,第一个源头是19世纪40年代的俄国。知识分子(Intelligentsia)一词,来源于俄文 ингеллигенция,该词通常被译作"知识群体",这个术语是以别林斯基为代表的一批俄国、波兰人在1846年首先使用的。④ 当时,在俄国、波兰等经济、社会条件都比西欧落后的国度里,有这么一群比较特殊的知识分子,他们普遍具有西方教育背景,并对当时俄国的专制统治有着强烈不满,他们对当时的体制进行了尖锐的批评。这些知识分子一开始就是以群体而不是个体的形式出现,他们虽然来自不同的社

① 天行健:《应该把反对于丹歪批经典的斗争进行到底》,http://www.tianya.cn/New/PublicForum/Content.asp? idArticle=114468&strItem=no05。
② "有限的文化生产场"的特点是高度自治,场域游戏的参与者努力争取学者同行所组成的学术共同体的认可,他们争夺的是高度专门化的、相对独立于经济资本的文化资本、学术资本。
③ "批量化的文化场域"则更多地指向直接的商业成功和大众认可等"外在"标准,它生产的是可以迅速或现成地转化为经济资本的文化商品。
④ 温波:《大众传媒时代知识分子与媒体关系研究》,广州,暨南大学,2007年,第55页。

会阶层,但在精神气质上却有着共通之处。余英时曾经转述了俄国知识分子的五大特征:"一、深切地关怀一切有关公共利益之事。二、对于国家及一切公益之事,知识分子都视之为他们个人的责任。三、倾向于把政治、社会问题视为道德问题。四、有一种义务感,要不顾一切代价追求终极的逻辑结论。五、深信事物不合理,需努力加以改正。"①由此可见,源于俄国的知识分子概念强调的是知识分子现实的和道德的批判精神与参与意识。第二个源头是 19 世纪末到 20 世纪初的法国。法国的"知识分子"一词的出现主要归因于发生在 1894 年的"德雷福斯事件"。法兰西陆军上尉德雷福斯因拥有犹太人血统而遭受诬陷,这引起了一批具有正义感与社会良知的人士,包括左拉、雨果等文人的义愤,他们站出来为德雷福斯辩护。1898 年 1 月 13 日,左拉在《曙光报》(L'AURORE)上发表了致共和国总统的公开信《我控诉》(J'Accuse),这封公开信被法国知识界称为"知识分子的宣言书",这批为社会正义辩护的人士便被称为"知识分子"。② 虽然这不是"知识分子"这一称谓的诞生,但却是第一次在这样的价值内涵上被广为使用并流传开来,它强调知识分子在社会公共舞台上应该是体制的反对者或批判者,应具有一种超越职业之上的公共关怀。因此,现代意义上的知识分子也就是指那些以独立的身份、借助知识和精神的力量,对社会表现出强烈的公共关怀,体现出一种公共良知、有社会参与意识的一群文化人。这是知识分子词源学上的原意。在这个意义上,知识分子与一般的技术专家、技术官僚以及职业性学者是很不相同的。③

所以,最早的知识分子通常是业余的或半业余的,是自由职业者,即是曼海姆意义上的"自由漂移者",是一个完全不依附的社会阶层。在曼海姆看来,知识分子具有同质和异质两重性。同质性是指他们具有共同的知识背景,而异质性是指政治观念完全可以不同,可以归属截然对立的阶级阵营。葛兰西将这种知识分子看作是"传统的"知识分子。然而随着社会和知识分工越来越细密,随着知识体系的强化和扩张,当代的知识分子也越来越职业化,他们不再像波希米亚人那样四处漂游,而是逐渐有机化,开始逐渐依附于一定的"皮"之上。社会利益的多元化以及利益冲突的尖锐化,又使得许多知识分子乐意充当某个阶级或利益集团的"代言人",与社会有了固

① 许纪霖:《中国知识分子十论》,上海,复旦大学出版社,2003 年,第 90 页。
② 〔法〕米歇尔·维诺克:《法国知识分子的世纪》,江一峰译,南京,江苏教育出版社,2006 年,第 44 页。
③ 许纪霖:《中国知识分子十论》,上海,复旦大学出版社,2003 年,第 4 页。

定的精神或物质利益上的有机联系,这也就是葛兰西所说的"有机的"知识分子。①

　　正如在前文的定义部分指出,中国由于体制的原因,很难找到西方传统意义上的知识分子类型,我们一般是这样定义知识分子的:主要是指受过高等教育,在自己所属的专业领域内取得一定声誉并在社会上产生一定作用和影响的人士。也就是说,在中国,知识分子的"批判性""公共性"特征已被消解,更强调其专业性和因专业而取得的社会声望。而从20世纪90年代中后期开始,由于大众媒介的迅速崛起和大众文化的迅猛发展,一些文化人开始了与大众媒介的亲密接触,知识分子传媒化的问题初见端倪,电视知识分子问题也逐渐引起学界关注。这些介入电视的知识分子,他们在本专业领域内并不一定拥有雄厚的文化资本,然而他们较其他人更懂得电视运行的规律,更愿意与媒体合作,他们由于经常在电视上露脸而为大众所熟知。

　　2000年,王朔在《三联生活周刊》发表一篇题为《知道分子》的短文,他把那种"抄惯了别人的宏论",没有自己独立思想的学者调侃、挖苦并命名为知道分子,并在文章末尾加了"附注":"分辨'知道分子'小常识:写伟人传记的;为古籍校订注释的;所有丛书主编;所有'红学家'和自称鲁迅知己的。次一等:好提自己念过多少年书的;死吹自己老师;爱在文章里提他不认识的人和他刚看过的书的。'知道分子'代表刊物:《读书》;代表作:《管锥篇》。"②知识分子一直是王朔攻击、调侃的目标,《知道分子》一文自然也延续了他的一贯思路。在王朔的心目中,知识分子本已不堪,知道分子更是等而下之。于是,王朔辞典中的知道分子不仅是一个贬义词,而且还带着强烈的讽刺、挖苦、调侃和泄愤(王朔曾说他的头上始终压着一座知识分子的大山,"只有给他们打掉了,才有我们的翻身之日"③)等情绪色彩。然而,知道分子经过媒体的征用和放大后,词义遂大大改变。有资料表明,媒体的始作俑者是《新周刊》,该刊于2002年3月15日刊登"向知道分子致敬"的专题,不久又专辟"知道分子"栏目,并启动了"知道分子工作室"④。此后,《新周刊》"年度新锐榜"增添了"年度知道分子"的项目评选。近年评选结果如下:2003年:主持《华山论剑》电视直播的清华大学美学教授王鲁湘;2004年:《炎黄春秋》杂志执行主编,"潜规则""血酬定律"的提出者吴思;2005

①　许纪霖:《中国知识分子十论》,上海,复旦大学出版社,2003年,第8~9页。
②　王朔:《王朔文集·随笔集》,昆明,云南人民出版社,2003年,第118~119页。
③　王朔:《王朔自白》,《文艺争鸣》,1993年第1期。
④　赵海萍:《从"知识分子"到"知道分子"》,《咬文嚼字》,2006年第6期。

年,美国洛杉矶帕萨迪纳艺术中心设计学院终身教授、美籍华人王受之;2006 年:中国社会科学院社会学研究所研究员、饱受争议的性学研究专家李银河;2007 年:中日友好医院心理咨询师、中央电视台《新闻会客厅》《心理访谈》、中央人民广播电台《星星夜谈》《情感世界》等栏目特约心理专家李子勋。由于《新周刊》连续几年的造势,知道分子一词开始深入人心,有的报纸(如《南方都市报》个论版)甚至常年设置了"知道分子"专栏。①

　　不难看出,知道分子是从知识分子阵营中分化而来的,这意味着他们与传统知识分子还存在着某些联系。但是传统知识分子所具有的那种责任与担当在他们这里或者已淡化或者被置换,所以,他们虽然也会介入到种种社会问题之中,但却是以相对安全的策略来谈论这些问题的。以近年《新周刊》所评选的年度知道分子为例,大概只有在吴思那里还保留着一些传统知识分子的精神气质,而其他人则主要是传媒化的产物,有的甚至已成了被传媒娱乐化的人物。② 杨东平曾说:"现在所指的知道分子主要还是指那些和大众媒体建立密切关系的'知识分子',他们并不具有知识分子真正的眼光和立场。"③ 布尔迪厄是这么来评价这些人的:"他们想按照自己的形象,也就是按照自己的尺寸,重新确定知识分子的面貌和作用。他们像左拉那样抛出《我控诉》;却没有写过《小酒店》或《萌芽》,或者像萨特那样发表声明,发起游行,却没有写过《存在与虚无》或者《辩证理性批判》。他们要求电视为他们扬名,而在过去,只有终身的,而且往往总是默默无闻的研究和工作才能使他们获得声誉。这些人只保留了知识分子作用的外部表象,看得见的表象,宣言啦、游行啦、公开表态啦。其实这倒也无所谓,关键是他们不能抛弃旧式知识分子之所以高尚的基本特点,即批判精神。这种精神的基础在于对世俗的要求与诱惑表现出独立性,在于尊重文艺本身的价值。而这些人既无批判意识,也无专业才能和道德信念,却在现时的一切问题上表态,因此几乎总是与现存秩序合拍。"④ 布尔迪厄在这里批评的是法国的知道分子,但比照当下的中国也一样适用。国内也有人指出知识分子与知道分子的不同:"传统的知识分子是不屑在大众报纸上发表文章的,但知道分子们不同,他们聪明地知道这是带来高稿费和高知名度的捷径。他们选择

---

　　① 赵勇:《从知识分子文化到知道分子文化——大众媒介在文化转型中的作用》,《当代文坛》,2009 年第 2 期。
　　② 赵勇:《从知识分子文化到知道分子文化——大众媒介在文化转型中的作用》,《当代文坛》,2009 年第 2 期。
　　③ 黄晶晶等:《"知道分子"大逼供》,《新周刊》,2002 年第 5 期。
　　④ 〔法〕皮埃尔·布尔迪厄、〔美〕汉斯·哈克:《自由交流》,桂裕芳译,北京,生活·读书·新知三联书店,1996 年,第 51 页。

开一个千字的文化随笔专栏,把思想和见闻零卖;或者,他们干脆立一个中国李普曼式的目标,对国际时事指手画脚。如果他们旅游,他们绝不会放过把旅游见闻拿来连载的机会。以前贾平凹说三天不读书不可,三月不看报刊可,但今天的知道分子天天都会留心报刊的,这有利于巩固知道分子的常识边疆。"①

应该说,知识分子与知道分子的分化,不仅始于电视知识分子的出现,它是从知识分子开始广泛接触大众传媒并利用媒体为自己扬名开始的,一些人最初将自己投身于报纸媒体,广开专栏、广宣言论,从而成为知道分子群体形成的发端。然而毋庸置疑的是,电视媒体对知识分子场的侵入和干扰,大大促进了这一群体的发展和壮大,很多电视知识分子便是这一新型部落的典型代表。

(二)"书斋型学者"与"明星型学者"

知识分子,或曰学者,一般来说,在我们的头脑中都是极为严肃的字眼。他们给我们的是"两耳不闻窗外事,一心只读圣贤书"的印象。那么我们一般是如何定义学者的呢?在《辞海》中,"学者"的解释有两条,一是指求学的人,做学问的人;二指学术上有一定造诣的人。可见,学术研究是学者之为学者的根本。由于他们把大部分的时间都致力于知识的生产与传播,所以,他们又被称作"知识人"。② 他们是生产和操作象征符号体系的专家,是一群"喜欢在纯粹的知识活动中得到乐趣"的人③。在他们眼中一组公式或一个问题所具有的美感,远比起它的实际用途重要。他们远离现实生活,或沉浸于科学实验或醉心于终极理念的追问,大多数时候显得与社会格格不入,他们以自己的方式告诉我们:"我的国度不属于这个世界。"④然而事实上,恰恰正是这种与现实的"疏离"才使得学者们"逃脱了特定职业和利益对眼界的局限"⑤,从而拥有更为宽广的眼界与更为深邃的洞察力,使得他们能够"从多种角度而不是像大多数社会争论参与者那样只从一种角度看

---

① 赝居:《一个知道分子鲜为人知的日常生活》,《新周刊》,2002 年第 5 期。

② 〔波兰〕弗·兹纳涅茨基:《知识人的社会角色》,郑斌祥译,南京,译林出版社,2000 年,第 8 页。

③ 〔美〕刘易斯·科塞:《理念人:一项社会学的考察》,郭方译,北京,中央编译出版社,2004 年,前言第 4 页。

④ 〔法〕朱里安·本达:《知识分子的背叛》,孙传钊译,长春,吉林人民出版社,2004 年,第 19 页。

⑤ 〔德〕卡尔·曼海姆:《文化社会学论集》,艾彦、郑也夫、冯克利译,沈阳,辽宁教育出版社,2003 年,第 168 页。

待当代的问题"①,他们因对事物采取的是一种内在的、升华了的理解方式而显得与我们常人极为不同。思想是他们存在的证明,静思是他们生活的方式。为了思考问题及享受思想的乐趣,他们往往安居书斋,身处象牙塔而怡然自乐,他们有着淡泊的心志与坚毅的节操,是毛泽东所说的那种"宁可饿死,不领美国救济粮"②的"现代伯夷"。

随着现代媒体的发展,这种纯粹意义上的知识分子,好像离我们越来越远。在现代社会中,我们更强调知识分子的专业性及学术性。尽管市场经济的无孔不入对知识分子场域造成了一定冲击,然而仍旧有一部分学者秉承操守,坚守书斋,著书立说,他们即是布尔厄迪所说的那种仍旧坚持居于"有限文化生产场"的学者们。他们较少地受到外界场域的干扰和影响,按照本场域的惯习专心地积累自己的文化资本,他们追求的是本场域内同行的认可,哪怕这种认可无法带来可以立即变现的物质利益。而另一部原本潜心钻研学问的知识分子,则与他们正好相反,他们开始经由媒体,尤其是电视媒体进入了公共传播领域,成了当仁不让的学者明星,他们忙于奔波于各电视媒体之间,在各种节目中"显身露影",说着大致相同的话。无论是《百家讲坛》中易中天的迅速走红,还是余秋雨在媒体的频频亮相,他们都告诉我们:"学术明星"俨然已经成为一种现象,学者开始走出书斋,积极走入现代传媒,扩展出文化传播的另一个平台,他们的社会影响力也跨越了学界,拥有了自己大批的粉丝。

"学术"和"明星"似乎是两个很难搭边的概念:明星是现代社会大众文化的产物,而"学术"则好像只属于那些专门做学问的学者,和普罗大众有着相当的距离。然而,由于媒体尤其是电视媒体对学术场域的介越,最近几年,以中央电视台《百家讲坛》节目为代表的电视媒体却造就了一大批"学者型明星"。这些大都在高校和科研院所工作、原本以做学问为职业的学者,在《百家讲坛》等节目中开坛讲课后,也像歌星、影星一样,有了较大的名气和众多忠实的"粉丝",以及忙不完的采访,成为我们这个"造星"时代无数"星星"中的一群。这些学者从"两耳不闻窗外事,一心只读圣贤书"的"象牙塔"中走出来,他们以媒体为课堂,以观众为学生传道授业,像娱乐明星一样,空中飞人般在全国各地穿梭,忙于自我推销,通过大众传媒巨大的影响力完成了由学者向明星的转变,这也成为近些年最富喜剧色彩的文化

———————————

①　〔德〕卡尔·曼海姆:《文化社会学论集》,艾彦、郑也夫、冯克利译,沈阳,辽宁教育出版社,2003 年,第 122 页。

②　毛泽东:《别了,司徒雷登》,《毛泽东选集(第 4 卷)》,北京,人民出版社,1966 年,第 1432 页。

景象之一。2006 年 8 月,易中天在刚刚开幕的上海书展上创造了一项"中国纪录"。不到一下午,他就签售新书《品三国》四千多册,当场写坏了 10 多支水笔。时隔仅仅三个多月,另一位"百家坛主"于丹又以一天签售 8000 册《〈论语〉心得》的惊人数字,刷新纪录。更令人吃惊的是伴随着走红于年轻一族中的"粉丝文化",网上开始出现许多"教授粉丝"——"乙醚"(易中天的拥戴者)、"鱼丸"(于丹的拥戴者)、"年糕"(阎崇年的拥戴者)。①

我们的时代已经逐渐幻化出消费社会的种种气象,那些曾经被西方理论家们评说的种种文化现象也已经在我国上演,明星学者现象便是其中的一种。20 世纪 90 年代末,刘康指出,中国大陆知识分子与西方各国学者的差异之一就是还没有明星化。② 但新世纪的短短几年间,在荧幕上频频露面,自觉参与文化工业的学者们已经演绎出大陆"学术明星"的流变历史。③

与此概念类似,法国学者德布雷在《教师、作家、名流:现代法国知识分子》一书中将大众传媒阶段的知识分子称作"名流知识分子",认为这是继教师、作家之后的法国第三代知识分子。在德布雷看来,教师和作家型知识分子倚重的是维护文化自身的合化法根据和得体的文化价值,但"名流知识分子"是大众化和商业化的。他认为,在名流知识分子时代,随着大众媒介日益成为现代社会的权力象征,媒介取代大学和出版社成为文化和知识制度化的主要手段。也就是说,知识分子的地位高低是依据他们与媒介的接近程度来划分的。而大众媒介却遵循严格的"市场逻辑",这必然使得民众同质化,进而消灭各种独立的声音和判断。但同时,名流知识分子随着出镜率的上升,其权力地位与商业价值不断上涨,他们从大众媒体中获得了自身的合法性,同时也进一步强化了媒体的合法性。④

关于明星学者的出现,不同立场的人会有不同的看法,认为它干扰了学界正常学术规范的批判者有之,认为它加快了学术的大众化,接近了学术与大众的距离的赞同派同样有之,如有人认为:"书斋学者代表精英文化,明星学者则代表大众文化,他们均属于一种文化符号的建构与被借用,两者并不矛盾。社会既需要甘坐冷板凳的书斋式学者'为往圣继绝学',也需要亲近

① 孙丽萍:《聚焦 2006"新明星学者"现象》,《北京纪事》,2007 年第 2 期。
② 刘康:《全球化/民族化》,天津,天津人民出版社,2002 年,第 64 页。
③ 颜敏:《学术明星的崛起与人文知识分子的现时定位》,《惠州学院学报(社会科学版)》,2010 年第 5 期。
④ 德布雷:《教师、作家、名流:法国现代知识分子》,转引自周宪:《德布雷与中国知识分子问题——读德布雷〈教师、作家、名流:法国现代知识分子〉》,《对话丛刊."跨文化对话"第 4 辑》,上海,上海文化出版社,2000 年,第 148 页。

大众的明星化学者'为生民立命'。"①

（三）"公共型知识分子"与"有机型知识分子"

如前所述，从词源上来看，传统的知识分子的本质规定是"漂移的"和批判的，他们关注社会公共事务，保持着与现行体制的距离感，本着自己的道德感和责任心向公众发言、批判时弊。如法国的知识分子，始终保持着左拉时代的传统，他们常为理想、信仰和各类乌托邦信念而奋斗，最能代表法国知识分子的是激进的、充满情感力量的萨特。② 1945 年在萨特创办的《现代》（Les Temps Modernes）杂志上，他提出了知识分子参与政治的理论。他是以积极战斗的姿态投入法国社会运动的。德国学者曼海姆也认为，知识分子是"一个相对不具有阶级性的、没有被太牢固地安排在社会地位上的阶层……这个不安定的，只有相对的阶级性的阶层是'无社会依附的知识分子'……他不是封闭的和完结了的，而是能动的、富有弹性的，处于不断的流动状态。"③曼海姆在后来的著作中还分析了知识分子与现实生活的"疏离性"和"逃遁性"。也有理论家把知识分子视为一个陌生人："在某种意义上，苏格拉底在他土生土长的地方是个永久的陌生人。格奥尔格·西梅尔（Georg Simmel）在他写的《陌生人》（The Stranger）这篇著名的社会学论文里指出，陌生人的特点就是既存在又不存在，陌生人生活在某个地方和某个时代里。但是在他自己和别人的眼里，他又不属于这个地方和那个时代的人。……我们注意到这就是知识分子的特点，他是个陌生人，不是因为他来自另一个地方，而是因为他服从自己的批评理智时表现得异乎寻常的执著。"④

然而，随着现代社会科层制的发展、社会分工的细密化以及体制等原因，知识分子越来越被框定为某一阶级或某些领域，那种纯粹意义上的"陌生的""漂移者"似乎越来越成为遥远的神话了。在此情况下，1987 年，美国哲学家雅各比最早在《最后的知识分子》一书中提出了"公共知识分子"的概念。在他看来，以前的知识分子通常具有公共性，他们是为有教养的读者写作的。然而，在美国，20 世纪 20 年代出生的一代，却成了最后的知识分

---

①　《文化普及要"通俗化"不能"低俗化"》，《光明日报》，2006 年 9 月 13 日。
②　许纪霖：《中国知识分子十论》，上海，复旦大学出版社，2003 年，第 4 页。
③　〔德〕卡尔·曼海姆：《意识形态与乌托邦》，黎鸣译，上海，商务印书馆，2000 年，第 157～158 页。
④　〔美〕杰弗里·C. 戈德法布：《"民主"社会中的知识分子》，杨信彰译，沈阳，辽宁教育出版社，2002 年，第 28 页。

子。大学普及的时代来临之后,公共知识分子被科学家、专家、大学教授所替代,后者仅仅为专业读者写作,随着公共知识分子的消亡,公共文化和公共生活因此也衰落了。① 在此之后,法国哲学家利奥塔、布尔迪厄以及萨义德都进一步论述了这一概念,他们认为真正的知识分子应当立足专业,放眼天下,用自己的言行和创作参与社会生活,并呼吁富有社会责任感、勇于充当社会领导性作用的公共知识分子的出现。萨义德说:"在我看来知识分子的主要职责就是从这些压力中寻求相对的独立。因而我把知识分子刻画成流亡者和边缘人、业余者、对权势说真话的人。"②这些学者都在努力维护着知识分子的传统特征,虽然他们看到了现代社会体制对传统知识分子的冲击。知识分子过去从事的大量社会活动的取向,近年来正变得不可见,成为近乎隐蔽的东西。然而,他们依旧在现实语境中强调知识分子的"公共性",这是一种折中的态度,一种尽力挽回知识分子传统独立性与批判性的努力。

那么,何谓"公共知识分子"呢?"公共知识分子"强调其"公共性"。公共知识分子中的"公共"究竟何指? 许纪霖认为,其中有三个含义:第一是面向(to)公众发言的;第二是为了(for)公众而思考的,即从公共立场和公共利益、而非从私人立场、个人利益出发;第三是所涉及的(about)通常是公共社会中的公共事务或重大问题。③

苏力借用波斯纳关于美国公共知识分子的制度框架,将"公共知识分子"界定为越出其专业领域经常在公共媒体或论坛上就社会公众关心的热点问题发表自己的分析和评论的知识分子,或是由于在特定时期自己专业是社会的热点问题而把自己的专业知识大众化并且获得了一定的社会关注的知识分子。这是一个价值中性的经验性界定。其具体操作性认定标准有三:第一,看一些主要网站是否设置有他或她的个人网页;第二,在过去20年里是否在《读书》《东方》《天涯》《南方周末》等报纸杂志经常发表学术随笔或就社会热点问题发表短文;第三,他或她的文章引发的社会的"学术"关注程度,以及最重要的是一般说来社会是否认同他或她是学者。④ 苏力认为,中国当代称为"公共知识分子"者主要具有如下五个特点:一是对公众

① 〔美〕拉塞尔·雅各比:《最后的知识分子》,洪洁译,南京,江苏人民出版社,2002年,第87页。
② 〔美〕爱德华·萨义德:《知识分子论》,单德兴译,北京,生活·读书·新知三联书店,2002年,第159页。
③ 许纪霖:《从特殊走向普遍——专业化时代的公共知识分子如何可能》,《知识分子论丛(第一辑)》,南京,江苏人民出版社,2000年,第44页。
④ 苏力:《中国当代公共知识分子的建构》,《思想与文化(第3辑)》,上海,华东师范大学出版社,2002年,第87页。

关心的热点问题在公共媒体公共舆论中具有足够的公众影响(与其专业性影响不一定相对称);二是除了在经济学界还有少数老学者根据国家相关规定已经或应当从其学术"公职"上退休但事实上在学界还相当活跃外,其他学界的"公共知识分子"年龄大多在40~50岁之间;三是这些人大都经受了某种社会的磨炼,实际上基本都是中国改革开放的获益者,尽管他们对改革开放之力度和方向的态度持有不同的态度;四是这些"公共知识分子"绝大多数留过洋(主要是在英国、美国),许多人是在国外获得博士学位的,有些人现在仍然在大陆以外的国家或地区作全职的或半职的教学研究;五是在这些"公共知识分子"中,专业以经济学、人文学科的学者居多,其他社会科学的较少。

对于"公共知识分子"与传媒的关系,田秋生的观点比较具有代表性,他认为,公共知识分子之所以重新活跃于传媒,是以社会转型与"市民社会"的成长为时代背景;基于以上观点,田秋生对"'公共知识分子'重构中国传媒领域"报以热切希望,但同时也表示深深的忧虑:置身于商业生产体制和特殊利益集团的双重压力之下的所谓"公共知识分子"自觉不自觉地会侵蚀公共利益。①

与公共知识分子相对的是另一种知识分子类型,即葛兰西所说的"有机知识分子"。他将知识分子划分为两类,第一类是传统的知识分子,例如老师、教士、行政官员,这类人代代从事相同的工作;第二类是有机的知识分子。他认为,任何社会集团都产生于经济生产基础之上,在其诞生的同时就有机地为自己创造了一个或几个知识分子阶层,这些知识分子阶层为社会集团提供同一性,协调这个阶级,并使之意识到自己不仅在经济领域中而且在社会政治领域中同样起作用。在葛兰西看来,这类人与阶级或企业直接相关,而这些阶级和企业运用知识分子来组织利益,赢得更多的权利,获取更多的控制。葛兰西对有机的知识分子有如下的说法"资本主义的企业主在创造自己的同时,也创造出了工业技术人员、政治经济专家、新文化的组织者、新法律系统的组织者等等"②。他认为,传统的知识分子相对于有机知识分子而言是独立的、自治的,超越于一切社会利益和集团之上的,代表着社会一般的普遍的真理和正义。有机的知识分子则是与一定的社会体制或利益集团存在着某些有机的联系。所以,这些

---

① 田秋生:《传媒中的公共知识分子现象》,《当代传播》,2005年第1期。
② 〔意〕安东尼奥·葛兰西:《狱中札记》,曹雷雨译,北京,中国社会科学出版社,2000年,第270页。

"有机知识分子"是一个阶级在自己的发展过程中,为自己造就的知识分子阶层,他们是本社会阶级的有机组成部分,替本阶级在国家生活中表达在政治、经济文化领域中的集体意愿。这种"有机知识分子"的重要特征就是他们的依附性。因为随着专业社会中职业化分工的细密、学院的制度化趋势,任何想超越体制而成为传统意义上的知识分子的可能性都变得前所未有的渺茫。这正如葛兰西在《狱中札记》中指出:"知识分子便是统治集团的'代理人',所行使的是社会霸权和政治统治的下级职能。"①然而在传统知识分子消亡的同时,按照葛兰西的定义,有机知识分子群体却日益庞大起来,这些有机知识分子,主要是指技术人才、专业人士等,这使得传统知识分子的概念空前模糊起来,而知识分子的有机化,无疑使他们面临着丧失超越性的公共良知的危险。

在中国,毛泽东提出的"知识分子皮毛理论"堪称是这种思想的本土化演绎。"知识分子不是一个阶级,只是一个阶层,在进入社会实践中它必须像'毛'一样,要依附到某张'皮'——阶级上……所谓'皮之不存,毛将焉附'。"②"皮毛"之喻形象地揭示了知识分子之于体制的依附性和御用性。

就电视场域介越学术场对知识分子造成的影响来说,电视场以及其"宽容"的姿态接纳一大批知识分子进入了大众文化的生产链条,从葛兰西的有机知识分子概念和学院化制度已成既定事实这两方面来看,这些参与节目制作的知识分子,无论是走上电视充当嘉宾、接受访问或提供给见解的专家学者,还是身处于整个电视媒介产品和话语生产之中的媒介人员,同属于"有机知识分子"的队伍之中,传统意义上的知识分子已不复存在。在电视媒介这样一个话语生产销售的平台上,电视知识分子与电视从业人员一样,要按照电视场域的要求,承担来自意识形态、媒介内部运作规则的双重制约。

事实上,整个电视节目的生产制作过程,就是各种话语权角力的过程,它不可避免地会受到电视媒介背后来自政治、社会意识形态的影响。这些电视知识分子以专家连线、谈话节目、知识讲座的形式出现,并形成了最终呈现在观众面前的意识形态话语形式。因此,当观众进行电视意义消费的时候,他们消费的其实是已糅合了有机知识分子话语的电视媒介话语。有

---

① 〔意〕安东尼奥·葛兰西:《狱中札记》,曹雷雨译,北京,中国社会科学出版社,2000年,第7页。

② 邵建:《知识分子的三个问题》,《粤海风》,2003年第3期。

机知识分子话语以"渗透"的方式根植于其中,以一种不易发觉和区分的方式发挥着作用。

（四）"普遍知识分子"与"专家知识分子"

"普遍知识分子"（Universal Intellectual）与"专门知识分子"（Specific Intellectual）的区分源自福柯。在 1968 年"五月风暴"之后,福柯坚信社会的变化导致了那种"独立自主、无处不在的普遍形式上的主体"消失了,只剩下在各专业领域里忙碌的"专家"。人们已经不再要求知识分子充当代他人发言的角色了。他说:"知识分子不再以'普遍性代表''榜样''为天下大众求正义与真理'的方式出现,而是习惯于在具体部门——就在他们自己的生活和工作条件把他们置于其中的那些地方寓所、医院、精神病院、实验室、大学、家庭和性关系进行工作。这就是我要称作'专家性'知识分子,他相对于'普遍性'知识分子。"①在这里,知识分子遇到的是特殊的问题而非普遍的问题,这就是"专家型"知识分子。由此,福柯提出了他著名的两种知识分子角色理论。所谓普遍的知识分子自认为是真理、正义等普遍价值的代言人、携带者,是全人类的意识与良心,也就是说,成为所有人的意识,代表所有的人在说话。而在后现代的知识背景下,这种"普遍知识分子"已难觅踪迹,"知识分子"身上的神圣光环已经褪去,留下的只是平常的、专门性的技术工人的身影。

福柯认为,"原子能科学家……是有史以来知识分子不再是由于他们所阐发的普遍性话语,而是由于他们所掌握的知识而受到政治权力的诱惑:正是在这一水准上他才构成一种政治威胁"②。他进而分析了这两种知识分子的组成成分:"'普遍性'知识分子脱胎于法理学家或知名人士,然后在作家身上找到最完整的表达方式,因为作家是价值和意义的承担者,在他身上我们大家都可以看到自己。'专家型'型知识分子则脱胎于另一种不同的人物形象——不是法理学家或知名人士,而是学者或专家。"③他认为"专家型知识分子"已不再是"拥有所有人的价值,反对不公正的君主或其大臣,奋力呐喊,甚至死后也要使其声音在坟墓上回响;相反,现在他同其他一帮人一道,手上掌握着既可以有益于生活也可以彻底毁灭生活的权力,不管这是用来为国家服务还是用来反对国家。他已不再是呼唤永恒真理的狂热者,

①　《福柯专访录》,《东西方文化评论（第三辑）》,北京,北京大学出版社,1991 年,第 262 页。
②　崔卫平编:《知识分子二十讲》,天津,天津人民出版社,2009 年,第 220 页。
③　崔卫平编:《知识分子二十讲》,天津,天津人民出版社,2009 年,第 221 页。

而是生与死的策略家"①。在福柯看来,"知识分子具有三重专业性:其阶级地位的专业性;同其作为一个知识分子的条件联系在一起的生活和工作条件的专业性;我们社会中真理的政治学的专业性。而正是由于这最后一个因素其地位才具有一种普遍的意义,其具体的、专业的斗争才具有不仅仅是专业的、职业的效果和含义。知识分子便可以在我们社会的结构和运作至关重要的真理之政体的一般水准上进行活动和斗争"②,所以,福柯强调:"在我看来,我们现在必须予以考虑的知识分子不是那种'普遍价值的承担者',而是那种占有某种专业地位的人——他们的专业性在像我们这样的社会中同某种真理机器的综合运作联结在一起。"③总之,福柯的命题是如今专家有的是,知识分子却历史性地消失了。福柯指出知识与权力的互为生产的事实,知识和生产知识话语的知识分子并不独立于社会结构和政治权力,因此鉴于知识、真理与权力的关系现状,福柯认为有必要区隔出"普遍知识分子"与"专门知识分子"。后一种知识分子,因为握有对政治权力有特殊价值和意义的专门知识,如原子科学、生物科学等高科技技术,而被机构所追求。专门知识分子第一次享有高于普遍知识分子的殊荣。而普遍知识分子,却像个没落贵族一般,无可避免地被全球化、科技盛行的时代边缘化。④

福柯的"普遍知识分子"与"专业知识分子"的划分,与利奥塔所宣称的"知识分子之死"不谋而合,而利奥塔更加激进。利奥塔曾以"知识分子的坟墓"来书写现代知识分子维护普遍性的神话。在利奥塔看来,"知识分子之死"是同对知识合法性的解释取向相一致的,以往对知识合法性的解释已遭到后现代知识状态的舍弃。"知识"充满着异质性,语言只是"句子的一个片断,信息的一个碎片,一个字出现了,它们马上和另一个'单位'联系了起来。没有推理,没有论点,没有中介"⑤。

雅各比在《最后的知识分子》中认为,"在过去的五十年,知识分子的习性、行为方式和语汇都有所改变。年轻的知识分子,再也不像以往的知识分子那样需要一个广大的公众了:他们无一例外的都是教授,校园就是他们的家;同事就是他们的听众;专题讨论和专业期刊就是他们的媒体。不像过

① 崔卫平编:《知识分子二十讲》,天津,天津人民出版社,2009年,第222页。
② 崔卫平编:《知识分子二十讲》,天津,天津人民出版社,2009年,第224页。
③ 崔卫平编:《知识分子二十讲》,天津,天津人民出版社,2009年,第224页。
④ 张意:《文化与符号权力——布尔迪厄的文化社会学导论》,北京,中国社会科学出版社,2005年,第225页。
⑤ 包亚明主编:《后现代性与公正游戏——利奥塔访谈、书信录》,包亚明译,上海,上海人民出版社,1997年,第161页。

去的知识分子面对公众,现在,他们置身于某些学科领域中——有很好的理由。他们的工作、晋级以及薪水都依赖于专家的评估,这种依赖对他们所讨论的课题和所使用的评议毫无疑问要产生相当的影响"①。

应该说,利奥塔、福柯、雅各比,包括德里达,都意识到了普遍知识分子的"元话语"危机的事实,而且还注意到专门知识分子的根本特性——由于局限于狭窄的技术专业领域,容易使自己陷入受政治党派和商业集团操纵的危险之中。②

在专业社会中,职业分工越来越精密,学院体制越来越制度化,知识与常识的距离越来越远,技术的工具理性已深入到日常生活和思想的各个层面。当代知识分子在知识体制(这样的知识体制是受到国家权力和法律认定的,因而也是国家体制的一部分,虽然是边缘的一部分)的保障下,在科学的意识形态下,取得了足以获得话语霸权的文化资本,他们因而也越来越保守化,不再具有当年自由漂移者那种独立的、尖锐的批判性。知识分子的专业化,使他们丧失了对社会公共问题的深刻关怀。③ 也就是说,现阶段知识分子的定义也发生了变化,知识分子不再是精神性的,而变成职业性的。

在电视场域中频繁露面的知识分子,无疑是这种专家型知识分子的典型代表。他们在电视屏幕上的出现,不再是"呼唤永恒真理的狂热者"的姿态,而是成了媒体名人。作为一个学院派的学者,他们通过电视媒体成功转型为一个如法国社会学家布尔迪厄所说的"电视知识分子"——因为电视而被广大受众所了解接受的学者,并进一步依靠媒体生存。他们以自己的专业特长为观众解答工作、生活、思想上的困惑。大众接受他们并非因为他们的"普遍性",或是真理的代理。大众对他们甚至没有什么价值判断,只要他们在某一方面满足了大众的需求,大众便会对他们顶礼膜拜,并认为,知识分子就是他们这样的。

三、电视场域中知识分子获取文化资本路径的变化

根据布尔迪厄的场域理论,社会元场域是分化为无数小场域的,每个场域都有其通用的资本形式,在学术场域中,这种人人追求的"通用货币",就是文化资本。但是,当电视场域慢慢介越学术场域后,一部分游离入电视场

① 〔美〕拉塞尔·雅各比:《最后的知识分子》,洪洁译,南京,江苏人民出版社,2002 年,第25 页。
② 陶东风:《社会转型与当代知识分子》,上海,上海三联书店,1999 年,第 278 页。
③ 许纪霖:《中国知识分子十论》,上海,复旦大学出版社,2003 年,第 9 页。

的知识分子,他们追求文化资本的路径发生了变化。

在布尔迪厄看来,"资本是一种铭写在客体或主体结构中的力量,它也是一条强调世界的内在规律性的原则"①,而文化资本以三种形式存在:① 具体的状态,以精神和身体的持久"性情"的形式;② 客观的状态,以文化商品的形式(图片、书籍、词典、工具等);③ 体制的状态,以一种客观化的形式体现出来。②

(一)印刷媒体时代:主要靠文字形式,寻求圈内认可

在印刷媒体时代,知识分子体现自身的方式主要是将自己的思想、看法形成文字,著书立说、传诸后人,是他们实现自身理想的主要方式。这时候的知识分子文化,无疑是精英文化,它截然不同于民俗文化或后来的大众文化。知识分子的这种表达方式也是他们获取文化资本的主要方式。

布尔迪厄的场域理论非常强调场域的自主特性。他认为,"场域"概念是一个开放性概念,场域是各种位置间存在的客观关系的网络。场域中的权力、资本的分配结构,决定着这些位置的处境和占据位置的行动者的特征,决定着位置与位置之间的关系,如支配关系、屈从关系或结构上的对应关系。布尔迪厄用场域概念来理解文化世界——在高度分化现代社会中,因为相对自律而区别于其他社会小世界的独特领域。③ 各类知识分子身居场域之中,以书写的方式向场域的其他行动者展现自身,从而希望获得他们的认可,增加自身的文化资本,改善自己在场域中的位置,并根据位置的变化来调整自己的行动。之所以如此,是因为归根结底,一种资本的价值,取决于某种游戏的存在,某种使这项技能得以发挥作用的场域的存在:一种资本总是在既定的具体场域中灵验有效,既是斗争的武器,又是斗争的关键,使它的所有者能够在所考察的场域中对他人施加权力。④ 所以,无论什么时候,都是游戏者之间力量关系的状况在决定某个场域的结构。他所采取的每一步行动,取决于他拥有的资本的数量和结构。这种场域的自主性

① 包亚明主编:《文化资本与社会炼金术——布尔迪厄访谈录》,包亚明译,上海,上海人民出版社,1997 年,第 189 页。
② 包亚明主编:《文化资本与社会炼金术——布尔迪厄访谈录》,包亚明译,上海,上海人民出版社,1997 年,第 192~193 页。
③ 张意:《文化与符号权力——布尔迪厄的文化社会学导论》,北京,中国社会科学出版社,2005 年,第 273 页。
④ 〔法〕布尔迪厄、华康德:《实践与反思——反思社会学导论》,李猛、李康译,北京,中央编译出版社,1998 年,第 135 页。

决定了知识分子只能按照本场域内的惯习,从事工作生产,以期获得改善自己名望和地位的文化资本,而获取文化资本的途径也就只能有一个,即本场域内同行的认可。

从文化资本的三种形式来看,文化资本的客观化是极其重要的,它是知识分子拥有资本数量和质量的重要显现。而文化资本的客观化经常是采用学术资格这一形式的。有了这种形式,学者的学术活动便有了有力保障,其学术活动也不会受到同场域其他行动者的质疑。布尔迪厄认为,正是社会炼金术生产了这种文化资本,这种文化资本相对于其承担者而言,甚至相对于该承担者在一定时间内有效占有的文化资本而言,具有一种相对的自主性。① 这种自主性表明,学术场域内的资格认定是有着自身游戏规则的,场域有着自身运行的内部价值标准,"一个'优秀的历史学家',是一个被优秀的历史学家称为优秀历史学家的人。这必然是一种循环的评价……当一个并不被公认为是历史学家(如一个电视史学家)的人物有可能对历史学家作出评价,并被人认可时,就出现了不能自主的因素"②。对此,杨念群也认为:"一名卓有建树的学者,在某种程度上也能够获得某种特定文化意义上的承认,但这种承认永远不会是大众化的承认,而更有可能是在一个相对狭小的圈子里得到同仁的评价,以作为辛苦劳动的回报。"③

（二）电子媒体时代：分化了获取文化资本的途径,寻求媒体支持

到了电子媒体时代,学术场域内学者传统的资本获得方式,在电视场域日益介越下,发生了部分改变。当电视场部分地渗透进学术场后,便把电视场域的某些惯习带入学术场。而电视场与学术场是完全不同的两个场域,这势必对学术场带来巨大的冲击,分化了场域内不同知识分子获取文化资本的途径。随着电视知识分子群体的产生和壮大,依赖电视的支持和民众的认可,成为一部分知识分子获取文化资本的新途径。一些知识分子争先恐后地"投奔传媒",只求在电视上先混个"脸熟",然后便会不失时机地用"名声"(文化资本之一种)小到出书赚钱,大到开公司、做买卖,他们已经深悟在大众传媒时代,媒体的巨大威力以及可能给自己带来的巨大利益,他们

---

① 包亚明主编:《文化资本与社会炼金术——布尔迪厄访谈录》,包亚明译,上海,上海人民出版社,1997 年,第 200 页。

② 〔法〕皮埃尔·布尔迪厄:《关于电视》,许钧译,沈阳,辽宁教育出版社,2000 年,第67 页。

③ 陈香、陈洁:《问题的思考比批评于丹更重要》,《中华读书报》,2007 年 3 月 14 日。

游刃有余地将自身所拥有的文化资本转化为物质资本与经济利益。于是，"记者们往往非常得意地看到，众学者纷纷投奔传媒，希望自己的作品得到介绍，乞求传媒的邀请，抱怨自己被遗忘，听了他们的那些有根据的抱怨，相当让人吃惊，不禁真要怀疑那些作家、艺术家、学者自己主观上是否想保持自主性"①。

应该说，在大众文化盛行的消费时代，商品拜物教已席卷了社会的每一个角落，原本"曲高和寡"的精英文化在商品大潮前，也难以岿然不动，部分知识分子也在努力地调节自身，实现自我的转型。于是，他们开始积极向大众和市场靠拢，以期以另一种方式改变自身的失语状态，实现自我存在的价值。于是，他们走出书斋，让知识接受大众和市场的考验。

当知识分子在电视上日益顺风顺水、名利双收时，他们欣喜地看到了自己原来还有着另类的存在价值，还有着相当多的粉丝崇拜。于是，他们成了人们熟悉的电视明星，而这种"上镜率""熟知度"，就成为他们增强自身实力，对抗自己原场域内其他同行的一种重要的制衡力量。即使他们会面对同行们的指责，但由于他们掌握着大众的支持，他们一样坚信自己行为策略的正确性。他们一边享受着公众的崇拜，一方面熟练地通过社会炼金术，将文化资本转变为隐蔽的象征资本，从而巧妙地掩盖其对经济资本的追逐与渴望。这些先于其他同行走出书斋与传媒结合的知识分子所获得的不菲的经济利益，对以"清贫"而著称的知识分子们来说确实是个很大的诱惑。这样，文化商品既可以呈现出物质性的一面，又可以象征性地呈现出来，在物质方面，文化商品预先假定了经济资本，而在象征性方面，文化商品则预先假定了文化资本。② 另一方面，这些知识分子因传媒的热捧而出名，再也不是书斋里的苦读者，而成为受大众欢迎的电视明星。

当然，这种获得传统文化资本的路径的分化，势必会在学术场域内引起轩然大波。从"10博士"与于丹的对阵中，我们不难看到两者在文化资本获得方式上的森严对立。用布尔迪厄的理论看，这些人的激烈批判实质上是对于资本的争夺，特别是对于由文化资本转换而来的象征资本的争夺。反对者们批判像于丹这样一个"古汉语知识连初中文化水平都达不到"的"影视学博士"，仅仅靠耍嘴皮子就可以获得社会荣誉，谁还愿意从事那些艰辛

---

① 〔法〕皮埃尔·布尔迪厄：《关于电视》，许钧译，沈阳，辽宁教育出版社，2000年，第71页。
② 包亚明主编：《文化资本与社会炼金术——布尔迪厄访谈录》，包亚明译，上海，上海人民出版社，1997年，第198页。

的然而却是真正有益于中华民族的科学文化研究呢?① 这样,他们否定了于丹的学术资格,其实也就是表达了对她从电视上获取文化资本及象征资本路径的不满,以及对她如此轻易地就将自己为数不多的象征资本转化为巨大经济资本的行为产生怀疑。

---

① 徐晋如:《我们为什么要将反对于丹之流进行到底》,天涯论坛:天涯杂谈,http://www.tianyaCn/PublieforuIn/Contentjfree/l/870238.shtml,2007 年 3 月 22 日。

第五章　大众传媒时代电视场
介越学术场的路径

随着电视时代的到来,电视媒体对整个社会场域中的其他场域的介越已是明显的事实,布尔迪厄在其理论中分析了电视场对教育场、司法场的介越以及由此带来的后果。在《关于电视》中,布尔迪厄详细地分析了电视场对学术场的介越,他对教授在电视传媒上扮演的角色,所起的作用都提出了自己的见解和看法。在本章中,我们就以布尔迪厄的批判视角审视这种介越的集中个案,即所谓的"学术明星"现象,对电视场介越学术场的路径展开分析。

第一节　对场内不自主知识分子的寻找:
"特洛伊木马式"合谋

布尔迪厄的思维方式是以"场域"为基点的。由此来看,"学术场"与"电视场"各拥有各自的专业的、合法性的内部结构,这种"场"的命名本身就反映出了一个基本事实:即不同的场域之间是存在边界的。但同时,由于这种边界并不是泾渭分明的,因而不同的场之间也存在着力的汇聚与抵消,经常表现为不同场域之间的合流、越界或侵入。在学术场与电视场的交叉互融中,电视场无疑是主动靠近的一方。这正如布尔迪厄所说:"我确实认为,电视通过各种机制,对艺术、文学、科学、哲学、法律等文化生产的诸领域形成了巨大的危险。"[①]而"电视知识分子"正是这种侵入而产生的一种引人注目的表象。布尔迪厄指出,"特洛伊木马式"合谋——这是"电视场"对于其他场采取的一种特定的侵入方式:"新闻业的操纵力量也可以用更为巧妙的方式,利用特洛伊木马的原理,发挥作用,那就是把他律的生产者引入

---

① 〔法〕皮埃尔·布尔迪厄:《关于电视》,许钧译,沈阳,辽宁教育出版社,2000 年,第 1 页。

独立自治的领域,他们借助外部力量,可以得到无法从同行那儿得到的认可。"①

在这里,"特洛伊木马"是布尔迪厄运用的一个隐喻。传说中当希腊人对特洛伊城久攻不下时,想出了木马计,即让士兵藏匿于巨大的木马中,大部队假装弃木马而退,让敌人将其作为战利品拖入城内。夜晚,当敌人们庆祝胜利、放松警惕时,希腊士兵们爬出木马,打开城门,与城外的部队里应外合,一举攻下特洛伊城。布尔迪厄用战争来表达新闻场对于其他场的入侵。他认为,传媒如果要介越学术场,就必须要在后者中找到"合谋者"。而"电视知识分子"就是这种"特洛伊木马",总体看来,布尔迪厄对于"特洛伊木马"式的合谋者持批判态度。

一、"伊达诺瓦法则":部分学者屈服媒介场的基本规律

布尔迪厄在谈到为什么一些知识分子会涌向新闻场时,提出一个"伊达诺瓦法则",即一个专业场中的文化生产者在面对外部力量时,他们表现出的态度是不一样的:或自主、或抵抗、或屈从。布尔迪厄发现:"一个文化生产者越自主,专业资本越雄厚,只投身于除了竞争对手就没有别的顾客的市场,那他就越倾向于抵抗。与之相反,越把自己的产品投向大生产的市场(如随笔作家、作家记者、循规蹈矩的小说家等),就越倾向于与外部权力,如国家、教会、党派和今天的新闻业和电视等合作,屈从于它们的要求或指挥。"②这里,"专业资本"与"传媒资本"是一对矛盾。布尔迪厄指出,专业资本雄厚的人往往不屑于走上传媒去做一个"电视知识分子",而通过奔向传媒而取得雄厚"传媒资本"的人则多是在本专业场之内"专业资本"相对薄弱者。

布尔迪厄提出的这一法则,确实对我们分析"学术明星"现象有所启发。在学界针对这一现象的纷争中,表示赞赏支持的只有许嘉璐、李泽厚等少数学者。李泽厚曾公开表示:"我支持于丹。1994 年,我在《论语今读》前言中有一段讲到这个问题,我说,'如果今天从《论语》(等经典)再做出某些新的摘录编写,加以新的解说发挥,它们不同样可以与《圣经》、佛经和其他宗教读物一样,起着慰安人际、稳定社会、健康身心的功能作用吗?'我没想到,十多年后,于丹做了这个事情,并获得了如此多的听众和读者,我祝贺她成

① 〔法〕皮埃尔·布尔迪厄:《关于电视》,许钧译,沈阳,辽宁教育出版社,2000 年,第 69 页。
② 〔法〕皮埃尔·布尔迪厄:《关于电视》,许钧译,沈阳,辽宁教育出版社,2000 年,第 73 页。

功。"①相比而言,"明星学者"受到的批判似乎更多也更加尖锐。影响最大的一次可以说是"10博士事件"。2007年7月2日,中山大学博士徐晋如在天涯网站发表《我们为什么要将反对于丹之流进行到底》的帖子,文中称于丹"极度无知,传播错误的甚至有害的思想",呼吁不要再闹出"把厕所当客厅的笑话",要求于丹从《百家讲坛》下课,并向电视观众道歉。他们认为,刘心武、易中天与于丹等人无论走上《百家讲坛》,还是出书,都是为了媚俗。手法就是拆散古代经典文化的全部结构,从中找到合适的材料以讨好当代大众,这是"犬儒主义式的灵魂","一旦人们连对传统文化的最后一丝敬畏都消失时,亡国亡天下的日子还会远吗?"在末尾,中山大学博士生刘根勤、清华大学博士生王晓峰、暨南大学博士生周韬、中山大学副教授生崇科以及于丹所任教的北京师范大学的学生杨旸等10人联名表态,"要将于丹抵制到底②"。此外,李悦、马千里、鲁国平、黎鸣、谢玺章、赵勇等学界人士先后出书或撰文对"于丹们"进行批评。

　　按照布尔迪厄的理解,李泽厚之所以这样公开明确的不顾绝大多数学者的反对支持于丹,是因为他自身处于本场域中"专业资本"较雄厚的位置上,无论学术明星们如何提升自身的曝光率,都不足以动摇这些专业资本雄厚者的场域位置。而在面向大众的电视传播中获得了雄厚"传媒资本"的电视知识分子,虽然得到较高的"知名度"与"曝光率",为大众所熟知,但在专业场内,却依然属于资本薄弱者。而这些如"10博士"这样场域内专业资本不甚雄厚者,则会在看到专业资本同样不甚雄厚的学术明星们之如此神速成名后心生不满,力图从专业角度捍卫本场域的自主性。由此观之,"明星学者"得到的两种截然不同的评判,正是由于批判者使用的是从两个相互独立、有着各自游戏规则的场的评判标准:许嘉璐和李泽厚是从大众立场出发的,而"10博士"则是立足于专业场的标准来思考问题的。

二、学术场内不自主知识分子的突围渴望

　　按照布尔迪厄的场域理论,即使在同一场域中的行动者,其手中掌握的资源也是不一样的,那么他在场域中的地位就不会一样,而这种场域位置的不同,会直接影响到他们在实践中所采取的策略。他在《关于电视》中以文学场为例,认为:"越受同行承认,也就是说专业资本越雄厚的作家,就越会

---

　　①　张健:《李泽厚:他们是精英和平民之间的桥梁》,《南方周末》,2007年3月22日。
　　②　徐晋如:《我们为什么要将反对于丹之流进行到底》,天涯论坛:天涯杂谈,http://www.tianyaCn/PublieforuIn/Contentjfree/l/870238.shtml,2007年3月22日。

有抵抗的倾向；相反，在纯文学实践中越不能自主，也就是说受到商业因素吸引说倾向于合作。"①也就是说，布尔迪厄认为，越是"不能自主"的行动者，越有可能向本场域外寻求突围的机会，越渴望在本场域外得到认可。

在这里，布尔迪厄以场域为基点，将知识分子分为两类，即"自主的知识分子"和"不自主的知识分子"。这种划分的标准是他们在本场域内掌握的资本的多少。掌握本场域内人人渴望的公认"筹码"越多的人，被认为是"自主的知识分子"，这些人"只投身于除了竞争对手就没有别的顾客的市场"，也就是说他只寻求本场域内行动者的认可，他注重的是在本场域内获得荣誉；而"不自主的知识分子"正好相反，他们首先是本场域内"专业资本"薄弱者，他们能在本场域内获得的认可极为有限，地位也不甚稳定，因此，他们有着强烈的"突围"渴望，他们迫切地希望增加自身行动"筹码"，于是，他们积极与场域外力量联合，希望借助其他力量来增强自己在本场域的资本和地位。所以，在本场域内"专业资本"雄厚、地位稳固的人不可能成为电视知识分子，而希望通过成为电视知识分子而获得"传媒资本"的往往是专业场内"专业资本"薄弱者。

以于丹为例，在她的《〈论语〉心得》作者介绍称："古典文化研究者和传播者""出版《形象　品牌　竞争力》等专著多部，在《中国社会科学》《文艺研究》《现代传播》等重要学术刊物发表专业论文十余万字。"但是，搜索中国国家图书馆图书目录所见，于丹只出版一部《形象　品牌　竞争力》；搜索中国期刊网，在1979～2007年，于丹也只在正式期刊上发表了六篇"专业论文"。在这六篇文章中，发表在《中国社会科学》上的是一篇笔谈短文，没有在《文艺研究》上发表论文，在其校报上发表的论文《从〈左传〉描述的迷信现象看先秦宗教观及其实质》（1989）是唯一算得上"古典文化研究"的"专业论文"；而其他数篇诸如《诗意的陨落——关于〈像鸡毛一样飞〉的分析》，实在不能算"学"，而只能是"术"的表现，至少是与她"长期执教"的古典文学无关。关键是，在她既往的所有论著中，都没有孔子或《论语》的影子。②可见，不管是在本"古典文化研究"领域，还是在《论语》研究，于丹都是一个"专业资本"薄弱者，然而，她成功地借助电视媒体为自己挣得在专业领域内不可能得到的声望和荣誉，成为全国瞩目的"学术超女"。

与此相反，李泽厚作为全国著名的古典文化研究者，他对于丹总体上是

---

① 〔法〕皮埃尔·布尔迪厄：《关于电视》，许钧译，沈阳，辽宁教育出版社，2000年，第72页。
② 肖鹰：《戏学超女于丹：不学而术讲〈论语〉》，载于张法、肖鹰、陶东风等著：《会诊"百家讲坛"》，合肥，安徽教育出版社，2007年，第63页。

持宽容态度的,他曾在 2007 年 3 月 22 日的《南方周末》上公开表示:"我支持于丹",认为于丹讲授《论语》,实际上是起到了类似西方宗教的作用。然而,当记者问他:"那您有没有想过做一个布道者"时,李泽厚却赶紧明确回答:"我从来没想过。我没有这个能力,也没有这个兴趣。如果我的书一下子销到 250 万,那我就彻底失败了。"可见,李泽厚宽容于丹的前提是与于丹划清界限的,认为自己是做学术之人,学术是不可能大众化的,而于丹只不过是文化传播者,他们截然分属两个场域。"自主的知识分子"与"不自主的知识分子"对待外场域诱惑的态度之大可见一斑。

三、电视场与不自主知识分子"互搭梯子"

学术场域内有"不自主的知识分子",他们有着强烈的突围渴望,而他们能否突围成功,能否由此获得他们想要的"传媒资本",这就要看他们与电视场域的合作程度,取决于两者如何"互搭梯子"①,这是一种隐秘的合作。

布尔迪厄认为"传媒的力量,若是要对科学界这样的领域施加影响,那它必须在它看重的场中找到同谋。借助社会学,我们可以弄清这种同谋关系。记者们往往非常得意地看到,众学者纷纷投奔传媒,希望自己的作品得到介绍,乞求传媒的邀请"②,他们要为自己寻求和强化象征资本,也即布尔迪厄所说的处于场域中弱势地位的个体,往往会通过其他手段来提升自己在场域中的相对地位。而传媒出于自身利益考虑,也往往会热情地与不自主知识分子密切"合谋",而这整个过程就是象征暴力作用的结果,即"通过施行者与承受者的合谋和默契而施加的一种暴力"③。

布尔迪厄提出的"互搭梯子"概念,是对"电视场"与其他场之间关系的一种批判性透视,通过媒体的聚焦和放大功能,可以为"电视知识分子"提供外在于其专业领域的一种媒体性认可,这实质是一种大众评价。反过来,媒体则仰赖"电视知识分子"的参与而达到自身的各种目的。布尔迪厄将这种所谓的"双赢"局面的生成机制称之为"互搭梯子"。

然而,布尔迪厄提醒我们,媒介场这些外行对专业场的介入是十分危险的,"首先是因为他们可以欺骗外行""因为文化生产者需要听众、观众和读者,读者一多,书就会畅销;通过书的畅销,他们可以作用于出版者,又可以增加他们将来发表作品的可能性""出版商、制片人、发行商、批评家、广播电

①　〔法〕皮埃尔·布尔迪厄:《关于电视》,许钧译,沈阳,辽宁教育出版社,2000 年,译序第 14 页。

②　〔法〕皮埃尔·布尔迪厄:《关于电视》,许钧译,沈阳,辽宁教育出版社,2000 年,第 71 页。

③　〔法〕皮埃尔·布尔迪厄:《关于电视》,许钧译,沈阳,辽宁教育出版社,2000 年,第 14 页。

视频道,都殷勤屈从于商业流通的规律,他们追逐畅销书或媒体明星,不惜代价制造和炒作短期成功,还有社交圈退让和讨好的循环交流,借助外部商业力量迅速获得成功"①。这就使得传媒与畅销书作者玩起了互搭梯子的游戏,这对于固守于专业场内的知识分子来说是十分不利的,"那些作品只能发行三百册的青年作者,无论是诗人、小说家,社会学家还是史学家,出版都将越来越困难"。这种互搭梯子的手法,在《百家讲坛》那里表现得尤为明显和成功。

录制《百家讲坛》的报酬并不多,一集1000元,还要扣税30元。然而,电视所带来的"传媒资本"却是惊人的,其中最显而易见的便是出书后的版税。如前文提到的:2006年,上海文艺出版社以竞标价500万元、首印55万册夺得易中天《品三国(上)》的版权,开启了中国图书出版版税最高纪录,该社2006年总共6000万的码洋,有三千多万是易中天的"贡献"。在2006、2007年度的作家富豪榜上,易中天收入高达800万元和680万元。而2007年,于丹版税收入高达1060万元,超过易中天。王立群在入主《百家讲坛》之前,他出版的学术著作版税是8%,印到3000册算不错了,但入主《百家讲坛》后,他的读史系列,首印都是20万册,按10%给版税。对此,连王立群本人也感慨万分。②

同样,《百家讲坛》的收视和影响力也扶摇直上。

因此,电视场积极越入学术场,与其说是对学术场的一个挑战,不如说是商业与不自主知识分子联手进行的一次里应外合的侵入与占领。由于电视场中的人垄断着信息生产和大规模传播的工具,因此,他们不仅控制着普通公民的收听收视行为,还控制着学者、作家、艺术家等文艺生产者进入大规模传播空间的可能性和程度,这也是导致很多文化生产者向电视"投降"的重要原因之一。

第二节　对学术资本的借用：
使电视披上学术外衣

电视场靠近、介越学术场,从根本上说,是为了借用学术场的文化资本,

① 〔法〕皮埃尔·布尔迪厄:《遏止野火》,河清译,桂林,广西师范大学出版社,2007年,第123页。

② 罗四翎:《遭遇特洛伊木马〈百家讲坛〉与电视知识分子》,《上海文化》,2010年第3期。

为自己的节目进行文化包装,从而吸引观众提高收视率。以《百家讲坛》为例,电视场对学术资本的借用主要通过以下途径:

一、重视主讲人职称:大学教授

历览《百家讲坛》主讲人,除有极个别特别有个性的主讲人学历与职称适当放宽外,其余几乎都是大学老师,而且多有教授、副教授职称,为硕士生导师、博士生导师等,有的还特别标明职务,如院长、副院长。有的是科研机构工作人员,如社会科学院研究员、某某研究所所长等。每当更换主讲人时,节目详细地介绍每位主讲嘉宾的职称——大学教授、所获荣誉称号、出版的专著等。下面就《百家讲坛》的一些主讲人的学历、职称、职务背景情况略举一二。

阎崇年:北京社会科学院满学研究所研究员、北京满学会会长、中国紫禁城学会副会长。创建第一个专业满学研究机构北京社会科学院满学研究所、北京满学会,并主持第一届、第二届、第三届、第四届国际满学研讨会。北京市政府授予有突出贡献专家称号。

易中天:1981 年毕业于武汉大学,获文学硕士学位并留校任教,现任厦门大学人文学院教授。他长期从事文学、美学、心理学、人类学、历史学等多学科和跨学科研究。

毛佩琦:国家文物局文物出版社副社长,中国人民大学历史系教授、博士生导师,北京大学明清研究中心研究员,中国明史学会常务理事,北京郑和下西洋研究会副理事长,北京吴晗研究会副会长。长期从事中国古代史明史、文化史、社会生活史研究。

马瑞芳:学者、教授、作家。1965 年毕业于山东大学中文系,现为山东大学文学院教授、古代文学专业博士研究生导师。为中国作家协会全国委员会委员、山东省作协副主席、山东省政协常委。

叶嘉莹:1924 年出生于北京,17 岁时,以优异的成绩考入辅仁大学国文系。20 世纪 50 年代任台湾大学教授,60 年代,叶嘉莹应邀担任美国哈佛大学、密歇根州立大学客座教授。

以上几位是比较为大家熟知的"学术明星"。其实,凡是能上《百家讲坛》的主讲人,几乎都是圈内有一定声望的学者。他们或长期耕耘于某个领域,或在某个领域已有建树,成果为圈内人认可,或有着较高的学历和职称,这些足以让观众信服他的学术水平和专业水准。说得更明确点,电视场愿意邀请这些学者,无非是看中他们学者的头衔,而这种头衔会提升节目的文化品位。这就如同一些其他电视节目,记者经常会就某一问题采访某专家,或者在节目中电话连线或视频连线某专家。其实，重要的不在于专家在节目中说了什么，而在于被访者专家的身份。专家或权威在这里扮演的不过是整个媒介话语中的一个符号而已。

二、栏目包装：对片头、主持人、场地等的包装

为了使栏目看上去更具学术气息，提升品位，《百家讲坛》的策划者对栏目进行了系统的包装。

第一，片头的科学家头像。从《百家讲坛》节目的片头我们看到，"百家讲坛"四个大字，在霍金、丁肇中、周汝昌等著名人物名字和头像的不断闪现中出现，营造出一种"学术"加"权威"的严肃感，这扑面而来的符号使人明显感觉到科学、知识与学术的氛围。

第二，主持人的着装。凡是登上《百家讲坛》的主讲人，男士一般是着中山装或西装等比较正式的服装，女士一般是套裙或古典中式衣服。主讲人的服装暗示我们，这是一档严肃的学术节目，而绝非一般的娱乐、生活类节目。

第三，场地的布置。《百家讲坛》是在演播室里进行节目录制的，其演播室的布景给人一种古朴之感，符合节目主讲文史的内容定位。主讲人的木质讲台很容易让观众联想到教授授课的教室，现场的观众仿佛就是教室里渴望知识的学生，主讲人面对现场观众直接"开讲"，学术气息彰显无疑。

第四，史料的引用。《百家讲坛》使用的史料包括古代文献、照片等。这些史料的呈现，无疑是其节目学术性的有力展示。如在2011年11月2日由喻大华教授主讲的《囚徒天子光绪（五）》中，就多次引用了《清德宗实录》的内容以及一些历史照片，有力地印证了所讲内容的可信性。

三、讲授内容：以社会人文知识为主

《百家讲坛》所讲内容，以社会历史等人文知识为主。对于看惯了戏说历史的电视剧观众们来说，主讲人那有着严格历史出处的讲授内容无疑让人耳目一新。这些主讲人多在某一领域有着较高的学术造诣，这为他们的讲述提供了浓重的学术背景。

在历史方面，比较著名的有阎崇年的"清十二帝疑案"、易中天的"汉代风云人物"及"品三国"、毛佩奇的"明十七帝疑案"、纪连海的"多尔衮""和珅"系列、马骏的"二战风云人物"系列等。在文学方面：我们耳熟能详的有于丹的"老子""庄子"系列、刘心武的"揭秘红楼梦"、周汝昌、周思源的"新解《红楼梦》"、候会等人的"品读《水浒传》"系列、叶嘉莹、莫砺峰的"古诗

词"系列、孔庆东的"读金庸"系列等。在现代生活时尚方面：有金正昆的"现代礼仪讲座"、戴锦华等人的"现代电影解读"等。其他还有道德与法律篇、科技之光篇、走进动物世界篇、宇宙与自然篇、教育与成功篇、经济与社会篇、生活与保健篇、人生与哲学篇、外国文艺欣赏篇等。

　　由于主讲人的学术背景，观众会对他们的讲述深信不疑，他们是怀揣求知的渴望来聆听节目的，他们会把主讲人的讲授内容当作真正的知识去学习记录。

第三节　对"符号资本"的巧妙使用：使学界的思想交流几乎不能实现

　　布尔迪厄提出"符号资本"（也称"象征资本"）的概念，用来解释各类资本为被统治者和平地、自愿地赞同和认可的误识效应，人们误识了这些资本的占有和积累的任意性。布尔迪厄曾这样来论述符号资本："资本符号是有形的'经济'资本的被转换和被伪装的形式，符号资本产生适当效应的原因正是，也仅仅是因为它掩盖了它源自物质性资本形式的这事实，以上分析显示，物质性资本同时也是符号资本的各种效应的根本来源。"①所以，符号资本使得资本的不平等分配得以合法化，它不过是社会的集体巫术，是社会场域建筑的制度和社会行动者共同参与的有效欺骗，使权力滥用合理化的机制。② 符号权力正是被否定的权力，它总是在不知不觉中施展权力，以自然而然的外表得到支配者的认同和支持……人们接受统治秩序并非因为统治本身合法，而是统治者借用符号权力的伪装将自身打扮为合法者。③

　　布尔迪厄认为权力或者资本都可以变成符号性的，并且发挥某种特殊的支配性影响，这就是符号权力或符号暴力。符号暴力是一种参加者意识不到的共谋，是在物质暴力合法性受到普遍质疑后产生的一种隐蔽权力。比如说电视中的社会新闻，将公众的注意力吸引到一些反常的事件或名人那里，同时还占用公众的时间，将公众行使民主权利所应该知道的严肃信息排斥出人们的视野。此外，电视讨论中存在一系列隐藏的审查机制，像采访

　　① Pieerre Bourdieu: *Outline of Pratice*, Cambridge, Cambridge University Press, 1997, p.183.
　　② 张意：《文化与符号权力——布尔迪厄的文化社会学导论》，北京，中国社会科学出版社，2005 年，第 175 页。
　　③ 张意：《文化与符号权力——布尔迪厄的文化社会学导论》，北京，中国社会科学出版社，2005 年，第 175~176 页。

对象的选择、时间的分配、讨论者的确定甚至事先程序的策划等都使得自由交流变得困难,剩下的只是陈词滥调。①

布尔迪厄在《关于电视》中说:"上电视的代价,就是要经受一种绝妙的审查,一种自主性的丧失,其原因是多种多样的,其中之一就是主题是强加的,交流的环境的强加的,特别是讲话的时间也是有限制的,种种限制的条件致使真正意义上的表达几乎不可能有",电视的这种"审查"之所以能够实现,完全得益于电视场对自己所拥有的符号权力的使用。

一、强加的主题

知识分子进入电视节目讲授自己的学术成果,看起来好像是自主的,其实是没有多大自由的,这首先体现在他们讲授内容的主题上。

从《百家讲坛》的选题来看,寻找受众关心的热点话题,借势发挥成了栏目组挑选选题的一个重要标准。《百家讲坛》所播出历史类节目有:清十二帝疑案、明亡清兴六十年、传奇太后系列、明十七帝疑案、汉代风云人物(易中天)、汉代国策风云系列、正说清朝二十四臣、汉代风云人物(王立群)、王立群读《史记》、孙立群讲吕不韦李斯范蠡、玄武门之变、贞观之治、"二战"人物、康震说李白杜甫苏轼系列、鲁迅系列、陆游唐伯虎系列、慈禧等,这可以说都是为了配合当时或曾经的热播电视剧《汉武大帝》《孝庄秘史》《铁齿铜牙纪晓岚》而策划的选题。

《百家讲坛》所选取的另一个热点题材就是古代经典名著系列,其中包括:红楼六家谈系列、周思源《红楼梦》里的配角系列、刘心武揭秘《红楼梦》系列、品读《水浒传》系列、玄奘《西游记》系列、易中天品三国系列、马瑞芳说聊斋系列、姚淦铭老子与百姓生活系列、《西厢记》中的爱情故事、从悲到喜说西厢、于丹《论语》心得系列、于丹《庄子》心得系列等,这些著作是一般百姓既熟悉又陌生的内容。说它熟悉是因为一般百姓在日常生活中总会有所耳闻,说它陌生是因为一般百姓却又往往没有便利的渠道去详细知晓。于是这些选题一经推出就立刻引起广泛关注。

这一生产线的生产流程是:先根据市场需要确定选题,然后再全国海选合适的主讲人,它是实实在在的主题先行制。它要求主讲人要善于利用电视的传播手段,显示自身特色,至于他是否是所讲选题的最权威专家倒是次要的了。因为面向大众传播文化,往往是以通俗为先导的。于是,屏幕上就出现了纪连海讲孝庄下嫁多尔衮、易中天讲三国人物、王立群讲关羽、刘

---

① 刘海龙:《当代媒介场研究导论》,《国际新闻界》,2005 年第 2 期。

心武讲秦可卿等。所有这些无不都是围绕妇孺皆知、观众感兴趣的历史人物、历史事件展开话题,借势发挥的。总之,栏目要求专家讲述的题目必须通俗,有故事可说,过于专业的选题往往在第一关就被剔除掉。

所以,从选题阶段开始,栏目组就着力在素材中寻找有力度的事件冲突,诸如逐鹿中原的金戈铁马、祸起萧墙的刀光剑影、运筹帷幄的智谋韬略、密室策划的阴谋诡计等,再经主讲人高超的描述与演绎,层层铺垫,步步强化,从而构成多条情节线索复合推进,多重矛盾错综交织,将故事讲述得曲折有致、波澜起伏。以"南唐后主李煜"为例,在"意外登基、弱国君主、情海生波、啼笑姻缘、危机重重、错上加错、兵临城下、国破身降、囚徒生活、千古词帝"十讲中,赵晓岚将李煜起伏跌宕的政治命运、剪不断理还乱的情感纠葛等,多重矛盾平行交叉,将时隔千年的后主的经历、心性、才华、情感绘声绘色、淋漓尽致地展现在受众面前,使受众既为波谲云诡的五代十国历史变迁而驻足流连,又为李后主哀婉凄绝的爱情与诗词而感叹唏嘘。这些选题都是栏目组提前策划好的,主讲人只能按图索骥,自己能把握的空间十分有限。

二、强加的交流环境

布尔迪厄在《关于电视》第一章就说:"如果条件合适,在电视上讲讲话是很重要的……法兰西公学院教学部门……给我提供了格外的关照……除我外无人在场。"布尔迪厄不完全反对知识分子上电视的前提是要有一定的自由,他对自己上电视的环境要求是"除我外无人在场"。然而,在《百家讲坛》的节目制作中,交流环境却是强加的。

交流环境指传受双方所处的客观环境,除了指物理环境,还包括传受双方相互作用所形成的心理环境,交流环境是影响传播效果的一个重要因素。从表面上看交流环境是静止的,但它却在潜移默化地影响着传者的"传"和受者的"受"。

在《百家讲坛》节目中,为了控制节目节奏与引导选题,并不是每一位受众都有参与现场的机会,节目前期节目编导会对现场观众进行挑选,被选中的观众应配合电视节目的录制,不能随意发言。无论是主讲者还是现场观众,他们都非常清楚自己的角色和任务,明白自己是在"上电视"、录制节目,这种心理预期会使他们自觉遵守被告知的规矩,不敢越雷池一步。

《百家讲坛》将自身定位为一档学术讲座类节目,然而,真正的学术讲座面对的应该是特征明显的受众,他们来听讲座的目的明确,是某个领域的专业学习者、研究者。然而,由于电视媒介的介入,《百家讲坛》面对的受众往往特征模糊、目的随意,大多数为文化水平不高的一般观众,极少有专业领域研究者。

从现场的布置来看,栏目刻意将讲座现场设计得如课堂般静穆:上有老师开讲,下有学生聆听,这种仪式化的情境再加上一旁电视摄像机的威慑,传受双方不得不循规蹈矩,严格按栏目编导给予的指示行事。于是,主讲者只负责讲,聆听者只负责听,时间一到,主讲者走人,聆听者散场,这实则只是一种单向传播,缺乏必要的沟通和交流,主讲者高高在上进行"知识传承",聆听者毕恭毕敬、小心记录,在这种氛下,真正的交流便不可能发生。

三、强加的讲述时间及方式

布尔迪厄所说的"上电视的代价,就是要经受一种绝妙的审查,一种自主性的丧失"还表明知识分子在电视上发言时,他所能使用的时间及其讲述方式都是被规定和强加的,这必然使得"真正意义上的表达几乎不可能有"。

《百家讲坛》作为一档电视"学术科普性"的节目,在节目制作中明显借鉴了电视剧的某些方法,这一点从其加大文学经典和历史探秘类节目的比重就可以看得非常清楚。例如阎崇年的"清十二帝疑案"系列、易中天的"汉代风云人物"系列等,这些讲座与其说是学术探讨交流,还不如说是在向观众讲故事、说评书,故事的"脚本"里有主角、有配角、有情节、有冲突,电视剧的元素一应俱全。《百家讲坛》前制片人万卫曾说主讲人必须"要有通俗幽默的表述方式,有亲和力,同时还要有独特的人格魅力,以期在长达45分钟的节目中能够持续不断地激发和保持观众的收视欲望"[1]。王立群从河南大学赶来讲《史记》时,被告知"每一讲,都要有一个大悬念,还要有若干个分悬念。不要出现太多人名,地名,一次讲一个完整的故事,不追求信息的海量"[2]。

于是,在电视场的监督下,这些才高八斗、学富五车的知名学者放弃了他们一贯秉承的教学传统,着力于描绘引人入胜的细节和精彩纷呈的故事,把学术成果变成了"剧本",把自己定位于吸引形形色色人群的说书人。像说书一样的讲故事,成为他们必须恪守的讲述方式,以故事性的情节去吸引观众,成为栏目组提高收视率的成功秘诀。

另外,讲述时间的限制也是影响学者们正常发言的重要限制。真正的

---

① 赵允芳:《做电视科教节目的王牌——访中央电视台〈百家讲坛〉制片人万卫》,《传媒观察》,2006年第11期。

② 陈鹏:《当代电视媒体中的传统文化传播》,济南,山东大学,2009年,第45页。

学术思维是思辨的、连续的,思想的阀门一旦打开,便会不可抑制地汹涌而下,如果强制性地规定思考和讲述的时间,则无异"拦腰断水"。而上《百家讲坛》的学者们被要求围绕一个选题一期只能讲述四十多分钟,那么这对学者来说,"真正意义上的表达"又怎么可能实现呢?

总之,在电视场域的操纵下,栏目组将《百家讲坛》变成了学术讲座的流水生产线,每一讲都需要演讲人和编导反复讨论,使主讲人在一定程度上妥协,以达到节目需要的效果。《百家讲坛》的编导按照一套标准的技术流程,如同生产商那样对学术原材料进行再加工,制片人也不讳言他们是在"像做营销一样做节目"①。

第四节　对电视学者的明星化打造:学术明星的推出

一、主讲人的"主持人制"

《百家讲坛》在创办之初,邀请的都是各领域的顶尖级学者,如杨振宁、丁肇中、吴冠中、杨辛等。随后,各行各业的名师大家(如霍金、李政道、蒙代尔、周汝昌等)都被请上节目,纷纷为观众开坛设讲。他们每人就自己最出色的研究成果只讲一集,这阶段的《百家讲坛》内容庞杂、包罗万象,因此有些内容就难免过于专业、生僻。正如其主创人员所说:"自然科学、人文学科,乃至饮食起居、养生保健,几乎全都进了'讲坛',结果,收视效果并不理想,收视率最低时几乎为零。"②两年后,央视索福瑞公司做了一个调查,很多人都不知道有这个栏目。节目开办两年多了,可以说是没有什么影响力。③

2004 年 5 月后,《百家讲坛》进行了调整,其中最明显的变化就是实行了主讲人的"主持人制"。什么是"主持人制"? 易中天认为,略似于电影中的"明星制",即都是靠某个人或某几个人来吸引观众,创造品牌,形成凝聚力。④

---

① 陈鹏:《当代电视媒体中的传统文化传播》,济南,山东大学,2009 年,第 67 页。
② 赵静:《〈百家讲坛〉如何酿造"好酒"》,http://media.news.hexun.com/1281178.shtml,2005.08.16。
③ 王小峰:《打造学术演讲明星》,http://www.cctv.com/program/bjjt/20051230/101132.shtml,2005 年 12 月 30 日。
④ 牛蕊:《从〈百家讲坛〉看我国电视讲坛节目的问题与发展》,长春,东北师范大学,2010 年,第 134 页。

以前，每位主讲人只讲一集，也即一个选题，一个人讲完了就走了，观众不认识他，讲的人也觉得因为篇幅限制没有说尽兴，而且节目组的劳动量也大。调整后的《百家讲坛》注重推出一段时间内的系列讲座，集中火力把一个问题讲得清楚透彻。这一转变在《百家讲坛》也有一个从自觉到不自觉的过程，它始于阎崇年先生的"清十二帝疑案"，这一看似无心插柳的系列节目一经播出，使节目的收视情况大为改观。从此，尝到了甜头的栏目组彻底改变了原来的制作方式，不但一个主讲人可以讲多次、讲多集，有的还一讲就是一年，形成类似于电视连续剧的大型系列节目。《百家讲坛》这一时期的制片人万卫说："现在我们找准一个人，一下子把他'挖干净'，让他10年成果、一辈子的成果都展现出来让老百姓接受，让他们觉得只看电视不行，还要买音像光碟和书。"①这种主讲人制改变了观众的收视习惯和收视需求。

《百家讲坛》的"主持人制"彻底改变了这个栏目的命运。由于系列节目的重磅推出，一个个"学术明星"也随即闪耀荧屏。栏目组如同品牌节目包装主持人一样，有意识地注重培养自己的明星学者，实现了主讲人的明星化。借助各自的系列节目，易中天、于丹等专家学者积累了相当的知名度，大家追捧主讲人就像追捧明星一样，从而形成了稳定的受众源，保证了节目的收视率和影响力。

二、对学者的"修整"过程

布尔迪厄认为，电视场与学术场是两个独立的场域。当电视场靠近学术场，使一部分知识分子越入电视场后，他必然要遵循电视场的惯习，也唯有这样，他才能被电视场所接受。这就存在一个电视场对知识分子的一个"修整"的过程。只有能顺利经过这一关的学者，才可能有机会与电视"亲密接触"。

其实，在节目与学者之间，这是一种双向选择的关系，栏目在挑选演讲者时，这些专家们也在选择栏目。刚开始编导们与专家们联系时，总会碰钉子，很多专家不愿意在电视上讲故事，而是想表达学术观点，而太学术化或太深奥的东西百姓往往看不懂，也不愿看。沟通不畅的时候，只能作罢。于是，栏目组请专家来给编导们上课，在编导之间开展演讲比赛。"要告诉专家们如何演讲，首先自己要会演讲"。但刚开始举行比赛的时候，栏目组的12位编导站在演讲台上，比学者还学者。他们把自己的演讲录了下来，然后大家一起分析讨论，找出问题的症结，在编导们懂得了什么样的演讲吸引

①　《打造学术明星》，http://space.tv.cctv.com/article/ARTI1198765561842424。

人后,与专家的沟通便简单多了。① 栏目组的良苦用心可见一斑。

"马瑞芳说《聊斋》"系列的主讲人马瑞芳在她的《〈百家讲坛〉这张魔鬼的床》里披露了《百家讲坛》"修理"学者的一些内幕。从中可以看出,《百家讲坛》的主创人员基本上是按照明星生产的模式,有计划地塑造节目的明星主讲人的。其明星生产过程大致包括以下几方面:

第一,"选苗"阶段。《百家讲坛》的选人标准有三条,即学术根基、表达能力、亲和力(个性、人格魅力)。很多"明星"主讲人就是栏目组从全国众多高校乃至中学老师里用这些标准海选出来的。王立群说,在河南大学选拔时,从二三十岁的博士到六七十岁的老教授均可参加,主讲人不设门槛。不拘一格求人才的《百家讲坛》,分 10 个小组在全国各地选人。山东所有的本科院校都曾进行过拉网式的排查。他们在大学里发布公告遴选教师试讲,这给地方院校的教师提供了名扬天下的机会。但他们必须通过严格的选拔程序,先在教室里讲,然后去没有观众的房间对着摄像机讲。无论是年轻的讲师还是学科带头人,一律要过镜头关。录完之后,所有的带子再拿回北京挑。②

第二,"修苗"阶段。这是最关键的一步,关系到栏目组所选出的"苗子"能否按他们的预期成长为"明星"之树。这个过程分为"拔苗"和"剪苗"两个部分。所谓"拔苗"是指对一些内容缺乏一定深度或逻辑性、难以满足受众的猎奇心理的讲稿进行拔高。比如,马瑞芳在《〈百家讲坛〉这张魔鬼的床》中讲到,纪连海刚开始交到栏目组的稿子由于过于浅白("高中作文水平"),所以被退回,之后大加改造,才形成他今天的风格。"剪苗"是指对那些过于高深和学术性太强的内容进行修剪。这是栏目组经常要进行的工作,因为大部分被选出来的主讲人的文化程度和知识含量都远远高于普通受众,要想达到良好的传播效果,要想成为受众欢迎的"明星学者",大众化改造在所难免。如易中天在节目中讲到鸿门宴时,有意略过了具体细节,他认为这是大家再熟悉不过的内容了,没有必要重复。可是编导恰恰让他把这段讲出来,因为这正是受众想要看到的内容。

第三,"灌苗"阶段。在"苗子"日益成长的过程中,对其"施肥""灌溉"等使其成长为"大树"。这是一个漫长的过程,每一棵"苗"都必须栽到他们挖好的坑里,按照他们的标准进行"灌溉"。在节目中,这些标准包括:演讲的内容、方式等,甚至要规定主讲人的衣着。从阎崇年开始,栏目组开始打

---

① 赵静:《学术+文化〈百家讲坛〉如何酿"好酒"》,人民网,2005 年 9 月 30 日。

② 陈鹏:《当代电视媒体中的传统文化传播》,济南,山东大学,2009 年,第 67 页。

造年度主讲人物,这是打造明星所必需的步骤,也就是要延长"苗子"的"生长期",以便能成长为强壮的"大树"。武汉教育电视台的频道艺术总监兼《名家论坛》制片人王新生也曾说:"一般来说,是主讲人先将他所想讲的题目报上来,当然我们有时也会提要求希望他们讲什么,这都是可以事先沟通的……还有其他方面的沟通,如主讲人的形象、着装、发型、语言等。"①

易中天在主讲汉代风云人物获得成功后,栏目便计划把他打造成为2006年的主讲人。一开始他是要讲"水浒"的,可是栏目组决定让他"品三国",事实证明,栏目组是正确的。在"生长期"的"施肥"主要包括:不定期地举行一些与观众的见面活动等,或者是举办一些高校演讲、演播室访谈等特别节目,提高其知名度,助其"成长"。此外还有后期的"追肥"。就是联合出版社等机构,策划出书等活动,实现多方赢利。《百家讲坛》就是通过这一系列步骤,成功地打造出一个又一个"明星学者"。②

就马瑞芳本人来说,她"说聊斋"的过程也很有典型意义。她最早准备的讲稿是她对《聊斋志异》多年研究的学术成果,属于观众接受度较高的文学主题,但是因为学术性太强、偏离观众关注重点而被节目编导否定,同时被要求以悬疑、故事的形式重新构架其主讲内容。最终马瑞芳不再坚持学术标准,改以悬疑贯穿始终,节目获得强烈反响。这是学者、专家被塑造成学术明星的又一极好范例,他们从讲台走入电视的时候,还没有主动重构既有学术内容的自觉,习惯性地把电视看作一个扩大了的讲台。这个时候,电视媒体适时地开始了娱乐重构,注入电视的娱乐要素,削弱内容的学术性和专业性,提炼和强化悬疑性、故事性,作为构建主讲人形象的主要手段。重构内容的过程,也是主讲人们从专家学者向学术明星转化的必要准备,待到这种重构被观众欣然接受继而对主讲人产生浓厚兴趣、青睐有加时,学术明星才真正被制造出来。③

在这种制作理念下,严肃的教授们都经过了"痛苦"的改变过程。易中天对此深有体会:"我虽然是大学教授,但我觉得电视节目的表述手段和日常授课的手段其实是完全不一样的。很多人以为上'讲坛'就是把平时上课的东西拿过来再讲一遍而已,其实不是这样的,每一个上'讲坛'的老师都有一个转换的过程,几乎无一例外。"④于是,在经过栏目组的"修理"后,易中

① 源自本人的访谈。
② 哈晓光:《从大众文化批判角度看〈百家讲坛〉的娱乐性》,沈阳,辽宁大学,2008年,第87页。
③ 何丹丹:《试论电视媒体对学术的娱乐性重构》,上海,华东师范大学,2008年,第56页。
④ 黄振伟:《〈百家讲坛〉财富缔造秘密》,《财经时报》,2006年6月12日(H01版)。

天变成了"说书的",马瑞芳将《聊斋》讲得"仙气十足",孔庆东则能把金庸小说里的情爱世界剖析得淋漓尽致。

三、电视传播规律及手段的运用

学术明星们是在特定的场域中传播学术的,即完全不同于学术场域的电视场域。这就使得他们所传播的学术势必会带上电视场域的某些特征,这种特征之一便是将电视的传播手段运用到学术的传播中。

(一)主讲的人选择

电视是一个以形象展示为首要特点的媒体,这一点同样会适用于对主讲人的挑选上。《百家讲坛》节目制作人万卫曾把栏目主讲人的挑选标准解释为"一三维",这个新的选择标准就是《百家讲坛》首创的三维选择法。栏目组在选择主讲人时有三条轴线:专家也就是主讲人的学术根基为 Y 轴,适合大众的表述能力为 X 轴,主讲人的人格魅力为 Z 轴,即"学术+电视媒介表述能力+个人人格魅力"为主讲人的综合选择标准。[①] 从中不难看出,学术根基只占标准的 1/3,甚至只是个辅助性因素,这就如同《百家讲坛》的编导那尔苏所说:我们选人的标准,一个是要有学术涵养,一个就是口才,这是非常重要的。哪怕你学富五车,满腹经纶,你的口才不好,也会有很大的障碍。还有一点,就是人格魅力。因为 43 分钟之长的讲演类节目,举手投足之间的手势、眼神,处处体现了人格的魅力。[②] 对于电视传播来说,主讲人的演讲口才和个人在屏幕上展现的形象魅力要比学术根本更重要。对于这一点,无论是武汉教育电视台《名家论坛》制片人王新生,还是上海东方电视台《东方大讲坛》制片人翟志荣,都异口同声承认主讲人个人表达能力及人格魅力的重要性。[③] 正因为如此,《百家讲坛》才会请影视传播学教授于丹来讲《论语》,请主打文艺美学的易中天讲三国,请作家刘心武讲《红楼梦》,请虽口才生动却只是中学老师的纪连海讲清史。

《百家讲坛》百里挑一的遴选,让我们看到了讲坛明星千变万化的表述能力,导致了收视奇迹的发生,南腔北调的普通话,非但没有让人反感,反而让人更觉亲近。易中天的楚味诙谐,王立群的豫调庄重,纪连海意蕴的调侃,还有那阎崇年的拖腔顿挫,于丹的行云流水,刘心武的细声慢语。非常

① 宋义凯:《〈百家讲坛〉成功策略探究》,苏州,苏州大学,2008 年,第 89 页。
② 孟蔚红:《〈百家讲坛〉:非常静,非常火》,《成都日报》,2006 年 8 月 14 日(B01 版)。
③ 源自本人访谈。

个性化的语言表达,形成了独特的视听风格和人格魅力。

（二）故事性的情节

刚到《百家讲坛》的学者会对电视场的运行逻辑不太适应,但通过层层选择机制以及对学者的"洗脑"训练后,主讲人很快就被改造成了适应电视传播的学者——强调讲述个性化、口语化,讲述方式故事化悬念化等。因为电视是一种大众传播媒体,这种媒体特性决定了它的收视对象的大众化及其文化层次的相对低下性,《百家讲坛》的收视群体很大一部分只具有初中文化水平,信息量太大他们不好消化,而主讲人以螺旋式前进的讲解方式很能吸引观众的注意力。所以,电视的这种特性就决定了真正的学术内容是很难直接与观众对接的,必须将其转化为电视最擅长的故事性情节。为使讲课内容生动化、吸引观众,栏目向电视连续剧和评书学习,采取评书式的讲课方式,这也是与电视传播的线性特征相符合的。《百家讲坛》制片人万卫曾说:"我们必须像好莱坞大片那样,要求3~5分钟必须有一个悬念。实际上这个讲座节目我就是按照戏剧化的结构来做的。""悬念性、单线条和戏剧性是我们总结出来的讲座节目和论文的不同地方"①。具体而言,就是淡化社会背景因素,淡化社会性主题和深层思想,突出内容的故事性、情节性,突出人物的命运和心理,并以丰富的悬念设置使观众看得欲罢不能。这正如《东方大讲坛》制片人翟志荣所说:"电视语言也是一门艺术,它善于将内容故事化。"②

阎崇年被称为是把学问当评书讲,把历史当故事讲的第一人。之所以说他是第一人,是因为他是成功拉升《百家讲坛》栏目收视率的第一人,是他让处于水深火热之中的《百家讲坛》转危为安。当时《读书时间》因收视率持续垫底被央视淘汰掉以后,收视率同样在低位运行的《百家讲坛》成为待宰的"羔羊"。"在2003年里,《百家讲坛》节目总体收视率最高端为0.20,最低端几乎为0"③。面对严峻的形势,当时的制片人聂丛丛和栏目组的每个成员都是战战兢兢,但也苦于没有办法来改变现状。这时候机缘巧合,阎崇年来救场了,他的《清十二帝疑案》创下了科教频道最高的收视率0.57。④

①　《打造学术演讲明星》,央视国际网站,2005年12月30日。
②　源自本人访谈。
③　《〈百家讲坛〉:让争议来得更猛烈些吧》,中国网,http://www.china.com.cn/culture/txt/2006-10/27/content_7283849_3.htm。
④　《〈百家讲坛〉:让争议来得更猛烈些吧》,中国网,http://www.china.com.cn/culture/txt/2006-10/27/content_7283849_2.htm。

　　阎崇年给《百家讲坛》带来了灵感,新任制片人万卫通过仔细的分析认为,栏目最重要的是主讲人必须会讲故事。由此,《百家讲坛》开始修正方向,朝着以人说事的故事化方向阔步前进。

　　在《百家讲坛》走向故事化叙述的过程中出现了三个具有里程碑意义的代表人物——阎崇年、刘心武、易中天。易中天说:"阎崇年是《百家讲坛》推出的'当头炮',刘心武是'拐腿马',我是'过河卒'。"①阎崇年的《清十二帝疑案》,打响了《百家讲坛》故事化的第一炮;刘心武揭秘《红楼梦》成为《百家讲坛》真正走向故事化叙述的拐点;而易中天这个"过河卒",让《百家讲坛》更彻底地故事化,并且这只"卒子"过河后的速度之快,很难有人超越。②

　　易中天最早开始在《百家讲坛》露面是在 2005 年 4 月 19 日,讲授的内容是《汉代风云人物》,他共做了 12 期节目。在这些节目中,充分体现了《百家讲坛》开始致力于故事化的运用,也充分表现出了易中天"讲故事"的才能。他的《品三国》《汉代风云人物》摒弃了精英文化中的艰深晦涩,更像是在给受众讲故事,在每一集里有主角、有配角,有情节、有悬疑、有矛盾、有冲突,他把自己的学术成果在讲坛上变成了精彩的剧本,他的语言强调口语化,通俗易懂,现场感染力强,而这,恰恰是电视传播规律所要求的。

　　马瑞芳在讲《聊斋志异》时,也经历了这样一个转变:她第一次交给《百家讲坛》的演讲稿学术味太浓,于是编导们向其提出要求,比如多讲细节,多说故事,但马瑞芳却认为自己是教授、学者,怎么能讲这些"通俗"的东西?经过多次磨合,马瑞芳最终接受了他们的建议,推翻了起初流水账式的讲法,以悬疑始,以悬疑终。节目播出后,反响强烈,马瑞芳大为惊奇,她说,没想到这样讲课,效果会这么好,不光学界的老朋友们夸奖她,就连她的孙女都说奶奶讲得好。③

　　在于丹的讲述中,故事性同样体现得非常明显。于丹讲述的是《论语》《庄子》,这本应是以思辨、哲理为主的内容,在于丹的讲述中却充满了故事性趣味。这里统计了于丹在《〈论语〉感悟(六)》的讲述中故事手法的运用情况。短短 40 分钟,她讲了八个故事和一个现代原理,其中纯粹的故事穿插占了总时段的 30%(见表 5-1)。

---

①　资料来自百度贴吧,http://tieba.baidu.com/f? kz=172567915。
②　以上参阅宋仪凯:《〈百家讲坛〉成功策略研究》,兰州,兰州大学,2008 年,第 89 页。
③　赵静:《学术+文化〈百家讲坛〉如何酿"好酒"》,人民网,2005 年 9 月 30 日。

表 5-1　于丹《论语》感悟(六)

	时　间	故　　事	时长(分)	比例
1	04:36~07:00	卖花姑娘	02:34	
2	10:00~10:40	沙子与珍珠	00:40	
3	22:00~23:28	古希腊大力士海格里斯与仇恨袋	01:28	
4	23:50~25:10	一个极端嫉妒的人宁愿被上帝挖去一只眼	01:20	
5	26:23~27:30	美国心理学家艾丽丝提出:情绪困扰理论	01:07	
6	27:50~28:45	鞋与脚的故事	00:55	
7	29:15~30:13	小伙子生命与财富的困惑	00:58	
8	34:50~35:35	作家与乞丐的故事	00:45	
9	36:35~38:15	阿拉伯的故事:朋友与感恩	01:40	
	共 40 分钟 (包括广告 3 分钟)		11:27	30%

（三）电视手段的运用

　　学术是系统、理性,并有几分抽象化、概念化的东西。而电视传播却是一种较为感性、具体、视觉化很强的传播方式。既是在电视上传播学术,电视传播手段的运用在所难免,这也使得这种新型传播手段下的学术与我们的传统学术有所不同,它使得学术传播更大众、更通俗。这主要体现在电视影像化的叙事建构上。

　　第一,影视片段、动画等流动视像符号的大量运用。

　　《百家讲坛》在后期的剪辑过程中,插入了影视片段、动画等流动符号。这些符号成为主讲人所讲述内容的视像补充。

　　《百家讲坛》推出的节目内容,不同于针对特殊人群的专业学术讲座。与传统的讲座相比,受众接受传播信息的环境发生了很大的变化。电视传播以流动、快速变化的图像为载体,如果也像传统讲座那样围于固定的场所、固定的空间、固定的视点、静态的图像、单调的口语表述的话,那恐怕很快就会被观众手中的遥控器所淘汰,电视内容的收视场所及收视特点,决定了观众在收视行为上具有很大的随意性。20 世纪 80 年代,美国传播学家梅罗维茨(Joshua Meyrowiz)提出了媒介情景论,认为媒介的发展及对生活的介入,导致社会环境整体的变化,而社会环境会决定人们的行为方式。在传统的专业讲座中,人们自身的特点,所处的场所可以保证观众注意力的集中度,而电视媒介促成了不同类型的受众群的合并,这就决定了其受众是极为庞杂的,这就要求主讲人的传播行为必须根据受众群的复杂特点及需求来设计信息内容。正如语言学家雅各布森(Roman Jakobson)认为:"信息不提供也不可能提供交流活动的全部意义,交流的所得有相当一部分来自语境、代码和接触手段。"①对于普通受众而言,长时间的将视觉、听觉集中于某一静态符号,容易产生视觉、听觉疲劳。为了避免电视观众产生感官疲劳,摄像机镜头的变动、适当影视片断、动画等流动性画面等动态图像内容的穿插就是满足受众这一需求的传播手段。如易中天在讲三国时不时穿插画面,从而生动地呈现了《三国演义》的故事,而《明亡清兴六十年之开铁失守》通过视像片段,再现了金戈铁马的残酷战争场景。这些视频、动画等流动性视像符号的插入,可以营造讲述文本轻松愉悦的传播语境,使观众在形象化的传播语境中完成文本内容的接收和理解。

第二,字幕、图表等辅助性说明的使用。

《百家讲坛》节目非常注重使用屏幕文字、图表、幻灯片等辅助性说明手段。这些电视字幕是电视节目中的一个重要组成部分,"能从视听两个方面强化重要信息,加强信息的准确性、明晰性,减少听觉的误差,减少不必要的解说时空,还对某些视觉部分起强调作用"②。它与电视的图像、声音等一起,组成了一种共时空的多信息渠道传播符号,提高了单位时间内信息传播的速度和质量,同时也化解了受众接收信息的难度。

《百家讲坛》作为学术讲坛节目,虽然主讲人在讲授时会注意化减内容的难度,但它面对的毕竟是普通的电视观众。有时复杂的人物、事件、年代关系单靠讲述人的口头表述是无法完全说清楚的,这时字幕就发挥了口语无法达到的效果。如阎崇年在讲述多尔衮系列时就用图表的形式将整个家庭的关系情况做一个清晰交代;纪连海在《纪晓岚身世与特异功能之谜》中,使用了纪晓岚与和珅年龄的对比图表。通过这些对比,双方之间的差距变得一目了然。另外,《百家讲坛》中主讲人引用的历史文献或比较重要的总结概括性语言,一般也会用字幕的形式呈现出来,并通过对字体的颜色和背景进行修饰(如字体的飞入飞出、旋转、增大显示范围、改变字体的颜色、用

①　〔英〕特伦斯·霍克斯:《结构主义与符号学》,瞿铁鹏译,上海,上海译文出版社,1997 年,第 61 页。

②　朱羽君:《现代电视纪实》,北京,北京广播学院出版社,1998 年,第 157 页。

特技给字体添加光环等)进行强调,增加了受众阅读的兴趣。这在一定程度
上减轻了受众对信息的解读难度,既提示了核心信息,又有助于观众加深对
文本内容的理解。

第三,画外音的适时插入。

画外音,即文本的解说语言。它是一种附加于视像之外的声音成分,运
用有声语言来反映社会生活、表明创作意图、阐明创作思路,并最终作用于
观众听觉的一种重要语言形态。主要起到补充画面信息不足、表达思想感
情以及连接转场等作用。① 在《百家讲坛》中,画外音不仅起着补充作用,同
时还具有帮助引出主题、设置悬念、调整节奏等作用。

电视传播的故事性追求使得它非常注重悬念的设置,电视文本设置悬
念的手段是多样的,画外音就是一种有效的方法。通过运用画外音引出主
题、设置悬念,推动故事叙述的前进是《百家讲坛》一贯的做法。另外,通过
画外音,也可调整故事的叙事节奏,使观众注意力张弛有序,促进了受众对
文本的接收和理解。据陈鹏统计,在《百家讲坛》每期 43 分钟的节目中,除
去开头和结尾的画外音。节目中还平均使用了四次画外音。这些画外音或
总结上段内容或提出问题、设置悬念②,使叙事节奏具有节奏感,最大限度
地吸引了观众的注意力,让观众在张弛的节奏中顺利完成对知识的接收。

电视传播有其自身的规律,但它本质上又是一种大众媒体,通过电视媒
体进行传播,不可能要求观众将一集四十多分钟的演讲从头听到尾,这时就
尤其需要电视传播手段的运用以保证传播效果,本书所采访的《名家论坛》
和《东方大讲坛》的两位制片人都很强调这一点。"我们也会对后期节目进
行编辑,如我们会设四个机位,会选择最适合主讲人形象展示的那个机位的
影像,我们必须要考虑节目的大众性、可看性"③,"我们会将一个大问题分
成几个层次,配上字幕、插上小标题、配音,适时做小结等"④,这样可以减少
受众的审美疲劳。

四、市场化的营销策略

"学术明星"之所以能在短时间内迅速闪耀,除了节目本身的包装因素
和独特的内容选取外,还离不开电视场域所进行的市场化的营销策略。

正如屠忠俊所说,《百家讲坛》不是学术节目,是娱乐节目,"学术明星"

① 石长顺:《电视传播学》,武汉,华中科技大学出版社,2004 年,第 102 页。
② 陈鹏:《当代电视媒体中的传统文化传播》,济南,山东大学,2009 年,第 47 页。
③ 源自本人访谈。
④ 源自本人访谈。

也是娱乐化的产物。①　娱乐性的电视节目只是一种被流水线生产出来以供大众消费的文化产品,要想有优异的收视率必须要想办法在观众中成为"畅销品",于是,市场化的营销策略就成为实现这一目标的法宝了。

　　《百家讲坛》的节目制作遵循了名家、名人、名流的"明星"原则,有意识地向观众重点推介某些主讲人,使之成为"明星学者"。在《百家讲坛》和主讲人之间形成了良好的互助,主讲人通过栏目展示自己的研究成果和个人魅力,而节目组则将其学术成果一定程度上转化为市场价值,由此获得更大的知名度和更高的收视率,这正如万卫所说,《百家讲坛》这个栏目现在之所以能够成为品牌栏目,关键是在于这些"学者明星"所营造出来的"核心竞争力"。通过栏目组的重点打造,主讲人本身就成为个性非常鲜明的文化产品和学术符号。《百家讲坛》顺势开发一系列衍生产品,营造声势。很多在《百家讲坛》上亮过相的学者名家出版的相关图书都曾登上畅销书排行榜。阎崇年很有感触地说,他研究了一辈子清史,出版了二十多本学术专著和几百篇学术论文,但他的知名度仅仅是在学术界,出的书也从没有卖火过,但《百家讲坛》让他火了,《正说清朝十二帝》一书就发行了几十万册之多,这样的印数他以前是想都不敢想的。而在纪连海的观众见面会上,粉丝们慕名从四方赶来,那种热情犹如在追一个大牌明星一样。事实上,纪连海只是一名中学老师,《百家讲坛》的确让他成为一颗耀眼的"学者明星"②。而刘心武一上荧屏讲《红楼梦》,轰动的程度超过了他当年发表小说《班主任》,而《刘心武揭秘红楼梦》也在与红学家们的论战中狂销六十多万册。

　　这些"学术明星"的巨大成功,无疑得益于电视场域的商业运作。首先是对学者本人进行包装。以易中天为例,栏目组很看好他所具备的平民偶像气质,相信他在广大通俗观众那里会有较高的形象号召力,于是易中天成为出版商眼里最好的大众消费精品,有中央电视台这样的强势传媒所奠定的受众基础,对他进行包装并不困难。一旦被商业包装之后,易中天就已经不是一个大学教授或者学者,而成了一个明星。他的《汉代风云人物》的讲稿结集,起印数量也达到了惊人的 15 万册。一个有趣的对比是,未在央视开讲座时,易中天的"品读中国人物系列"四年才卖了四万套,在《百家讲坛》开讲后,三个月这套书卖了六万套。易中天完成了从"坐十年冷板凳"到"超级明星"的转换,而这一切都得益于《百家讲坛》的品牌效应。③　粉丝

---

① 　源自本人访谈。
② 　杨丽媪:《〈百家讲坛〉的品牌炼金术》,《广告大观(媒介版)》,2006 年第 5 期。
③ 　杨丽媪:《〈百家讲坛〉的品牌炼金术》,《广告大观(媒介版)》,2006 年第 5 期。

们排队买书的目的不是想看书，而是只想求取一个签名，或许干脆就是想看一眼真人。接下来，第二步就是进行新闻炒作。正如蒙牛当初与湖南卫视的超女营销，当人们发现身边已经被超女粉丝们包围时，这已经是一个蓄谋已久的商业新闻事件了。《百家讲坛》请的名家基本都是博文广识，且有娱乐精神的非主流派学者，也容易被推到舆论中心。正所谓，"无人问津烂犁头，争议之士反获宠"。不断出现的各类相关争论，反而强化了人们对学术明星们的印象；当易中天在讲坛里说道："曹操说：'宝贝，不要生气了，我们回去吧。'"被人反击其不懂曹操性格时，他仍然坚持："我没说甜心是客气的了。"第三步，使用创纪录的手法。电视节目不断宣布创造新的收视纪录、广告费纪录，为栏目的精彩锦上添花。易中天的版权费纪录、出版商竞标纪录再次让人们开了眼界，原来文人也可以这样玩。全国版权费最高12%，他要14%；别人只有工程竞标，他也要出版商来排队竞标，一时间，物价哄抬。① 一部《品三国》，易中天赢得近200万的版税。此前，从来没有一位国内大学教授仅靠讲稿拍卖即获得这么高的报酬，易中天不但凭借着《百家讲坛》红遍大江南北，更获得出版界"中国第一先生"的头衔。

---

① 参见赵何娟：《电视学者易中天背后的商业逻辑》，人民网，2006 年 8 月 10 日。

第六章 电视场域介越学术场域的影响分析及实质探析

电视场与学术场是完全不同的两个原本按照各自惯习运行的独立场域,然而在电子传媒时代,出于以上我们分析的种种原因,电视场逐渐靠近并介越了学术场,使两者发生了部分的交融。电视场的这种介越行为,无疑会给一贯自主的学术场带来一定的影响。我们该如何看待电视场的这种介越行为、如何探究这一现象背后的实质所在呢?

第一节 电视场介越学术场的影响分析

一、对学术场的影响分析

(一)部分改变学术场内原有的评价标准

布尔迪厄认为,学术场是一个自主性的场域,有自己的惯习和运行规律,也有着自己场域的资本形式及"内部价值标准"。他认为:"一个'优秀的历史学家',是一个被优秀的历史学家称为优秀历史学家的人。这必然是一个循环的评价。"①但是,随着新闻场社会作用的日益强大,所以布尔迪厄也认为:"我认为在目前阶段,所有的文化生产场都受制于新闻场的结构。"②

在《关于电视》中,布尔迪厄也分析了电视场对司法场的介入及对司法场原有内部标准的改变。认为"某些以司法场内部标准衡量并不是最可敬的法官是如何利用电视来改变他们在场中的力量对比关系并打破场内的等

---

① 〔法〕皮埃尔·布尔迪厄:《关于电视》,许钧译,沈阳,辽宁教育出版社,2000年,第67页。
② 〔法〕皮埃尔·布尔迪厄:《关于电视》,许钧译,沈阳,辽宁教育出版社,2000年,第65页。

级关系的",因此造成"如今凭司法界的自主性而得到保障和维护的司法成果却因此有可能遭到质疑""记者所施加的压力往往能极有力地影响法官的工作""蛊惑术的逻辑——收视率逻辑——往往取代了内部批评的逻辑"①。作为一个与司法场同样独立的场域,学术场也遭到了电视场的介越,其内部的评价标准同样也遭到部分的改变。

布尔迪厄指出,一个场域越是从社会场域和权力场域中获得了自主性,这个场域的语言越具有科学性。布尔迪厄将场域的自主化作为社会现代化的一个重要标志,表现出了对分化中的各场域的独立地位和独立价值的关注。在社会发展变化中,各场域有它本身的目标或追求,而不应单纯地为总体社会的目标服务。按照布尔迪厄的这一理论思路,一个独立自主的学术场域无疑应该是极具科学性的,它关注于自己的独立价值,为自己的目标而独立运作。在这个独立场域中,各个行动者按照场域内的惯习,追逐场域内通行的资本形式,以期改变自己的资本数量和质量,提升自己在场域内的位置。在学术场域内,对行动者个人学术资本及学术地位的评价只能是来自场域内部,行动者个人对资本的追逐行动也只是期望能得到场域内同行的认可。

然而,由于电视场日益向学术场的靠拢、介越,媒介以扩大受众为由,降低了进入某些场域(如司法场域、学术场域)的入场权,媒介对所谓"权威"的认同在受众心目中逐渐超越了专业领域的认证,受众在电视的潜移默化中无意识地接受了所谓"权威"的说教。借助媒介的力量,一些在本领域内原本学术资本并不雄厚的学者得到了无法从同行那里得到的认同。所以,当传媒进入学术场后,就会在一定程度上打破原来的场域法则,也就是说,外部的"传媒影响"干扰了内部的"专业影响",对场域内原评判规则进行挑战。布尔迪厄认为,"传媒的力量……渗透到最纯粹的科学领域"②"大众媒体借着扩大接受的领域,降低了知识分子合法性的来源,以更宽广的同心圆——那些要求较不严苛因而更容易获取的同心圆——包围了职业的知识分子,而以往职业的知识分子是正统的合法性的来源。……大众媒体已经打破了传统知识阶层的封闭,以及传统知识阶层的评价规范和价值标准"③。大众媒体在一定程度上为知识阶层制定了评价规范和价值标准,也

---

① 〔法〕皮埃尔·布尔迪厄:《关于电视》,许钧译,沈阳,辽宁教育出版社,2000 年,第 66 页。
② 〔法〕皮埃尔·布尔迪厄:《关于电视》,许钧译,沈阳,辽宁教育出版社,2000 年,第 70 页。
③ 〔美〕萨义德:《知识分子论》,单德兴译,北京,生活·读书·新知三联书店,2002 年,第 60 页。

就是说,知识阶层自身的评价规范和价值标准被部分打破。①

德布雷在其著作《教师、作家、名流:现代法国知识分子》中也认为,知识分子日渐向媒介妥协,并越来越依赖于媒介来获得自己的文化资本,把学术和流行时尚混为一谈,以大众媒介的尺度和标准来侵蚀学术和艺术的自律准则,进而以"上镜率"和"收视率"来获得"工夫在诗外"的附加资本,并扰乱学术自身的游戏规则。依照德布雷的看法,大众媒介有其自身的运作规则,这就是市场规则和商品化,而知识向媒介的倾斜实际上就是知识自身规则的衰退,并向媒介法则投降。所以他认为,知识分子通过媒介来增加名声,就是蜕变为名流的必然过程。名声作为一种商品和特殊的价值,在媒介时代不可避免地成为相当一部分知识分子追逐的目标。②

于是,"传媒的评判越来越重要,因为一个人能否得到承认,有可能取决于他的知名度,然而,现在人们已经弄不太清楚一个人的名气到底应归功于传媒的好评,还是同行间的声誉"③。布尔迪厄对传媒热衷于评选什么"十大知识分子"之类的行为进行了批判,认为传媒利用"排行榜"中上榜者的并列手段来"改变评价的结构"④,从而抬高某些在自身的专业场中无法获得与此相应的地位与评价之人士。由此,我们不难看出,在布尔迪厄眼里,知识分子场域有其自身的运作标准,而知识分子向媒介的倾斜实际上就是知识自身标准的衰退。知识分子向媒介妥协,依赖所谓"上镜率""收视率"获得场外附加的文化资本,事实上,就是以媒介的尺度更改或扰乱学术自身的游戏规则。

(二) 部分改变了学术场原来的内部秩序

布尔迪厄认为,在高度分化的现代社会中,那些"因为相对自律而区别于其他社会小世界的独特领域"⑤,即是场域,因此,"相对自律"就成为场域的重要特征。"一个场也许可以被定义为由不同的位置之间的客观关系构成的一个网络或一个构造。⋯⋯这些位置的界定还取决于这些位置与其他位置(统治性、服从性、同源性的位置等等)之间的客观关系"⑥。也就是说,

---

① 赵建国:《"公共知识分子"与媒介知识分子》,《新闻界》,2007 年第 1 期。
② 张建永:《媒体知识分子与经典的危机》,《文艺评论》,2008 年第 1 期。
③ 〔法〕皮埃尔·布尔迪厄:《关于电视》,许钧译,沈阳,辽宁教育出版社,2000 年,第 70~71 页。
④ 〔法〕皮埃尔·布尔迪厄:《关于电视》,许钧译,沈阳,辽宁教育出版社,2000 年,第 68 页。
⑤ 张意:《文化与符号权力——布尔迪厄的文化社会学导论》,北京,中国社会科学出版社,2005 年,第 273 页。
⑥ 包亚明主编:《文化资本与社会炼金术——布尔迪厄访谈录》,包亚明译,上海,上海人民出版社,1997 年,第 142 页。

一个场域中的权力、资本的分配结构，决定着行动者的位置、话语权力及特征，也决定着位置与位置之间的关系，如支配关系、屈从关系或结构上的对应关系。场的思维其实也就是关系的思维方式。在布尔迪厄看来，场是相对自律的，而不同位置之间客观关系是十分重要的，因为这是保持场本身稳定的重要因素。就学术场来说，各种行动者（知识分子）依据其所掌握的文化资本（专业建树、资历和专业谱系），分别居于学术场中的不同位置，彼此间存在着一种权力关系，这些位置会决定他们在场域行动中采取的策略。对此，布尔迪厄指出："一个场就是一个有结构的社会空间，一个实力场——有统治者和被统治者，有在此空间起作用的恒定、持久的不平等关系——同时也是一个为改变或保存这一实力场而进行斗争的战场。"①因此，对于外界而言，学术场是一个自足的结构，有专门的研究对象、专业组织、知识概念与范畴，以及学术谱系。任何其他场域都不是随便可以进入的，必须通过系统的知识训练或通过专业性的学术仪式，才可能得到场内认可。因此，在对某一知识场域的"游戏规则"不够熟练的情况下，"场"外行动者是不可随意染指该领域的，因为学术即专业的知识分子属于不同的"学术场"，言说知识必须遵循各场内的学术规范，这实际上是对各知识场对自己话语权力的自觉维护。内部的秩序性彰显了该领域的威严性，这是长年积习的学术惯例与规范，也是学术场得以维持其自治性的重要凭借。

如果按照此逻辑，讲解《红楼梦》应该是红学家的事情，必须遵循"红学"的学术规则。而作为作家的刘心武去"揭秘《红楼梦》"，虽然能引起某些观众的兴趣，但却无法得到现实知识体制的认可。刘心武正是通过电视，介入到了"红学场"的研究领域中，从而实现了对"他知识场"的介越，这种介越是通过电视来完成的。而从本质上看，"刘心武揭秘《红楼梦》"不是作家对"红学"的介越，而是电视场对整个"学术场"的介越。进而言之，"电视讲坛"因为对"学术场"的介越，影响了现存"知识场"的权力结构②，破坏了场域内原本井然的学术秩序。因为电视由此对大众进行的实际上是一种误导，好像电视邀请某个学者讲某一领域的知识，就意味着他是这个领域的专家。那些文化水平不太高的观众，必定会抱着完全信任甚至崇拜的心态去接受主讲人所宣讲的内容，以至于日后如果遇到新的观点和学术研究成果时，他们会自然而然地产生一种排斥心理，因为这与他们内心中早已熟悉并

① 〔法〕皮埃尔·布尔迪厄：《关于电视》，许钧译，沈阳，辽宁教育出版社，2000年，第46页。
② 陈力丹、张闳、易前良、稽立群：《"文化独角戏"：中国文化传播的新路径》，《北京日报》，http://theory.people.com.cn/GB/41038/5653242.html。

认可了的"权威"相左。这些原本场域外的行动者,因为有了电视的帮助,得以顺利地越入场域内,从而占据相当重要的一席之地。由于电视所扮演的这种特殊角色,必定会部分扰乱并改变学术场的内部秩序。对于部分学者自身而言,也存在着被媒介误导的可能性,在媒体放大效应的光环下,一部分人会误以为自己在学术领域的成功与否会受到传媒上所获得的知名度影响,这就会使一部分学术资本并不雄厚的学者千方百计地向媒体靠拢和献媚,热衷于在本场域外去寻找认可和象征资本,以期得到公众的"伪认同"。

由此来看,于丹、易中天等"学术明星"既不同于那些完全遵循批量文化生产场逻辑的娱乐圈明星,也不同于在"有限文化生产场"辛苦耕耘的学者,他们是彻底的"越界者"。他们名义上是讲述某领域知识的学者、教授,却并没有被同行(学者共同体)所认可本领域的创造性学术成果,而是通过与电视媒体的结盟,为大众提供并非其研究专长的文化快餐,从而快速成为大众心目中的"学术明星",并以此跻身于他们原本难以进入的学术领域,这种媒体行为倾向无疑会使原本有序的学术场域秩序发生部分改变。

(三)部分改变了学术场的惯习学术语态

在布尔迪厄看来,每个场域都有自己独特的惯习,"惯习,就是知觉、评价和行动的分类图式构成的系统,它具有一定的稳定性,又可以置换,它来源于社会制度,又寄居在身体之中(或者说生物性的个体里),而场域是客观关系的系统,它也是社会制度的产物"①。惯习实际代表的是一套内化了的能力和结构化了的需要,它是一套感知、思考和行为方式系统。每个场域的主导资本形式是不一样的,行动者对资本的追逐方式是不一样的,其惯习自然也是不一样的,它是一种某个场域内行动者在行动时必须遵守的性情倾向系统。惯习构成了行动者行为的指导原则,它为场域内的行为设定了结构性限制,并倾向于再生产与惯习产生条件相一致的感觉和实践。它通过早期社会化把客观要求内化成一种主观倾向和自觉追求。每个场域内的行动者必须要按照场域内约定俗成的惯习来行事,才会被其他同行或行动者所可。就学术场来说,学术语态的表达方式是一个学者被圈内人承认的重要标志之一。

正如前文在谈到两个场域的区隔中所言,学术场域通行的是知识分子话语。知识分子话语的主要特征在于语言的科学性和精准性,讲求意义与

---

① 〔法〕布尔迪厄、华康德:《实践与反思——反思社会学导论》,李猛、李康译,北京,中央编译出版社,1998 年,第 171 页。

价值。它注重研究的严谨性和推理的可靠性,看重研究的来源与出处。在学者的论文或著作中,有着很强的互文性,没有一定的相关专业背景和知识面,是难以理解的。另外,知识分子话语多是书面语,对读者的知识层次要求较高,很难做到雅俗共赏。电视场域则大大不同,电视场域追求的是最大众的通俗话语。电视最广大的传播对象,决定了它必须采用最通俗的话语方式,那就是娱乐的、大众的话语。因此,长久以来,人们并没没有意识到学术语言与电视语言有什么可相互通约的地方。然而,《百家讲坛》的出现,打破了这种区隔,使原本完全不相关的两种场域的语言有了相融的可能。凤凰卫视中文台副台长刘春曾说:“我们不愿给学术披上盛装,因此极力避免与那些总是乐于用曲高和寡来诠释学术水平的人相遇,《世纪大讲堂》的原则就是要让学术能够被人听懂。”①这点在《百家讲坛》中体现得更明显。马瑞芳在主讲《聊斋志异》前给节目组传来讲稿,节目组认为学术性太强,难以引起受众兴趣,立刻与其商谈更具吸引力的传播语态。经过双方长时间的磨合,马教授终于接受了节目组的建议,开始以悬疑为王牌,以细节为手段、以故事来贯穿的方式进行讲解。置身电视场域,传统的学术语态必然要发生转变,恰当的传播语态对电视学术类节目的传播效果影响重大,但也必须看到这又会给新兴节目蒙上了一层挥之不去的阴影。当年《读书时间》中途夭折,难逃“收视率尖刀下的牺牲品”命运,究其原因,就是没有进行适当话语转换,致使其内容脱离现实,在荧屏消逝。

　　《百家讲坛》对传播环节的定位可以概括为“三个对接”:“传统与现代的对接、学者与大众的对接、学术与传媒的对接”。这里,学者与大众、学术与传媒的对接,必然意味着学术语言向大众语言的过渡与嫁接。易中天认为《百家讲坛》对他来说是一种体验,这也是一个书面写作型知识分子的公共口头表演的适应过程。知识分子如何利用媒体有技巧地说话,并且形成一个电视知识分子群体的口头表演新传统,这实际上是对知识分子媒体化情境的表达能力的考验。② 时统宇认为:“提高电视的文化品位和人文力度的关键之一,恰恰在于应该给知识分子提供更多的在电视上‘出镜’的机会,使他们能够充分利用电视传播这一影响最大的公共空间,将学术话语变为电视话语。”③可见,无论是“学术明星”自身,还是国内部分学者,都已经意

---

　　① 　程曦:《学术电视大有可为——从〈世纪大讲堂〉看电视节目的创新》,《新闻知识》,2002年第 7 期。

　　② 　宣炳善:《“说史”还是“说书”——兼论易中天的知识分子历史观》,《学术界》,2007 年第4 期。

　　③ 　时统宇:《试论“电视知识分子”》,《现代传播》,2003 年第 2 期。

识到面对大众媒体,将学术话语变为大众话语,学者学术语态的改变在所难免,这也是两个场域碰撞后的必然结果。

　　将经典文化的学术话语转换为电视节目大众话语的语态,这就要求节目的叙述方式要结合了两者的优势。电视媒体要想较好地传播学术性的经典文化,就要从高高在上的说教姿态回归到与观众平等的对话状态。这是一种口语和书面语相互融合的表达方式。它需具有口语浅显明白的特征,但要摒弃纯口语的随意性;需具有书面语的节奏感和正规性,但又要摒弃书面语的教条性、刻板性和非灵活性,它是两者有机的融合。

　　应该说,电视在传播具有学术性的经典文化时,这种语态的转变是相互的。电视必须转变它过于通俗、直白的表达方式,学会用书面语言的文雅充实电视语言的苍白。而对于学者而言,也必须转变过于艰深晦涩的惯习学术语态,学会用平民化的语言化解深奥难懂的学术观点,学会用电视屏幕展现新鲜、活跃、先锋的学术研究成果。电视打造了一种全新的电视形式,我们姑且称之为"学术电视"。①

二、对学者个人的影响分析

(一)"快思手":提供"文化快餐"

　　"快思手"(Fast Thinkers)是布尔迪厄对在电视上那些快速思维的专家的一种喻称。"快思手"的语义重点强调了"电视知识分子"在征服时间压力方面的表象。布尔迪厄一直认为,电视是不利于思维表达的,他提出在紧急性与思维之间存在着某种负面的联系。他借用柏拉图的话说,处在紧急状态中的人是无法思维的。由此布尔迪厄认为,在电视节目中,思维与速度是成反比关系的,人是不可以在快速中思维的,由此,那些上电视的知识分子或专家,是"一些比他们的影子思维还要快速的思想者"②。"他们有能力在谁也不再思维的条件下进行思维,必须是一位特殊类型的思想者"③。按此逻辑,布尔迪厄进一步剖析:"电视只赋予一部分快思手以特权,让他们去提供文化快餐,提供事先已经消化的文化食粮,提供预先已形成的思想"④。而电视就赋予了那些它认为可以进行快速思维的学者以话语权。

　　① 罗锋:《幽雅的摆渡者:一场与收视率抗争的电视仪式——对电视学术论坛现象的学理审视》,《社会科学论坛(学术评论卷)》,2006 年第 11 期。
　　② 〔法〕皮埃尔·布尔迪厄:《关于电视》,许钧译,沈阳,辽宁教育出版社,2000 年,第 29 页。
　　③ 〔法〕皮埃尔·布尔迪厄:《关于电视》,许钧译,沈阳,辽宁教育出版社,2000 年,第 30 页。
　　④ 〔法〕皮埃尔·布尔迪厄:《关于电视》,许钧译,沈阳,辽宁教育出版社,2000 年,第 30 页。

在布尔迪厄看来,"快思手"总是与"文化快餐"相联系的。电视场域的运作特征,决定了它寻求它所青睐的"快思手"去快速炮制"文化快餐",也即,电视场域是不利于真正思想产生的,这是由电视的场域特征决定的。众所周知,电视是一种声画并茂的媒介形式,它以转瞬即逝的图像和声音作用于人的多种感官,在这种多感官的刺激下,人的眼、耳、脑不得不倾情投入到电视虚拟的声像世界中,而这种多感官的投入,特别是面对五光十色的拟像世界,人的大脑是不可能再像面对纸质书籍或报纸那样可以进行连贯的、持续性的思考的。因此,布尔迪厄认为,那些频频在电视上露脸的专家毕竟只是一些迎合电视场需求的"快思手",他们能提供给广大观众的也必定是无深度的"文化快餐"。当电视场靠近并越入学术场时,电视媒介偏爱的并不是最有学识的知识分子,而是能满足他们需要的"快思手"。只有那些能够快速反应、口若悬河的知识分子才是符合电视要求的,电视媒介更多关注的是这些电视知识分子谈话的内容是否有趣,而不是是否有用或有益。这样一来,大量之前坐冷板凳爬格子,或在实验室里默默耕耘的知识分子,以及那些冷僻学科如高能物理等领域的知识分子就因其自身表达的局限而被隔离在了电视之外,而这些人很有可能才是真正有学识的知识分子,而不是那些在电视上频频露面的人。布氏进一步指出,电视从业者将"快思手"看作是他们可以仰赖的"好顾客",因为他们是电视从业者可以邀请的人选,是好搭档,不会惹麻烦,而且还能说会道。[1]

在笔者所访谈的众多学者中,这其中既包括上过《百家讲坛》的,也包括没上过《百家讲坛》的,他们无一例外地并不把这档栏目当作学术节目,最多认为它是"学术普及"或"文化普及",有的则干脆持极端排斥态度。[2]　学术本身是严谨的、讲究科学推理和确定来源的。在马瑞芳的书《〈百家讲坛〉这张魔鬼的床》中,她说,按照学术惯例和职业道德,引用他人观点是要把出处注出来的。要求严格一点,还必须注明版次、页码。但在《百家讲坛》,至少后面这点做不到,引用过多也成问题。为什么为会这样呢,这还是要回到电视场域的运行机制上来,标明出处、说出页码,这无疑不是电视欢迎的,这样做只会打断讲述本身的故事性、趣味性,并且会放慢讲述的节奏,而这绝对是电视传播所不能允许的。这样一来,一个学者一旦进入电视场,就必然从"做学问的"变成"做电视的",从"学术人"变成"电视人",他们不再以提供深刻思想、引导公众为己任,而是在电视带来的名声和地位的诱惑下,越

---

①　〔法〕皮埃尔·布尔迪厄:《关于电视》,许钧译,沈阳,辽宁教育出版社,2000 年,第 38 页。
②　源自本人访谈。

来越沦为与电视同谋的"快思手"。

对于电视场而言,编导记者之所以乐意邀请某些知识分子或专家上电视,看重的是他们"学者"的头衔,以及其所具备的适合电视场域的某些特质,而不论他们是否熟知节目所要讨论的问题。而这些进入电视场的知识分子则极可能在电视为他们提供的巨大名声和丰厚回报的诱惑下,抛弃了自己的学术操守,放弃了自己的思想和原则,根据电视编导的安排进行各种伪学术的表演,在电视上为观众提供仓促准备的、有时甚至是错误百出的"文化快餐"。曾在《百家讲坛》连讲五集《西厢记》的李昌集教授就明确指出,于丹的《论语》"简直是在乱讲"①。学界对易中天、于丹学术硬伤的批评确实不绝于耳。借助电视获取声名的知识分子,接下来极有可能的行为就是,今天在这个电视台讲历史,明天在那个电视台讨论时事,后天又可能会飞到另外一个城市当评委。余秋雨之所以被许多人批判,认为他不该总在电视上露面,一个很重要的原因就是他凭一个学者、文人的身份,竟然担任了"青歌赛"等电视节目的评委。由此看来,媒介"快思手"的出现既是新闻场对学术场的介越,也是学术场内部的介越。

(二)"固定的思维":削平了电视知识分子的思想深度

布尔迪厄在《关于电视》中引用了福楼拜(Flaubert)的"固有的思想"的说法。它"是指所有人业已接受的一些平庸的,约定的和共同的思想,同时也指一些在你接受时实际上早已认可的思想,所以并没有一个接受的问题"②。布尔迪厄认为那些电视知识分子就是以"固有的思想"来思考的一个群体。他进而分析道:"当你提出一个'固有的思想'时,看去好像是在发问,但问题早已解决,交流只是一瞬间的,因为从某种意义上说,交流并不存在,或者说只存在表面的交流。"③布尔迪厄认为电视上的这种按照"固有的思想"来进行的所谓"交流",只不过是一些"老生常谈",它为所有的人接受,"并在瞬间接受:正因为平庸普通,所以它们为发话者和接受者所共有"④。这样交流就失去了意义,对话只是表面文章,因为在交流之前大家已经接受了同一思想。但同时,布尔迪厄明确地指出"思想就其定义而言,是颠覆性的:它必须以解除'固有的思想'为前提,然后应该加以论证……

---

① 源自本人访谈。
② 〔法〕皮埃尔·布尔迪厄:《关于电视》,许钧译,沈阳,辽宁教育出版社,2000 年,第 29 页。
③ 〔法〕皮埃尔·布尔迪厄:《关于电视》,许钧译,沈阳,辽宁教育出版社,2000 年,第 29 页。
④ 〔法〕皮埃尔·布尔迪厄:《关于电视》,许钧译,沈阳,辽宁教育出版社,2000 年,第 30 页。

这种具有思想的思维的确展开本质上是与时间紧密相连的"①。也就是说，真正的思想是与"固有的思想"不相融的。由于电视场域的独特倾向，能够在电视上传播的只能是"固有的思想"，而不可能是真正的思想。"固有的思想"是场域快速思维的一种结果形态。而这种思维方式正是电视快餐式运作的需要。在电视场域中的知识分子，是无法展示其学术场域的惯习的，学术场一贯崇尚的思想交流却被电视场域所排斥，知识分子思辨的思维方式和深刻的思想深度无从展示。

一直以来，怎样才算知识分子一直是个未有统一定义的问题。然而，学界公认的是，知识分子首先是为思想而生存的人，独立性、思辨性、批判性是他们的生命体征。如果以此来看电视场域中的知识分子，我们不深感担忧，因为电视场域与学术场域的某些先天相悖性，使得知识分子引以为豪的思想深度向平面化方向扩展。以《百家讲坛》为例分析，有些学者乐观地认为，这种节目使"电视发生了构成性的改变……顺利地完成了自己由浅俗向深刻的转变"②，这无疑是一厢情愿的想法。电视的场域特征就已经决定了它与"深刻"的绝缘。《百家讲坛》也不过是把其娱乐的触角伸入到了古典文化中而已，它本质上仍是一种无需质疑的大众文化。为了达到较高的电视率，它将选题主要集中于人文社科领域，并进一步锁定于历史故事，这使我们很容易与荧屏热闹的清宫戏、唐宫戏联系起来。不禁会产生这样的疑问：这究竟是在传播知识、交流思想呢，还是在为电视剧的繁荣推波助澜？如果说电视学术节目的选题过于狭窄，不利于电视学术空间的进一步拓展的话，那么电视场域的媒介属性对文化思想的传播则是有致命影响的。在电视场域中，知识的生产、传播被强制性地纳入电子媒介节目生产和传播最大化的漩涡之中。面对这种转向，学者们首先思考的不是向受众传播什么样的内容，引领什么样的思想，而是如何使自己的表达适应电子媒介传播的特点，由此，电视迅速地削平了电视场域中知识分子的思想深度。在这种场域中，知识分子所专精的抽象思考、逻辑推理和激昂的思想，怎么也不如煽情的表演、激动的情绪更能感染人，更能为电视换来收视率。这样说来，在电视场域中，学者的每一次的学术阐发，实际上都不过是一次思想整形的过程。这种整形的结果使原本鲜活丰富、富有灵气和内涵的"思想零件"蜕变成"标准配件"。电视的这种强大生产逻辑和作为栏目化生存所必需的批量生产模式，严格抽离了思维所要求的严谨、缜密和丰富，剩下的唯有只言片语和

① 〔法〕皮埃尔·布尔迪厄：《关于电视》，许钧译，沈阳，辽宁教育出版社，2000年，第30页。
② 郭五林：《教授走进电视直播间的学理思考》，《当代传播》，2003年第6期。

动情表演,从而使得文化传播在抽象理性的表达上失去魅力。

　　(三)学者自主性丧失:成为"媒介常客"和"学术木偶"

　　布尔迪厄提出了"媒介常客"的概念。在他看来,"媒介常客"就是大众传媒经常找来在电视节目中露脸的那些人,是对于"电视知识分子"的一种显而易见的贬称。他说:"电视部门掌握着一本通讯录,其名单永远不变,电视节目若涉及俄罗斯,找 X 先生或太太,涉及德国,就找 Y 先生。有了这么一批负有责任的讲话者,也就免得去找真正有话可说的人了……倒不如手下有一批媒介常客,随时可以为媒介效劳,时刻准备制造文章或提供访谈"①。这些"媒介常客"随时听候媒介的召唤,随时准备提供媒介需要的信息,时刻准备着与媒体的合作,"媒介常客"实际上只是电视台的一种功能性资源,是作为电视台的工具性符号而存在的,因此"职业人士称他们为'好顾客'"②。

　　在电视场域中,学者要想成为"电视明星",就必须要受制于媒体的思维逻辑,要按照电视制作者的要求进行各种改变,他们本身被纳入到了节目生产和最大化传播的程序之中,成为受电视规则约束的"他律的生产者"。而这种代表着外部力量的"他律的生产者"的引入,实际上就是电视场域对学术场域"独立自治"的一种破坏。在布尔迪厄看来,新闻系统破坏了一切:不仅控制着普通公民,还控制着学者、作家、艺术家等文艺生产者,因为媒体掌握着大众进入公共空间的通道。在电视这个领域,"那些社会活动分子看似举足轻重,自由独立,有时甚至闪烁着非凡的光环,但实际上只是必然性和结构所操纵的木偶而已"③,他们与电视之间更多的是利益共谋的关系。

　　在笔者所做的访谈中,几乎所有上过电视讲坛类节目的被访者都表示,自己的自主性受到不同程度的限制,而三位媒体工作人员更是认为对学者进行一定程度的提醒和调整是必需的。④ 雅各 · 勒戈夫(Jacques Le Goff)《中世纪的知识分子》(*Les Intellectuels au Moyen Age*)一书中认为,知识分子的基本特征是在理性背后有对正义的激情,在科学背后有对真理的渴求,在批判背后有对更美好事物的憧憬。如果说思想独立、批判精神、个人主体意识的张扬等是传统知识分子的特征,那么,放弃思想、谢绝批判、淡化直至抹

---

　　① 〔法〕皮埃尔·布尔迪厄:《关于电视》,许钧译,沈阳,辽宁教育出版社,2000 年,第 30 页。
　　② 〔法〕皮埃尔·布尔迪厄:《关于电视》,许钧译,沈阳,辽宁教育出版社,2000 年,第 38 页。
　　③ 〔法〕皮埃尔·布尔迪厄:《关于电视》,许钧译,沈阳,辽宁教育出版社,2000 年,第 41 ~ 42 页。
　　④ 源自本人访谈。

去自我意识则是成为电视知识分子的先决条件。

电视场与学术场原本是有着完全不同的"性情倾向系统",其内部惯习也有很大不同,但当两个场必须产生交融时,学者的自主性就必须要被剥夺。知识分子在电视屏幕上很多时候是被操纵和利用的木偶,媒体工作者让你说什么你就得说什么,你若是说了我不爱听的,我就把你删掉不用。这种操纵的压力来自媒介运行所不可避免的意识形态和自身规则。《百家讲坛》的制片人万卫曾说:"让他们(主讲人)列提纲,第一讲要完全按照我们的要求写出来。一般来说,整体结构跟我们想象的完全不一样,都做得比较学术,内容也基本上是论文的方式。然后我们告诉他们哪些是不符合我们要求的,按照我们的要求去改,这时候冲突就出来了。"[1]对此,易中天的话可谓一语中的:你要想在《百家讲坛》讲好,第一个条件就是你甘愿被修理;第二是你能够被修理。也就是说,学者想在电视场域生存下去的前提就是必须放弃自己的自主性和学术原则。如果学者坚持自主性与学术原则,那就只能与电视媒体保持距离。萨义德在他的《知识分子论》中特别表明自己对媒体的态度,虽然他自己一向乐于到大学演讲,但却会拒绝其他方式的邀请:"过去两年来,几度有媒体邀请我担任有职位的顾问,我都拒绝了,原因很简单,因为这意味着受限于一家电视台或是杂志,也受限于那个渠道通行的政治语言和观念架构。"[2]因此,有强烈自主意识的学者往往会自觉警惕媒体对自身的影响和限制。

第二节 大众传媒时代电视场域
介越学术场域的实质探析

一、学术文化与时尚传媒的联姻

(一)靠近还是逃避:学术文化对接时尚传媒的可能性

美国著名的传播学家托尼·施瓦茨(Tony Schwartz)把电视比喻为"第二个上帝"。他说,无所不在的电视电波犹如上帝一样,使人们的政治观念、伦理道德观念乃至社会的价值观念发生了一系列的变化,从而使人与人之

---

① 王小峰:《打造学术演讲明星》,《三联生活周刊》,2007年第11期。
② 〔美〕萨义德:《知识分子论》,单德兴译,北京,生活·读书·新知三联书店,2002年,第75页。

间,人与社会之间的关系也发生了微妙的变化。电视的诞生包容了几乎所有话语形式,并迅速成为我们了解文化的最主要方式。① 确实,在20世纪后半期,电视对整个社会、对个人的渗透性影响有目共睹。人们因为有了电视的介入而产生了种种新的生活方式和交往方式,总之,电视重塑了我们的生存样态。正因为如此,布尔迪厄始终以警惕的眼光审视电视的社会作用,他十分担心电视会对知识分子产生负面的影响,形成诸如"快思手""媒介常客"之类的媒介掮客。然而,生活在当今的媒介社会,学术场作为社会众场域中之一,同样难以避免电视场域的影响,布尔迪厄的担心正是因为他看到了这种影响的不可避免性。那么学术场对接电视传媒,是否可行呢?

作为学术场域组成部分的传统文化研究,有着深厚的文化内涵,在人们心目中有着不可匹及的崇高地位。这些作为人类文明优秀成果的传统文化,不应作为尘封故纸而束之高阁,或只为少数专家学者享用。应当通过适当的形式将之置于现代文明的视野中,在更广泛的领域内传播、普及、弘扬和继承,使之更富生命力并为现代大众所接受。而这种传播、普及的最广泛途径,莫过于电视媒体了。电视媒介真正意义上染指学术文化,开创学术节目之先河始于1999年7月11日湖南经视的《走向21世纪的中国文化》,它其实是余秋雨的个人演讲。这个节目样式后来演变为湖南卫视《新青年》的子栏目《新青年千年论坛》,到了2002年4月最终定名为《千年论坛》。这个节目又在一定程度上孕育、催生了分别诞生于2001年1月、7月的《世纪大讲堂》和《百家讲坛》。这类节目使知识分子与大众之间产生了一种新型关系,在很大程度上改变了学术对于普通大众来说处在深闺无人知的尴尬处境。

20世纪80年代以前,如果学者想走出校园与媒体对接,主要是指在某种程度上介入报刊及出版事业。然而最近30年,随着电视霸主地位的迅速确立,对于学者的主要诱惑,已经转而成为是否"触电"了。陈丹青对学者"触电"是持强烈支持态度的,他认为:"孔子要是活到今天,绝对霸占电视台;胡适、鲁迅、陈独秀活到今天,坦然上电视""转型中的知识分子不去塑造媒体,必定被媒体所塑造",他进而举出西方很多学者上电视的经历,如大诗人庞德(Ezra Pound)、大哲学家萨特和西蒙娜·德·波伏娃(Simone de Beauvoir)、大学者约翰·伯格(John Berger)、大哲学家及思想史家以赛亚·伯林(Isaiah Berlin)等,他说"中国学者早该利用媒体传播各种知识和思想,这样的节目不是太多,而是太少了。美国很多一流学者教授都在电视上长

---

① 陈龙:《在媒介与大众之间:电视文化论》,上海,学林出版社,2001年,第70页。

篇大论。中国的同行们在这方面起步比西方晚了近50年,总算现在有人去做了",最后他得出结论:"如果上电视本身就是问题,说明我们的'知识分子'缺乏媒体时代的常识。"①

虽然知识分子上电视在我国引起关注还是最近十几年的现象,并且对这一现象的看法也因各群体所处立场不同而褒贬不一,但我们还是应该客观地看到,像《百家讲坛》这类栏目确实在学者和百姓之间架起一座桥梁,使大众能近距离领会经典文化的魅力,而于丹、易中天、王立群这些本是象牙塔里的大学教授的知识分子与电视的结合是知识分子越场进入大众媒体传播学术并取得良好效果的有力佐证。这些文化明星的崛起,既是中国大众文化中心化的结果,也是学术文化与现代时尚媒介结合并充分市场化后的产物,它显示了消费主义文化在后现代社会不可抵挡的威力。

在笔者的访谈中,被访的业界人士都表示十分愿意与学界通力合作,当他们邀请某些知识分子参与制作电视节目的时候,很少有被拒绝的情况②,被访的学者中大多也对知识分子走上电视持宽容乐观的态度,这种双方的相互需要,必然会产生两个场域的部分融合。对此,易中天就公开表示:"学者在电视上开文化史讲座大受欢迎,说明广大群众对了解历史文化知识有着强烈的需求。我认为我的工作是在努力实现三个对接:传统与现代的对接、学者与大众的对接、学术与传媒的对接。"③郭五林也乐观地认为:"教授走进直播间,是社会要求的必然,是电视自身发展的必然……电视在成功地向高级知识分子借脑后,顺利地完成了自己由浅俗向深刻的转变,而教授也借机取得更广泛的社会认同。"④余秋雨在陕西电视台《开坛·序》中说:"电视和学理的进一步磨合,流行和高雅的进一步相融,传播和思考的进一步结盟。"⑤

由此看来,不管人们如何看待"学术明星"现象,由于大众媒体在当代文化建构中的主导性地位,一部分知识分子已经从知识生产、话语阐释、传播样态等方面做了适应电视场域的适当调整。大众文化时代学术与媒体的联手是一种新兴的文化现象,也是一种时代趋势,它将学术、知识与电视结合在一起,学术研究成果通过电视这种媒介传播进行知识普及,从而形成了一

①　陈丹青:《也谈学者上电视》,http://www.douban.com/group/topic/5689567/。

②　源自本人访谈。

③　蒋升阳、陈杰:《三问易中天——给大众怎样的学术》,《人民日报》,2006年6月26日(第11版)。

④　郭五林:《教授走进电视直播间的学理思考》,《当代传播》,2003年第6期。

⑤　余秋雨:《开坛》,北京,中国青年出版社,2002年,第4页。

种新的叙述方式。对于这两者相互吸引、相互作用的关系,国务院发展研究中心东方所副所长杨维富博士在接受记者采访时是这样评价的:"以前,学术思想的传播主要是借助于学术杂志和报纸等纸质媒体,受众比较固定,社会影响力也相对有限。而现在,电视主动邀请学者,学者积极走上电视讲坛,使学术有了更强势的传播平台。强势媒体对于大众来说,是获取思想信息的主渠道,他们对学术的主动介入,使学者成为'明星'具备了现实的可能。"①

其实,我们完全可以乐观地看待这一现象。在布尔迪厄看来,学术场域内由于各行动者掌握的文化资本的不同,会存在严格的等级分歧,真正从事学术普及工作的大多是知识场内的边缘人,也即文化资本并不多,学术地位并不高的人。他认为,处于场域中心的学者永远不可能也不应当成为学术普及的主力军。因此,如果随着学术场域的进一步发展与完善,能够适当地解决了学术普及与学术研究的界限问题,相信关于学术文化该不该走上电视就不会再成为问题了。

(二) 学术+电视:学术普及的媒介范式

在图像时代,媒介文化的视觉转向成为必然,影像传播成为最强势的传播语言。通过电视来传播学术是电视传媒自身功能进一步提升的结果,同时也是学术和学者走出象牙塔服务大众的一种选择。

虽然不乏学者批判《百家讲坛》娱乐化的大众路线,但我们不能否认,与其他娱乐性的大众文化相比,学术、文化仍是它品牌的基本内核,它的学术文化含量是有目共睹的。这么说来,大众传媒是否可以成为传播学术、文化的一种新形式呢? 也就是说,"学术+电视"的传播形式是不是可以成为学术传播或普及的媒介范式呢? 从理论上讲应该是可以的,因为无论是学术场的部分知识分子,还是电视场的媒体工作者都有这种合作的需要,只是就目前而言,这种合作尚面临一些问题。电视声画并茂、转瞬即逝的特点,必然会使流经它的学术的含量打了折扣,部分学术精华被过滤或稀释。思维与时间存在的这种反向关系使人们不能奢望电视能提供多么深刻和富含思想的内容,电视的娱乐工具属性,注定了《百家讲坛》并不是真正意义上的学术课堂。

事实上,《百家讲坛》也从未把自己当作学术性节目,制片人万卫把栏目

---

① 曹建文:《"学术明星",化学术之"祸"为学术之"幸"》,《光明日报》,2006 年 9 月 13 日(第5 版)。

的热心观众分为三类：即 40 岁左右爱学习的女性、众多的老年知识分子和一些文化不太高甚至相当低的人。为了收视率，他希望把主要目标锁定在后两类人群。① 这些人群基本出发点是对比较系统的知识的渴求。而实际上，《百家讲坛》把自己栏目受众只定位在初中以上，这种目标受众年龄层次的定位，决定了它不可能传播真正的学术。在笔者所进行的九位学界和业界的专家访谈中，没有一个人认为《百家讲坛》是一档学术性的栏目。但是所有被访的学者都不否认《百家讲坛》是一种学术普及类节目，或文化传播型节目，其中以中国学术史为研究方向的詹骁勇更是鲜明地指出："学术普及也是学术，不要否认普及学术的价值。高端的内容也需要普及，电视普及讲求的是形象生动，所以要培养明星。"②

"学术"一词的现代解释应为"观点、主张、学说"③，指系统的、专门的学问，是人类文明的结晶，它的研究成果应该属于全社会。易中天就曾表示"学术是公器，不是少数人的专利"④。这样说来，学术传播就变得非常重要。学术与电视媒介结合之后所形成的新的传播形式，就是一种学术传播的媒介范式。《百家讲坛》节目内容涉及人文科学、自然科学、社会科学，以人文、社会科学为主。选题范围包括大学公选课、选修课、名校有影响的专题讲座、主题演讲、社会各界学者的演讲等，强调雅俗共赏。传播的内容不管是历史，还是文学、政治等，都属于"学术"的范畴。这些"学术"内容，经过电视的介入后，就形成了新的传播生态，产生了一种全新的"媒介范式"。这一"媒介范式"的基本特征就是：满足电视受众通俗化的需求，将学术浅显化、故事化。《世纪大讲堂》的策划刘春就曾说过："我们不愿给学术披上盛装，因此极力避免与那些总是乐于用曲高和寡来诠释学术水平的人遭遇，《世纪大讲堂》的原则就是要让学术能被人听懂。"⑤

虽然通俗易懂是讲坛类节目的基本标准，但对于登上《百家讲坛》的很多主讲人来说，却都是以一名学者的标准来要求自己去进行这种学术普及工作的。王立群被评为是"最学术"的"学术明星"，他始终坚持"没有文献

---

① 万卫：《〈百家讲坛〉的酿酒师》，http://www.cctv.com/program/bjjt/23/20060428/102580.shtml。

② 源自本人访谈。

③ 罗竹风：《汉语大词典（第四卷）》，汉语大词典编辑委员会汉语大词典编纂处，1989 年，第 247~248 页。

④ 蒋升阳、陈杰：《三问易中天——给大众怎样的学术》，《人民日报》，2006 年 6 月 26 日（第 11 版）。

⑤ 转引自张迪：《〈百家讲坛〉与〈世纪大讲堂〉比较研究》，《现代视听》，2009 年第 6 期。

依据的话不讲"的学术原则,决不走戏说之路。① 易中天在接受采访时说:"没有哪个节目是游刃有余的,只能是呕心沥血……一集大概需要五天的准备时间。案头工作包括看书、思考、结构、写成文字。我每一集是把全文写出来的。"②这些学者在以严谨的态度适应着电视的传播语态,努力尝试着一种新的学术普及方式。这种方式其实就是学术的平民化之路。沿着这条道路学术从精英文化的神坛走向草根民间,起到了普及文化、教育大众的功能。《百家讲坛》制片人万卫说:"我们对来上节目讲的老师有一个要求,就是不管你用什么方式方法,只要最终结论到正史或学术公认的观点上来,就可以了。"③这一点无疑保证了节目最基本的学术含量。

由此我们可以下这样的结论:《百家讲坛》绝不是一档纯学术节目,它只是在以电视的方式普及学术常识。这恰如易中天给《百家讲坛》的定位,它是一档"有一定学术含量"的"教育文化类"电视节目,它的任务是向广大人民群众(包括非本专业的高级知识分子)传播知识、传播思想、传播文化。④ 就是说,它是处于学术与非学术的"中间地带"。"学术"应该包括原本就有两种类型,或者说是两种任务,这就是研究与传播。如果这里的"传播"仅指严格意义上学术话语式成果的传播的话,如今,由于电视场对学术场的介入,又多了一种学术普及的话语范式,它面向的是对学术有渴望的大众,讲求以通俗的方式让学术走入寻常百姓家。这是电视媒体在当今社会的强势话语地位所致,也是学术场面对电视场的一种适当调整,在电视的强大影响力面前,社会其他场域很难完全逃避它的辐射,毕竟,"视觉文化标志着一种文化形态的转变和形成,而且意味着人类思维范式的转换"⑤。

电视的特征及其对收视率的追逐决定了"电视不可能传播真正的学术,真正的学术也不可能做到让人人都明白"⑥。然而,与其他电视节目相比,它确实是一档有一定学术含量的节目,"有着比较浓重的学术气息"⑦。这些介入电视的学者在以一种杂糅的方式进行着学术普及的探索性工作,是

———————————

① 张富春:《王立群读〈史记〉:传统文化的现代传播》,《新闻爱好者(理论版)》,2008 年第 6 期。

② 张帆:《易中天:我是流寇主义》,《传奇文学选刊》,2006 年第 7 期。

③ 转引自方鸣主编:《给易中天补牙》,重庆,重庆出版社,2006 年,第 17 页。

④ 参见易中天博客:《我看〈百家讲坛〉(二)》,http://yizhongtian.qzone.qq.com,2007 年 8 月 13 日。

⑤ 周宪:《读图、身体、意识形态》,《文化研究(第三辑)》,天津,天津社会科学出版社,2002 年,第 72 页。

⑥ 源自本人访谈。

⑦ 源自本人访谈。

他们的努力,使学术有机会走向荧屏,而不再囿于原有的象牙之塔,表现出一种强烈的世俗关怀。

(三)电视制造学术奇观:学者的偶像化

由于学者与电视的对接,这些登上屏幕的知识分子再也不是过去那种只会埋头做学问的古板形象了,他们以其自身的翩翩风度、优雅气质、话语方式、个性形象及人格魅力等综合指数吸引了无数观众,他们成为名副其实的大众偶像了。他们就如同其他影视明星一样,有了自己的众多粉丝,其声势之巨大、场面之热闹,用道格拉斯·凯尔纳(Douglas Kellnel)所说的"媒体奇观"来形容一点不为过。

学者偶像化是大众传媒制造偶像与明星神话的又一次重演,就如传媒制造"超女""芙蓉姐姐"一样的媒体神话。媒体之所以可以如此打造自己的主讲人,一个重要原因即是大众对于丹等人的态度已经完全不同于早期对成功人士的膜拜,更多具有了"追星"的意味。法兰克福学者洛文塔尔(Leo Lowenthal)在《大众偶像的胜利》中通过20世纪初公众崇拜对象的从成功企业家到文体明星的转变指出:从"生产偶像"到"消费偶像"的背后是消费已经取代生产成为人们日常生活兴趣的中心的事实。[1] 媒介遵循大众的意志,以娱乐为使命,将专业领域内的知识分子塑造成了学术明星、文化偶像。法兰克福学派就曾批判大众文化塑造出的那些明星,认为他们是文化工业的特定产物,并且寄生于大众媒介之中,带着极大的偶然性和刻意的计划性,又处在不断的文化消费与生产的循环中。因为关系生产与消费,被带入大众传媒的知识分子便不可能再完全遵循原先的轨迹,在身份上他们只能与原来的专业人士剥离,专业仅仅成为他们在电视上"出场"的资本,而非安身立命之处,他们在电视娱乐的深海中上显影留声,这种直观化的面对面交流,很容易使观众对讲述者个人产生崇拜心理,易中天的幽默风趣、于丹的妙语连珠、王立群的儒雅沉稳都使他们在短时间内迅速成为大众争相追捧的对象,于是,他们不再是清高孤傲的读书人,而成为万众瞩目的偶像与明星,成为我们这个"造星"时代无数"星星"中的一群。

学者偶像化的生成,离不开对学者借助现代传媒走向明星化的现实语境。在学者进入电视场后,首先要考虑大众口味,从内容到形式都要摆脱"经院学术"的套路,变高深为通俗,变严肃为趣味,变曲高和寡为喜闻乐见。它改变了我们对学者与学术的传统看法,这些"学术明星"们以其自身的专

---

① 黄芹:《洛文塔尔的消费偶像观》,《国外社会科学》,1998年第1期。

业修养和知识,在学府、市场、媒体之间游走,市场的服务性和利益的优先性原则使得学术一改往日束之高阁的冷遇,走上大众化、平民化之路。在消费社会的大语境下,在电视的场域中,什么都是可以拿来消费的,包括学者与学术。

道格拉斯·凯尔纳曾这样来描述媒体的魅力:"媒体文化会继续成为新千年社会变革的主要记忆之一,其影响力比以往任何时候都大得多。媒体文化为性别文化、社会认可的行为、生活方式和时尚提供范式,它也制造出一个又一个时代的偶像。这些媒体的神祗集金钱、美貌、名誉和成功于一身,是大千世界中芸芸众生理想和目标的化身。"①在中国的新千年伊始,学者成为又一偶像群体类型,他们集金钱与声望于一体,呈现了完全不同于传统知识分子的别样风貌。

同时我们也必须看到,这些学术偶像或学术明星们,是学术场与电视场对接后的新生物,他们往往是在学术场外获得巨大社会知名度,由于电视场必定要按其运作规律对学者进行筛选与"修理",这些能最终经过媒体考验的学者也只是顺利利用了媒体的放大效应而成为被媒体制造出来的明星,而并非是他们研究领域内真正的专家或学者。这有可能会给大众造成一定程度的误读,并导致学术的异化,使一些学者由于急功近利而成为被媒体操纵的木偶,从而形成一种新的媒体腐败和学术腐败。

二、电视的商业逻辑与学术的文化逻辑的博弈

(一)电视媒介的娱乐本质

麦克卢汉(Marshall Mcluhan)提出:"媒介即信息。"每一种新媒介的诞生都会给社会带来巨大变革,引起生活方式、交往方式的颠覆性变化。就20世纪而言,电视的出现无疑是一个重要事件,在人类传播史上具有里程碑式的意义。它的优势是显而易见的:集视听手段于一体,通过图像、声音、字幕等手段全方位传递信息,调动人们的多种感官参与其中,给受众以强烈的现场感、目击感和冲击力。由于播出内容的转瞬即逝,它更适合传播简单的、娱乐性的、较浅显的信息,因此它是绝大多数收入偏低、缺乏文化修养的中底层受众的最爱。电视媒介不是意见媒介(报纸),也不是信息媒介(广播),它更倾向于对大众的宣传和娱乐功能。现在越来越多的学者抛弃了"技术是中性的"之类的一般性认识,人们逐渐认识到很多技术本身特性决

---

① 〔美〕道格拉斯·凯尔纳:《媒体奇观》,史安斌译,北京,清华大学出版社,2003年,第8页。

定了它在内容提供上必定带有某种倾向性,而电视技术的这种倾向性让我们普遍感受到电视无所不在的娱乐本质。在各种不同的媒体形式中,电视以其技术特性当之无愧成为真正的大众媒体,大众文化时代的真正到来也是跟电视媒介的产生及发展不可分离的。它所提供的信息不能是晦涩的、深奥的,而只能是通俗的、大众的。人们希望从电视上看到的是轻松愉快的节目,电视这一娱乐大众的本质是由电视的技术特性所决定的与生俱来的功能,因而它也必将渗透到了电视的各个节目之中。不论是纯娱乐节目还是贴有教育、文化标签的节目,甚至是新闻节目都要以更娱乐、更轻松的姿态出现才能吸引受众,也才能达到传播的目的。从这个意义上来说,电视是最具"亲民"特性的,这里的"民"即是大众。电视几乎包容了所有的话语形式,成为我们了解文化的最主要途径,电视的声像话语形式最易于展示的就是娱乐,它能迅速调动情绪、活跃氛围。电视文化已将我们带入一个追求感官刺激的"动感时代"。

波兹曼(Neil Postman)在《娱乐至死》(*Amusing Ourselves to Death*)中认为电视的用途有三:分别是照亮书本的光源、电子布告牌和书架。① 波兹曼之所以给出这样令人啼笑皆非的答案,就是想"嘲笑那些妄想利用电视机来提高文化修养的人"②。在他看来,电视只是一种提供娱乐的工具,"娱乐是电视上所有话语的超意识形态。不管是什么内容,也不管采取什么视角,电视上的一切都是为了给我们提供娱乐"③。他认为任何试图赋予电视以提高文化思想内涵等崇高使命的想法都只能是痴心妄想。波兹曼这个看起来过于绝对的判断源于他对媒体性质的一种认识。他认为,任何技术都是带有倾向性的,而现在正处于一个由印刷机到电视媒介过渡的时代。印刷机倾向于文字,电视则依靠千变万化的图像,而图像的特性则又必然是跟娱乐紧密相连的。如果我们按照麦克卢汉"媒介即信息"的观点,媒介本身对所传播的内容有重要影响,那么电视机前的观众就不需要思考,也难以思考,他们需要的只是主持人的解说、迅速流动的画面。电视与思想是没有亲缘性的,高雅文化内在的深刻性也是被排斥的。

(二)商业逻辑与学术逻辑的博弈

电视的娱乐本质决定了在其场域中通行的必然是商业逻辑,这正如布

---

① 〔美〕尼尔·波兹曼:《娱乐至死》,章艳译,桂林,广西师范大学出版社,2004年,第109页。
② 〔美〕尼尔·波兹曼:《娱乐至死》,章艳译,桂林,广西师范大学出版社,2004年,第110页。
③ 〔美〕尼尔·波兹曼:《娱乐至死》,章艳译,桂林,广西师范大学出版社,2004年,第114页。

尔迪厄所认为的那样,到了20世纪90年代,电视越来越明显地受到商业逻辑的侵蚀,而商业逻辑对电视的作用是通过收视率来实现的。而高收视率必然带来电视向媚俗倾向转变。商业逻辑制约的收视率的一个严重影响就是"内爆",即传媒化的经济力量渗透到纯粹的科学领域和艺术领域,造成传媒与学人"合作"来危及科学和艺术的自律性。在电视无所不及的新的历史条件下,科学知识和艺术创作也受到了商业逻辑的严重侵扰和蚕食。① 在这种蚕食的过程中,电视场域的商业逻辑与学术场域的学术逻辑必定会展开激烈的博弈。

高端讲坛走进普罗大众,本是件惠及百姓的好事。但是,过度的市场化运作,却只能让美好愿景成为泡沫,因为市场化的背后是不可避免的商品化和娱乐性本质。带有强调商业气息的电视场域在与以严谨、超功利为要求的学术场域的博弈中,注定会火花四溅。无论是10博士事件,还是阎崇年遭掌掴、于丹被挑衅事件,都说明这种博弈的惨烈程度。在掴人事件发生后,有网站曾就"阎崇年被打事件的主要起因"做过民意调查,结果显示,排在第一位的正是"学术明星过度市场化、荧屏化,引起人们的不满"②。

其实,这两种场域的博弈情况,我们回顾一下《百家讲坛》的成长经历就会看得十分明白。2001年7月,《百家讲坛》正式开坛,这时制片人是李炜,这时《百家讲坛》走的是"文化品位,科学品质,教育品格"的路线,立志做是一部电视版的"百科全书"。它将观众群基本定位在受教育程度较高、欣赏品位不俗的知识阶层,主讲人选也瞄准了全国最好的学者、教授。从前面《百家讲坛》前两周的节目表不难看出它最初的高端路线。

然而,2003年,中央电视台推出以收视率作为考量标准的"栏目警示及末位淘汰"机制。根据规定,一年内连续两次或累计三次被警示的栏目,或收视率最低的节目就会被淘汰。尽管当时《百家讲坛》已经拥有了相对固定的收视群体,却仍面临严峻的考验。总策划解如光回忆:"那时的收视率只有0.20,最低时为0,被出示了黄牌。"③于是,《百家讲坛》开始了艰难的转变,首先是栏目要放下"学术"架子,将具有中学文化水平的群体作为主要收视人群。此外,加强画面资料的运用,甚至强行规定过"三分钟专题片导入"制度。据《百家讲坛》第二任制片人聂丛丛的记忆,2003年真是难过的一年。《百家讲坛》《读书时间》《美术星空》等节目忙于改版转型,力求提高收

① 〔法〕皮埃尔·布尔迪厄:《关于电视》,许钧译,沈阳,辽宁教育出版社,2000年,第13～14页。
② 林寅:《〈百家讲坛〉进入倒计时》,《新闻天地》,2009年第1期。
③ 葛维樱:《〈百家讲坛〉现象观察》,《瞭望》,2007年第6期。

视率。为此,《百家讲坛》几度停播,四处学习,在节目普及性和可视性上下功夫。在这一指导思想下,《百家讲坛》在 2004 年里推出了《品读〈水浒传〉》《2004 女人说话》《天文系列》《清十二帝疑案》等多个演讲专题。等到阎崇年讲完《清十二帝疑案答疑》时,《百家讲坛》创下了当时科教频道的最高收视率 0.57。

第三任制片人万卫上任后的第一件事就是研究阎崇年现象。他得出的结论是:《百家讲坛》找到的老师第一要会讲,第二才是学术功底。为了让节目更精彩,他要求每个名家在录制节目前,必须进行试讲。通常情况下,只有初中文化水平的打字员是第一道评审。"如果他觉得打字很累了,这说明这个老师讲的效果不大好。如果他听得很带劲,打字不觉得累,那证明老师讲的效果好"。这样做的结果是,《百家讲坛》把一个学者变成了说书人、讲故事的高手。①

经过一波三折的寻觅、调整,《百家讲坛》最终找到了它的市场定位,受众是初中以上水平的大众,内容以历史人文为主,讲述风格为故事性、悬念性、通俗性,主讲人则聚焦于那些口才第一兼顾学术的学者。于是,《百家讲坛》完成了它从"学术电视"到"电视娱乐"的"华丽变身",在这场电视场域的商业逻辑与学术场域的学术逻辑的博弈中,电视场域的商业逻辑明显胜出。

（三）博弈的结果：学术产品的消费性及学术生产的商品化

电视场域的巨大影响力是建立在消费社会的宏观背景下的。消费社会,"简单地说,是一个以生活必需品以外的消费为主的社会。在消费社会,不再是过去的需要造成商品,而是商品造成需要,消费本身也不再是有限的,而成为无限的。人们的消费行为从一种经济行为转化为一种文化行为,而且,不是以商品本身为消费对象而是以形象化的商品为消费对象,甚至是以过剩的消费,即为消费而消费作为消费对象"②。也就是说,消费品不仅指物质商品,还包括精神产品。在消费社会中,几乎任何东西都是可以拿来消费的,当然也包括我们过去视为神圣的学术,学术与电视传媒结合成为某个阶层的身份、趣味的符号象征。

在消费社会中,任何商品被生产出来的目的只有一个,那就是被消费。也只有被消费了,这些东西才真正实现了自己的价值。这种逻辑同样适用

---

① 张英、梁轶雯:《〈百家讲坛〉:当年险被末位淘汰》,人民网,2006 年 12 月 8 日。
② 潘知常、林玮:《大众传媒与大众文化》,上海,上海人民出版社,2002 年,第 175 页。

于《百家讲坛》所制造出来的各类"学术明星"。这些学术明星与电视场域"合谋"后共同生产出的"学术成品",实质上只是一种大众文化产品,消费性是它的本质属性。在这样的生产流程中,学术被生产成商品,经过精美包装被推销给观众。在电视场域中,在消费环境下,学术不再是被创造出来的,而是被集约化生产出来的。在一系列电视传播行销手段后,作为电视学术产品的附属物——与电视讲座配套的书籍和光盘也便应运而出,附属物的流行更多体现的是其商业价值,也即是用货币来衡量的交换价值。在这种规模化、批量化的生产中,学术的真正内核被掏空,电视场域对学术的这种无核复制,使学术只剩下一副赤裸裸的商品外壳。纪连海在上海纪实频道《文化中国》节目中谈到大禹治水时,发表新解:大禹"三过家门而不入",另有隐情,因为"大禹生命中还有另外一个女人"①。此高见只能让人扼腕惊叹。而对于颇受争议的于丹的《论语》,肖鹰指出,于丹讲《论语》的一个基本手法是"为我所用"地"肢解"《论语》和"改造"孔子。为了迎合时尚情绪,于丹甚至不顾《论语》的"任以为己任,死而后已"的基本精神,一口咬定:"《论语》的真谛,就是告诉大家,怎么样才能过上我们心灵需要的那种快乐的生活。"她对媒体宣称,她演讲的基本策略就是要将孔子改装成讨观众青睐的"一个经常陪着学生玩"的"可爱的老头"。② 为什么纪连海会公开发表如此高论、于丹会如此"肢解"《论语》,原因只有一个,在电视的场域中,在消费的语境下,这种高见与肢解更具有普遍消费的气息,他们提供的学术产品更容易被销售出去。它们都只不过是被传媒打造出的可供大众消费的文化符号,都以对传统话语的颠覆方式来满足大众对经典的消费欲望。仔细看《百家讲坛》的历届学术明星,都逃不过开讲——出名——出书——畅销的规律。如果这个过程中再能伴随批评和争议,效果会更好。《百家讲坛》实行的完全是工业化生产线的方式,它用统一的模式制造出一个个大同小异的学者,然后把他们一股脑兜售给大众,最后再和这些学者共享效益。

央视品牌顾问李光斗曾写道,"从传播学上来讲:你是什么并不重要,消费者认为你是什么才更重要"③。这是典型的消费逻辑下的传播策略。在"学者明星化"的背后,是学界正悄然发生的一些变异,如部分知识阶层的"市侩化",即学者明星屈从于商业模式迎合并制造一些虚假的大众文化需求。正如周国平所说:"是否可以通过于丹、易中天来研习国学,我做出了否

① 牛蕊:《从〈百家讲坛〉看我国电视讲坛节目的问题与发展》,长春,东北师范大学,2010 年,第 78 页。

② 肖鹰:《从"求真悦学"到"视学为术"》,《当代文坛》,2007 年第 4 期。

③ 周丽娜:《于丹传播风潮》,《今日南国》,2007 年第 9 期。

定的回答。我当然不反对人们读于、易的书,只是想说明,电视观众的热捧与研习国学是风马牛不相及的两回事,我基本上把这归入大众文化消费的范畴。"①虽然《百家讲坛》通过各种包装符号强调自己的学术内涵,而且它也确实被大众误识为学术栏目,然而其消费性、娱乐性品质早已彰显无疑,它提供的最多是一种大众化了的学术常识,一种"娱乐性学术",在大众和学术双双被玩弄的背后,是电视台靠着受众眼球换来的"收视率"以及丰厚的利润。

三、精英文化向大众文化的妥协

(一)"精英文化""大众文化"概念辨析及其曾经的对立

精英文化与大众文化是两种主要的文化类型。精英文化,也被叫作"知识分子文化""严肃文化""小圈子文化"或"高雅文化"等。简单地讲,是一定社会的知识分子精心创造,并在其间传播、分享的文化,"是满足占人口少数的知识界的理性深思、社会关怀和个性探索旨趣的文化过程,其主要特征在于形式实验、社会关怀和个性建构"②。它是由代表正统的、由主导一个国家或民族的那一部分精英所创造并欣赏的文化。它承担着社会教化的使命,发挥着价值导向的功能。是"经典"和"正统"的解释者和传承者。一个民族文化水平的高低,主要取决于精英文化水平的高下。

美国学者 R.威尔逊(Robert Neal Wilson)认为,精英文化、高雅文化就是"与过去筛选下来的优秀遗产相媲美,与艺术和批评遗产中的典型性作品相媲美"的那部分,"要求其欣赏者想象的参与,要求一种感受力光谱上深刻而机敏的反应"的文化。③ 在西方,精英文化基本上是学院派的文化,具有重视精神超越的特质,既注重审视现实,又关照彼岸世界,给人以终极关怀。

精英文化有如下特点:第一,精英文化的创造者相对而言具有更为强烈的人文精神和"文以载道"的思想意识,代表着社会良知,崇尚高雅、理性和使命感④;第二,精英文化在内容上往往追求高远,凝结着较高的思想和哲学命意,不同程度地反映出人们对真、善、美理想境界的追求,体现高尚的道德情操和精神境界,而不像大众文化那样良莠不齐;第三,精英文化在表

---

①　《作家的惶恐和学术明星的坦然》,《中国青年报》,http://news.xinhuanet.com/newmedia/2007-10/15/content_6883755.htm。

②　王一川:《大众文化导论》,北京,高等教育出版社,2005 年,第 9 页。

③　〔美〕R.威尔逊:《商业社会中的高雅文化和通俗文化》,《国外社会学》,1990 年第 8 期。

④　崔欣、孙瑞祥:《大众文化与传播研究》,天津,天津人民出版社,2005 年,第 43~45 页。

现形式上比较规范,有确定的理论、形态,而不像大众文化那样形式庞杂,不断地花样翻新;第四,精英文化的生命力持久,经典性的文化可以跨越不同的时代,而不像主流文化那样与主流意识形态紧密相连,也不像大众文化那样热得快,冷得也快;第五,精英文化层次比较高,对接受者的文化水准也有严格的要求,使得受众群体很受限制,不像大众文化那样普及,拥有最广大的受众。这样,精英文化的这些特点,也就决定了它不能像主流文化一样主导社会舆论,也不能像大众文化那样完全推向市场。①

　　大众文化,是一种与精英文化相对应的文化样态。作为一种历史性文化形态,大众文化最先产生于西方社会,兴盛于 20 世纪 30 年代的欧美发达国家。"在西方,'大众文化'对应着英语中的两个词汇,其一是'mass culture',其二是'popular culture'。'Mass'有乌合之众含义,因此'mass culture'也主要是指一种为平民准备的低等文化,其中所蕴含的那种立足精英立场,对大众文化的贵族式的不屑清晰可见。从'mass culture'到'popular culture'的最早转折,出现在美国学者麦克唐纳(Dwight Macdonald)1944 年撰写的《大众文化理论》(*Theory of Mass Culture*)当中。在那里,'popular culture'指一种民众的文化,其中不含贬义,体现的是人们对于大众文化的一种宽容态度。目前西方在谈到大众文化时,应该说无一例外是指的'popular culture'。现代社会,它更倾向于指一种产生于 20 世纪城市工业社会、消费社会的以大众媒介为载体的并且以城市大众为对象的复制化、模式化、批量化、类像化、平面化、普及化的文化形态"②。所以,大众文化,"在一般的意义上与包括电子技术在内的现代技术有关,在特殊的意义上,则与以电子技术为核心的大众传媒有关"③。这是技术对文化介入的结果。也就是说,大众文化时代的真正到来是与电子传播媒介密不可分的。

　　大众文化并不是大众自己创造,或者为自己创造的,而是政治与商业机制自上而下强加给大众的,故而都是些声色之娱的内容,在包括西方马克思主义在内的西方学界早已是一个已成定论的看法。罗兰·巴特(Roland Barthes)在他的《神话》(*Mythologies*)中也认为大众文化很难说是自然而然地起源于"大众",而是企业家们炮制推行下来的,目的是为追逐最大利润,而非满足公众。麦克唐纳认为它"是一种低级的、琐细的文化"④,因为"大

---

①　崔欣、孙瑞祥:《大众文化与传播研究》,天津,天津人民出版社,2005 年,第 43~45 页。
②　潘知常、林玮:《大众传媒与大众文化》,上海,上海人民出版社,2002 年,第 25~26 页。
③　潘知常、林玮:《大众传媒与大众文化》,上海,上海人民出版社,2002 年,第 112 页。
④　D. Maedonal:Theory of Mass Culture, Balited by Roserberg:*Mass Culture: The Popular Arts in America*, The Free press, 1957, p.72.

众文化总是追求愉悦效果,使公众获得轻松的满足。但这种轻松的满足有时以牺牲历史使命感、理性精神和批判性为代价"①。

无论是在西方还是在中国,精英文化与大众文化都曾因各自明显不同于对方的特质而长期处于对立状态。精英文化与大众文化的对立主要表现在:其一,价值取向上的对立。精英文化往往是社会恒常价值的体现者,宣扬一种普遍的社会理想,传播文化、弘扬社会正气、阐释人生信念;大众文化则是工业化、市场化的文化追求,关注当下感受,并不关注价值的恒常性和超越性;第二,审美趣味的对抗。精英文化是优秀规范和标准的当然继承者,它所关注的是审美的永恒价值,讲求伦理的严肃性、创造性和个性风格,因而形成了不断超越自身的内在动力;而大众文化则是取悦于大众的"媚俗"文化,旨在创造短暂的流行时尚,这是实现其商业价值的必然追求。因而大众文化是一种复制性文化,追求标准化、个性化、程式化。②

在这种雅俗对峙中,精英文化是处于主导地位的。精英文化看不上大众文化的世俗性和低级性,始终以高高在上的姿态蔑视、警惕着大众文化,而大众文化也一直在自己的领域自娱自乐,与精英文化井水不犯河水。然而,无论精英们如何瞧不上大众文化,大众文化的诞生毕竟改变了精英阶层文化垄断的特权,通过现代大众传播媒介,文化的共享性得到了普遍的实现,获取了更广泛的社会性,"它表现了一种文化上的平民主义趋势和大众化思潮"③。

(二)精英文化的现实难题与形式转向

精英文化过去在与大众文化的长期对峙中是处于主导地位的。然而进入到消费社会时代,精英文化无疑面临着前所未有的挑战。消费社会背后的理念是后现代主义,其表现为要求打破过去居于统治地位的"理性"神话,主张"去中心""去历史""去本质",试图解构知识的稳定性,宣扬个体之间的平等和个人权力。詹明信(Fredric Jameson)认为,后现代主义是对高等现代性的既有形式,诸如大学、博物馆、画廊和基金会等的有意反动,它抹掉了精英文化和大众文化之间的界限。④ 而伴随消费主义一同崛起,或者说对消费社会有巨大助推作用的,是大众传媒时代的到来。大众传媒时代有力

① 禹建强、李永斌:《对媒体制造大众文化的批判》,《国际新闻界》,2004年第5期。
② 邹广文主编:《当代中国大众文化论》,沈阳,辽宁大学出版社,2000年,第5~6页。
③ 朱立言:《哲学与当代文化》,北京,中国人民大学出版社,1995年,第50页。
④ 〔美〕詹明信:《晚期资本主义的文化逻辑》,陈清桥译,北京,生活·读书·新知三联书店,1997年,第396~419页。

地促进了大众文化的兴起与繁荣,大众文化所具有的时尚化、娱乐化和狂欢化对于象征权威和经典的精英文化具有天然的解构欲望和消解功能。在市场的诱惑下和狂欢的语境中,精英阶层过去引以为荣的话语号召力无从寻觅。加之精英文化作为知识分子的主导文化范式,往往强调文化启蒙和批判建构,重在对"经典"和"正统"的解释和传播,其传播方式和社会大众有一定的距离,必然造成与社会大众之间的断层,在以时尚、娱乐为特征的大众传媒社会,精英的学术专著无人问津、发行量渐少,精英文化必然处于传播、传承的深度困境之中。

波兹曼在《娱乐至死》中揭示出的大众传播语境下电视娱乐化的三条戒律:第一,不能有前提条件,观众在观看节目时不需要具备其他知识,电视通过摒弃教育中的顺序和连贯性而彻底否定了它们和思想之间存在任何关系;第二,不能令人迷惑,让观众心生疑惑就意味着低收视率,对电视来说,最重要的是学习者的满意程度,而不是学习者的成长;第三,避开阐释,电视教学通常采用讲故事的形式,通过动感的图像伴以音乐来进行,如果没有可视性和戏剧背景,任何电视教学都不可能实现。① 从这些标准来看,真正的精英文化是无法在电视上传播的,精英文化在大众传媒时代的边缘性命运也是无法避免的。然而,任何一种曾经辉煌过的文化形态都不会甘心于被新的文化时代所抛弃,精英文化必然面临在新形势下的文化转向问题。

首先,从理论分析上来看,关于精英文化与大众文化的严格对垒的看法在学界也并不是铁板一块。在布尔迪厄看来,这种精英文化与大众文化趣味的区隔是人为的,而非社会自然分化的结果。"高雅文化与通俗文化之间貌似森严的界限,只是受特定时间和特定利益制约而人为地搭建起来的。鉴赏差异、趣味类型是透过语言的共享、文化教育的社会化过程形塑的等级区隔。布尔迪厄曾在《区隔》中,用令人惊叹的丰富数据和经验研究材料论证这一思想"② 。在他看来,精英文化和大众文化的分立,实际上就是一种精英阶层的有意为之,出自"统治"阶级的立场,是站在一定的文化立场上发言的,精英和大众是区分是相对的。从文化发生学的角度说,精英文化并不是一开始就获得"精英"地位的,也经历了从"后台"到"前台"、从"配角"到"主角"的转换才逐步确立自己地位的,这中间要通过各种途径去与其他文

---

① 〔美〕尼尔·波兹曼:《娱乐至死》,章艳译,桂林,广西师范大学出版社,2004 年,第 191 ~ 192 页。

② 张意:《文化与符号权力——布尔迪厄的文化社会学导论》,北京,中国社会科学出版社,2005 年,第 270 页。

化形式交流、沟通,去传播自己的文化理想。① 精英文化和大众文化的二分法其实是随着阶级社会的产生而产生的,当社会分化为作为统治者的精英阶层和被统治的大众阶层时,文化也必然会分化为精英文化和大众文化,两者的对立在所难免。在文化二分法产生后相当长的一个历史时间内,精英文化占据着绝对的统治地位,大众文化则只能作为不入正史的民间文化悄然传播。"虽然精英文化和大众文化的二分法在历史上曾经明晰地存在,但如果我们不把精英人物仅仅理解为上层阶级的个体,那么,我们就会发现精英文化和大众文化之间并不存在着非此即彼的界限,二者之间存在着外延上的交叉和内涵上的相互转化……我们不能用精英文化和大众文化的二分法来衡量一切文化样式,尤其在阶级社会正在走向消解的后现代世界里"②。

其次,从实践操作上来看,电视媒体作为大众文化的主要载体,它不但形成对精英文化传统地位的挑战,同时也可以成为精英文化形式转向的最佳手段。其实,电视的威力很多学者都已经注意到了。德国哲学家卡尔·雅斯贝斯(Karl Jaspers)就曾说,电视"将所有的事物都吸引到自己的势力范围中,并不断地加以改进和变化,而成为一切生活的统治者"③。精英文化如果想实现自己的转向和重生,必然要借助电视媒体。于是,精英阶层中的一部分人尝试性地走出原领域,与大众传媒作有限接触。而《百家讲坛》的塑造出的学术明星正是源于他们两者(电视与学者)对消费者的准确认知,以及对消费者需求的尊重与满足。《百家讲坛》其实是一种可信的学术消费(文化消费),消费对象是古代文学经典。在这场群体性消费中,知识分子放弃了高屋建瓴的学术地位,改变了其成果的接受对象,摒弃了晦涩难懂的学术语言,将学术触角伸向大众的需求领域,部分精英文化开始滑向商品化、平面化的大众文化运作。

在《消费社会》(Consumer Society)一书中,鲍德里亚提出:大众文化与其说是将艺术降格为商品世界的符号的再生产,不如说它是一个转折点,终结旧的文化形式,并将符号和消费引入自身地位的界定之中。消费逻辑取消了艺术表现的传统崇高地位。这是消费社会的文化形式,它确实以一种崭新的形式和姿态将全体公众纳入到巨大的书写表达体系中。鲍德里亚已经看到,文化和艺术"平民化"是一个永恒错误的命题,其牺牲者既包括那些

---

① 邹广文主编:《当代中国大众文化论》,沈阳,辽宁大学出版社,2000 年,第 5~6 页。
② 王晓华:《精英文化能够拯救大众文化吗》,《探索与争鸣》,1996 年第 7 期。
③ 潘知常:《美学的边缘》,上海,上海人民出版社,1998 年,第 137 页。

"贵族"文化的参加者,也包括那些大众文化的捍卫者。的确,在今天"精英文化"与"大众文化"二分法立论基础崩塌的消费社会中,关于两者的二元划分已经不能成立,我们或许可以用"公民文化"或"广义的消费者文化"来描述各类文化现象。① 在现代市场经济条件下,社会文化生活的历史转型促使着各种文化形式不断地进行反思自身的检讨,以重新确立自己在现实文化生活中的应有位置,在这种背景下,精英文化和大众文化有可能在一定程度上"握手言和",达成谅解,共同推进社会文化生活的繁荣。

最后,我们可以用赵勇的话来总结这种文化的变迁及转向。"1990 年以来,主流文化、精英文化和大众文化尽管在相互磨合中相互利用,却也时有冲突发生,究其原因,关键在于三种文化内涵内在的理念所至,《百家讲坛》的出现,淡化了三种文化的冲突,缝合了三种文化的裂痕,同进也在一个较低的水平上释放了三种文化的能量,中国当代文化经过一个分化的过程之后再度进入一个一元化的时期,这种一元化就是媒介文化。媒介文化是一种拼贴文化或杂烩文化,同时也是一种全面抹平之后的文化。《百家讲坛》为我们提供了一个奇特的媒介文化样本"②。

(三) 当精英文化遭遇电视: 部分精英文化大众化

当电视场介越学术场,当世俗的电子传播媒介与精英文化渗透交融时,势必会对精英文化产生巨大冲击,致使精英文化在这种大众文化狂潮中进行自我反省,寻求自己适当的生存路径,于是,部分精英文化的大众化路线在所难免。

对于这种转变,部分学者是持赞同态度的,尤其是这些率先走大众化路线的电视讲坛类节目的主讲人们。于丹曾说,"有人会问:经典难道也可以草根吗?孔子有学生 3000,一刀腊肉就可以拜师听学,难道这还不草根吗?中国的知识分子向来有一个传统,崇尚自然、质朴。知识分子并不是语言的巨人,行动的矮子。今天,更应该用我们的声音去还原经典的价值,而不应该把它束之高阁,奉在神坛。"③ "传统文化在大众中的价值通过媒介传播的方式被大家接受了认可了,也就是通过媒介方式完成了对大众的对接,它把学术化精英化的内容完成了大众平台的有效传导"④。易中天在他的博客

① 史琦:《无意义的对垒:"大众文化"与"精英文化"》,《湖北社会科学》,2000 年第 5 期。
② 赵勇:《大众媒介与文化变迁》,北京,北京大学出版社,2010 年,第 36 页。
③ 杨群:《"于丹现象"简论》,海口,海南师范大学,2008 年,第 56 页。
④ 于丹:《我是一个传统文化普及者(于丹现象启示录④)》,《人民日报(海外版)》,2007 年 2 月 10 日。

中也说,他的节目原本是根大萝卜。萝卜的特点是:草根,多少有些营养,怎么吃都行,什么人都能吃,说得好听就叫"雅俗共赏"。

　　一直以来,精英文化与大众文化是泾渭分明的。《百家讲坛》的经验告诉我们,精英文化与大众文化也许并非是有你没我的对抗,凭借着现代大众媒介,它们亦可找到部分相通的领域。这种精英文化大众化路线的文化特性表现在:第一,内容上将原属于"精英"阶层专有的部分文化向大众传播。细数当今电视讲坛节目,选题上大致包括历史、文学、哲学、艺术、经济管理、现代生活等,知识在电视中成为一项重要内容。原来局限于学院内部的精英文化传播范围大大拓宽,精英文化走向大众的脚步越来越快。第二,在形式上用大众容易接受的方式传播精英文化,强调故事性、口语化和贴近性。虽然经过这种适合电视传播的再加工过程会使一些知识原有的内涵、韵味、深度被部分稀释掉,但这是信息在通过大众传播媒介传播时难以避免的信息耗散现象。对于大众来说,这能够被传播的信息就足以满足他们对精英文化的渴望了。正如美国学者约翰·费斯克在传播与文化研究词典《关键概念》中,关于"大众文化"词条中有这样的阐述:"大众文化的价值某种程度上取决于,你是否对由人民或为人民而产生的意义感兴趣,你是否将这些意义当作'公众所要'或'公众所有'的证据。而且,大众文化的研究要求对文化而非大众予以相当的关注——特别是对所谓高雅文化的关注。"①爱德华·萨义德也认为:"所有的文化都是彼此关联的,没有任何文化是单一的、纯粹的;所有的文化都是混杂的、异类的、非常不同的、不统一的。"②费斯克和萨义德的话都点出了大众文化与精英文化的内在联系和相融的可能性。

　　在本书的访谈中,不少被访人都表示,在电子传媒时代,部分精英文化走大众化路线是可以理解的。詹骁勇认为,精英文化确实是在向大众文化靠拢,精英文化大众化是正常的。像西方的纪录片,就是这种靠拢的一种尝试。③ 上海《东方大讲坛》制片人翟志荣认为,这种节目"是大众文化与精英文化的结合体……大众文化也是分层次的,有上中下的区别,有些就是文化含量比较高的大众文化,除了这类讲坛节目,还有纪实类节目都是这种类型,它们做的都是精英文化的普及化"④。刘行芳在精英文化与大众文化的关系上表示:"大众文化是精英文化之母,它会检验精英文化,精英文化引领大众文化。《百家讲坛》具有精英文化的某种性质,是由精英文化引领、反

---

　　① 约翰·费斯克:《关键概念(第2版)》,李彬译,北京,新华出版社,2004年,第213页。
　　② 王岳川:《后现代主义文化研究》,北京,北京大学出版社,1992年,第305~309页。
　　③ 源自本人访谈。
　　④ 源自本人访谈。

哺、丰富的大众文化。"①回想起《百家讲坛》刚走红时学界的口诛笔伐，10
年后学者们的态度明显宽容许多，对精英文化的这种大众化路线也大多表
示理解。

从根本上说，这种精英文化大众化路线，第一，是脱胎于消费时代的消
费特性对一切领域的眈视，精英文化同样难以幸免被消费的命运；第二，是
部分精英自我突围的选择，希望在大众文化时代确定自己的社会坐标，易中
天认为："学术要么对现实有作用，要么对将来有作用，如果两者都没用，那
你做它干啥？能不能影响将来发展，我不清楚，那就面对现实，其实学术真
是个好东西，好东西就要跟大家分享。"②"跟大家分享"的结果，必然是精英
文化(至少是部分精英文化)走向大众；第三，这也是媒介技术迅猛发展的必
然结果。精英文化已然被大众传媒过滤、解构、重组和再传播，不再原汁原
味了，虽然艺术作品的机械复制时代凋谢的东西就是艺术品的光韵，但精英
文化正是通过这种变形，从而使普罗大众有机会分享曾经只能敬而远之的
文化形态。本雅明对由技术而带来的社会变化是持肯定态度的，他认为，技
术使万物平等，使任何人都可以领略到艺术作品的内蕴和震撼。艺术不再
唯一，有了被共享的可能，使更多的人能够有机会接触到原本只能为极少数
人准备的作品。正是科学技术的兴盛，使得这一公共性意义成为可能。我
们也可以将机械复制技术部分地理解为传媒技术。精英文化在传媒技术作
用的大力发挥下，不再是少数人所能享有的文化，而逐渐向大众文化靠近和
演变。在大众传媒时代，部分精英文化的大众化可以说是大势所趋。

---

① 源自本人访谈。
② 张彦红：《草根学者易中天》，《东北之窗》，2006 年第 24 期。

第七章 电视场域对学术场域的介越 给知识分子提出的现实难题

经过前面的分析我们知道,虽然电视场只是部分地介越了学术场,只是对学术场的部分领域产生一定冲击,但是这种由外场域带来的影响之大已是前所未有。这种场域的剧烈碰撞给知识分子一个反思自身的机会,让他们开始重新思考在新传播技术时代自我价值的实现方式及未来的学术之路。不可否认的是,电视场的介越以及由此擦出的火花给当代知识分子提出了一些新的时代难题。

第一节 电视场域中学术明星 身份定位的尴尬

一、学术明星的身份转换:从文化学者到大众情人

这些在电视讲坛节目上成名的主讲人,在成名以前,他们是各自领域默默无闻的文化研究者。他们按照自己研究领域的学术规则,将自己的研究成果以文字为主的形式展示出来,以期获得本场域内的"行动者"的认可,提升自己在场域内的文化资本。无论他们采取怎样的行动,那都是学术圈内的事,在大众眼里,他们是文化学者,是精英文化的传承人,当然,精英文化的严肃性、庄严性,以及正统化的传播方式也会让大众敬而远之。而在越来越市场化的现代社会,知识分子,特别是人文知识分子,越来越处于悲壮而尴尬的境地,他们不由得对其自身的传统身份产生怀疑,从而陷入一种集体性的失落和迷惘当中。在精英阶层与大众之间,存在着明显"断裂"关系。

然而,正是因为有了诸如《百家讲坛》这样的电视节目,这些原本只在象牙塔内默默耕耘的学者们,陡然间成为万众瞩目的明星,成为广受人们喜欢并热烈追捧的"大众情人"。可以说,如果没有电视,没有观众手中的遥控

器,没有出版商以"竞投"等方式热炒主讲人的书,没有天天在媒体上出现的各类签售广告,便不会有这样"大众情人"的出现。这种神话是由于媒体的介入而产生的。张斌在采访易中天时问道:"可能学者当中有在自己的书斋当中苦读、苦做、苦修,也有像您这样看来非常风光的学者。您自己更愿意选择的学者道路和类型是什么?"易中天的回答是:"我想可以用这四个字来表述,叫亲民学者,亲近民众的学者。我的初衷就是想做亲民学者,但是现在不知道怎么一不小心弄成'大众情人'了。"也许易中天在当初踏进《百家讲坛》时并未想到会有今天的一切,他也许只是本着自己朴素的愿望去当一名文化普及工作者,然而,一旦他进入了电视场域,结果怎样便不是他所能控制的了。"大众情人"身份对他,或许确实是"一不小心"所致,然而,对于电视媒体,确是一手精心策划的。电视包装这些主讲人,一如当初包装"超女"一样,一旦学者走入电视场,他们的学者身份便只能成为模糊的背景,明星身份则如光环般闪耀,在聚光灯的闪烁和照耀下,他们便顷刻间成为"大众情人"。

正是因为电视场域对学术场域的介越,才会使这些知识分子的身份变得模糊。场域的不同,注定使他们的身份产生了"乾坤大挪移"般的神奇转换。这正如霍尔所说:"主体在不同时间获得不同身份,再也不以统一自我为中心了。我们包涵相互矛盾的身份认同,力量指向四面八方,因此我们的身份认同总是一个不断变动的过程。"①这种身份认同的变幻对于这些曾经仅仅是文化学者的"学术明星"来说是如此神速与巨大。这种转换不仅令他们自己困惑,同时他们身上所兼备的这两种看似不相容的身份,也为他们招来了学界的指责与非议。

二、学术明星的身份焦虑:自身定位与他者定位的矛盾

这些学术明星的身份转换,并非他们自己愿望的,而事态的发展也完全不在他们掌控之内,他们也许只是电视场域与学术场域"深度"结合的探路者。这些学者本人也表现出了对自己成功方式的不确定。如易中天曾把自己在"百家讲坛"的形象定义为"娱乐知识分子",于丹也在公开场合承认自己电视上的讲述方式并不符合严格学术规范的要求。他们都有意回避将《百家讲坛》的自己与学术生活中的自己画上等号。

对于这些学术明星"大众情人"的身份,学界的批判声不绝于耳。在这

---

① Stuart Hall:"The Question of Cultural Identity", in *Modernity and Its Future*. edited by S. Hall, D. Held and T. McCrew, Cambridge: Polity Press, 1991, p.277.

些批判者眼中,他们不再是传统的颇具"权威"的学者,颠覆了传统师道的尊严,他们变成了大众的偶像与情人。"这是一个充斥偶像的时代,同时也是一个偶像破灭的时代……公众的英雄不再是扁平划一的道德楷模,而是能够充分展现自我的独特个体,他们对易中天的认可恰恰是因为他颠覆了'权威'的传统形象"①。以北京10博士为代表的反对者更是将于丹、易中天现象提升到传统文化存亡与否的高度上。用布尔迪厄的理论看,这些人的激烈批判实际上是对资本的争夺,特别是对象征资本的争夺。对于丹的成功,杨念群给出了比较典型的看法,他认为:"于丹现象是主流媒体进行甄别选择后,又迎合了大众极度需要精神慰藉的心理而诞生的现象,其实从本质上而言与解读《论语》本身是否准确的学理性讨论已经没有多少关系。"②这无疑清晰地否认了学术明星电视传播行为中的学者身份。

　　那么,这些"学术明星"是如何看待自己的呢?几乎所有成名的学者,都会异口同声地认为自己仍然是学者。易中天说自己的讲述是"萝卜史学""平民学术",说自己只是偶尔出来"打打野食"的"圈养动物"。于丹更是多次强调自己"不是娱乐圈的,是学者",她在接受央视《面对面》栏目采访时说:"媒体有放大作用,但是放大后会带来喧嚣。我不爱这种喧嚣,所以我在慢慢淡出,我想做个单纯的大学老师。现在的愿望是尽快逃离媒体的漩涡,回归学者的身份"③。

　　这里就产生了对于身份的自我定位与他者定位的矛盾,这其实反映了消费社会中,精英文化身份与大众文化身份的冲突。杨念群认为:"一名卓有建树的学者,在某种程度上也能够获得某种特定文化意义上的承认,但这种承认永远不会是大众化的承认,而更有可能是在一个相对狭小的圈子里得到同仁的评价,以作为辛苦劳动的回报。"④这两种身份的矛盾是清晰而明显的,矛盾的根源在于学者在两个场域的穿梭与交叉。学者在"学术场"与"电视场"频繁切换中,不可避免地会产生身份的冲突。当于丹们以学者的身份走入"电视场"时,她不得不放弃原场域的行动惯习转而遵循一套与传统学术场大相径庭的游戏规则。因而他们在电视场域中的表现,只能说是一种场域变换中的"妥协行为"。正如戴锦华所言,"目前传媒与不断成熟的文化市场已经开始显现出一个异常健硕的胃口:消化一切难于消化的

　　① 刘玉宇:《娱乐时代的学术明星》,载于张法、肖鹰、陶东风等:《会诊"百家讲坛"》,2007年,第115~116页。
　　② 《问题的思考比批评于丹更重要》,《中华读书报》,2007年3月14日。
　　③ 《于丹:我不是娱乐圈的,我是个学者》,《广州日报》,2009年7月13日。
　　④ 《问题的思考比批评于丹更重要》,《中华读书报》,2007年3月14日。

原材料,吐出可供即时消费的噱头或快餐"①。在传媒的一吞一吐中,学者的学术行为淡化,学术明星和大众情人的身份彰显。

这两种身份定位的不同在于:第一,学术明星们的自我定位着眼的是高校环境,而批评者们的他者定位,着眼的是媒体环境;第二,自我定位强调的是自己之前一贯的学术行为和教学标准,他者定位则着眼于他们当下所创下的收视率及市场价值;第三,自我定位看重自我的非公众身份,而他者定位只盯着他们的公众身份;第四,自我定位是这些主讲人们的精英认同,他者定位是立足市场的大众认同。所以,这场身份的认同之争其实质就是学者们文化身份的转换与社会认同的选择和位移问题。大众及学界的部分学者们认同了这些学术明星的身份转换,而学术明星们自己却不承认这种悄然发生的变化。

三、学术明星的身份定位:文化奶妈式布道者

刘行芳在谈及这些学术明星们的身份时曾这样说过:"人一生会有多种身份的转换,当我们从事严谨的学术研究时,我们是学者,我们就要小心求证,但当我们在电视上面对公众时,我们就是文化的普及者……观众所要知道的只是故事大概和基本的判断和结论,这样,我们就成为科普工作者,或布道者、文化妈妈等。"②刘教授的话道出了场域对个人身份定位的重大影响。

在电视场域中,学者们的身份必然要发生变化。李泽厚曾这样评价于丹:"她是做普及化平民化的工作,她并不是专门研究孔子的专家学者,她只是在宣传孔子的思想,有点相当于西方的布道士……不要用专家学者的标准来要求她。"③这番评价无疑否认了在电视场域中他们的学者身份。

2006年12月5日的《中国青年报》发表了署名为"老愚"的名为《〈百家讲坛〉拉开了文化奶妈的时代》的文章。文中作者把《百家讲坛》对于经典的讲解方式比喻为"文化哺育",把主讲人称为文化奶妈,把这种文化传承方式命名为"文化奶妈"式——奶妈吃了文化之草,再挤出奶汁喂养嗷嗷待哺的文化学童。

结合以上的分析,我们可以根据学术明星们在电视场域中的传播行为而将他们的身份定位为文化奶妈式布道者,或者也可以反过来说,是以布道

---

① 戴锦华:《书写文化英雄:世纪之交的文化研究》,南京,江苏人民出版社,2000年,第135页。

② 源自本人访谈。

③ 张健、李泽厚:《他们是精英和平民之间的桥梁》,《南方周末》,2007年3月22日。

者面目出现的文化奶妈,而绝不是文化研究者。这一定位的合理性理由如下:

第一,以真理的代言人自居。这些学术明星们,无论他们讲述的是传统文化的哪一领域,他们都对自己的讲述都貌似言之凿凿,哪怕提出的观点前所未闻,但似乎都自信不疑,并将这种自信传达给观众。他们从不怀疑他们所讲授经典的绝对正确性,这也就决定了他们从来不会产生在阐释经典时因经典的复杂、深奥乃至内在矛盾而引发的焦虑。

第二,布道的形式:简单化和绝对化。把经典的内涵简单化和绝对化是布道者语言的基本特点。大众需要的是简单的"真理"和明晰的答案,他们是来解惑的,而不是来求惑的,他们无法也不需要进行深入思考,只需要言简意赅地被告知结论即可,而且结论越简单越好。于是,一部《论语》在于丹的口中和笔下被调剂成了"心灵鸡汤"和速食快餐,一部《三国志》被易中天讲成了诡计大全和关系全攻略。

于丹自己就曾明确地说,《论语》就是"中国人的《圣经》"。言下之意,她应该就是《论语》的布道者,而不是学者,不是《论语》的研究者。研究者把经典当作研究的对象去细细研磨而不是信仰的对象,所以能够保持质疑批评的心态或理性反思的距离;而布道者则绝对不会、也从来不会有这样的质疑态度、批判精神与理性反思距离,因为信仰是拿来崇拜的,是不需要研究和考证的①。

这种奶妈式布道者传播传统文化的直接结果就是拉开了经典的"代读"时代,这是大众传媒发展到一定历史阶段的一个结果,也是大众传媒与学者联手,共同制造文化快餐以满足大众群体精神文化需求的时代产物。它利用电视媒体广泛、迅速的传播特性,使电视充当起传统经典与普罗大众之间的桥梁,使被媒体这一中介适当"调理"过的经典得以快速、便捷地直抵观众,免去人们接触经典道路上的舟车劳顿。在经典"代读"的过程中,学者与受众分别扮演着主导者与受传者的角色。学者以宣讲者的身份居于上势地位,决定着对经典的取舍以及解读方式;而受众则居于下势地位,被动地接受着文化奶妈们的反哺。

文化奶妈式布道者之所以如此广受推崇,原因主要有两点:一是由于大众长期与传统文化隔离,他们内心有对中国古代经典的渴望,结合当下人们的生存处境,他们希望从圣人先贤的智慧中找到帮助他们解决现实困惑的钥匙;二是当今人们的快节奏生活方式及所养成的浮躁心态,使他们缺乏

①　陶东风:《于丹现象解》,《天涯》,2007年第4期。

寻找原著细细品读的耐心,渴求速成。他们已经没有时间和耐性去慢慢体会先哲的精神历程及内容的复杂意涵,他们需要的是现成的结论,是那种能够让我们立刻拿来所用的东西。于是,这种文化方便面必然会大行其道。

所以,学术明星们提供的只是"精神代乳",而非"精神母乳"。经典"代读"就如同是用人工合成的代乳品,它虽然也内含一定营养,但却不能长期食用。这种"精神代乳品"很难做到"营养"与"口感"俱佳。事实上,在电视场域中,在那根无形指挥棒的威慑下,"口感"高于"营养"是必须遵守的场域惯习。如果受众过于依赖这种代乳品,则会自行割断与原母乳的联系,不利于身心的健康发展。而且,长此以往,必然会养成一种文化惰性,只等别人把嚼过的饭送入己口,而不愿自行咀嚼,从而丧失对原典的消化吸收能力。更为严重的是,如果受众因此产生幻觉,认为"精神代乳品"就是"精神母乳"本身,最终则会导致对经典文本的误读与历史真相的曲解。

第二节　大众传媒时代知识分子冷坐书斋与走上媒体的困惑

原本在学术场中默默无闻,而且文化资本并不雄厚的一部分学者在踏入电视场之后竟一夜成名,声望与财富纷至沓来。对于学术场域内其他学者来说,这不能不说是个刺激,甚至是一个不小的刺激。学术明星闪耀登场后学术圈内一浪高过一浪的批评之声就是这种刺激与冲击的一个明显反应。在本人的访谈中,不少学者都承认,电视场的这种"赋予地位"的功能,确实对一部分知识分子产生不小的诱惑,令他们产生了是冷坐书斋,还是走上媒体的困惑。

一、传统知识分子的清高与孤傲

这里所说的"清高与孤傲",指的是知识分子对声名、财富的淡泊情怀。这一点,无论传统中外知识分子,皆有这一性情倾向。

"中国知识分子,并非自古迄今,一成不变,但有一共同特点,皆为其始终以人文精神为指导之核心"①。中国知识分子有"躲进小楼成一统"、象牙塔里钻学问的传统。虽然唐宋以来,科举制的施行使很多知识分子醉心功

---

① 钱穆:《中国知识分子》,载于许纪霖主编:《20世纪中国知识分子史论》,北京,新星出版社,2005年,第76页。

名,但仍有相当多的知识分子秉承道德感和使命感,保持自身品性的高洁,宁肯隐居山林,也不愿与统治阶级同流合污。注重个人修养和内向超越是中国知识分子的一个显著特征。修身与修己是儒、墨、道各家共同强调的一个观念。徐复观认为:"知识分子的性格,首先是关系于他所持载的文化的性格。中国文化精神的指向,主要是成就道德而不是成就知识。因此,中国知识分子的成就,也是在行为而不在知识。"①所以,"儒家文化是一种德性文化。所谓的德性文化,指的是中国文化所建立的道德性格,是'内发'的,'自本自根'而无侍于外的道德"②。强调个人品行的修养与淡泊名利的价值追求,是中国传统知识分子非常看重的人格内涵。钱钟书先生曾将学者与其学术成果喻为"母鸡"与"鸡蛋",人们只要知道鸡蛋是什么样足矣,没必要探究下蛋的母鸡何样。为此,无论政界要员还是媒体一再盛情相邀,他总是极力回绝。有着这种品格的传统知识分子不同于那种"学而优则仕"的封建官僚,他们有自己的道德理想和做人原则,他们也许会希望介入政治,但目的只是实现自身经世济人的抱负,而一旦发现自己与统治阶级有着根本的价值背离,而自己又无法与其苟合时,他们又会毅然决然地离开官场,寻求自己的栖身之地。这种清高与孤傲,显示了他们浓重的人文情怀和道德底线。

就西方来说,传统知识分子,仅从我们前面分析的这一概念的两个源头看,就知道它十分重视知识分子的人格内涵,强调其对社会的介入以及批评,强调要与统治阶级保持距离。在葛兰西看来,传统的知识分子相对于有机知识分子而存在的,他们应该是独立的、自治的,超越于一切社会利益和集团之上的,代表着社会一般的普遍的真理和正义。曼海姆更是把"自由漂浮的""非依附性"看作知识分子的本质特性。

中外传统的知识分子研究,都认为知识分子应该是社会正义与良心的代名词。他们有着自己严格的是非判断标准及做人原则,以批判性的眼光审视周围的事物,并刻意与统治阶级、与世事浮名保持距离,他们不会因外界的强迫和诱惑而扭曲自己的人格,从而始终保持高洁的人格操守。

二、圈养动物还是放养动物:当代学者的思考与挣扎

易中天在做客中央电视台《对话》栏目时,曾谈到,动物有三种:圈养动物、放养动物、野生动物。自己由于登上《百家讲坛》,从而变成"偶尔出去

---

① 徐复观:《中国知识分子的历史性格及其历史的命运》,载于许纪霖主编:《20 世纪中国知识分子史论》,北京,新星出版社,2005 年,第 63 页。

② 许纪霖:《中国知识分子十论》,上海,复旦大学出版社,2003 年,第 94 页。

打一下野食的圈养动物"。有嘉宾说道："正是因为他不甘于圈养,还偶尔要出去打一个野食,就被圈里面的人劈头盖脸一阵猛打,而圈外的人全部成了粉丝"①。这里,"圈养动物"无疑是指学院派学者,"放养动物"则是指跟社会和市场接触较多的学者。

从"学术明星"走红同时招来学界的一片批评之声,我们不难看出"放养动物"的出现,对学术圈及学者们的震撼。有赞同者的大力支持,也有反对者的无情棒喝。正反立场的截然不同,反映了市场经济条件下,当代学者对是否走出去的思考与挣扎。

不能否认的一个事实是,在当前世俗化、商业化的现实面前,知识分子,尤其是人文知识分子确实处于精神失据灵魂失守的状态,他们往往一方面惊呼和哀叹市场大潮前人文精神的失落,另一方面又一时难以开拓有生命力和精神价值的新文化,难以找回昔日辉煌的话语权,于是,多数人文知识分子在失去阅听大众后从"十字街头"退回"象牙塔",成为学术化的专门知识分子。然而,还有一小部分知识分子,却走出书斋,走向大众。余秋雨是20年前就勇敢地走出书斋以"大文化"介入当代大众文化建设的学者。他以传统文化大众化路线,以中国传统文人忧国忧民的道德形象,使大众获得被拯救的崇高感。成名后的余秋雨随后"触电",然而他红到哪里,骂声也便跟到哪里,朱大可把他的文化散文贬为"文化口红",妓女的提包里也藏着它②,对于学者是该坚守书斋,还是该走上媒体的争论由此开始。

反对者认为,那些每日奔波于电视场中的知识分子,俨然已蜕变成"知道分子"和本专业的明星,在大众文化的蚕食下,他们不再具有传统的怀有理想主义的知识分子的灵魂,而成为媒体的常客,以比公众早"知道"或多"知道"一些某方面的信息为资源,游走在大众媒体和象牙塔之间。他们将自身所具备的不多的文化资本变卖到电视场域,从而获得超额的社会资本和经济资本。然而,支持者同样言之凿凿。"在现代社会,像易中天这样的学者不是太多,而是实在太少。我国知识分子做研究趋向专业化、书斋化、实验室化,公共领域长期缺少他们的声音。这直接导致文艺明星大行其道……这就需要更多'易中天'式的学者从书斋中走出来亲近民众。说得俗一点,就是要他们甘于做民众的'大众情人'"③。"我们肯定那些长期坚持在高校和科研院所默默无闻的做好教书育人和科研工作的学者,但也应该

---

① 《易中天对话网友,偶尔出去打一下野食的圈养动物》,《央视〈对话〉》,2006年10月30日。
② 朱大可:《守望者的文化月历1999~2004》,广州,花城出版社,2005年,第4页。
③ 《易中天"品三国":让更多学者成为"大众情人"》,http://news.xinhuanet.com/school/2006-05/15/content_4546517_2.html。

赞扬那些走出书斋、走出校园、到社会上传播知识的学者……对学者成为明星这种现象应该持包容的态度,更多的看其对文化传承的重要性,对大众的重要影响"①。"'书斋学者'坚守的是传统的文化道德观,无可指摘;另一方面,'学术明星'则乃时势所造,客观所需,其社会作用呈现出互补的关系。因此,那些'不以出现于公众视野为务,不以听不到掌声喝彩为意,只是整日为学不辍,笔耕不止,直至生命的终点'的'书斋学者',可堪以敬;那些'善于利用一些恰当的比喻、幽默的词汇、个性的表情等演讲艺术,使得大众更易接受'的'学术明星',我们不妨也多一些理解与宽容"②。

　　肖复兴的观点更尖锐:"易中天文化现象的讨论的某种偏颇,向我们说明的另一点,是刻意强调学者——读者——普通百姓关系的疏远。似乎学者就应该关在书斋里,读者就应该读他深奥的书而不必见别的人,尤其不要见他在电视这样似乎只能是超女亮相的媒体上出现,而普通百姓天生就应该和学者是两条道上跑的车,没必要让喝惯了凉水和杂碎汤的胃去饮一杯加了冰块的鸡尾酒。问题是,害怕如易中天这样的学者的介越,甚至不允许这种的介越,成为某种公共心态之一,而在这种心态中,大部分并不是来自普通大众,而是来自某些知识分子自身""在有些人看来,知识分子从来有看不起大众文化特别是电视这样越来越受到大众追捧的大众传媒的传统。知识,成为知识分子清高的盾牌和面纱,是对抗金钱而涂抹在脸上的一抹耀眼的腮红……易中天教授和他的'三国',既满足了社会文化消费心理和需求,使得学术大众化、普及化,也同时蔓延出了他学术研究的堤坝,而使他自己获得了相对自由自主的广大空间,无论对于学者,还是对于普通读者、观众,这不都是一件双赢的好事吗?"③

　　应该说,对同一现象的不同声音,是当代复杂社会背景下的必然产物。无论是反对者,还是支持者,都是在表达他们自己的真实的忧虑和看法,也都有其可取之处。在商业气息日益浓郁的中国当代社会,到底是固守书斋,专心致学,还是走出校园,与大众传媒"亲密接触"? 知识分子所肩负的历史使命和社会责任到底是什么? 是自由漂流、独立存在、保持一份清醒,还是随波逐流、得过且过? 电视知识分子是听从电视场域的安排妥协于大众的口味,还是在坚持人性、真实、严谨的基础上,在精神领域和物质世界里自主、独立地坚持价值批判? 这确实是一个问题。

---

①　宋仪凯:《"百家讲坛"成功策略研究》,兰州,兰州大学,2008 年,第 67 页。
②　周慧虹:《"学术明星"与"书斋学者"》,《中国文化报》,2006 年 10 月 25 日。
③　肖复兴:《易中天现象是不是学者的介越》,《文汇报》,2006 年 6 月 20 日。

三、走上电视：传媒时代部分知识分子的勇敢选择

面对传媒将带来巨大影响力的诱惑，当代知识分子应该做何选择？经过思想的深虑及挣扎，一部分知识分子最终选择走上媒体，从而完成了从传统知识分子向电视知识分子的转变。阎崇年有句名言："我藏在书斋五十年，出来晒两年太阳，不行吗？"①阎崇年的宣言表明了他对电视传播行为的选择乃是结合自身实际对自己命运进行的一次勇敢选择。

成名后的易中天，遭到了来自方方面面的质疑，甚至被指责伪学者、伪学术明星。对此，他显得心平气和："人生只有两种选择：走自己的路让别人去说，走别人的路那就只好让自己去说。而我只不过是不愿意让自己说，那就只好让别人去说了。这就不是可选择的。"②他认为，学术本来就有两种类型，一是研究，一是传播。他上电视的行为，是在利用电视向社会进行学术传播。他反问道："10 年前，我开始致力于学术与大众的对接。一个民族的文化传承不能中断，不能没有历史记忆；学术不专属于少数专家，其成果应与大众分享。我写书，在电视上开讲座，以通俗易懂、生动活泼的方式讲述历史、传播文化，目的就是激发大众尤其是青少年的兴趣来关注民族的历史、文化，这有什么不好呢？"③他对自己的选择十分坚定："这方面余秋雨先生是先行者。该不该走是一个问题，走得好不好是另一个问题，但总得有人先走。当时我觉得一部分人走就行了，比如我。"④"人文学科的终极目标是为了人的幸福服务，所以，除了一部分在书斋里潜心治学的学者以外，也需要有一部分人将学术转化为可以直接为社会现实服务的东西。因此必然会有一部分学者走出书斋，走向社会，走向大众，走向媒体。孔子如果生活在今天，他肯定会上电视，不然，像他那样坐着牛车四处讲学，太辛苦了。一个真正希望传播自己思想，而且相信自己的思想和研究对社会有益的学者，是一定不会放过大众传媒这个平台的"⑤。

对自己的这种选择，易中天表现得相当理智："我给自己定位：我不是专家型的学者，我就是一个探路人，是'扫雷'部队的，随时准备牺牲。我希望能够实现传统和现代的对接，要让传统的东西被现代人接受；要实现学术和大众

① 马瑞芳：《百家讲坛：这张魔鬼的床》，《人民文摘》，2007 年第 11 期。
② 李桂杰、易中天：《名利不是我关心的问题》，《环球人物》，2006 年第 11 期。
③ 蒋升阳、陈杰：《易中天：我不怕人家说我"异类"》，《人民日报》，2006 年 8 月 30 日。
④ 《我出名因为我人性——易中天教授访谈》，载于红孩主编：《且慢，易中天》，上海，学林出版社，2006 年，第 226 页。
⑤ 蒯乐昊：《易中天：我已经上了明星的"贼船"》，《南方人物周刊》，2006 年第 19 期。

的对接,这要有人'以身试法'。电视和学术的对接是有风险的,做得不好,电视失去观众,学术失去了品位。文史哲是人文学科,以人为本,以人的幸福为学术研究的终极目标。总有部分人要直接为当下活着的人服务,我们很多学者不愿意做这样的事。"[1]他坚定不移地表示:"作为学者,把人文研究成果传播给大众,何错之有?只要有意义的事情,我就会义无反顾坚持下去!"[2]

于丹对自己的电视传播行为也相当自信,她说:"如果在大学讲坛上我这样讲,那我是渎职的,是对专业的学生不负责任。但是如果在电视上以一个大学讲堂上的严谨,讲求考据的话,也是对大众的不负责任。"对于有人让其"下课"的批评,她说道:"现在中国文化需要上课的人比需要下课的人多。"[3]对于于丹的广受指责,学术圈也有不少学者表示支持,李泽厚在接受《南方周末》采访时,曾明确表示:"……于丹做了这个事情,并获得了如此多的听众和读者,我祝贺她成功……于丹的书起到了宗教性的作用。"葛兆光在同一期《南方周末》上表示:文史研究这一类学术研究是必须和社会沟通的。易中天、于丹"至少提升了大众对历史、经典和传统的兴趣,有用也有功;至于他们写得好不好,讲得对不对,那是另外一回事。我觉得,我们现在的评价要宽容一点……我们不能以学院的高标准去评价它们,也不能把它们当作学术来要求。这种分界不明,正是现在各种争论的起源"[4]。

在当代社会,当学术场域面临电视场域的介入和影响时,知识分子群体开始发生分化是不争的事实。一部分学者继续在象牙塔潜心治学,另有一部分人则走上传媒,以在媒体上频频露脸的形式获得大众的认同,传播传统文化知识,从而获得自身存在的合法性,成为媒体时代的"学术传播者"。以上两种情况大致可以代表当下知识分子生存的两种极端状态,而大多数知识分子仍然在这两个极端状态之间游走、徘徊和选择。

第三节 知识分子电视化生存形成的悖论

一、貌似公共性实则缺乏批判性

这些"学术明星",或是以其他方式参与电视运作的知识分子,充分利用

---

[1] 姜小玲:《"明星学者"易中天》,《解放日报》,2006 年 5 月 19 日。
[2] 张彦红:《草根学者易中天》,《东北之窗》,2006 年第 24 期。
[3] 李仲庆:《大众传媒语境下的于丹热解读》,长春,吉林大学,2007 年,第 78 页。
[4] 引自《南方周末》,2007 年 3 月 22 日。

了电视这个最大众化平台,宣讲自己的一部分学术成果,或对某一事物发表看法,看似具有了公共性。因为在传媒高度发达的今天,谁要想在公共领域发言,电子媒体以其快速、广泛的特性,无疑成为最佳的路径。因此,当学者走上电视,并迅速成名时,有人感叹说这找回了知识分子久违的公共性特征。事实果真如此吗?

陈力丹在《教授走进电视直播间的学理追问》这篇文章里说:"我曾参加过中央电视台的专家访谈节目,策划人事先早已确定了节目的基调,我基本依据写好的步骤和要点说话,几乎不可能使用学术性的语言,20分钟的时间也不可能谈出多大深度。还有电视台记者的采访,回答只能是简单的几句话,那些话绝对是常识,用不着教授出面来讲,只是为了增加权威性。教授在这里变成了电视台的工具性符号。"①

从前面的分析我们知道,电视场域之所以向学术场靠拢,很重要的一个目的是想借用学术场的文化资本,背后是收视率的魅影。这就注定了电视场域中的知识分子,只是作为一个"工具性符号"而存在的。他的价值只能体现在他与电视场域的配合程度以及对电视场域惯习的遵守程度上。而中外的知识分子理论研究都认为,知识分子是"社会的良心",其核心是批判精神。他必须是始终抱着质疑的态度,保持与周围世界的"格格不入"。他是"漂移的""无根的",而一些"既无批判意识,也无专业才能和道德信念,却在现时的一切问题上表态,因而几乎是与现存秩序合拍"②的人,布尔迪厄曾毫不客气地将这种人称之为知识界的"特洛伊木马",认为这些"知识分子"对知识场的颠覆将是极其致命的。

"在中国,媒体是商业与政治的纠缠物"③。仅就《百家讲坛》来说,其政治倾向是十分明显的。它的制片人曾坦率地说:该节目"不承担学术上的正确性",但谅他也不敢说不承担政治上的正确性。栏目主持者与演讲者可以安全体面地共富共荣。既符合媒体经济学的规则,又不会踩政治的高压线。④ 所以,"《百家讲坛》的管理人除了不让你犯政治错误以外,其他的他都不管的——深度、浅度,他只管他的收视率"⑤。"北邙山樵"评点阎崇年、

① 李明伟、陈力丹:《教授走进电视直播间的学理追问》,《当代传播》,2004年第2期。
② 时统宇:《试论"电视知识分子"》,《现代传播》,2003年第2期。
③ 《媒体、思想与化功大法》,载于张法、肖鹰、陶东风等:《会诊"百家讲坛"》,合肥,安徽教育出版社,2007年,第166页。
④ 李浩:《吊诡的变脸:〈百家讲坛〉现象浅议》,《西安交通大学学报(社会科学版)》,2007年第11期。
⑤ 《媒体、思想与化功大法》,载于张法、肖鹰、陶东风等:《会诊"百家讲坛"》,合肥,安徽教育出版社,2007年,第170页。

易中天、于丹三大主讲人说:"阎崇年虽然饱读史书,却居然是在历数清代宫闱的帝王轶事和花边新闻;易中天号称是在'水煮三国'演绎名著,其精神内核却是展示中国人最应该去批判的官场哲学和阴谋论;至于于丹,她讲的内容根本就和孔子庄子无关,她是以复活经典的名义,传授犬儒主义哲学,对大众进行心理按摩。"①很多学者对于丹的《论语》《庄子》讲述颇有微词,认为她的讲述体现了彻头彻尾的犬儒主义和鸵鸟哲学。在她的《论语心得》的封皮上,"醒目地印着几行字:《论语》的真谛,就是告诉大家,怎么样才能过上我们心灵所需要的那种快乐的生活。这就是全书的纲领、主题。但我们必须特别注意:她所提倡的那种快乐的生活,不是一般的快乐生活,而是与物质条件、经济地位没有关系的'心灵'的快乐生活。只要'心灵''内心',有了自信,有了'定力',则任何矛盾、难题,都可迎刃而解。"②这些看似与政治无直接关系,然而,贝淡宁明确地指出:"于丹对《论语》的阐释'并非像表面上那样与政治毫无干系。通过告诉人们他们不应该抱怨太多,首先和最重要的是关注内心幸福,弱化社会和政治承诺的重要性,忽略儒家思想的批评性传统,于丹实际上转移了造成人们痛苦的经济和政治条件……实际上,她倡导安于现状,其观点是保守的,支持保持现状的。"③的确,在于丹的讲述中,其观点经常会直接以"和谐"之名时不时地冒出来,从而让它们成为整个论述的黏合剂。在后来"新浪"网站对于丹的采访中,她更是去掉装饰,直言《论语》与"和谐社会"的相通之处。当主持人问她《论语》是不是当今和谐社会的必读书时,于丹回答如下:"其实《论语》说得挺主流的,也就是说《论语》里很多话放到今天都是我们今天和谐社会提的一些理念,你像他说的'仁'就是爱人,'智'就是知人。人要做的事就是'己欲利而利人,己欲达而达人,能进取毕,可谓仁之方也',这是什么? 这就是以人为本。"④正因为如此,"国庆长假期间,于丹讲《论语》心得,杀了出来。节目播出后反响很大,她讲和谐社会,中宣部也关注了"⑤。

知识分子的价值,应体现在他强烈的社会责任意识,时刻用批判审视的

① 牛蕊:《从〈百家讲坛〉看我国电视讲坛节目的问题与发展》,长春,东北师范大学,2010 年,第 66 页。

② 《天行健:应该把反对于丹歪批经典的斗争进行到底》,http://www.tianya.cn/New/PublicForum/Content.asp?idArticle=114468&strItem=no05。

③ 贝淡宁:《〈论语〉的去政治化》,吴万纬译,《读书》,2007 年第 8 期。

④ 《于丹聊天实录,〈论语〉与和谐社会有相通》,http://book.sina.com.cn/author/2006-12-01/2324206939.shtml。

⑤ 《〈百家讲坛〉新坛主:我能比易中天更易中天》,《青年周末》,2007 年 3 月 30 日。http://culture.people.com.cn/GB/42223/79152/79153/5542845.html。

目光对待社会的发展,他是社会肌体上的"牛虻",是社会良心和道德的化身。所以,对于知识分子来说,批判性的丧失,便直指其存在的合理性及意义。杰姆逊曾说:"在第三世界情况下,知识分子永远是政治知识分子。"①真正的知识分子应该勇担社会道义与责任,将批判的锋芒指向国家机器与社会丑陋。马克思主义告诉我们,存在决定意识,而不是意识决定存在。当民众在为生存压力心神交瘁,为房子问题愁眉不展,为孩子上学绞尽脑汁,为看病问题债台高筑,为无良拆迁告状无门时,你怎么能要求他们转向内心安宁,寻求内心的自由,从而得到幸福呢?阿伦特(Hannah Arendt)在《什么是自由》中,鲜明地指出,自由是一种客观状态而不是主观感受,奴隶在客观上是不自由的,虽然他可能有"主观自由"的感觉。在阿伦特看来,回避公共世界的不自由,而退回到心理的"自由",实际上是一个极权时代的病态。知识分子应该是社会的"先知先觉"者,他有责任给民众擦亮眼睛,帮助民众看清前面的道路,拨开道路两旁的荆棘,引领他们走向光明。而不是带领民众与主流意识形态一唱一和,无视社会的黑暗与丑陋,沉浸在自娱自乐的狂欢中。我们看到,在《百家讲坛》的节目里,没有哪个经济学家站上去讲经济危机,讲房价,讲拆迁问题,讲民工问题。这些涉及国计民生,事关百姓福祉的议题都被过滤掉了。

不过,我们也必须看到,电视场域中学者批判性的丧失,原因是深远的。正如刘行芳所言,《百家讲坛》的批判性不够这是有目共睹的,但问题不在《百家讲坛》,这和大众传媒的制度设计有关。在中国,传媒是社会调控、管理机制,是作为政府的助手来被定位的,所以我国传媒自身的批判性就不够,这就造成《百家讲坛》走肯定、歌颂、普及、传播的道路,否则《百家讲坛》就不能生存。而在西方,传媒是社会雷达,是一种社会监控机制、净化机制。这就如同普利策(Joseph Pulitzer)所说,记者就是社会的瞭望者,必须以警觉的眼光看待社会问题,传媒的责任不是讲成就,而是发现问题,找出社会的阴暗面,所以定位不同。② 其实,即便是西方媒体,其批判性也日渐消钝,布尔迪厄在《关于电视》中就明确指出,由于把收视率作为电视的基本目标,电视逐渐开始走向非政治化或中立化。而中国媒体,更是身负政治与经济双重镣铐,电视的意识形态性和建立在高技术基础上的强商业性,决定了学者的处境只能是像一颗螺丝钉般嵌入电视的生产线上,必定是一仆二主的。表面上看,他们被置于衔接处,因而有着极其重要不可替代的作用和意义,

---

① 杰姆逊:《处于跨国资本主义时代的第三世界文学》,《当代电影》,1989 年第 6 期。
② 源自本人访谈。

而实际上,他们既要迎合大众口味,又要妥协于统治阶级的意识形态,必然会失去其批判的锋芒。

二、只有解释性而无创造性

经过几番调整,《百家讲坛》最终选择走历史人文路线。它的主题主要集中在历史故事中,以各朝代的宫廷事件、著名人物为主。这就决定了主讲人的讲述必然讲求故事性、细节性、悬念性,以曲折动人的情节吸引观众,于是,解释历史,就成了主讲人的主要任务。

由于面对的是普通大众,学者解释历史的工作只能朝着通俗化、平民化的方向走下去。他们本着浅思维的原则,对传统文化进行现代化的解读。目前中国正处于社会转型期,虽然人们物质生活普遍提高了,但心灵上的苦恼却增多了。在面对工作、家庭、生活中的诸多压力时,人们往往会感到迷惘和孤独,这时,学术明星们对古代传统经典的细心解释,往往会契合人们"精神困境"时期对古代经典的渴望,引导、安慰、启发他们那焦灼的心灵。例如于丹的《论语》心得,走的就是"心灵鸡汤"的路线,通过她的解释,《论语》中的人生价值便像鸡汤一样保持恒温又富含营养,她将人生的哲理、感悟,用精辟和富有哲理的语言表达了出来,安抚着现代人浮躁的灵魂。而易中天品三国,将历史与我们的时代紧密关联,他对三国的品读,让我们感觉原来经典离我们并不遥远。

在前文学术场的惯习部分,笔者就谈到创新性是学术场一个重要特征:学术研究以创新为旨归。创新性是学术人的永恒追求。在学术场域中,有学术创新性研究的行动者无疑比其他行动者享有更多的学术资本和更高学术地位,在学术场域中处于支配阶层的位置,比同场域其他阶层的人具有更多的话语权和学术代表性。所以,在学术场域中,要想提升自己的场域位置和话语权,创新性的学术成果是最主要的资本。而创新性也是真正潜心做学问的学者毕生追求的。

然而,在电视场域中,学者的创新性是无从体现的。电视是个以故事见长的场域,任何深奥的、思辨性、逻辑性强的东西,都是无法被消化的,所以,电视场域天生排斥创新性的内容,学者的创新性思维当然也无处表现。这说如于丹在被访时多次提及的那样:"在传播学上有一个原则,就是你要永远保持它那种特别简单甚至是傻傻的笨笨的样子,这才易传播,你把它整的特别深邃的话,就传不出去了。再传播的前提就是使它简单、傻瓜。"[1]在这

___

[1]　崔力文:《于丹现象.文化消费的成功案例》,《青年记者》,2007 年第 18 期。

样的传播逻辑下,电视场域中的学者只能放弃创新性,而将通俗的解释性进行到底。虽然学术圈内也有不少学者对于丹、易中天的电视传播行为进行了肯定,但是这主要是集中在把经典大众化方面,几乎没有人认为他们的解读是创造性的学术研究。这方面,杨念群的见解是比较典型的。他认为:"于丹现象是主流媒体进行甄别选择后,又迎合了大众极度需要精神慰藉的心理而诞生的现象,其实从本质上而言与解读《论语》本身是否准确的学理性讨论已经没有多少关系。"①

由于电视场域特殊的运作规律,身处其中的学者所做的经典的解释也非学术性的,它只能是非精确的、个人性的和通俗性的。第一,非精确性。在著名的"天涯社区"网站,ID 为"塞外李悦"的网友发表了三万字的长文《〈论语〉可以乱讲吗?》。文中指出于丹《论语》中的 14 个硬性错误,并对她的七部分内容进行逐篇剖析和批评,引起众多反响。肖鹰更是直接发表了名为《戏学超女于丹:不学而术讲〈论语〉》。其他学者的讲述中同样被学界挑出众多"硬伤";第二,个人性。电视不是课堂,学者的讲述很多情况下只能是个人化的。周国平曾这样评价于丹:"于丹的讲座与传播国学无关,她讲的不是国学,而是心得,并且不是她对国学的心得,而是她对人生的心得,《论语》《庄子》中的句子只是她讲述心得时使用的资料。"②顾青认为:"于丹的'心得'是她自己的理解,并不包治天下。在于丹的心目中,孔子就是一个温暖、智慧、宽容的邻家老头。这其中有着于丹强烈的个性色彩。"③在电视场域中,只有生动形象的个性化讲述,才会给观众留下深刻印象;第三,通俗性。通俗性是适合大众口味的最好办法,因此,"品三国"品出的是中国封建政治统治千百年来的"弄权擅术",表现出来的形式是讲学与说书的杂烩;"论语心得"给人的感觉仿佛是包治百病的"心灵鸡汤"。它以"孔子曰"为由头和引子,落脚在现代人生活中的处世之道、交友之道,俨然是解决当今社会问题的万古良方。而"读史记"读出的不是汉武帝的文治武功、百姓的艰难生计,而是宫闱秘史、家族争斗、人事纠葛,以及绵延千年的"胜者为王败者为寇"的传统观念。

三、遵循商业性却无自治性

当知识分子作为一名在学术场内行动多年的学者而进入电视场时,就

---

① 李仲庆:《大众传媒语境下的于丹热解读》,长春,吉林大学,2007 年,第 56 页。
② 周国平:《心平气和看于丹现象》,《新京报》,2007 年 4 月 28 日。
③ 李仲庆:《大众传媒语境下的于丹热解读》,长春,吉林大学,2007 年,第 67 页。

必须遵守电视场域的惯习,其中商业性是电视场域的一个重要特征。布尔迪厄在《关于电视》批评了电视的商业本质以及过度重视收视率的危害:"这是个隐匿的上帝,它统治着这个圈子,失去一个百分点的收视率在某种情况下无异于直接走向死亡。"①收视率的确是奉经济效益为圭臬的媒体头上时刻高悬的达摩克利斯之剑。

中央电视台2002年推出的《中央电视台栏目警示及淘汰条例》,无疑给此前坚持走精英路线的《百家讲坛》重重一击,"末位淘汰制"原本是企业对员工进行绩效考评时所采用的一种方法,然而随着媒体商业化运作的加速,媒体对它的运用是有过之而无不及。"收视率"则是一个更加商业化的评价标准,它将文化节目当作产品来看待,通过收集观众的收看行为来了解观众的视听偏好,它原本是广告商投放广告的重要参考标准,而现在却逐渐成为了决定节目成败的首要因素。从本质上讲,它与学术传播的逻辑本是格格不入的。然而,在收视率的棒喝下,《百家讲坛》不得不进行多次改版,最终走上文化搭台,经济唱戏的路子。于是,学者的自主性被放逐,他们必须乖乖地听从电视从业者们的要求。每个主讲人在讲课之前,都必须跟编导进行认真协商,什么能讲,什么不能讲,都必须经过"审查",演讲完还要观看整体效果,必要的话再进行后期剪辑加工。"经过央视四次审查,节目才会最终呈现给观众。因此每档节目都是我们深思熟虑的产物"②。

关于学者上电视后自主性的丧失,布尔迪厄就曾明确指出:"上电视的代价,就是要经受一种绝妙的审查,一种自主性的丧失,其原因是多种多样的,其中之一就是主题是强加的,交流的环境是强加的,特别是时间也是限制的,种种限制的条件致使真正意义上的表达几乎不可能有。"③而深度介入电视的王鲁湘也坦率承认:"主体立场的丧失是知识分子进入电视的一个必然代价。你要转换到这个角色,就必须接受这个条件。以中国目前情形,任何一个媒体的话语空间都是有限的,电视的话语空间更狭窄一些。"④万卫在总结《百家讲坛》由衰而盛时说:"收视率促使你必须关注大众文化。""我们发现精英式的讲述在'百家讲坛'都是失败的,电视语态应该是讲细节,以故事来吸引人,以情节来取胜,所以我们也是在不断地总结要求主讲

---

① 〔法〕皮埃尔·布尔迪厄:《关于电视》,许钧译,沈阳,辽宁教育出版社,2000年,第24页。
② 英子:《曾经没人看 央视〈百家讲坛〉为什么这么火》,http://www.21huashang.com/html/guanliqianyan/baijiajiangtan/2009/0323/33106.html。
③ 〔法〕皮埃尔·布尔迪厄:《关于电视》,许钧译,沈阳,辽宁教育出版社,2000年,第11页。
④ 徐梅:《王鲁湘导演最怕一根筋》,《南方人物周刊》,2006年第19期。

人做到这一点。"①商业性的内在要求决定了知识分子介入媒体的过程中必须让渡出原有的话语权力及话语方式,也弱化了知识的精英式文本状态,而成为易为大众共享的餐点。《百家讲坛》的成功者易中天的话一语中的:你要想在《百家讲坛》讲好,第一个条件就是你甘愿被修理;第二是你能够被修理。在这种反复"修理"中,知识分子原本的自主性消失殆尽。

在《百家讲坛》讲过唐史的孟宪实曾对《百家讲坛》与自我的关系做过一个很有意思的比喻。他把自己比做"运动员",把《百家讲坛》的编辑制作人员比做"教练组"。在这种比喻的背后,隐含的却是他对自己自主性丧失的无奈。对于运动员来说,他的主体性仅仅体现在他是否落实了教练的意图。《百家讲坛》后来之所以成功,很大程度上在于它成功地训练了一批坚决贯彻教练意图的运动员,而运动员的成绩(收视率)又反过来印证和强化了教练的意图,肯定了教练的训练方案。然而,这一切,都是以取消或削弱学者的自主性为代价的。电视场域对学术场域这种控制的结果,就是自己捞取了大把的象征资本,而文化生产场却日益失去了其生产的自律性和自主性。电视场以"大众"的名义来扼杀学术场内生产的个性化追求,进而形成繁荣背后的千篇一律,沦为商业的奴隶。"收视率、销售量等市场营销术语引入'文化生产',其本身就是文化的一种异化,因为商业逻辑将艺术纳入商品交换的轨道,使艺术丧失了先锋性和自主性"②。

对于知识分子的权力问题,布尔迪厄分析的十分到位,"艺术家和作家,或更笼统地说,知识分子其实是统治阶级中被统治的一部分。他们拥有权力,并且由于占有文化资本而被授予某种特权,他们中的一些人甚至占有大量的文化资本,大到足以对文化资本施加权力,就这方面而言,他们具有统治性;但作家和艺术家相对而言于那些拥有政治和经济权力的人来说又是被统治者"③。在他看来,知识分子虽然掌握社会文化资本,在权力场域中占有重要地位,但是,相对于政治与经济资本来说,他们不过是统治阶级中的被统治阶级。布尔迪厄清晰地看到了知识分子自主性的有限性问题。萨义德对此也曾表示:"知识分子的圈子一旦超出了成分类似的知识分子群——换言之,当取悦阅听大众或雇主取代了依赖其他知识分子的辩论和判断时——知识分子这一行不是被废掉,就是必然受

---

①　张磊:《万卫解密〈百家讲坛〉,主讲人是核心竞争力》,《北京青年周刊》,2007 年 7 月 19 日。

②　李兴亮:《实践中的文化批判》,《理论学刊》,2004 年第 10 期。

③　包亚明主编:《文化资本与社会炼金术:布尔迪厄访谈录》,包亚明译,上海,上海人民出版社,1997 年,第 85 页。

到约束。"①进入电视场域的知识分子,其以往的学术惯习必然会受到新场域的改造,所以,电视场域是一个主体遭放逐的领域,在电视场域对学术场域的介越,或者说两个场域的渐进融合中,所有行动者都必须接受电视场域中收视率为指标的劣汰选拔机制,接受新的场域惯习的塑造,知识分子在原场域的自主性因此而被阉割或被扭曲变形。

---

① 〔美〕爱德华·W.萨义德:《知识分子论》,单德兴译,北京,生活·读书·新知三联书店,2002 年,第 61 页。

第八章 介越场景中知识分子的突围考量

在电视的社会功能日益强大的今天,我们难以否认,电视场对学术场的介越已是不争的事实。而且这种介越也确实对部分学术场产生不小的影响,改变了一部分知识分子的学术惯习,增加了他们获取资本的场域外途径。不过也正是由于这种改变,才会引起学术场域内另一部分知识分子的警惕,甚至强烈反对。那么,在电视媒体昌盛的时代,知识分子应该如何对待电视媒体呢? 知识分子传媒化生存的路径又在哪里呢?

第一节 布尔迪厄的思考

20世90年代中期以后,布尔迪厄先后在一系列的公开演讲和电视谈话中不断涉及"祛魅电视"这一话题。1996年1月23日的《电视周刊》上,他提出"可否通过电视讨论社会运动"这一问题。同年3月,他分别在由法兰西公学院和法国国家科学研究中心视听部主办的两档电视节目中发表《关于电视》和《记者场与电视》的演讲,5月由巴黎一台播出。这些演讲后来被集结为《关于电视》一书。在书中,布尔迪厄详细地阐释了他对电视与知识分子关系的态度。

一、"在条件合理的情况下,知识分子有上电视讲话的责任"

虽然布尔迪厄在《关于电视》中,对电视的内在运作机制、对商业性的膜拜,以及对民主的破坏给予了无情的揭露,但由此而形成的一个悖论是,布尔迪厄本身也就是个电视知识分子,他对电视的批评与指责,恰恰是在电视上完成的,这就显示出布尔迪厄对电视的态度,即利用电视来为电视解魅。与一些激进的知识分子拒绝上电视,宁愿站在媒介之外批判媒介的策略不同,布尔迪厄选择了"介入"电视的姿态,深入其内部,揭示其内部的运作规律。他认为,电视正在对艺术、文学、科学、哲学、法律等文化生成形成巨大威胁,他要做的就是揭露电视的象征暴力(或符号暴力),使这一切大白于天下,从而唤起人们自由表达自己观点自觉意识,乃是一个社会学家不可推卸的责任。①

因此,布尔迪厄的态度是:"抱有偏见,断然拒绝在电视上讲话在我看来是经不起推敲的。我甚至认为在条件合理的情况下有上电视讲话的责任。"②作为一个"介入型知识分子",他曾这样说过:从左拉到萨特,新闻界一直就是知识分子思想表达的通道,是知识分子革命和战斗的前沿。如果在任何一次知识分子的讨论中,新闻界起不到扩音器和讲坛的作用,那么事情就不会顺利。正因为他对电视有着这样的态度,他才会一边批判电视所造成的种种不良后果,一边又选择上电视,发表自己对电视与知识分子关系的看法。"我选择在电视上讲授这两门课,是想作一尝试,突破法兰西公学院的限制,面向普通听众"③。也就是说,布尔迪厄对电视是"又爱又恨"的,他既看到了电视在现代人们生活中的重要作用,认为现代社会中,知识分子不可避免地会接触电视,因为与其他阶层相比,知识分子最大的不同点是拥有较多的文化资本和符号资本,他们应该积极利用电视来表达自己的思想与立场,有效将文化资本转化为社会资本和经济资本,从而获得话语权。同时,布尔迪厄也以其思想的深邃警示我们,要小心警惕电视对知识分子自主性的伤害。

布尔迪厄利用电视来批判电视的做法,会使人对他对传媒的态度感到困惑。其实,这正是布尔迪厄作为一名批判型社会学家的高明和深远之处,他利用了大众传媒巨大的能量来传播自己的思想,如果他不上电视,怎么能让人知道电视的内部规律及弊端,以及他对电视的反思和批判呢? 同时,布尔迪厄又自觉避免受到传媒的控制,警惕它的话语霸权影响自己的独立思考和判断。

二、"人们应以民主的名义与收视率作斗争"

布尔迪厄对收视率之于电视的影响揭露得十分深刻。他认为,收视率是掌控电视生命的"隐匿的上帝""它统治着这个圈子"④。他看到了近三十

---

① 〔法〕皮埃尔·布尔迪厄:《关于电视》,许钧译,沈阳,辽宁教育出版社,2000年,译序第3页。
② 〔法〕皮埃尔·布尔迪厄:《关于电视》,许钧译,沈阳,辽宁教育出版社,2000年,第10页。
③ 〔法〕皮埃尔·布尔迪厄:《关于电视》,许钧译,沈阳,辽宁教育出版社,2000年,第1页。
④ 〔法〕皮埃尔·布尔迪厄:《关于电视》,许钧译,沈阳,辽宁教育出版社,2000年,第24页。

年,电视与经济关系的日益紧密:"近三十年,我们看到了与时代与金钱妥协的征兆……到了今天,市场慢慢被公认为是合法的判决机构……于是最后的裁决权,如最后的审判一样,一股脑儿给了销售额。透过收视率,看到置入文化生产的经济逻辑。"①他更深层地看到了收视率对电视的影响:"收视率对电视施加了一种完全特殊的影响:它表现为紧急性的压力。"②他认为,受制于收视率的电视更易于向貌似自由、清醒的消费者施加市场压力,因为那些维护收视率的人会以收视率作为民主的幌子,标榜它为民主的手段,而实际上,收视率不过是市场、经济外部因素制约的结果,是一种纯商业性的合法的制裁,而"在文化领域屈服于这一营销工具的苛刻要求,恰正等于在政治领域受制于以民意测验为指导的蛊惑民众术"③。因此,布尔迪厄的呼吁是:"人们能够并且应该以民主的名义与收视率作斗争。"④

　　然而,人们应该如何以民主的名义与收视率作斗争呢? 布尔迪厄却没有给出具体的办法。这大概也是布尔迪厄的无奈之处。收视率对电视的控制已深入骨髓,成为电视内部运行的集体无意识。从某种意义上说,收视率是媒体的命脉,"失去一个百分点的收视率在某种情况下无异于直接走向死亡"⑤。在这种情况下,观众对"民主"的呼唤实在是显得极其空洞,"斗争"的手段与策略又显得十分渺茫,而在电视对人们日常生活影响得日益全面和深入的今天,人们与收视率作斗争的动力又来自哪里呢?

三、学者和记者的意识觉醒,共同对付"不自主知识分子"

　　布尔迪厄提出了两个场域的划分,即有限文化生产场和大批量文化生产场。与此相对应的,布尔迪厄认为场域中的知识分子也分为两种:自主的知识分子和不自主的知识分子。自主的知识分子,即那些遵循学术场游戏规则、按场域自治的原则进行严格的学术生产的知识分子,其生产的目的是给本场域其他行动者看的,希望得到的是本场域同行的认可。而不自主知识分子,即那些容易受外场域诱惑、易于和外场域合谋的知识分子。布尔迪厄分析道:"在这些场的内部,一些不能自主的人,以场内的专业价值标准衡量,他们很少得到认可,是一些失败者或正在走向失败的人,由于他们在场内得不到认可,所以热衷于到场外去寻找认可,此外,他们往往被记者

① 〔法〕皮埃尔·布尔迪厄:《关于电视》,许钧译,沈阳,辽宁教育出版社,2000年,第27页。
② 〔法〕皮埃尔·布尔迪厄:《关于电视》,许钧译,沈阳,辽宁教育出版社,2000年,第28页。
③ 〔法〕皮埃尔·布尔迪厄:《关于电视》,许钧译,沈阳,辽宁教育出版社,2000年,第79页。
④ 〔法〕皮埃尔·布尔迪厄:《关于电视》,许钧译,沈阳,辽宁教育出版社,2000年,第78页。
⑤ 〔法〕皮埃尔·布尔迪厄:《关于电视》,许钧译,沈阳,辽宁教育出版社,2000年,第24页。

看好,因为他们不让记者们感到害怕,时刻准备按照记者们的要求行事。我之所以认为有必要跟这些不可自主的知识分子作斗争,是因为他们是特洛伊木马,通过他们,他律,即商业的法则,经济的法则,可渗透到知识场来。"①

可见,布尔迪厄对这些不自主知识分子是持批判态度的。在他看来,不自主知识分子往往是那些在本场域资本不太雄厚的行动者,"越受同行承认,也就是说专业资本越雄厚的作家,就越会有抵抗的倾向;相反,在纯文学实践中越不能自主,也就是说受到商业因素吸引就越倾向于合作"②。这些不自主知识分子由于在本场域内得不到充分认可,于是便转向外场域(尤其是电视场),去寻求场外的社会资本。这些内部特洛伊木马热衷于上电视,然而,他们"不知道自己将在电视上说些什么就答应上节目,在我看来,这显然暴露出这些人上电视是为了别的原因,尤其是想在电视上露露脸或被收视,而不是要说些什么"③。布尔迪厄认为,这些不自主知识分子就是本场域的"特洛伊木马",是外场域行动者渗透到学术场域的内部接应者,因为"传媒的力量,若要对科学界这样的领域施加影响,那它必须在它看重的场中找到同谋"④。

对待这些不自主知识分子,布尔迪厄提出:"通过意识的觉醒,摆脱这种机制的控制,同样地,提出一个艺术家、作家、学者和拥有传播工具的垄断权的记者共同的行动计划。只有这样的合作,才能进行有效的工作,传播最普遍的研究成果,并实实在在地普遍创造通过普遍性的条件。"⑤在这里,布尔迪厄"希望艺术家、作家、学者能明确地给自己提出这个问题,如果可能,能全体自问,不至于让每个人独自去面对选择,不知应该不应该接受电视台的邀请,如接受,又该不该提出条件,我特别希望他们能集体来解决这个问题,设法与记者,专业或非专业的,进行谈判,以便能达成某种协议……要与记者们联合起来,去思考、去探寻共同克服工具化威胁的途径"⑥。

然而,人的意识是受制于他自身情况及所处环境的,深受电视场域机制控制的记者,如何才能通过意识觉醒去拒绝邀请不自主的知识分子呢? 而那些受电视场域诱惑的不自主知识分子,又如何通过意识觉醒去使自己拒

① 〔法〕皮埃尔·布尔迪厄:《关于电视》,许钧译,沈阳,辽宁教育出版社,2000年,第74页。
② 〔法〕皮埃尔·布尔迪厄:《关于电视》,许钧译,沈阳,辽宁教育出版社,2000年,第72页。
③ 〔法〕皮埃尔·布尔迪厄:《关于电视》,许钧译,沈阳,辽宁教育出版社,2000年,第9页。
④ 〔法〕皮埃尔·布尔迪厄:《关于电视》,许钧译,沈阳,辽宁教育出版社,2000年,第71页。
⑤ 〔法〕皮埃尔·布尔迪厄:《关于电视》,许钧译,沈阳,辽宁教育出版社,2000年,第97页。
⑥ 〔法〕皮埃尔·布尔迪厄:《关于电视》,许钧译,沈阳,辽宁教育出版社,2000年,第10页。

绝诱惑,变得自主呢? 这种意识感召与呼唤型的方法在具体实践中显然是缺乏力度的。

四、"两种策略":"建筑象牙塔"与"走出象牙塔"

在布尔迪厄的眼中,电视已经从可能引导思维革命、提升受众民主意识的工具沦为商业的工具和象征的暴力,而且这种趋势还在不断加剧,日益威胁着其他场域的自主性。面对这样的困境,布尔迪厄通过深入电视,在对电视的"祛魅"中,基于对知识分子与电视关系的思考,提出了两种策略:"面对这种威胁,有两种策略是可行的:要么坚决划分场的界限,设法恢复受到新闻界的思维与行动方式入侵威胁的场界,要么走出象牙塔(左拉开创的模式),去推行当初进入象牙塔时所产生的价值标准,利用各专业场内、场外以及新闻场内一切可能利用的手段,想方设法把靠自主性而获得的成就和战斗成果强加给外界。"①

布尔迪厄的这两种策略,一是建立一种象牙塔,因为"一个非常自主的场……在场中,除了与自己竞争的同行,生产者就没有别的顾客,竞争对手们完全可以取代他们……要获得自主性,必须建筑一种象牙塔,人们在塔内互相评判,互相批评,甚至互相斗争,但相互都知根知底,明明白白;在塔内尽可以对阵,但用的武器应是科学工具、技术和方法"②。建立这种象牙塔的目的,是维护知识分子场域的自主性,使其免受电视场域的干扰。在布尔迪厄看来,"要达到具有真知灼见的科学判断,必须具备一定的经济和文化条件,我们不能要求进行全民表决(或民意测验)去解决科学问题,因为这样一来,就势必会摧毁科学生产赖以进行的条件"③。所以,知识分子应有意识地建立并维护象牙塔的独立性,以此给人们以评判和选择的自由,从而设法恢复受到新闻界的思维与行动方式入侵威胁的场域。

另一种策略就是走出象牙塔。布尔迪厄认为,如果知识分子能够积极走出象牙塔,用自己的行动影响公众,或者能够走上电视,充分利用其便利的传播优势去传播自己的思想,倒也是一种可行的路径。他说:"要克服困难,固守在小城堡中的生产者必须从中走出来,齐心协力,进行斗争,以争取得到良好的传播条件。"④在这里,布尔迪厄并不反对知识分子走上电视,甚至鼓励他们应主动去争取良好的传播条件,从而"利用一切场内、场外手段

---

① 〔法〕皮埃尔·布尔迪厄:《关于电视》,许钧译,沈阳,辽宁教育出版社,2000 年,第 94 页。
② 〔法〕皮埃尔·布尔迪厄:《关于电视》,许钧译,沈阳,辽宁教育出版社,2000 年,第 72 页。
③ 〔法〕皮埃尔·布尔迪厄:《关于电视》,许钧译,沈阳,辽宁教育出版社,2000 年,第 94 页。
④ 〔法〕皮埃尔·布尔迪厄:《关于电视》,许钧译,沈阳,辽宁教育出版社,2000 年,第 78 页。

以及新闻场内一切可能利用的手段,把靠自主性而获得的成就和战斗成果强加给外界"。知识分子拒绝的应该是电视的商业性和庸俗性,而不应该拒绝将电视看作一个传播的平台,一个启迪民智的好工具。

在媒体对人们生活影响日益巨大的今天,布尔迪厄的"建立象牙塔"策略无疑充满了乌托邦色彩,但其"走出象牙塔"的策略则显示了布尔迪厄的远大胸襟和眼光,他一方面强调知识分子场域的自主性,坚持"象牙塔"策略,但又不像阿多诺那样退守"象牙塔",他超越了阿多诺式的站在媒介体制之外来批判媒介的方法,其"参与性对象化"的方法更具破坏性。作为一个社会学家,他更关注在电视上揭露电视的象征暴力,遏制它的非民主性①,从电视体制内部揭示其鲜为人知的一面,从而勇敢地转变成为"介入型知识分子"。

第二节　形象:介入电视的知识分子的负面呈现

介入电视的知识分子,由于其经常在电视上就公共事务发表看法,或面向公众讲授某类知识,因而常被冠以"公共知识分子"的称号,关于这个"公共知识分子",近些年来也有越来越多的争论。

一、公共知识分子是个"伪命题"?

公共知识分子(Public Intellectual)近年逐渐成为学界的热点话题,原本是人们对知识分子在新时期社会责任和历史担当的深入讨论,但随着社会发展中一些新情况的出现,以及知识分子和媒介关系的日益紧密,公共知识分子不知在何时被简称为"公知",并且带有戏谑的成分。还有学者认为,公共性原本就是知识分子的应有之意,如今特意冠之以"公共"二字,本身就是对当代知识分子的否定,所以所谓"公共知识分子",不过是个"伪命题"罢了。近几年来,在学术圈里,关于"知识分子"和"公共知识分子"的争论从未间断。

(一)"公共知识分子"的内涵与溯源

1."公共知识分子"的内涵

如前文所述,知识分子有两个历史来源。一个来源出现在19世纪的俄

①　〔法〕皮埃尔·布尔迪厄:《关于电视》,许钧译,沈阳,辽宁教育出版社,2000年,译序第16页。

国。当时较之西方还很落后的俄国社会里有这么一批人,他们本身属于上流社会,受的是西方教育。以这样一种精神态度来观察俄国当时落后的专制制度,他们便觉得所处的社会极为丑恶、不合理,产生了一种对现行秩序的强烈的疏离感和背叛意识。这样一批与主流社会有着疏离感、具有强烈的批判精神、特别是道德批判意识的群体,当时就被称为知识分子。俄国的知识分子不是一个职业性的阶层,而是一个精神性的群体,这批人甚至有可能来自不同的阶层,有些可能是军官,有些可能是教师,有些可能什么都不是,但他们在精神气质上则有着共通之处,这是西方"知识分子"的一个源头。从这个起源我们可以看到知识分子在语用学的意义上具有强烈的现实与道德的批判精神,并且与一种文化的疏离感联系在一起。

知识分子的第二个来源是在 19 世纪的法国。1894 年法国发生了一起著名的"德雷福斯事件"。德雷福斯是一个上尉,由于犹太人身份而遭受诬陷,这引起了一批具有正义感与社会良知的人士,包括左拉、雨果等文人的义愤,他们站出来为德雷福斯辩护,于 1898 年 1 月 23 日在法国《曙光报》上发表了一篇题为《知识分子宣言》的文章。后来这批为社会的正义辩护,批判社会不正义的人士就被他们的敌对者蔑视地称之为"知识分子"。从法国的源头来看,知识分子一词实际上一开始是贬义的。但是其同样是指那些受过教育,具有批判识和社会良知的一群人。①

"知识分子"一词被引入我国大约是在 20 世纪 20 年代,当时并没有引起人们的注意。1925 年 1 月下旬,中国共产主义青年团第三次代表大会通过的《宣传及煽动决议案》中提到:"本团的宣传工作,应当是矫正从前专注重一部分比较进步的知识分子的弊端。"②此后,知识分子一词才在我国逐渐普及和使用。

由于"知识分子"原本就是个舶来品,其在西方也没有统一的定义,所以在被引入中国后,我国的出版物和学术界对它的界定更是各式各样。综合知识分子作为一个群体的历史演变和中西方学者的研究成果,这里认为,知识分子可有广义和狭义两种视角。

广义的知识分子,主要是从拥有知识的多寡来划定的。知识分子首先必须拥有知识,而且随着整体国民素质的提高,能成为知识分子的底线也在提升。这些知识分子或是从事知识的创造,或是从事知识的传承,或是从事知识的传播。

① 许纪霖:《中国知识分子十论》,上海,复旦大学出版社,2008 年,第 2~3 页。
② 王增进:《关于知识分子词源的若干问题》,《经济与社会发展》,2003 年第 1 期。

　　狭义的知识分子,则是除了必须拥有较高程度的知识外,这类群体还必须具备高尚的道德关怀,能够立足于自己的研究领域,面向大众,就公众问题发表看法,这种看法必须是超越个人功利的,具有普适性。他们必须仅仅从知识的理性和良知出发,做出自己的事实分析和价值判断,而不依赖于任何阶级或团体。这正如陈平原所说:"对于知识分子,首先是为学术而学术,其次是保持人间情怀。"①

　　由以上知识分子的两个历史渊源和广义和狭义的概念界定来看,当今世界,无论中外,"知识分子"的意义在大多数场合意味着"有专业知识的人"。而与这种通俗的、大众的用法相伴随的是,始终有一些专家学者强调"知识分子"的非专业化的意义。也就是说,知识分子除了必须掌握一定的专业知识外,还应该有一些公共的情怀。

　　"公共知识分子"一词,最早来源于美国哲学家拉塞尔·雅各比在 1987 年出版的《最后的知识分子》一书。② 他认为真正的公共知识分子应当立足专业,放眼天下,用自己的言行和创作参与社会运转,并呼吁富有社会责任感、勇于充当引路人的公共知识分子的出现。之后,利奥塔、布尔迪厄、萨义德等进一步论述了公共知识分子问题,形成西方"公共知识分子"的理论思潮。在他们看来,大学教育在美国等发达国家得到普及之后,社会进入了学院化、专业化时代,与此直接相关,技术专家和大学教授成了知识分子的主体,自由身份的作家、艺术家退居后台,技术专家和大学教授们仅为专业读者写作,知识分子公共性的存在成了问题,随之,公共知识分子就消亡了。③ 2002 年,美国联邦上诉法院法官、芝加哥大学教授理查德·波斯纳《公共知识分子——衰落之研究》一书,更是将西方对公共知识分子的讨论推向高潮。一般认为,西方"公共知识分子"思潮的出现是当时历史条件的产物,是为反抗现实中资本主义对于社会的不断渗透所带来的社会各层面的危机而出现的。

　　中国学术界、知识界开始谈论"公共知识分子"源自 2002 年召开的"公共知识分子与现代中国"国际研讨会,与会学者编撰了《公共性与公共知识分子》一书,自此,公共知识分子问题开始作为一个独立的名词逐渐受到国人的关注。2004 年,《南方人物周刊》公布了"影响中国的公共知识分子 50 人"名单,并提出评判公共知识分子的标准,认为它不同于西方社会的

---

　　①　陈平原:《学者的人间情怀》,《读书》,1993 年第 3 期。
　　②　〔美〕拉塞尔·雅各比:《最后的知识分子》,洪洁译,南京,江苏人民出版社,2002 年。
　　③　梅荣政、周志平:《"公共知识分子"论是怎样一种思潮?》,《高校理论战线》,2005 年第 2 期。

"Public Intellectual",是特指具有某些学术或专业背景、被认为有较大社会影响力的华人知识分子并在文章里提出公共知识分子的三条标准:一是具有学术背景和专业素养的知识者,二是进言社会并参与公共事务的行动者,三是具有批判精神和道义担当的理想者。第一条是基本条件,第二条是言行,第三条是品格。这一名单宣告公共知识分子开始进入了普通大众的视野。许纪霖认为:"公共知识分子是指那些以独立的身份,借助知识和精神的力量,对社会表现出强烈的公共关怀,体现出一种公共良知、有社会参与意识的一群文化人。"同时,他认为,公共知识分子的"公共"还包括三个含义:第一是面向(to)公众发言的;第二是为了(for)公众而思考的,即从公共立场和公共利益,而非从私人立场、个人利益出发;第三是所涉及的(about)通常是公共社会中的公共事务或重大问题。①

那么,到底什么是"公共知识分子"?波斯纳的《公共知识分子——衰落之研究》给公共知识分子的定义是:"以公众为对象,就政治和意识形态性质的公共问题发表意见的知识分子。"他认为,公共知识分子应该是社会的"牛虻",要像苏格拉底一样对现状发问,虽然不一定都要振聋发聩,但也能挑战常规,启发思路,冲击思想的麻木。② 根据萨义德的说法,他们应该能"公开提出令人窘迫的问题,对抗正统和教条(而不是制造它们),不能轻易被纳入政府和企业";波斯纳补充道:"也不能轻易被纳入其他宗教、社会、学术的教条。"③

2003 年 4 月 3 日,我国一些学者围绕"媒体与公共知识分子"的问题进行讨论,孙立平在上述关于"媒体与公共知识分子"的座谈中提出,公共知识分子有三个特点:理想,批判,分析。马立诚则认为:"公共知识分子是这样一种人,他们维系着社会的主要价值,比如民主、自由、平等、公正。这就是公共知识分子这个概念中'公共'两个字的含义。他们通过舆论方式影响社会,推动社会进步和问题的解决。"④

唐世平在《中国到底需要什么样的公知》一文中认为:中国目前的公知大概可以分为三类。第一类是媒体人士。这类人士通常都读过不少历史,也见过很多世面。第二类是文史哲和法学学者出身的公知。这些人士在某些领域的钻研超过第一类人士。第三类是基于社会科学的公知。也就是

---

① 许纪霖:《另一种启蒙》,广州,花城出版社,1999 年,第 80 页。
② 〔美〕波斯纳:《公共知识分子——衰落之研究》,徐昕译,北京,中国政法大学出版社,2002年,第 78 页。
③ 徐贲:《公共知识分子的社会作用》,《经济观察报》,2014 年 1 月 7 日。
④ 陶东风:《社会转型与当代知识分子》,上海,上海三联书店,2001 年,第 187 页。

说,这一类人首先是好的社会科学家,做出过出色的社会科学研究,然后才是公知。他进一步认为,中国目前的公知主要是前两类,而最缺的公知是第三类公知,即,基于好的社会科学的公知。①

鄢烈山把知识分子分为两种:一种是给官方提供对策、建议的文人;另一种是公共知识分子,他们不直接影响决策,而是影响民意和舆论,通过民意向政府施压。在鄢烈山眼里,公共知识分子第一要有知识,第二要强调其公共性。公共性包括参与公共事务以及出于公心两个方面。也就是说,他的目的是为了维护或促进公共利益。此外,鄢烈山还强调了公共知识分子的两个特性——独立性和批判性。他认为,公共知识分子必须独立于公权力,独立于政府,独立于资本和市场,并且独立于大众。②

综合以上种种讨论与界定,当下所指的公共知识分子,一般认为是指那些在自己的专业活动之外,同时把专业知识运用于公众活动之中,或者以其专业知识为背景参与公众活动的那部分知识分子。这些公众活动包括政治、社会、文化等各个方面,而这种运用和参与是以利用现代大众媒介等公共途径发表文字和言论为主要方式。无疑地,公共知识分子观念的提出,是要强调专业化的知识分子在以学术为志业的同时不忘致力于对公共问题的思考和对解决公共问题的参与。③

与以往知识分子概念的职业限制不同,如有些学者所强调的,“公共知识分子”的重要特点之一是其职业身份可以多种多样。如果从“关心政治、参与社会、投身文化”(杜维明)的活动方面来看,那么公共知识分子所栖身和生存的地方,也是其发挥作用的地方。因此,虽然他们可能栖存在学术界、政府界、企业界等不同领域以及各种社会组织甚至社会运动,虽然他们各自关心的公共问题并不相同并且活动的公共方式亦各有异,但他们共同参与建构公共领域的空间,对公共事务发挥影响。

朱大可又对公共知识分子做了广义与狭义之分,他在接受凤凰网的采访时说:狭义的公共知识分子概念,通常具有这样五个基本特点:具备学术背景和专业知识;拥有普遍价值的基本底线;保持个人独立和正义立场;具有强烈的批判精神;能够对重要公共事务发表真实意见。这是真正意义上的“公知”。但广义的“公知”概念,仅指对公共事务发表意见的专业知识分

---

① 参见唐世平:《中国到底需要什么样的公知》,2013 年 8 月 5 日。
② 墨卡托沙龙:《“公共知识分子”的为与不为》,http://cul.qq.com/a/20150528/042227_all.html。
③ 陈来:《儒家思想传统与公共知识分子——兼论现代中国知识分子的公共性与专业性》,http://www.lunwenfb.com/lunwen/zhexue/sixiangzhexue/16681.html。

子。这是两种完全不同的判断标准。所有问题都是广义概念惹出来的麻烦。对后一种"公知",按不同的标准,还有进一步细分的必要,比如可以按是否有良知、是否独立、是否具有批判精神等,否则,就会出现不必要的认知混乱。①

2. 公共知识分子产生的历史原因

公共知识分子的讨论是一个属于现代性的问题。但知识者的公共性并非现代社会所独有。葛兰西所谓的传统知识分子(即有机知识分子)也有其公共性。有机知识分子理论是葛兰西文化领导权思想的重要组成部分,没有知识分子阶层,就不可能建立文化领导权关系。知识分子问题在葛兰西的文化研究中并不是一个简单的掌握和传授文化知识的问题,而是一个关乎知识分子在社会中职能的问题。他认为,知识分子需要在保持其自身独立性的同时积极走进社会现实,尤其是在社会公共领域,揭示并批判社会不公平的压制,让大众认清真相,并进一步引导大众走向反领导权实践,促进人类社会新的解放和发展。只有建立实践哲学观的"有机知识分子"与"市民社会"的紧密结合才能引导大众走向"自觉",从而打破统治阶级的霸权,赢得被统治阶级的反霸权胜利。

而中国古代的"士""儒""士大夫",其本身在作为学者的同时就是实在的或潜在的官僚队伍成员,所以在此意义上古代中国的士儒天然具有其公共性。虽然在承担行政职务的范围和等级上的不同会导致其公共性的差异,但总的来说公共性对于古代的士儒来说从来都不是问题。古代士儒超越自身利益而面对的公共事务集中在朝廷政治和地方政务,因此他们的政治表达途径与方式要么在宫廷之中面陈政见,要么在地方上疏建言、发布政令,与今天知识分子赖以生存的以大众媒介为主体的公共领域大相径庭。古代士儒的政论文字,也限于知识人之间流传,而不是"公开的合理讨论"(哈贝马斯)。但是在价值取向上,现代中国的公共知识分子必然在不同程度上受到中国知识群体传统的影响。

1987年,余英时在为其古代知识分子研究论集自序中指出:"如果从孔子算起,中国'士'的传统至少已延续了两千五百年,而且流风余韵至今未绝。这是世界文化史上独一无二的现象。今天西方人常常称知识分子为'社会的良心',认为他们是人类的基本价值的维护者。……这里所用的'知识分子'一词在西方是具有特殊含义的,并不是泛指一切有'知识'的

① 朱大可:《脱离专业的公共言论 将抽空公知的能量和灵魂》,http://www.aisixiang.com/data/54694.html。

人。这种特殊含义的'知识分子'首先必须是以某种知识技能为专业的人；他可以是教师、新闻工作者、律师、艺术家、文学家、工程师、科学家或任何其他行业的脑力劳动者。但是如果他的全部兴趣始终限于职业范围之内，那么他仍然没有具备'知识分子'的充足条件。根据西方学术界的一般理解，所谓'知识分子'，出了献身于专业工作以外，同时还必须深切地关怀着国家、社会，以至世界上一切有关公共利害之事，而且这种关怀又必须是超越于个人的私利之上的……"①余英时的这些论述并不是特别针对所谓"公共知识分子"而发，但其论述全部，也都适用于公共知识分子的古代形态和心态渊源的说明。他所说的"知识分子"就是"关怀着国家、社会，以至世界上一切有关公共利害之事"的知识人，这里的公共性是兼针对私我性和专业性而言的，这就比较接近于今天所谓"公共知识分子"观念所强调"公共性"的意义，古代多用"天下"来表达。显然这是一个大的"公共"概念，也体现了古代儒家思想的总框架。

这种立场以孟子的话为代表："思天下之民，匹夫匹妇有不被尧舜之泽者，若己推而内之沟中，其自任以天下之重也。"（《孟子·万章上》）孟子的话虽然没有明确提出公共性问题，但他的话"自任以天下之重"无疑为古代知识人规定了基本的价值方向，而这种"自任"的内涵是以"忧国忧民"为其特色的。在后世的著述中我们经常看到的"以天下为己任""以天下风教是非为己任"的表述，都是这种"以天下之重"传统的明确体现。

杜维明是近年大力提倡公共知识分子观念的儒家学者。对于杜维明来说，他不仅从上述儒家观念出发而认定儒家对于公共知识分子可能提供很多资源，而且显然他认为儒家对士的理念和实践从更广的方面支持和体现了他所理解的公共知识分子。他认为，公共知识分子是一种新的知识分子形象，而在西方文化中现代意义下的公共知识分子的资源相当薄弱②，因为现代意义的公共知识分子既不是离群独居的希腊哲学家，也不是代表上帝声音的希伯来先知，"甚至也不是西方意义下的僧侣阶级或者长老，也不是19世纪俄国发展起来的知识分子"。如19世纪俄国的知识分子，"他们全是贵族，特别反对政府，不反对政府就不是知识分子。萨哈罗夫是知识分

---

① 余英时：《"士"与中国文化》，上海，上海人民出版社，1987年。
② 事实上，如列文森所说，希腊式的教育目的也是要培养非职业化的绅士，19世纪牛津大学和剑桥大学的理想也是要把人培养成绅士以抵抗维多利亚时代的职业化，可见就非职业化而言，西方文化亦有其资源（见《儒教中国及其现代命运》第16、196页）。而杜维明所说则是指，就公共知识分子可以活跃于政界、商界、传媒界而言，儒家传统可为这种形象的知识分子提供更多的观念和例子。

子,戈尔巴乔夫、叶利钦都不能算是知识分子。这种观点现在和美国、英国、德国、法国的知识群体的发展有很大的不同。"而且这种定义和中国当代的体制内知识分子现象不能相合。① 换言之,他所理解的公共知识分子的外延范围相当广泛,所谓公共知识分子的职业身份和其表达公共性关切的方式都是多样的,这种公共知识分子的观念远远超过了那种仅以不同政见者自命的沙俄知识分子的概念。根据这样的对"公共知识分子"的理解和诠释,杜维明认为,与这种充盈着更为丰满的人文精神的公共知识分子的人格形象最确切相近的是儒家传统的"士",对于这样的知识分子类型,儒家具有较为丰厚的资源,在儒家传统影响下,儒家性格的公共知识分子表现为"关心政治、参与社会、注重文化",并富于历史感受和道德自觉。②

通过以上的历史回顾,我们不难看到,其实在传统知识分子的本质内涵中,原本就有"公共性"的内指,"根本不需要在'知识分子'前面再加'公共'二字,不介入社会,缺乏公共性的,是不配被称为知识分子的"③。那么为什么到了现当代,"公共知识分子"的概念却会出现并如此热烈地被讨论?应该说,学科的分化,以及由此而来的知识专业化是不能忽视的历史现实。学术之专业化或职业化的发展,是现代社会或社会现代化的必然表现。事实上,科学研究的专业化及自然科学知识分子的学科化,在民初以后近代大学建立的过程中已逐渐确立。

在提倡知识分子公共角色的学者看来,造成知识分子原本的"公共性"丧失的危险主要方面来自专业化,专业化给知识分子自我确认带来的内伤。这正如博格斯(Carl Boggs)指出的,随着知识分子被吸收进入大公司、政党、利益集团、教育体系、国家机构的现代体制网络,他们成为大规模的科学管理的成员,他们的作用越来越工具化了。职业性愈来愈重要,而公共性愈来愈弱化,知识分子的这种状态与现代性所产生的新意识形态"技术理性宰制"相适应,专业主义成了知识分子现代生存必须适应的环境。④ 知识分子不仅受技术理性的制约,由于大众媒介受私人公司和政府权力的控制的程

① 他还指出,知识分子概念同样应当包括回归传统价值的人,政府部门也是公共知识分子活动的重要舞台。雷蒙·阿隆可能比一个萨特或一个福柯更体现出公共知识分子所承担的伦理义务。《杜维明文集》五卷,520、601、606 页。

② 以上参见陈来:《儒家思想传统与公共知识分子——兼论现代中国知识分子的公共性与专业性》,http://www.lunwenfb.com/lunwen/zhexue/sixiangzhexue/16681.html。

③ 参见《如何评论"公知"》,http://nd.oeeee.com/comments/ndview/lesson55/201305/t20130509_1433910.shtml。

④ 〔美〕卡尔·博格斯:《知识分子与现代性的危机》,李俊、蔡海榕译,南京,江苏人民出版社,2002 年,前言、第 11、80、100 页。

度越来越深,而大众媒介又是知识分子表达公共意见的主要渠道,因此知识分子公共性的表达受到控制财富和权力的集团的限制。这种财富和权力对公共性的腐蚀虽然无关于知识分子的意向心态,但也会造成公共知识分子生态的恶化。现代性以技术和大规模组织、专业主义标准等形式把社会领域格式化,而大学就是这种形式的集中体现。现代性产生了理性化形式的教育制度,而大学和教育在现代社会中起着决定性的作用。"对现代化影响的感觉,没有什么地方比在高等教育体系内更为强烈的了。在高等教育体系中,作为古典学者、哲学家、牧师或文人学士的传统知识分子,已经被技术专家治国型知识分子所取代,他们的工作与知识产业、经济、国家和军队有机地联系在一起"①"结果是相互分离的、各不相干的学科和亚学科的大量繁殖,就它们的专业化的学术网络控制而言,它们是科层化的,这一网络拥有自己狭隘的主题、行话和社会集团。"②强烈批评专业化的学者担心,科层化的专业性发展导致专家代替了传统的知识分子,即投身人类社会的政治主题、文化主题、社会主题的知识分子,富有创见和批判性的讨论逐渐消逝,人文领域的学术性问题变得日益狭隘化。于是对意义和观点的追求、哲学的反思,"不可避免地迷失在专业技能和经验性资料的困境之中",反而模糊了战争、和平、革命、善恶这样的大问题。③ 雅各比在他的《最后的知识分子》一书中也颇为担忧地认为,当知识分子成为大学教授时,他们不需要写公共文章,他们不写,最终也不会写。④ 从而,知识分子的学术化不仅不能提出有创见的学问,更使这个专业化阶层与大学外的历史和社会相脱离。

波斯纳在其关于公共知识分子的著作中指出,1970 年以前没有受过专业训练的人可以成为公共知识分子,而如今已经很难。在现代知识的专业化和职业化时代,如今一个领域的天才进入公共领域去发表其他方面的意见时,很可能错误百出,大说外行话。⑤ 这位前联邦法官尖锐指出,当今美国知识分子在传播信息、提供意见方面表现很差,判断错误屡见不鲜,对改善公众的理解贡献不大,对重大问题的事实只有极为表面的理解。⑥

---

① 〔美〕卡尔·博格斯:《知识分子与现代性的危机》,李俊、蔡海榕译,南京,江苏人民出版社,2002 年,第121 页。
② 〔美〕卡尔·博格斯:《知识分子与现代性的危机》,李俊、蔡海榕译,南京,江苏人民出版社,2002 年,第140 页。
③ 〔美〕卡尔·博格斯:《知识分子与现代性的危机》,李俊、蔡海榕译,南京,江苏人民出版社,2002 年,第 144~147 页。
④ 〔美〕拉塞尔·雅各比:《最后的知识分子》,洪洁译,南京,江苏人民出版社,2002 年。
⑤ 〔美〕波斯纳:《公共知识分子——衰落之研究》,徐昕译,北京,中国政法大学出版社,2002 年。
⑥ 参看钱满素:《聚焦公共知识分子》,《万象》,2002 年第四卷第八期。

　　所有以上这些观点都表现出当代具有人文精神的学者对知识分子前途的忧患意识,也是对现代性的深度反省。① 他们深刻看到,随着现代知识体系的专业化和科层化的出现,原本内涵在知识分子道德骨髓中的"公共性"已渐消失不再,知识分子已越来越被体制所收编,丧失了其关注社会、以天下为己任的情怀,出于对这种公共关怀情怀丧失的恐惧和不安,当代学者旗帜鲜明地将"公共"二字冠之在"知识分子"之前,这既是当代知识分子"认同的焦虑"的释放途径和探究方式,也是对知识分子应有内蕴的再次强调。

　　以中国为例,1980 年代,知识分子重新投入社会建设当中,不分专业呼唤人文精神的回归,大家都热衷于讨论文化问题,时称为文化热;到 1990 年代,市场经济大潮汹涌而来,科学建设日益精细,专业化问题显现,知识分子或下海经商或钻入课题项目,遂有公共知识分子之说;2000 年以后的十几年间,一些怀有批判精神和维权意识的知识分子,对时事事件如"非典""孙志刚事件""黄静事件"等进行了强烈的批判与抗争,在媒体上论政立言,产生了广泛而深刻的政治影响和社会效果,公共知识分子问题也随之成为学术界讨论的热点。

　　3. 公共知识分子产生的媒介原因

　　最近十几年以来,公共知识分子的讨论之所以如此激烈和火热,还有一个重要原因就是知识分子与媒体关系的日渐紧密。20 世纪 90 年代以来,知识界内部一个明显的变化是人文知识分子阵营的内部分化。其中一部分仍然秉持批判立场和专业精神,在被政治权力疏远的同时,没有和市场或大众结成新的联盟,仍旧保持自己学院知识分子的身份;另一部分则适时调整了自己的价值立场和话语方式,放弃人文知识分子的批判传统和学院立场,面向市场为大众生产消费性符号,在权力和市场的同谋游戏中实现了政治和经济的"双赢",成为所谓媒介知识分子或电视知识分子。

　　对这种现象的讨论在《百家讲坛》推出众多的所谓"学术明星"时达到高潮并延续至今。由《百家讲坛》这个明星发射塔所发射出的明星如于丹、易中天等人,他们既不同于那些供职于大众媒体的娱乐界、新闻界从业人员,也不同于在"有限文化生产场"获得承认的学者。他们的特点是:既和其他学者一样供职于大学这样的学术机构(有限的文化生产场),又像娱乐业从业人员一样遵从批量化文化生产场的逻辑——商业利益的最大化。他们名义上是学者、大学教授,却并没有被同行——学者共同体——所认可的

---

　　①　以上参见陈来:《儒家思想传统与公共知识分子——兼论现代中国知识分子的公共性与专业性》,http://www.lunwenfb.com/lunwen/zhexue/sixiangzhexue/16681.html。

创造性学术成果,而是通过与主流大众媒介的结盟,为大众生产快餐式的"知识"和文化产品——文化口红般的随笔散文(余秋雨)、心灵鸡汤式的人生哲理(于丹)和大话化的历史故事(易中天)。这些产品的商业性本质决定了它或许会商业化地消费与利用历史上的人文科学经典,却不会推进真正意义上的人文学术积累。与大众文化的其他明星一样,媒介知识分子或电视知识分子是媒体商业策略的产物。

　　知识分子和媒介的联盟,起源于媒体商业化属性时代的来临。一部分知识分子从传统学术场中游离出来,逐渐跃入电视场,他们放弃了传统学术场的惯习,改为遵从电视场中大众文化的种种限制和要求,融入消费文化的洪流当中,这就造成了传统文化生产场的明显分化。布尔迪厄认为,在现代社会,文化生产场除了与政治场域、经济场域相对分离外,其内部还分化为"有限的文化生产场"和"批量化的文化生产场"。"有限的文化生产场"的特点是高度自治,场域游戏的参与者努力争取学者同行所组成的学术共同体的认可,他们争夺的是高度专门化的、相对独立于经济资本的文化资本、学术资本,标举"纯学术"或"为艺术而艺术",抵制政治标准和经济标准的入侵;而"批量化的文化场域"则更多地指向直接的商业成功和大众认可等"外在"标准,它生产的是可以迅速或现成地转化为经济资本的文化商品。

　　从这个意义上说,"电视知识分子"这一概念的出场语境既是现代社会大众传媒占据霸权地位的一个表征,也是知识分子在社会媒介化过程中角色分化的一个突出表现。[1] 是在当代政治意识形态默许的前提下,媒体文化和知识分子"合谋"而产生的结果。布尔迪厄命名为"电视知识分子"指的就是在电视上"挖一段时间",得以依托媒体生存的人。"电视只赋予一部分快思手以特权,让他们去提供事先已经消化的文化食粮,提供预先已形成的思想"。电视部门掌握着一本通讯录,其名单永远不变,电视节目若涉及俄罗斯,找 X 先生或太太,涉及德国,就找 Y 先生。这些媒体常客,随时可以为媒介效劳,时刻准备制造文章或提供访谈。[2]

　　以《百家讲坛》为例,在普通电视观众热烈欢迎于丹、易中天的同时,学术界却普遍对此现象持质疑态度。正如前文所述,在电视场域的规则下,很多上电视的学者不得不调整自己的传播内容,改变自己的言说方式,而这一切只有一个标准,那就是是否适应市场的需求,是否能带来较高的收视率。于是乎,学术研究本应秉承的自治性丧失,思想的批判性无从谈起,知识的

①　郑萍、刘钫:《论中国电视知识分子的特殊性及其作用》,《青海社会科学》,2009 年第 1 期。
②　〔法〕皮埃尔·布尔迪厄:《关于电视》,许钧译,沈阳,辽宁教育出版社,2000 年,第 65 页。

创造性更不被允许,电视场域中的知识分子完全丧失了知识分子内涵中本应有的"公共性"。在随后而来的洪流滚滚的知识分子与电视媒体及新媒体的结盟中,以"启蒙—批判"为特征具有普世理想的"介入型"知识分子消失不再,代之以起的是众多的因在电视上"露脸",因借助新媒体发声而走红的所谓"专家",这些专家往往跟娱乐明星有某种相似之处,即拥有大量的粉丝,获得可观的声望和经济效益,并具有娱乐大众的某种属性。也就是说,媒体与知识分子的结合既改变了大众传播时代的媒体生态,将象牙塔内的精英文化注入大众媒体,又移换了知识分子的话语岗位和文化立场,正如布尔迪厄所洞见的:一方面,媒介为知识分子提高自己文化资本提供了场所;另一方面,知识分子又利用媒体来提高媒体的收视率。最终,双赢成了都希望看到的结果。

　　然而,大众传媒体与知识分子的结合对知识分子群体的影响是深远的。"大众媒体借着扩大接受的领域,降低了知识分子合法性的来源,以更宽广的同心圆——那些要求较不严苛因而更容易获取的同心圆——包围了职业的知识分子,而以往职业的知识分子是正统的合法性来源……大众媒体已经打破了传统知识阶层的封闭,以及传统知识阶层的评价规范和价值标准"[①]。也就是对知识分子来说,大众媒体的介入,除了扩大了其言说的公共空间之外,在深层次上更影响了知识生产的规范与标准。为了迎合电视场域的要求,一些严肃的、具有公共意识的话题因不具有市场空间而被过滤掉,甚至连知识分子传统的言说方式也不被允许,一切必须是娱乐的、轻松的、有噱头的。也就是说在媒体生态中,"知识与日常洞见的界限模糊得最厉害"。正如弗兰克·富里迪(Frank Furedi)在追问"知识分子都到哪里去了"时得出的结论一样,媒体知识分子把大众视为"儿童",降低了文化和学术标准,同时也淡化或转化了自身的身份感,这也即鲍曼所说的从"立法者"到"阐释者"的转换,媒体知识分子没有"立法者"所承担的建构和创见的责任,他所做的只是在推进交流。

　　德布雷在其著作《教师、作家、名流:现代法国知识分子》中描述说,向媒介妥协,并依赖于媒介来获得自己的文化资本,把学术和流行时尚混为一谈,以大众媒介的尺度和标准来侵蚀学术和艺术的自律准则,进而以"上镜率"和"收视率"来获得"功夫在诗外"的附加资本,并扰乱学术自身的游戏规则。依照德布雷的看法,大众媒介有其自身的运作规则,这就是市场规则

---

① 〔美〕爱德华·W.萨义德:《知识分子论》,单德兴译,北京,生活·读书·新知三联书店,2002年,第80页。

和商品化,而知识向媒介的倾斜实际上就是知识自身规则的衰退,并向媒介法则投降。所以他认为,知识分子通过媒介来增加名声,就是蜕变为名流的必然过程,而名声作为一种商品和特殊的价值,在媒介时代不可避免地成为相当一部分知识分子追逐的目标。① 明星化、名流化成了媒体知识分子的典型特征。

面对这样的知识分子传统身份和意义共识的缺失,中外学术界都掀起了对知识分子身份及社会作用的大探讨,一个讨论的结果,就是突出了"公共知识分子"的概念。如前文所分析,"公共性"原本是知识分子的应有内涵,但在大众媒体和消费文化的时代浪潮前,在知识分子前加上"公共"二字,也实乃不得已之举,其目的显而易见,一是希望当这些知识分子与媒体"合谋"时,不要忘记了自己的本分,不要丢失了自己身上应肩负的责任;二是寄希望于,如果一部分知识分子与大众媒体的结盟不可避免,那么还是希望能有另一部分知识分子不走通俗化、娱乐化道路,能善于利用媒体平台进行公共话题的言说和公共情怀的表达,从而发挥知识分子关注社会、影响社会的历史功用。

从另一个层面说,仅由于中国媒体的特殊性质,特别是像央视这样的国家级媒体,虽然在市场经济大潮中难免有对利益的追求,但就自身承担的社会责任来说,它必然要具备公共教育、价值引导和文化传播的功能,这也会导致公众对与其合作的知识分子之公共性的必然期许。

（二）公共知识分子沦为"公知"

如前文所述,中国学术界、知识界开始谈论"公共知识分子"源自 2002 年召开的"公共知识分子与现代中国"国际研讨会,与会学者编撰了《公共性与公共知识分子》一书,自此,公共知识分子问题开始作为一个独立的名词逐渐受到国人的关注。2004 年,《南方人物周刊》推出了"影响中国的公共知识分子 50 人"名单,正式将这一称谓引入国人的视野。

近年来随着网络技术的发展成熟,一年一度进行的中国(华人)公共知识分子 50 名,100 名的网络评选热闹起来。对于许多文人志士来说,能够评选上"公共知识分子"当然是一种荣誉,脸上似乎也增添了不少荣光。

与此相似,我国知识分子介入电视的相关思考及讨论最初也是从一片赞誉开始的。从 1990 年代后期开始社会各界对于学者上电视是一片支持之声。直到 1999 年,跨入电视场知识分子越来越多,以余秋雨为代表的一

---

① 《中国知识分子与德布雷问题》,http://www.ynpxrz.com/n1073926c1419.aspx。

批人文学者中的活跃分子频频现身屏幕,于是,关于学者上电视的负面议论开始形成。很多学者发表文章对知识分子介入电视的各种问题进行批判,"电视知识分子"这个新名词,也随之被请进了中国。

而这一时期,恰恰也是网络开始普及的阶段,由于网络上的公共言论随意性较强,而匿名性、民粹性的特点,使其舆论常处于情绪化的非理性状态,从而导致其整体社会公信力的下降,这种负影响力也涉及了公众对介入媒介的知识分子的整体印象。应该说,确实有一些急于获得曝光率的所谓"专家",在逐名逐利动机的驱动下,有了一些不负责任的言行,包括"电视知识分子"在内的"公共知识分子"群体形象开始贬值。2011 年以来,公共知识分子在互联网和大众媒体中开始被简称为"公知"。当"公共知识分子"被简称为"公知"的那一刻起,这一名称就被严重贬低了。①

对所谓"公知"的攻击,一般来自几个方面:一种是审判式的,一般是公开的主流媒体上某种观念代言人的受命作文。他们动用话语特权,以一种一成不变的观念和居高临下的口吻,对有争议的现象进行审判。这一类观点往往强词夺理而又外强中干,一旦脱离了其话语特权的保护层,就会变得弱不禁风。另一种是标签式的。这种手法无须论证、无须理由地将"公知"一词污名化,变成一个贬义词,就跟多年流行的"臭老九""汉奸""四类分子"之类的词汇一样,然后将这样一个脏词扔到对手的身上,自己似乎变得纯洁了并且大获全胜。这种阿 Q 式的手法,一般出现在网络口水战里。②

针对公共知识分子被污名化为"公知"的现象,学者们也进行了深入的思考。傅国涌的分析代表了相当多一部分人的看法,他认为"公知"这个概念本身就是一个中性的概念,之所以如今被人嘲讽解构,是这个消费主义和唯权主义两者天衣无缝的结合下产生的怪象。其实这种解构的背后隐藏着很大的恐惧,一种深入骨髓的恐惧,因为恐惧而不敢说恐惧,通过嘲讽来宣泄情绪、平衡心理。这是中国这个时代畸形发展的结果,是一种社会情绪宣泄的结果。我们要注意的是,被嘲讽的"公知"仅仅只是中国式的"公知",而不是真正意义上的公知。真正意义上的公知,他除了具有向公众道实情,向权力说真话等特点之外,最重要的是:必须在某一专业领域有追求和造诣。而"中国式公知",是中国化思维理解下的公知,它等同于一个职业概念,似乎专指话语明星,它的特点是有名、有影响、经常在公共场合说话、甚

---

① 张闳:《"公知"为何被攻击?》,《羊城晚报》,2012 年 3 月 24 日。
② 张闳:《"公知"为何被攻击?》,《羊城晚报》,2012 年 3 月 24 日。

至说错话的一群人。①

公共知识分子污名化,是伴随着公共知识分子在公众中的影响逐步扩大而诞生的一种衍生现象。"污名化"(Stigmatization)作为一个长期存在的社会现象,自1963年美国社会学家戈夫曼(Erving Goffman)在《日常生活中的自我呈现》(*The Presentation of Self in Everyday Life*)一书中提出以来,就一直与社会弱势群体紧密相关,并因此受到了社会学家、心理学家们的广泛关注。当前,中国学术界对于"污名化"现象的研究越来越关注,而公共知识分子,这一原本的"社会良心"、在民众的集体记忆中的文化知识的传承者、社会道义和伦理精神的承担者的崇高形象的拥有者,在近年来却被冠以"叫兽"(教授)、"砖家"(专家)、"妓者"(记者)、"精蝇"(精英)等带有侮辱性的称呼,被贴上了"无耻""低能""空洞无物,只说不做""造谣"等标签,甚至逐步陷入了被"污名化"的泥潭。污名的对象自然是普通公众认识中的公共知识分子(而不仅仅是知识分子界普遍承认的公共知识分子),污名的施与者则不但包括彼此敌对、相互攻击的公共知识分子,更包括赞成并传播知识分子相关负面"标签"和"称谓"的普通民众,乃至整个社会舆论。对于公共知识分子来说,污名化既是一种过程,也是一种结果。"过程"指的是在可预见的将来,这一现象还将继续发展下去,"结果"则是在公众,甚至知识分子心中已经形成了对公共知识分子的贬低性、侮辱性的标签,赋予了公共知识分子某些被贬抑的属性和特质,这些属性或特质不仅使公共知识分子产生自我贬损心理,如韩寒就曾专门撰文宣称"就要做个臭公知",另外它也导致了社会对其歧视和不公正的待遇。②

公共知识分子的本来形象是正面甚至光辉的,无论是西方社会所宣扬的"社会的良心",中国公众集体记忆深处,关于道义精神和责任担当的崇高形象,还是《公共性与公共知识分子》一书所宣扬的公共知识分子的三点标准③,实际上都充分说明了公共知识分子被污名化的荒诞和对社会集体无意识的批判。那么,当前究竟是什么原因导致了原本最不该被"污名"的公共知识分子落到现在的境地?笔者认为,公共知识分子被污名的原因不能简单地归结为传统的政治权力空间对于公共领域的挤压,也不单单是公共

---

① 傅国涌:《因为恐惧,所以嘲讽,众说"公知"》,http://culture.ifeng.com/jieri/special/2012duanwu/detail_2012_06/19/15419829_3.shtml。

② 文军、罗峰:《公共知识分子的污名化:一个消费社会学的解释视角》,《学术月刊》,2014年第4期。

③ 标准为:第一,具有学术背景和专业素质的知识者;第二,进言社会并参与公共事务的行动者;第三,具有批判精神和道义担当的理想者。详见许纪霖:《从特殊走向普遍——专业化时代的公共知识分子如何可能》,许纪霖主编:《公共性与公共知识分子》,南京,江苏人民出版社,2003年。

知识分子内部所谓的派别之间的斗争而引发的相互抹黑,更不是用"反智主义"四个字就能简单加以解释,而是和当下时代背景有着千丝万缕的联系。通过对公共知识分子污名化的发展过程的梳理,我们可以发现,公共知识分子污名化的高潮开始于 2009 年。在这之前,对于公共知识分子的报道一直是以正面为主,之后公共知识分子开始以不那么光彩的形象出现在了公众的视野中,而 2009 年正是中国新浪微博开通的年份。可以说,以新浪微博为首的网络新媒介是伴随着公共知识分子污名化而同步发展的,公共知识分子一方面通过新媒介的传播获得了前所未有的声望,但同时也陷入了被污名化的深渊,公众形象降到了前所未有的低谷。因此,我们有理由推测,网络新媒介的传播在公共知识分子污名化的过程中发挥了重要作用,而这一作用正是通过其带来的大众文化消费社会的强化而实现的。对公共知识分子"污名化"过程的建构,正是由于公共知识分子在扮演其大众文化消费品角色之时,由于各种原因导致其不能满足文化消费大众对其消费品期待而造成的。具体而言,这些不能满足消费者期待的原因表现为"公共知识分子"作为群体消费品的文化消费品价值的贬值,以及作为个体消费品的"名人效应"的逐渐破灭。也就是说,公共知识分子在生产文化产品的同时,自身也作为文化消费品而被消费。一旦成为文化消费品,则意味着公共知识分子个体开始成为符号生产的一部分,它的包装机制也必须满足两项基本法则:首先,需要按照市场的需要与欲望加以包装;其次,必须要最大限度地提高曝光的频率与人群覆盖率。这两项基本原则彻底解构了前现代、现代的名人文化,形成一种新的名人文化,以及名人文化的消费方式。可惜的是,这两条基本法则在不断推升公共知识分子品牌效应(即"名人效应")的背后,进一步地损害了公共知识分子作为文化消费品的价值,甚至解构了"公共知识分子"自身"名人效应"应有的存在意义。[1]

　　公共知识分子被污名一方面加深了中国观念市场的混乱,另一方面则是社会信任缺失的深化发展。不过,需要注意的是,公共知识分子被污名也并非都是坏事,对公共知识分子进行污名,构成了知识消费领域的消费者对于知识生产场域的所谓知识精英们的另一种权利争夺的方式。而这背后蕴含的逻辑说明,知识阶层的祛魅将加快公众的觉醒,公众在文化消费社会乃至整个社会的影响力得到了提升。[2]

　　①　苗艳:《消费社会名人符号分析》,《上海师范大学学报》,2011 年第 3 期。
　　②　以上参见文军、罗峰:《公共知识分子的污名化:一个消费社会学的解释视角》,《学术月刊》,2014 年第 4 期。

其实,深究公共知识分子被污名化的原因,还有一点不容忽视,那就是在当代社会,人们似乎是降低了对公知的要求,似乎凡是只要能在媒体上公开就公共事务发言的,都成为"公知"。门槛一低,自然鱼龙混杂,甚至连姚晨都被奉为公知了。很多公众不知道这样一个事实,公共知识分子,并不能和媒体上,尤其是新媒体上的"意见领袖"或"微博大V"画上等号,两者并不是一回事。鄢烈山在一次学者沙龙上曾一针见血地指出:"我觉得有两个概念要分清楚,第一个是公共知识分子和意见领袖要分清楚,分清两者的区别。公共知识分子可能是知识比较多的、有专长的。比方说他可能是一个律师,对法律比较熟悉,可能是一个教授,对某一个领域比较熟悉。但是意见领袖就不一定了,现在在网络时代,我们把它们混合起来说了,混为一谈了,所以公知的名声就搞臭了……意见领袖不一定有很多专业知识,比方说我们大家都比较熟悉的新浪前些年推出来的韩寒,他自己都说,我没有上过大学,高中都没有毕业。你要说他有多少专业知识,肯定是不,但是他是一个意见领袖,他在网上成了一个意见领袖。"①

然而目前我们看到的是,各种"微博大V""网络意见人士"的出现,被人们认作是公共知识分子的新形态而大行其道。正如徐友渔所说,这些经常在公共媒体布道,自诩的公共知识分子,"他们真正关注的是对言说机会和效果的考虑,除了想当精神导师或言论领袖而必须了解动向与潮流,他们其实对中国的现实既没有兴趣也没有热情"②。公众的认可与否和他们的名利并无多大关系,他们更多考虑的是如何利用社会舆论和辨别政治风向,以便见风使舵寻找争取扬名逐利最大化的机会。这些伪公共知识分子往往以"学术明星"的面目出现在以网络为首的公共媒体,如变色龙一般追逐名利,对当代中国知识分子群体造成了极为恶劣的示范效应。因此,当那些思想、道德作伪的假公共知识分子在重大社会问题和社会事件的拷问下,其强烈的政治投机心态、追名逐利的政治功利的价值取向,不择手段的道德人品展露于公众视野之后,社会公众对知识分子群体的评价普遍降低,知识分子群体作为社会良知的声望和公信力的下降是必然的。③ 毋庸讳言,公共知识分子必须要为"公知"的污名化承担部分责任。因为随着专业分工的日趋精细,必然导致"知识的深度以牺牲其广度为代价"。由于缺乏足够的知识

---

① 墨卡托沙龙:《"公共知识分子"的为与不为》,http://cul.qq.com/a/20150528/042227_all.html。

② 徐友渔:《当代中国公共知识分子的生成》,《当代中国研究》,2004年第4期。

③ 邢兆良:《中国需要什么样的公共知识分子》,http://www.aisixiang.com/data/54696-2.html。

储备,又没有深入事实细节的耐心,让某些公共知识分子习惯于停留在价值和规范的表面进行抗议,久而久之,这种被掏空了实质内容的老生常谈就会堕落成陈词滥调。①

所以,这样看来,公共知识分子被污名化的背后,确实存在一部分从学术场中游离出来的人与消费社会,与大众媒体相融共通后所展现的不良一面。最大限度地提高曝光的频率与人群覆盖率的策略则进一步导致了公共知识分子污名化的梦魇。目前公众对所谓"公知"的不满主要集中在以下几个方面:① 思想浅薄、缺乏深度。一些所谓的公共知识分子在电视上夸大其词,却言之无物,他们对某些事情的评论,并不比闲言碎语高明多少,甚至倾向于武断;他们在高谈阔论公共问题时经常漏洞百出;他们喜好论辩,倾向于提出极端的主张,而对于事实把握常有点粗枝大叶,在预测方面又显得有点草率莽撞。② 流连上镜、资格可疑。某些知识分子过多流连于上镜露脸,无法保证其学术研究的时间,必然导致其学术能力的下降。为了应付各种媒体的高密度轰炸,他们出现在各家电视台的大小节目当中,成为"无所不知、处处发言"的"知道分子",这正如布尔迪厄所说:"电视只赋予一部分快思手以特权,让他们去提供文化快餐,提供事先已经过消化的文化食粮,提供预先已形成的思想。"②③ 获利匪浅、动机不纯。一个事实是,相当一部分知识分子通过上电视积累下丰厚的"文化资本",甚至收获了不小的经济利益。上电视与得名利之间的联系已经成为公开的秘密,诸如《经济学家走穴堪比二线明星　最高一场能拿 20 万》《文化名人出场费曝光　易中天 30 万比不上范冰冰》等此类新闻标题不断刺激着公众的眼球,这些常外出"走穴"的经济专家们,多是象牙塔中的教授、导师、学术委员。本来应该是潜下心来搞学术研究,现在却成了"一切向钱看"的财迷。难怪钱理群批评现在的学术界充满了"精致的利己主义者",此言一针见血。④ 道德失范、令人反感。陈平原说:"一般人眼中的'大学教授',知书达理,清高廉洁,其人格与操守应当成为整个社会的楷模。可惜的是,如此'美好的想象'正在逐渐瓦解"③。资深媒体人、本名姚博的五岳散人与中国政法大学副教授、本名吴丹红的吴法天上演的轰轰烈烈的被网友称之为中国首次微博"约架"的闹剧,实乃让人大跌眼镜,两位名人在微博上各有粉丝超过 30 万人,竟然公然

① 　周濂:《当公共知识分子变成"公知"》,http://cul.sohu.com/20150918/n421518274.shtml,2015 年 9 月 18 日。

② 　〔法〕皮埃尔·布尔迪厄:《关于电视》,许钧译,沈阳,辽宁教育出版社,2009 年,第 30 页。

③ 　杨玉圣:《为了中国学术共同体的尊严学术腐败问题忧思录》,《新华文摘》,2001 年第 12 期。

"约架",引起公众迅速围观,造成了极恶劣的社会影响。而在知识分子整体道德滑坡、声望下降的社会大背景下,媒体也开始热衷于曝光知识分子丑闻,如学术腐败、道德失范、违法犯罪等足以吸引公众注意的事件,并且抓住不放、大做文章,以满足民众的好奇心和窥私欲,"微博大V"薛蛮子嫖娼事件被炒作得甚嚣尘上就是最好的说明。这种高度商业化的泛娱乐化媒体的运作模式被李希光称为"尖叫原理",即热衷于报道超出公众心理预期的负面新闻,通过煽情的故事和意外的丑闻,推波助澜、大肆炒作甚至媒介审判,抓住受众的眼球。① 事实上就全国知识分子群体的总量而言,其负面新闻出现频率相对于其他群体而言并不高,但媒体的"高度关注"和"议程设置"引导了公众舆论,渐渐摧毁了公众对知识分子的道德期待,进一步激化了知识分子媒介形象的道德危机,使得其个体背后的"名人效应"开始荡然无存,并引发了其个人社会声望的破灭。

在认同了"传媒—市场"的逻辑思维下,知识的价值和作用似乎完全用市场效益来判断,"在当代人的头脑中,知识被赋予了一种肤浅的、几近平庸的特性。知识常常被定义为易消化的现成品,能够被'传递''分发''出售'和'消费'"②。媒介的从业者也由被动到积极主动地认可了政治的、市场的"规制"逻辑,因此,媒体上所传播的知识的准确性和专业水准都是可以妥协的。在这样的观念指导下,"知识分子常常在压力下妥协、退缩,顺从盛行的文化风气。有时他们会出卖他们的意志自由,以换取舒适的生活,有时他们的理想主义仅仅是掩盖对个人利益的坚决追求"③。媒体知识分子"所遵循的,不是自己所理解的公共立场,而是隐蔽的市场逻辑,及时在诉诸批判的时候,也带有暧昧的商业动机,以迎合市场追求刺激的激烈偏好"④。从自身利益的考量,是知识分子在知识生产和传播上的一种"自我矮化",它使外部媒介知识分子在与媒体的接触中丧失了自身的主体性,处处以"媒体—市场"的逻辑考虑在传播知识过程中的策略,这在某种程度上遮蔽了文化和知识的传承价值,也使其陷入"低俗""浅俗""媚俗"的泥淖中不能自拔。

其实,"公知"的问题并不仅仅在中国存在。拉塞尔·雅各比在《最后的知识分子》中哀叹美国非学院的知识分子"已经完全消失了""取而代之

---

① 陈媛媛:《社会转型期知识分子的媒介形象》,http://media.people.com.cn/GB/22114/206896/221546/14651903.html。
② 〔英〕弗兰克·富里迪:《知识分子都到哪里去了》,戴从容译,南京,江苏人民出版社,2005年,第7页。
③ 〔英〕弗兰克·富里迪:《知识分子都到哪里去了》,戴从容译,南京,江苏人民出版社,2005年,第34页。
④ 许纪霖:《中国知识分子十论》,上海,复旦大学出版社,2003年,第38页。

的是一整群怯懦的、满口术语的大学教授,而社会上没有人很重视这些人的意见"①。理查德·波斯纳同样不看好今日的"公共知识分子",他在《公共知识分子》这本书中重新审视了"公共知识分子"的德行,为了不扩大打击面,他非常谨慎地把"知识分子"与"公共知识分子"剥离开,他眼中的美国公共知识分子是:"必须身段灵活,见风使舵,随机应变,能迅速转移目标。并且,由于公共知识分子散播的是见解,不是新闻,因此多半倾向采取极端立场(或者说,惯于提出偏激主张的人士,更容易被公共知识分子这门行业所吸引),否则难以博得社会大众的青睐。……总而言之,公共知识分子以社会公众可以亲近的方式表述自我,并且专注于政治或意识形态中会引起一般大众关注的议题。他们可能依附于大学之内,也可能与大学毫不相干;可能是全职的学术人员,也可能是兼差性质;可能是新闻从业人员,也可能是出版界人士;可能是作家,也可能是艺术家;可能是政治人物,也可能是行政官员;可能为智库写作……他们最常做的事情,是针对眼前的社会争议性事件高谈阔论,或者就社会发展方向或健全与否进行反省与回应。他们反省的基调或许带有几丝乌托邦的色彩,企图引领社会迈向全新的思维;或是充满强烈的攻击性,因为他们对社会现状的不满情绪远远超越提出改革计划的动力。每当他们针对时事发表评论,经常是固执己见,好恶分明,有时故示亲切,表现谦谦君子的姿态,但最常见的是穷追猛打,摆出一副得理不饶人的架势。他们既好争辩,又喜欢采取极端的立场。学术公共知识分子写作的语调,通常会可以展现某种自觉性的(有时是被激发出来的)知识优越感。对于事实,他们却常常掉以轻心,但又鲁莽地急于发表预言。"②他进而鲜明地指出:"许多公共知识分子,只是偶然踏入聚光灯下的品性谦虚的学人,他们利用那一机会令其声誉获得了充分认可,进而成为媒体竞相追逐的时事评论家。他们之中有些人,正是法国社会学家皮埃尔·布尔迪厄所宣称的那种舞文弄墨的空谈家。"③所以,"公共知识分子在很大层面上,可以说是一种名流现象""公共知识分子所'贩售'的东西,算是典型的信誉商品。没有可靠的方法来检验公共知识分子产品的素质,消费者没有能力直接评估公共知识分子所言是否属实,而是看这些家伙有没有说服力。碰到

---

①　〔美〕拉塞尔·雅各比:《最后的知识分子》,洪洁译,南京,江苏人民出版社,2002年,第124页。

②　〔美〕波斯纳:《公共知识分子——衰落之研究》,徐昕译,北京,中国政法大学出版社,2002年,第185页。

③　〔美〕波斯纳:《公共知识分子——衰落之研究》,徐昕译,北京,中国政法大学出版社,2002年,第196页。

这个节骨眼,口才自然就派上用场,成为信誉商品展示品质的强大工具……学历文凭、风格、外表仪态、人格操守等,都是让听众对输出品质产生信赖的工具……一旦对公共知识分子的人格有所怀疑,也会对他提出的观点产生怀疑"①。

波斯纳对美国"公知"失望的根本原因在于,第一,学术知识产品本身的质量就不过关;第二,向公众推销这些知识产品的推销员,即"公知",更不靠谱。大众媒体上收视率、点击率高的未必是好节目,很可能就是非常低俗的。因此,名气大的"公知"推销得多的知识,未必就是人类真正的基本价值,很可能就是像传销一样,向公众推销某种毫无用处、甚至是错误的、极具欺骗性的东西。"公知"们所谓的批判,无非为了推销他们的产品而要求人们先丢掉已有的知识而已。波斯纳指出,"公知"的衰落,还在于这些推销员利用公众的知识匮乏,为了自己的利益而推销知识产品的过程,完全缺乏应有的质量控制。换句话说,"公知"推销知识、价值观的过程中,像普通商品推销一样,存在大量对消费者(即公众)的欺诈和陷阱。②

最后我们梳理一下公共知识分子被污名化背后的实质,文军、罗峰在《公共知识分子的污名化:一个消费社会学的解释视角》一文中这样说:微博等网络新媒介的传播,带来大众文化消费的迅猛发展,并且推动了文化领域的消费社会的形成,并通过对文化消费社会的掌控,为公共知识分子污名化提供了客观环境。首先,媒体场域通过对文化消费社会脱域机制的影响,导致其象征系统和专家系统的破坏,极大地损害了脱域机制赖以存在的文化生产者与消费者之间的信任机制,从而导致了公共知识分子文化消费价值的贬值;而媒体场域在联通文化生产场域和消费场域的同时,对文化生产场域的不断侵占则进一步透支了公共知识分子作为个人所承受的所谓"名人效应",引发了公共知识分子作为个体的"文化品牌价值"的破灭。这一切使得公共知识分子,无论作为群体还是个体都不可避免地陷入了价值贬值的泥潭之中,被污名化就显得那么的不可避免。但是,如果就此试图将公共知识分子被污名的责任都推给媒体则显然过于草率。作为媒体,尤其是嵌入在消费社会内部的媒体场域,其逐利的本能要求其必须时刻保持对于公众的吸引力,公共知识分子只不过是其手中的工具而已。所以,这里认为还有另外一点原因也不可忽视,那就是如在前文中所分析的那样,部分游离

---

① 〔美〕波斯纳:《公共知识分子——衰落之研究》,徐昕译,北京,中国政法大学出版社,2002年,第239页。

② 刘仰:《"公知"是公共的吗》,http://www.wyzxwk.com/Article/zatan/2013/02/300125.html。

出学术场的知识分子在与电视媒体或新媒体的"合谋"中放弃了学术场的惯习和自己作为知识分子应坚守的道德底线。凡此种种主观和客观原因相加起来,才共同呈现出当今公共知识分子被污名的现状。对此,杜君立的批判尤其讽刺:如果"公知"就是"救世主",那么他想救的也只是他自己,别人只是他的垫脚石。关于"公知"的历史,从来都是一段媒体的合谋,而每一个不假思索的"你",都是它狩猎的"目标"。套用一段民谣:请不要迷恋"公知","公知"只是一个传说。①

朱大可在接受凤凰网采访时针对公知的被污名化这一现象产生的原因进行了深刻的剖析,他认为,在互联网和民粹主义的时代,公知的地位受损是合乎逻辑的。其原因是:第一,公知和伪公知彼此混杂,令人雌雄难辨;第二,即便是真公知,也很容易在利益诱惑下蜕变,丧失独立立场,成为利益集团的代言人;第三,在反精英的民粹主义思潮中,公知的群体往往会成为被批评和鄙夷的对象;第四,公知是寻常人,而并非圣贤,公知也会犯错,有时甚至犯低级错误,这种错误在互联网上被放大之后,就成了不可饶恕的罪行。朱大可的分析可谓十分到位。②

然而公共知识分子污名化乃至社会全民泛污名化背后的生产逻辑对于当前中国社会的影响是巨大的。一方面,它加深了中国观念市场的混乱,公共知识分子污名化这出戏码的代价是使得"本来就混乱的中国观念市场更加混乱,知识分子在这个社会中的话语权与公信力更加下降,共识付之阙如"③。另一方面,包括"公共知识分子污名化"在内的社会全民泛污名化现象,既是社会信任缺失的外在表现,也是社会信任缺失的深化发展。从某种意义上来讲,它越来越体现了风险社会中知识的不断隔离与个体的日趋片面化,在这种情况下,以专家为代表的抽象系统已经无法为整个社会控制风险提供必要的智慧保障,由此可能导致专家系统合法性的丧失,也加深了个体对于社会风险的普遍担忧。因此,从这个角度来说,公共知识分子的污名化不利于社会共识的形成和共同的社会价值观的培育,而这种局面如果不予以改观,其结果将可能导致社会"整体感"的消失和"知识"的极度贬值。

周濂在其《当公共知识分子变成"公知"》一文中将该问题的剖析引向深入探讨,他认为,被冠以"公知"的多为自由派知识分子,而那些举着"公

---

① 杜君立:《"公知"只是一个传说》,http://d3773.blog.sohu.com/213325656.html。

② 朱大可:《脱离专业的公共言论 将抽空公知的能量和灵魂》,http://www.aisixiang.com/data/54694.html。

③ 胡咏:《"公知"的污名化及其背后》,《新周刊》,第 379 期。

知"帽子四处乱扣的则是非自由派或草根大众。如果从公共性的角度来看，某些"非公知"绝不比"公知"更少公共性；从自我赋予的使命和任务来看，"非公知"更是认为只有自己才代表了客观、公正、理性与良知。由此看来，把自由派公共知识分子污名化为"公知"的隐微目的，恰恰是为了争夺公共知识分子的正统地位：我才是真正的公共知识分子，而你只不过是欺世盗名之徒。随着"公知"成为烫手的山芋，"公知"已然成为一个没有任何指称功能、只具有骂战和污名化作用的伪概念：非自由派骂自由派是"公知"，自由派反骂非自由派是"公知"，自由派内部互骂"公知"，非自由派内部也互骂"公知"，草根则说你们全家都是"公知"……这场乱战至今尘埃未定，但是穿过硝烟弥漫的战场，我们已经隐然可见那座地基尚未打成就已成废墟的公共空间。他感叹说："两年之前，公共知识分子还是一个让人尊敬的头衔，代表了社会的良知、人格的力量和理性的声音；两年之后，公共知识分子就被缩写成了'公知'，与此同时，被矮化的还有他们的人格力量、道德操守以及知识水准。"①

当然，公共知识分子的污名化也并非都是坏事，从消费社会学的角度来看，对公共知识分子进行污名，构成了知识消费领域的消费者对于知识生产场域的所谓知识精英们的另一种斗争乃至权利争夺的方式。而这背后蕴含的逻辑说明，知识阶层的祛魅将加快公众的觉醒，不再指望"公共知识分子"的代言和带路，而是从自我做起一点一滴地去建设公民社会，从而有可能会激发公众不断探求新知识，努力反思现有权威的"知识自觉"行为。正如维舟所言：相比起对公共知识分子的批评乃至污名化，将之视为导师和先知的社会或许更让人担忧。当下的现象某种意义上来说正是"公共知识分子"们原本应该期待的结果，在一个将公共知识分子视为文化消费品的"文化市场"中，各种声音能够公开交锋并得到迅速的传播，公众能够自由地对自己选择的消费品进行消费和评价，在说明了公共知识分子影响力下降的同时，反衬出了公众在文化消费社会，乃至整个社会的影响力的提升，这或许正是"公共知识分子污名化"背后所蕴含的积极意义。因此，从这个角度来说，我们首先不应该去责备社会大众与传媒的反叛和低俗，也不要试图去阻止这个日益大众化和消费化的现代社会，而是需要从"公共性"和"专业性"角度对公共知识分子污名化现象本身进行彻底的反思。因为，没有一种社会现象会脱离社会大众本身而独立生成，公共知识分子和社会大众都需要从彼

---

① 周濂：《当公共知识分子变成"公知"》，http://cul.sohu.com/20150918/n421518274.shtml，2015 年 9 月 18 日。

此的不一致中学会和谐共处与平衡发展,在争议中一起成长,或许这正是"知识"本身的魅力所在吧。①

(三) 知识分子不必都是公知

公共知识分子,作为当今知识分子群体中的一部分,有其鲜明的特征,他首先是要具备一定专业知识的背景,而后还能够借助媒体就公共事务在公共领域中传播意见、思想,并且具有一定影响力。这类知识分子能够面向公众就公共议题发表理性、有深度的看法,帮助公众厘清真相,而且还能因其思维的深度而看到一般公众看不到的内在本质,从而提出问题,供大众及政府思考。这其实是一般大众对传统知识分子不畏强权、敢于谏言直书的当代想象。

然而,在一个分工越来越精细、知识研究越来越专业化的当代社会,公众的传统想象并不能得到全部满足,也就是说,要求所有知识分子都必然承担"公共"的责任与使命是不切实际的。有一部分知识分子的专业化倾向越来越明显,他们把主要精力都放在自己的学科领域,追求的是学术资本的累积与本学术场同行的认同,这类知识分子也常被称为是学院派知识分子。他们并不具备许纪霖所说的公共知识分子的"公共性"的三重含义:即,第一是面向(to)公众发言的;第二是为了(for)公众而思考的,即从公共立场和公共利益,而非从私人立场、个人利益出发;第三是所涉及的(about)通常是公共社会中的公共事务或重大问题。② 所以说,公共化并不是学院知识分子的必然义务,也没有必要提倡自然科学家向公共知识分子的方面发展。如波斯纳就不把罗尔斯(John Rawls)包括在公共知识分子之中,因为罗尔斯从不有意识地为大众写作,可是谁能无视罗尔斯对整个美国乃至世界学术界(无论人文科学或社会科学)的巨大影响力? 人人当公知,人人当心灵鸡汤大师的社会,是角色紊乱的社会,这说明这个社会存在两大黑洞亟须填补:一是政治的良知,二是社会的焦虑。于是消费这两大黑洞的资本纷纷出马了,炮制劣质产品满足市场需求。③ 如果人人争当"公知",其结果只能是进一步污名了"公知"的形象,进而激起公众更多的反弹。

在媒体众声喧嚣的时代,能坚守学术领域,拒绝媒体名利的诱惑,这类

---

① 以上内容参见文军、罗峰:《公共知识分子的污名化:一个消费社会学的解释视角》,《学术月刊》,2014 年第 4 期。
② 许纪霖:《另一种启蒙》,广州,花城出版社,1999 年,第 80 页。
③ 彭晓芸:《"公知"面临公信力危机》,《环球时报》,2012 年 5 月 25 日。

专业知识分子同样值得敬佩,现代市场化的发展使得甘心长年坐冷板凳的有体系成就的专业学者难以出现,而我们现在太需要在各个学科中出现罗尔斯式的学者。从知识分子传统而言,我们一向不缺少公共性的写作者,青年人文知识分子尤其如此,而成为对照的是,媒体的大规模市场化运作,已向知识分子发出了致命诱惑,媚俗的知识分子(也即一些人眼中的"公知")应运而生。因此用公共性写作来回避专业工作的艰苦工夫,与用专业化工作消解社会关怀或公共参与,对人文社会学者而言,同样是要加以警醒的。杜维明就指出:"值得告诫的是,只有一小部分的人文学者倾向于成为公众知识分子,其余的由于致力于人文学科自身的探求,则根本没有为韦伯吁求的'政治之为感召',这一感召却引导着他们的精神生活成为某种职业。这种对学院化工作的认同,与那些在社会与自然科学领域内的同事们的态度并无不同。他们也许并未感到有必要为其存在于学术兴趣向公众辩护,他们没有也从没有想过要成为公众知识分子。然而相当重要的一点在于,必须注意到他们的研究与教学对于高等教育机制的健康发展所具有的批评性质,并由此产生的对于整个社会的助益。"①

屡屡对社会热点问题发声的易中天,也被不少媒体和粉丝称为"公共知识分子",易中天却表示不予认同,"我不愿意当公共知识分子。那是别人乱叫的,有人还把我归为明星呢!"他还自嘲,"别指望我有多高的境界,我只是守住自己的道德底线,一个研究学问的学者而已"。在回答听众关于高房价的问题时,易中天说:"这个问题我真回答不了,不在我思考的范围之内。我只想说,我刚大学毕业时,就住在办公室,随后还住过筒子楼,我现在很满足了。"②

周国平也自认为,尼采是符合自己的素质和气质的。而对于"自己的批判性变弱"的说法,周国平回应称,自己既不是一个斗士,也不是一个公知。对于自己的哲理散文近似于"心灵鸡汤"的批评,周国平认为,那说明批评者还不具备辨识的眼光。他说:"哲学家的批判和公共知识分子的批判是不一样的。当然,一个哲学家同时也可以是公知,公知更多的是一种现实的批判,针对具体问题发言,但如果仅仅是这样,证明你还不是一个哲学家。哲学家的批判是精神上的,就是看这个时代的精神走向是否正确,他更关心和保护那些精神价值……"在谈到公共知识分子应具备的批判性和战斗性,他

---

①　转引自陈来:《儒家思想传统与公共知识分子——兼论现代中国知识分子的公共性与专业性》,http://www1.ahu.edu.cn/zzxx/zz/View.asp? id=321。

②　张杰:《易中天:我不愿当公共知识分子 别指望我境界多高》,《华西都市报》,2011 年 10 月 25 日。

说:"我从来不是斗士,如果要从我的文章里找批判的话,也就是尼采的那本书,没有其他了。我在1990年代和20世纪初的批判还更多一些,包括教育问题和城市化问题。其实这并不是我特别喜欢和擅长的,但是要我做的话,我也可以做,我的性格和兴趣,都决定我不适合做斗士。知识分子应该按照自己的性情来做选择,哪种知识分子都是不能缺的。"①

凤凰网文化频道的记者曾采访过朱大可:"诺贝尔文学奖得主是否需要肩负公共性的批判义务,是否需要肩负向全世界宣扬'普世价值'的重任?您认为莫言的演讲是否具备一定的'公共性'?"对此朱大可的回答是:"基于诺贝尔奖的基本宗旨……它要求获奖作品能深刻地表达普世价值的信念。莫言一旦接受诺奖,就注定要成为一个背负道德十字架——'诺贝尔伦理'的人,担当起整个国族的全部现实苦难。这是一种'无奈的'历史宿命。不仅如此,本次充满美誉的授奖词和热烈的掌声,还传递了欧洲对中国未来的期待。我们已经发现,这是来自本土和外界的双重寄望。从逻辑上说,莫言在接受这份荣誉和奖金的同时,必须同时为自己的批判使命做出承诺,无论是用故事,还是用论辩。正如授奖词所说,他应当'开始一种关于美德的战斗'。拒绝这种道义担当,就是拒绝来自民间社会的'期待',也就必然会成为被诘难的对象。但问题的可笑之处在于,莫言不是头戴荆冠的耶稣,他只是一个渴望成功的职业作家而已。这种'诺贝尔圣徒'和'乡愿作家'之间的角色错位,成引发'莫言争端'的全部根源。"他进而结合公共知识分子的核心内涵,对莫言进行了剖析:"莫言很少直接对当下的公共事务发表看法,这是事实,也是他选择的自由。我们可以赞美崇高,怒斥卑鄙,但我们不可以怒斥既不崇高也不卑鄙的中间情形……我赞美林昭、张志新,我同样敬佩钱钟书、徐中舒……具有叛逆气质和批判精神的人适合做公知。通过面相和讲话,可以看出莫言是个厚道人,并不叛逆,所以,我们别指望也别苛求莫言这个厚道人能说出什么'大逆不道'的话来。因为莫言不是公知,我们无从直接见识他的批判精神。但如果就此说莫言没有批判精神,则对他是有失公平的,他的批判精神主要是通过小说这种载体予以表现的。莫言就是这样一个人,一个优秀的文学创作者,他身上的道义感并不强烈,他的知识面并不大得惊人,他不是公知。我们可以期待他变成公知,但我们不可以责怪他不是公知或者不能变成公知,我们期待他创作出更多更优秀的文学作品。"其实连莫言自己也是这么评价自己的:"日常生活中,我可以是孙子,

---

① 周国平:《我从来不是斗士,也不是公知》,《凤凰周刊》,2015年第20期(总第549期)。

懦夫,是可怜虫,但在写小说时,我是贼胆包天、色胆包天、狗胆包天。"①

厘清了什么是公共知识分子,给予知识分子群体适当的理解和宽容,我们就不会过于苛求那些上电视的知识分子了,也不会对公共知识分子有那样污名化的情绪,正如韩寒在《就要做个臭公知》一文中说的那样,"'公知'这两个字越来越臭,还株连到了'知识分子'这个名词。"②2013 年 1 月 4 日,《三联生活周刊》主编朱伟对此发表言论称:"不要轻易以公共知识分子自居。首先,知是识,识是认,能分别才有识,有理性才有知。其次,知识建立在慎独之上,没有敬慎之心,不能衾影无愧,何自以为有知,而轻易就要蛊惑于公众?知识要以公共为检验,本是慎之以慎之事,所以,现在的多数人,其实都是公共无知分子,无知者才哗众取宠于无畏也。"

二、专家变成"砖家"?

2012 年 12 月,茅台集团在贵阳召开媒体见面会,回应对其产品含塑的质疑。在发布会上,李可基力挺茅台并声称,塑化剂的标准本身就是不科学的。李可基还谈到三聚氰胺,他表示三聚氰胺基本是无毒的物质,成人喝下去不会损害人体。他说:"人类几百万年都没灭绝,说明人类的排毒、解毒能力实际上是非常强大的。"作为一次企业的危机公关行动,茅台集团邀请北京大学专家来为其说话这一企业行为并无不可,茅台集团肯定以为,请北大专家来为其作证,一定更具科学性和说服力。然而,此"专家"的一席言论除了引来社会各界包括科学界人士的一片挞伐以外,没有任何公关效果。"按这位北大教授的荒唐逻辑,以后中国人吃什么东西都不用担心了,因为人类几百万年都没有灭绝,更重要的是'相信自己,使自己心理得到平衡有利于健康长寿',北大教授果然厉害,在他看来,什么有害食品,心理平衡就好。"③"如果按北大这位李教授所坚持的观点与看法,那就等于说,哪怕即便是在可以避免并可控制相关食品安全风险出现的前提下,相关食品商家也可以不必坚守'食以安为先'的公共原则。且就此不用怀疑,这位北大李教授所说的相关'三聚氰胺'无害论,不仅在结果上对食品生产的安全性可能会起到很坏的误导性影响,并且也违背了社会对食品安全的要求与共识"④。"食品安全问题已经成为全民关注和社会公害的时候,作为学者,本

① 以上内容参见江超民:《莫言不必是公知》,http://www.aisixiang.com/data/58498.html。
② 韩寒:《就要做个臭公知》,转引自鄢烈山专栏,http://blog.tianya.cn/post-299815-41467505-1.shtml。
③ 《北大教授李可基,请你自重》,http://blog.sina.com.cn/s/blog_aed544650101ffu9.html。
④ 《北大李可基教授,你又错了》,http://news.xinhuanet.com/2012-12/18/c_114062519.html。

应该更严谨地从科学的角度为政府出谋划策,并以此来化解公众对食品安全的担忧;但遗憾的是,总有些自以为是的家伙语不惊人誓不休,却恰恰忽略了自己的社会责任,也让'北大教授'这个词再次成为公众的笑柄"①。作为专家抛出"不当言论"而饱受抨击的,李可基并非第一人。2011 年,董藩就以"到 40 岁时,没有 4000 万身家不要来见我,也不要说是我的学生"的言论被戏称为"4000 万教授"。诸如此类例子,不得不引发我们的思考:专家应该怎样出现在公众面前?"专家"何时变成了被公众戏称的"砖家"?

拉塞尔·雅各比在《最后的知识分子》和《乌托邦之死》(The End of Utopia)中指出了专业主义在美国的消极影响。在他看来,大学普及的时代来临之后,公共知识分子被科学专家、大学教授所替代,后者仅仅为专业读者写作,随着公共知识分子的消亡,公共文化和公共生活因此也衰落了。然而,拉塞尔·雅各比没有认识到,正是由于专业主义主导着美国的社会发展,美国才会有今天的学术进步和社会稳定。如果美国也形成跟俄国、法国类似的公共知识分子群体,以美国在镀金时代的腐败和大萧条时期的困难,再加上深刻的种族矛盾,社会早就分崩离析。

许纪霖分析了中国"专家"的形成:"90 年代的知识分子在知识体制的挤压下越来越局部化、专业化、学院化了,同社会的关系日趋淡薄,越来越分离。"②"一大批知识分子……不再自称是公共的知识分子,更愿意成为现代知识体制里面的学者,甚至是某一知识领域的专家。而 90 年代国家控制下的知识体制和教育体制的日益完善、世俗社会的功利主义、工具理性大规模侵入学界,也强有力地诱导着大批学人放弃公共关怀,在体制内部求个人的发展。在这种情况下,很多知识分子不再具有公共性,只是某个知识领域的专家,甚至是缺乏人文关怀的技术性专家。"③也就是说,在学科分化、专业细化的当今学术领域,"专家"已成为部分知识分子另外一种身体的标签了。

在信息泛滥、新问题不断的当今时代,公众迫切需要各类"专家",因为专家可以以他们的所学专长为公众解疑释惑,指点迷津。而公众的这种期待也为许多专业的知识分子提供了施展才华、传播知识的舞台。可一部分走上媒体的专家,其表现却不尽如人意。以上文李可基为例,作为一名专家和知名教授,应该遵循一定的行为规范,知道什么该说什么不该说,什么该做什么不该做。无论是从科学的角度还是自身的发展,最适合科学家出现

---

① 《北大教授李可基,请你自重》,http://blog.sina.com.cn/s/blog_aed544650101ffu9.html。

② 许纪霖:《知识分子是否已经死亡》,见陶东风主编:《知识分子与社会转型》,开封,河南大学出版社,2004 年,第 41 页。

③ 许纪霖:《中国知识分子十论》,上海,复旦大学出版社,2004 年,第 14 页。

的场合应是实验室或者研讨会,而非企业的公关舞台。当科学家与公关场合、企业联系在一起时,势必会触发公众无穷的想象力。一方面,"吃人嘴软、拿人手短",容易在商业和经济面前失去心智,发表一些违心的观点。另一方面,即便其研究有理有据,所言亦非虚,在如此场合说出来的话也难免遭受质疑。一个应该被重申的常识是:科学是伦理的基础,而伦理是科学的目标。基于此,科学家应该具有一定的社会责任感和道德要求。当为数众多的婴儿因为吃了含有三聚氰胺的奶粉而罹患结石,当数百家台湾企业因为含有塑化剂而被停业整顿,"两种物质有毒"已经在科学界和社会上达成共识。在三聚氰胺对公众造成的阴影尚未消除,塑化剂带来的影响还在延续时,李可基教授就认为三聚氰胺和塑化剂无毒无害,显然是在挑战公众的承受底线。这种不顾及常识、逆社会潮流的做法是有违伦理、有悖科学的,被舆论认为牟取私利也就在情理之中了。科学家也好,教授也罢,本应是社会的标杆,而在现实中许多专家却被称为"砖家",固然有公众认知与科学实际有偏差的问题,更多的原因恐怕还在于他们的出言不当。这样的后果,除了专家越来越得不到公众的认可外,层出不穷的怪异言论往往对社会造成更大的撕裂。①

专家,是公众对有某方面特长或掌握专业知识的知识分子群体的统称,如教授、研究员、工程师、医生、律师、会计师等职业中的优秀分子都可称得上是某一方面的专家。他们分布在不同的行业领域,基于不同层面的理性知识体系和实践经验,掌握观察自然或社会的有效方法,拥有解决现实问题的可靠能力。为央行制定货币政策提供顾问的经济学者、敲打发动机外壳判断飞机是否存在隐患的技师、调查造纸厂排污措施是否达到环保标准的环境工程师、研究用什么队形和催泪弹有效驱散骚乱人群的武警参谋,都是不同领域不同层面的专家。

与西方严格意义上的"知识分子"不同,专家给社会提供的则是专业知识,这种专业知识具有客观普遍性。与"意见"的主观表述不同,知识的表述形式必须避免个人的主观立场。一个人无论读了多少书,如果不能给社会提供某种具有客观普遍性的专业知识,就不能称之为专家。正是由于这个原因,西方发达国家,尤其是英美社会给各行业都设定了严格的专业执照制度。医学院、法学院、工程学院、商学院毕业的学生都需要经过严格专业的资格执照考试才能获得从业资格。在美国,即使是普通的木工、电工、管道工和理发师等职业,也都必须通过专业考试获得政府执照才能执业。所以,

---

① 白靖利:《面对热点,专家该如何"发声"》,《广州日报》,2012 年 12 月 18 日。

专家并不以绘制社会蓝图或针砭时弊为主要工作,更不去扮演舆论领袖的角色,他们的社会功能就是解决某个专业的具体问题,用自己的专业知识服务于社会。当公众寄希望于"专家"给出确切、科学的判断和结论,可听到的却是诸如"人类几百万年都没灭绝,说明人类的排毒、解毒能力实际上是非常强大的"的滑稽、无良的言论的时候,"砖家"自然就产生了。那些既不能预见犯罪,也不能解释犯罪而只能做点简单统计归类的所谓犯罪心理学家,无力超越常识,而只能躲在专家的虚名之后喃喃自语。那些在绿豆、大豆里找出强身健体包治百病之灵验的养生大师们,则是靠玩弄常识收获专家的名利。有些所谓的教育学家、经济学家,面向媒体滔滔不绝的也仅仅是常识而已,却因为其"专家"的身份和媒体的放大效应而广受关注。还有那些重复常识的心理学"专家",凭借在电视上做评论的光环,煞有介事地作婚恋心理咨询,随意认定别人的心理,其实不过是在适应电视场域的娱乐惯习罢了。专家频频上镜忙得忘记了自己学术的积累,而大众传媒却借援引专家来显示自己的严肃可靠。

2012 年 12 月,唐钧做客《新闻 1+1》节目,解读两起民工冻死事件时竟然一直面带笑容,这惹怒了广大电视观众,称其"冷血无情"。唐钧回应表示:平时面相就是这样,做节目时未刻意注意自己表情。然而,不管作何专业解读,新闻由头和话题主旨都不应偏离新闻事实——两位民工冻死街头。唐钧说他"是在谈政策,不是在谈论民工的死",并称"熟悉的政策问题,很放松,平时习惯不自觉出来了"①,这说明,他触及一个沉重话题并进行专业解读时,缺乏起码的心灵共振。依照人之常情,民工冻死的悲剧,本应激起人们物伤其类的悲悯和痛感,而非不以为然地笑对。在某些社会悲剧面前,专家们更应顾忌正常的人伦诉求,显现最起码的道德心和正义感。如果对悲剧无动于衷,没有对苦难的起码体悟,那么再专业的解读,又怎么取得良好的社会效果呢? 专家如此"笑"评冻死骨,如何不激起民众向其投掷"砖头"呢? 这种情感融入的缺乏,显示了某些专家话语的不接地气和情感上的冷漠。

2010 年 7 月,《中国青年报》社会调查中心通过民意中国网和搜狐网进行的一项调查显示:39.5%的人认为专家言论只是一家之言,仅供参考,31.9%的人觉得专家言论需要根据情况判断辨别;20.4%的人认为专家言论根本不值得相信,6.5%的人认为"专家是社会权威,值得信赖"。"专家"为何变成"砖家"? 调查中,79.6%的人觉得是因为"部分专家缺乏社会责任

---

① 相关报道见 2012 年 12 月 16 日《京华时报》。

感,为利益群体代言";72.3%的人认为"大量'伪专家'充斥专家队伍,素质良莠不齐"。同时,有28.5%的人认为媒体难辞其咎,"媒体争相报道专家'雷人雷语',放大负面印象"。①

深究"砖家"现象的产生,除了刚才提到的道德水准外,为博名利轻易发言,事后被证错误,也是公众送其砖头的重要原因。比如有位叫牛刀的评论员,挂着中央财经评论员的牌子,多少年来如一日,经常发文喊"楼市崩盘"。唱空了楼市十年,房价涨了十年。他曾放言中国房价要跌80%,熬不过2015年。然而2015年又过去了,房价仍坚挺着。牛刀不断在网络上声称"中国楼市倒塌论",一直热衷对中国经济的预测,基调就是经济崩盘,然而无论是楼市还是经济都没有崩盘。

还有一位美籍华裔律师章家敦,2001年7月出版了《中国即将崩溃》一书,提出中国现行的政治和经济制度最多只能维持五年。这本书不仅使他名声大噪和赚了大钱,而且成了争相邀请演讲的名人,连美国国会都邀请他举行听证会。2002年他又声称"WTO救不了中国""中国崩溃,第一幕"。2003年,他又提出《中国即将崩溃》。2006年,他评论"中国已经崩溃到半路啦"。这种中国崩溃论几乎年年讲,2014年说"中国经济火了40年,终于要崩溃了"。2015年5月,他中国经济"最多撑一年"。摩根士丹利亚洲荣誉董事长华沃兹毫不客气地说:"你的'中国崩溃论',只在你的书中存在,不存在于中国的现实中。"②他的中国崩溃论曾经让国内一些人以为真,经常引用他的观点。作为有知识的群体需要的是理性的分析,而不是用一些耸人听闻的语言来标新立异。理性、谨慎是媒体上的"专家"必须应具备的素质,因为媒体具有极大的聚焦效应和放大效应,专家不负责的言行,必然会引起公众情绪的极大反弹和对"专家"群体的集体失望。

三、合作不"合谋":媒介知识分子与电视媒体的可能性关系

1930年代,葛兰西提出了"有机知识分子"的概念。他认为对知识分子的最好表述,就是与社会的有机联系。知识分子是在与社会的关系中发挥作用,从而成就他们的特殊价值的。"有机"的含义是指,知识分子是社会组成的一员,同时也可以能动地作用于社会。当我们今天再以这种有机的联系为认识基点的时候,依旧可以清楚地看到,社会从来就是,而且现在也依

---

① 百度百科,http://baike.baidu.com/link?url=q6ADusPTWFFCPygn_OJMDBpcFTH6mazHr3-c5jFN7zRn4zWL5-OiIxaetp6oCzvltJ-k-fON7nnyxhm0iIHQw_。

② 《"中国崩溃论"错在哪里》,http://mt.sohu.com/20160226/n438541661.shtml。

然是知识分子赖以生存的根基,具有认识自我及解析思想观念、对社会现实进行实践批判的作用。也就是说,知识分子不应切断自身与社会的联系。然而,当今的知识分子与传统社会的知识分子一个最大的不同在于,如今的社会是一个媒介的社会,是一个被高速发展的传播技术与媒体所笼罩的社会,人们无时无刻不被媒介包围,时刻处于媒介内容的影响之中。从古至今,知识分子都有参与社会、促进历史进步的职责与使命,那么,如今要履行这个职责,就不能不依靠媒介这个强大武器。

一个不容回避的事实是,自从电视普及之后,知识界对其的批判就从未停止过。媒介研究者对文字和图像关系的讨论,有的涉及电视媒介本身的文字和图像关系,有的则涉及电视图像媒介对其他传统文字媒介的影响。早在20世纪60年代初,即电视刚刚在欧美普及的时期,波尔丁(D. Boortin)在《图像:假事件的引导》(*The Image: A Guide to Pseudo-events in America*)一书中就已经开始了对电视图像的诘难。[①] 那以后便不断有论者重申褒文字、贬图像的媒介批判立场。许多论者认为,电视图像根本不适合严肃话语,唯有文字才是讨论公共政治、政策、公共价值和公民事务的必要话语。他们批评电视败坏了公共讨论的形式,危害了公共话语的理性。[②]

即使是在美国,像美国公共电视台(PBS)这样不插广告,以深入报道时事和讨论公共问题著称的公共电视台,能否发挥公共作用也被本国学者所质疑。批评者的疑问首先针对的不是政治权力和统治意识形态的操控,也不是公共信息的虚假和不可靠,而是作为传媒手段的图像或文字本身的媒介局限性,认为这种局限性可能会直接影响到它的真实性。随着电视媒介的影响遍及人们日常生活及社会的每一个领域,许多学者更是深刻察觉到公共话语面临的深刻危机。批评电视图像媒体妨碍和危害公共话语,一般有两个批判着眼点或论述途径。第一是批评电视传媒把公共话语变成消遣;第二是强调电视传媒信息的传递特征会限制和浅化人的认知和思维,不利于独立思想、多元开放的公共讨论,因此具有保守的政治倾向。第一种批评以波兹曼《娱乐至死》(*Amusing Ourselves to Death*)中的论述最为著名。波兹曼认为电视的影响力已经令公共话语陷入令人担忧的境地:"我们的文

---

① 　Daniel Boorstin:"*The Image: A Guide to Pseudo-Events*", New York:Harper and Row, 1961.

② 　W. Lance Bennett:"*News: The Politics of Illusion (3rd ed)*", New York:Longman, 1988. Lloyd Bitzer:"*Carter vs. Ford: The Counterfeit Debates of 1976*", Madison:University of Wisconsin Press, 1980. Murray Edelman:"*Constructing the Political Spectacle*", Chicago:University of Chicago Press, 1988. Robert M. Entman:"*Democracy without Citizens*", New York:Oxford University Press. Neil Postman:"*Amusing Ourselves to Death*", New York:Penguin, 1985.

化,它的信息、思想和知识特征都来自电视,而不再是印刷文字。"①电视传媒为我们提供"传媒喻说"(Media Metaphors),我们就用这些喻说来辨认世界,并将之感知为文化。在媒介化生存的今天,电视的作用更非同寻常,"公众所关心的每一种问题——政治、新闻、教育、宗教、科学、体育——没有不被放进电视的。这就意味着,对这些问题的公共理解,没有一个不带有电视的偏见。"②波兹曼认为,电视时代的美国人比起 19 世纪来,积极思考公共问题的能力退化了,电视只适宜于表述一些容易表述的想法,而这样的想法竟然逐渐变成了公众全部想要和以为值得表述的思想。图像令人的思维幼稚化,波兹曼特别担忧的就是这种电视图像代替文字所造成的公共思想退化。波兹曼的担忧和布尔迪厄的看法实在有异曲同工之处,可以说,对于电视的公共性,及其可能发挥的积极作用,很多学者都是持怀疑态度的。

第二种对电视妨碍公共话语的批评集中在电视表现的不同方面,大都与电视限制和浅化人的认知和思维有关。阿尔泰迪(D. C. Altheide)和斯诺(R. P. Snow)非常重视以电视为代表的电子传媒对普通人思维方式的影响,"当今(电视)传媒的宰制是通过这样一个过程来实现的,媒介的一般方式和特殊形式已被社会(民众)所接受,媒介的逻辑基本上已经组织和界定了文化的内容"③。一旦公众将电视媒介的逻辑内化和自然化为公共"常识","媒介和观众就会用同一逻辑去理解社会现象。"④阿尔泰迪和斯诺认为,电视媒介的视觉逻辑限制了人们对社会现象的认识,因此在政治上是保守的。其他媒介批评者也提出过类似的看法。例如,库伦(J. Curran)提出,由于传媒只是展示社会制度。这种单纯的展示很容易就此显得像是自然地发生。⑤ 凯尔勒(D. Kellner)也指出,一般民众会以为"既然都上了电视,那一定是真的。"⑥梅罗维茨 (J. Meyrowitz)称这是电视的假现实性效果。⑦ 康奈尔(I. Connell)说,电视上对公共事件的解释都只是某些人的解释,但又

① 〔美〕尼尔·波兹曼:《娱乐至死》,章艳译,桂林,广西师范大学出版社,2004 年,第 37 页。
② 〔美〕尼尔·波兹曼:《娱乐至死》,章艳译,桂林,广西师范大学出版社,2004 年,第 70 页。
③ David Altheide and Robert P. Snow:"*Media Logic*", Beverly Hills, CA: Sage, 1979, p.15.
④ Robert P. Snow:" Interaction with Mass Media: The Importance of Rhythm and Tempo." *Communication Quarterly*, 35 (1987): 225-37, p.227.
⑤ J. Curran:"Communications, Power and Social Order", In Michael Gurevitch, et al. eds: *Culture, Society and the Media*, New York: Methuen, 1982, p.220.
⑥ Douglas Kellner:"TV, Ideology, and Emancipatory Popular Culture", In Horace Newcomb, ed: *Television: The Critical View*, New York: Oxford University Press, 1982, p.399.
⑦ Joshua Meyrowitz:"*No Sense of Place: The Impact of Electronic Media on Social Behavior*", New York: Oxford University Press, 1985, p.89.

"总是说成是'许多人'和'大多数人'的看法。"①

由于电视本身的媒介特性,学者们倾向认为,它与真正的思想是绝缘的,再加上意识形态对媒体的操纵,很多学者对电视都持警惕和审慎的态度。知识分子上电视的一个悖论:一方面,当代中国知识分子,似乎只有通过大众媒介才能搭建和进入自由讨论的公共领域;另一方面,一旦以大众媒介作为自己意见的工具,知识分子的自行表达和自由讨论将不可避免地受到制约,这也正是上述学者所担忧的。在"电视知识分子"这一偏正结构的称谓中,"电视"既是修饰,也是限制。哈贝马斯已经充分讨论了以大众媒介出现为标志的公共领域的结构转型。"大众传媒影响了公共领域的结构,同时又统领了公共领域"。其结果是,自我形成的、以批判为特征的公共领域转变为机构型的、体制化的和操纵性的公共领域。大众媒介"在一种无限扩展的公共领域中削弱了公共性原则的批判功能。"在很大程度上,大众传媒的公共性,是由现存政治与商业制度所决定的公开展示的方式或体制,用哈贝马斯的话说,是一个"超级广告"。因此,知识分子如果无条件的借助于大众媒介,热衷于在媒体上抛头露面,并沾沾自喜地把"电视知识分子"看作是自己"公共"身份的认同标记,对其群体而言将是既危险又可悲的现象。所以,中国知识分子群体中经常上电视的那些人,应该像布尔迪厄或利奥塔那样,与电视保持必要的间距。为了"使本应成为民主的非凡工具的电视不蜕变为象征的压迫工具",布尔迪厄"不得已而为之"地用电视演讲来批判电视。作为其妥协的补救举措,他要求制片人"避免任何形式上的追求,放弃任何说明性的图像",以避免干扰演讲的论辩性与论证性。利奥塔则走得更远,他在上法国电视3台的《自由论坛》节目时,要求自己不出图像,仅保留画外音;或者出图像而蓄意让声画不同步。中国的知识分子或许没有必要像他们那样极端从事,但是我们有必要对媒介"公共性"的悖论,对电视知识分子"公共表达"的悖论保持高度的警觉。

导致一部分知识分子拒绝上电视的另一个原因是,他们担心从知识分子集体中分化出来的这一特殊群体,将不可避免地伴随某种"染色体"的变异。也就是说,一旦知识分子与电视结盟,能否保持其知识分子的"物种"特征将成为问题。恰如本书前面所述,当知识分子走上电视后,其所想陈述的内容,便不可避免地会受到电视场域惯习的规训,不但事先会被告之种种不可逾越的规则,而且其出镜情况也常被事后剪辑得面目全非。如果说,批判

---

① I. Connell: "Television News and the Social Contract", In *Centre for Contemporary Cultural Studies*, *Culture*, *Media*, *Language*. London: Hutchinson, 1980, p.14.

精神是知识分子最重要特征之一,那是来自知识分子历史形成的"全无居所"(萨义德语)的社会地位。萨义德把法兰克福批判学派成员阿多诺称为"行而上的流亡者","对于知识分子而言,流离失所意味着从寻常生涯中解放出来"。因此,流亡就不仅是中外众多知识分子的实际生活状况的写照,是一种"真实的情境",而且也是"隐喻的情境",是知识分子精神生活状态的描述。凡此种种,强调的都是知识分子那宝贵的独立性。然而反观今日在大众媒介进进出出的中国知识分子,很多俨然以"圈内人"自居,大众媒介成为接纳"流亡"知识分子的寓所,它在造就"安居乐业"精神景象的同时,也似乎满足了知识分子济世救国的公共情怀。他们打着福柯"特殊知识分子"的旗号,希冀通过在自己专业领地"修身齐家",从而涉入"治国平天下"的公共领域,一度成为"公共知识分子"大讨论的一个时尚话题。面对电视媒体的急剧扩张和娱乐风潮的甚嚣尘上,代表精英文化的知识分子是站在岸边痛心地怒斥"这是一沟绝望的死水,这里断不是美的所在",还是应该反躬自问:知识分子到底有没有责任去提升电视媒体的文化品位,如何才能更合理地通过电视媒体去传承人类的文明?

分析了以上种种,我们看到的一个时代背景是,当今知识分子的生存环境不同于过去的知识分子,他们处于一个被媒介所渗透的环境中,知识分子的传统使命使他们负有影响社会的责任,而要想真正发挥这种历史使命,拒绝电视是一个不理智的选择。可很多知识分子又担心,一旦选择上了电视,又会丧失自身的独立性,真正的思想不能表达,再加上媒体商业性渗透和政治性的操控,以及它所掀起舆论的不可控制性,会影响到自身的社会形象及在学术场域中的地位。然而,就在我们众声讨论到底拒绝,还是合作的时候,一些知识分子已进行了大胆尝试,他们最近十几年的实践经验,也给了我们一些启发。

我们应该认识到的是,电视并不必然是浅薄的。虽然前面列举了许多中外学者对电视媒介特性与思想性缺乏的批判,但电视并不天然具有比其他大众媒体更庸俗的倾向。事实上,在现实生活中,文字可以被用来揭示真相,陈述事实,也可以被用来隐瞒欺骗,栽赃陷害。电视作为一种新媒介,既可以让人思维退化,浅薄无知,也可以让人视野开阔,拒绝盲从。这两种传播的不同效果,都直接由它们使用者的价值立场所决定。电视之所以早先在西方被广泛批评,一是在当时作为新兴媒介,公众出于对其社会作用的不确定性而带有一定恐惧情绪,另外也是由于观众的人数众多,而他们的受教育程度和兴趣口味各不相同的缘故。但是我们不能仅凭这一点就忽视电视媒介的公共话语作用。对于知识分子来说,文字是他们的传统话语工具,也是他们的主要发声手段。然而,在电子媒介的新时代里,知识分子有必要重新检视自己的话语工具箱,也有必要为新的工作需要而添置新的工具,而这些新工具中就应该有电视媒介。①

王鲁湘就认为,知识分子必须要利用电视媒体。他历任凤凰卫视《纵横中国》总策划、《世纪大讲堂》主持人、《文化大观园》总策划、主持人等。他在谈到这个话题时说:"现在大家对知识分子的看法已经宽泛化了,过去谈到所谓知识分子,比较狭隘的定义是'书斋知识分子',天天坐在书斋里,读书、写作。像我这样走出书斋,到媒体去,尤其是到电视媒体去,那个时候,大家就觉得这个人有点不务正业,为什么跑到大众传媒去出风头?说句老实话,过去我们中国绝大多数读书人都有这个看法,这是一个过程,说明中国的知识分子,从现代化的意义上来说对知识传播媒介的看法还很落后。我在 20 世纪 80 年代就意识到,中国的知识分子必须要利用电视这个新媒体。"他也谈到自己做电视的困惑:"我自己也很抗拒电视,尽管我一直在鼓吹知识分子进入电视,提升电视的品位,但是在和电视进行过深度接触之后我发现,电视对知识分子是有伤害的。第一,做电视太耗时间,我写作,几张纸解决的问题,一天就完了,但在电视上要一个月甚至一年;第二,传统的知识分子是个体化生存,一个人看书、思考、写作,在某种意义上越孤独越深刻,电视是一个集体合作的产物,最后只剩下一个最大公约数,很多个人的东西是要被平均掉的,在妥协中才可以最后完成一个电视作品。"但是他对电视的认识是:"只要给我足够的资源,足够的时间,我可以把黑格尔的《精神现象学》搬上电视。你们不是老说电视通俗,不能搞深刻的东西吗,我相信黑格尔也一定会吸引观众。电视并不只具有通俗品格,就看你怎么用它。包括现在的书籍、杂志,都可以转换成电视节目的形式。没去做的原因,就是我们的偏见。"②王鲁湘自身上电视和对电视的态度,使我们看到了一种可行性的路径:即,合作而不"合谋",以一个"介入"的旁观者姿态来对待电视。

处于媒介化生存的时代的人们对大众媒介的批判主要集中在一个具有普遍性且为焦点的问题上,这就是,大众媒介制造了社会"现实",构成了人们对"现实"的理解,让人们从"拟态环境"中获得"现实"的体验与感觉,这也确实是当下媒介生态的现实。然而,既然大众媒介已不可避免地介入到

---

① 　徐贲:《媒介知识分子手中的文字和图象》,http://www.aisixiang.com/data/18477.html。
② 　以上参见王鲁湘:《知识分子必须要利用电视媒体》,凤凰国学,http://guoxue.ifeng.com/a/20151126/46397498_0.shtml,2015 年 11 月 26 日。

了我们的认知和"现实"生活的层面上来了，俨然成为将我们与社会组织、事务、日常生活联系起来的重要中介，那么，知识分子群体也不应无视这一现实，应自觉通过这个中介与自我、与社会、与媒介发生互动与对话，因为对话可以赋予人类交流以更高的品质和在其中不断流动的意义。也就是说，知识分子与媒介的关系并不是一种单向的使用与被使用的关系，而是一种双向的互动与对话性的关系。知识分子一方面可以把媒介作为知识的对象，另一方面也可把媒介视为反思自我与社会现实的对象。进一步而言，生存的现实需要媒介知识分子既能处身于媒介之中，又能身在其外，即作一个"介入"的旁观者，对媒介的信息生产与社会影响产生清醒的认识，并获得通过媒介来反思自身的真实体验。如果缺少这一种能力，媒介知识分子与媒介的关系就会成为一种道具或工具的关系，就会产生沦为媒介所使用的道具的感觉。

近年来，一方面中国知识界既有一些自觉地放弃包括"统治"观念在内的所有媒介观念，坚决不与电视等大众媒介打交道的人，也有抱持改造社会，传播文化，与媒体保持密切关系者。另一方面媒介也在强化与知识分子打交道的广度与深度。不仅如此，媒介还不断地表现出一种专家崇拜的倾向，此时正是知识分子省察真实生存状态的契机。如果知识分子只有与媒介的使用与自我满足的关系，没有某种出入于媒介的距离感，丧失思考与反思自我与媒介的关系的能力，那么终究会有一天，媒介知识分子有可能很快地成为仅仅有一些媒介影响力和权威性，以及自我感觉良好的"媒介人物"而全然丧失掉知识分子的特有性格。也就是说，如果仅仅满足于专家的身份，与媒介和社会发生关系，接受并帮助媒介制造现实与流行观念，那么知识分子的本色就会模糊。

事实上，怀揣着不同的理想或动机，一批又一批的知识分子已经在以各种不同的形式走近或走进电视。最近在电视媒体中颇有影响力的一个栏目是广东卫视的财经新闻评论节目《财经郎眼》。该节目偏重泛财经话题，关注民生经济事件，寻求各类新闻的经济学解读和个性化讲述，带有迅捷的时效性、庞大的信息量和独特的思想见地。节目邀请著名经济学家郎咸平担当固定嘉宾，邀请财经媒体人、专家学者以及知名企业家担当常任嘉宾，并以三人聊天的方式实现经济学"生活化""媒介化"，被誉为财经版的《锵锵三人行》。节目做到了知识分子与大众传媒的关系弥合，得到了收视和业内的双重认可，现已成为广东卫视最具标识性、影响力和美誉度的品牌节目，也是当下中国电视评论节目的先锋。《财经郎眼》向我们证明了，知识分子与大众传媒是可以良好互动的，并且可以得到市场和口碑的双丰收。

　　波尔认为,媒体和公共知识分子是相互需要的关系。媒体是一个平台,在这个平台上,可以形成知识分子。但是媒体在一定程度上也对公共知识分子造成了约束,使他们不能太激进,否则就会失去媒体的支持,或者这个平台的支撑作用。鄢烈山赞成波尔的观点,认为媒体和公共知识分子是彼此需要、相得益彰的关系。但是这种关系在媒体时代也可能因为市场因素而被异化。在中国的环境下,市场的力量非常强大,诱惑也非常大。对于写作者来说,如果心态被扭曲了,就会成为一个代骂者。①

　　知识分子究竟应不应该上电视,恐怕不能一概而论。在商业化充斥日常生活,人们的心理普遍浮躁的今天,甘愿"板凳要坐十年冷"从而远离媒体喧嚣的学者,仍然值得社会的推崇和尊重。而另一方面,学者教授也不能满足于独善其身,还要兼济天下。电视是公共空间,提高其文化品位迫切需要知识分子的热情参与。陈平原认为:当客卿而不是雇员,保持若即若离的态度,可能是知识分子介入大众媒介时应采取的姿态。其实,只有改变当前中国学术界与大众传媒之间的巨大隔膜乃至某种程度的互相敌视,在学术与娱乐之间找到一个平衡点,当代中国文化建设才可能得到比较健康的发展。事实上,知识分子需要以极大的注意力关注于人类的传播问题。传播不仅意味着相互影响,使人产生多重的情感体验,还呈现为一种交流在社会、历史、伦理意义上的复杂关系。传播研究中的功能论者常说,传播创造了这个世界。因为没有传播或交流,人们就无法形成与他人和社会的关系,因此也就无法理解周围的这个世界。因此,对于我国知识分子而言,与媒介保持怎样一种关系这一问题是需要思考的。

第三节　部分知识分子走上 电视是时代所趋

一、从电视媒体巨大的社会功能来说

　　电视媒体对现代人生活方式的革命性改变是有目共睹的。古往今来,没有一种媒介能像电视这样全方位地渗透到人们的生活中来,其介入之深入、影响之巨大,前所未有。因其独特的传播特性,电视很快成为大众文化的代表,当然,其本身也是大众文化的一种典型形式。因此,无论那些文化

---

　　①　墨卡托沙龙:《"公共知识分子"的为与不为》,http://cul.qq.com/a/20150528/042227_all.html,2015年5月28日。

精英们多么深情地眷恋着始于前现代社会的印刷文化,都注定改变不了现代社会和后现代社会中电子文化后来居上的事实。无论从正向功能还是从负向功能上来说,电视媒体的社会传播功能都是其他任何媒体无法企及的。切特罗姆(Daniel J. Czitrom)有一个充满宗教意味的比较:"广播就像《旧约全书》,能听到圣人教诲,却看不到他;电视就像《新约全书》,因为在电视里圣人变得栩栩如生,就像在我们中间一样。"①电视媒体的影像魅力可见一斑。虽然被命名为"第四媒体"的互联网有超越电视历史性优势地位的可能性,但从目前来看,就成熟性、规范性、普及性和大众性等方面来讲,电视媒体仍是稳坐传媒地位的第一把交椅。可以说,在新的媒介生态下,我们每个人都成为在媒介深刻影响下的"媒介人",我们对于世界的想象、思维方式都来自媒介建构,甚至连个体意识也烙上了媒介化的烙印。因此,媒介技术对于社会文化历史、人们生活方式、现实社会环境、人们感知方式都有着巨大的塑造能力。传媒技术的每一次进步,都意味着对人们行为方式、思维方式乃至社会变迁的重大影响,它的"内爆"效应已经深入到人们的物质及精神层面,对人们的影响是全面而潜移默化的。拒绝媒介,无疑就等于拒绝改变,拒绝适应新的社会环境。

就电视的文化传播功能来说,它有普及文化、填补"知沟"的功能。对于掌握精英文化的当代知识分子来说,如果想实现其启迪民众、宣传理想的目的,就难以脱离电视这一媒介。因此,知识分子走上电视,走进直播间,都是社会发展的要求,是电视自身发展的必然。一方面,电视可以借助知识分子的学识与品格吸引受众,借助他们渊博的知识和声望提升着自己的品位,从而完成自己从肤浅向"深刻"的转变;另一方面,知识分子也可以通过电视这个宽广平台和便捷通道,传播理想、开启民智,既展现了自身的魅力,又可取得最大范围的社会认同,从而在新的媒体时代牢牢掌握话语权。这正如易中天所说,学者与电视如果结合得好的话,那就是"双赢"。

在谈及现代传播媒体——电视在知识分子传播思想过程中的作用时,张宏森曾写道:"鲁迅先生的一生,都致力于揭示中华民族的国民性,它的《呐喊》《彷徨》多么希望给当时麻木的心灵敲响重锤;然而,尽管如此,《呐喊》也罢,《彷徨》也罢,当时的总印数也不足几千册。如果鲁迅先生生逢今世呢? 他有力的呐喊声定然不会放过这个一夜之间传遍各个角落的现代传播媒体。现在,手段和媒体正摆放在我们面前,从物质条件上说我们比鲁迅

---

① 〔美〕丹尼尔·杰·切特罗姆:《传播媒介和美国人的思想》,曹静生等译,北京,中国广播电视出版社,1991 年,第 124 页。

先生优越了许多。优越条件呼唤的不仅是文化守灵人,它更在呼唤慷慨高歌的文化开拓者。所有真正意义上的文化人都应该重视并重新评估现代科技手段和现代传播媒体在实现文化思想中所发挥的力量。这种力量也会重新构建出当代中国大文化的崭新模型。"①在凤凰卫视主持《锵锵三人行》的香港岭南大学学者许子东谈到自己参与大众传媒的感受时这样说,学者参与大众传媒的传播是推动社会前进的一种方式,通过电视传媒,可以迅速地将自己的研究与社会批判结合起来,借助电视将自己的思想和见解跟大家分享,也可以达到自己忧国忧民的目的……我同时也从节目中,从观众的即刻的反应中获得新的信息和信心,更多更好地接触社会和民情,这反过来又有助于我的专业研究,因此说,学者上电视做节目,是将来传媒的发展方向。同时,电视媒介作为一个话语场域,其实是当代社会权力较量的一面镜子,一个角斗场,知识分子应当积极利用这个场域,在商业过于主宰社会的时代里,知识分子更应当借助电视这一强势媒体来担当起社会批评家的责任。②陈丹青更是旗帜鲜明地支持学者与电视的结合:"转型中的社会与知识分子为什么要拒绝媒体? 大家不去塑造媒体,必定被媒体所塑造,这是不言而喻的……孔子要是活到今天,绝对霸占电视台;胡适、鲁迅、陈独秀活到今天,坦然上电视。"③

在知识分子该不该走上电视的讨论中,曾经被推到风口浪尖的余秋雨,曾在 1998 年第 1 期的《文友》杂志上曾有这么一段话:"我完全不拒绝现代传媒,上电视为什么不可以? 只不过介质不同。鲁迅当年写小说、白话文上《晨报》副刊。真正有文化良知的人不吝于把自己的声音送到每一个平民的耳朵里,为什么要在象牙塔、小庭院里孤芳自赏、以自闭的方式保存文化的崇高感,充当文化贵族? 我的体验、感悟是与生活的土地生息与共的,上电视其实是在走向通俗,走向大众。在这点上我不赞同钱钟书的观点。杨绛曾经说,他们就像红木家具一样,稍微一碰就会散架。事实上,很多时候媒体很需要专家发表他们的意见、看法,而真正在电视屏幕上谈吐、形象都合格的人并不多,中国的知识分子要不要上电视就跟慈禧当年与大臣商议要不要坐火车一样可笑。"④这段话代表了一些与电视结盟的先行者的思考。

埃莱娜·埃克根据其经验指出:"在整个 20 世纪,伴随着视听媒体卓有

①　张宏森:《中国电视剧给我们带来了什么》,《新华文摘》,1995 年第 10 期。
②　白贵:《知识分子走入电视——电视与知识分子的双赢之举》,《社会科学论坛(学术研究卷)》,2006 年第 3 期。
③　陈丹青:《也谈学者上电视》,http://www.douban.com/group/topic/5689567/。
④　林子、秦西:《余秋雨回答》,《文友》,1998 年第 1 期。

成效的发展……由于有了听众和观众的缘故,他们(文人学者们)也一直需要通过广播和电视来定期地与听众及观众进行交流和沟通。他们时常被邀请参加一些电视节目的录制;他们中的一些人还是节目的制作人或创办者。这就是为什么我们需要思考是否只存在着文人们对视听媒体那种夹带着不安和讽刺的蔑视,而事实是在他们那个时代文人学者们一直都在努力适应媒体的原因。"①

在电子媒介时代,我们必须清醒地认识到,如果让知识分子离开大众媒介去推进人类文化的进步和社会和谐,是不可想象的。这是由于电视媒体的功能以及知识分子的特性决定的。在电视场不断靠近、介入学术场的大背景下,让一部分知识分子走上电视,以自己的专业所长服务公众,实在是时代所趋。

二、从知识分子不同的场域位置来说

在布尔迪厄的理论中,"场域"是一个开放性概念,是各种位置间存在的客观关系的网络。场域是与惯习、资本紧密相连的。场域中有不同的行动者,他们各自居于不同的位置,而场域中的权力、资本的分配结构,决定了这些行动者的位置处境和占位特征,决定着位置与位置之间的关系,如支配关系、屈从关系或结构上的对应关系。而决定行动者在场域中的位置及采取何种策略的是他们所拥有的资本数量及结构。在学术场内,这种资本主要表现为文化资本。因此,当判定知识分子会采取什么行动时,首先得看他在场域中所占据的资本和位置,他们在学术场的特定位置决定了他们在政治问题及学术问题中采取的立场。而由于学术场作为权力场域的一个子场域,已逐渐遭到其他场的干扰,或者说由于场域本身自治性的不断减弱,场域本身会日益发生"内爆",从而部分地融入其他场域中,所以,"知识分子的政治和学术行为,不仅是由他们所处的位置直接或间接决定的,而且是由场内外各种制约因素共同影响的"②。

布尔迪厄认为,知识分子场在知识分子争取自主的过程中逐步形成,它有着头足倒立式的特殊经济逻辑。在整个社会的空间场域中,根据行动者占有的有价值资源(经济资本、社会资本、文化资本等)的不平等分布状况,行动者被划分为支配阶级和屈从的被支配阶级。占有较多有价值资源的行

---

① 〔法〕埃莱娜·埃克:《论视听媒体和知识分子》,〔法〕米歇尔·莱马里、让-弗朗索瓦·西里内利主编:《西方当代知识分子史》,顾元芬译,南京,江苏教育出版社,2007年,第142~143页。

② 张意:《文化与符号权力——布尔迪厄的文化社会学导论》,北京,中国社会科学出版社,2005年,第220页。

动者居于支配地位。然而,支配阶级也并非是铁板一块。由于经济资本是最重要的资本形式,根据经济资本和文化资本的兑换率,拥有更多经济资本的人相应更富于政治经济权力,居于等级结构的塔尖,如政治家、商人、企业主、金融家等。占有文化资本而被授予某种特殊权力的人,尽管因为拥有文化资本就某方面而言具有统治性,如作家、艺术家、科学家等,然而相对于那些拥有政治和经济权力的人来说,仍处于被统治阶层。① 而仅就某一个场域内来说,由于资本掌握的不均衡,其行动者在场域中的位置是不一样的。以知识分子场为例,占有较多文化资本的行动者,居于本场域内的支配者地位,他拥有场域规则制定的特权,而文体资本相对薄弱的行动者,则处于本场域内被支配的地位。所以,每位行动者的各种策略,以及确定他参与的"游戏"的各种因素,既是在考察他的资本数量及其结构函数,也是这一资本的数量和结构随时间而演进的函数。②

　　由于场域自主性程度的提高,布尔迪厄认为,文化生产场又逐渐分出两个对立的亚场:有限文化生产场和大批量文化生产场,从而演绎出一个"输者为赢"的逻辑。经过一段时间的裂变与完善历程后,这两个亚场按照自主的逻辑确立了它们的等级次序,即有限生产亚场对大生产亚场的支配和对抗。在有限生产亚场中,生产是为了生产者自身和其他的同行。它坚守自治原则,拥有比大批量文化生产场更多的象征资本,居于场域的支配地位。而大规模生产亚场,生产则是为了满足广泛的社会领域的需求,更易于为他治原则折腰,从学术资本上来看,它虽然是本场域里的输家,但它却能够在场域外获得巨大的社会知名度和经济收入。

　　"输者为赢",或者叫"赢者输"的逻辑,表明了我们的文化生产场域开始了分化,不同的场域有了自己不同的游戏规则和资本形式。文化生产场的这种分化,其实是反映了社会的一种进步,因为不同社会文化领域的分化自治正是民主社会的重要标志之一。由此看来,那些在有限生产场域内掌握资本不太雄厚的学者,适当向大批量文化生产场靠拢,也是学术场域内不断分化的表征和产物。陶东风指出,学术界"在对于丹表示支持或者宽容的人中,有不少是学术界地位高的前辈或者著名学者,而且即使是在明知于丹所犯诸多知识性错误的情况下仍然支持于丹",他认为:"这或许是因为这些学者已经在同行中获得了较高的声誉、在有限的文化生产场中建立了较多

　　① 张意:《文化与符号权力——布尔迪厄的文化社会学导论》,北京,中国社会科学出版社,2005年,第216页。
　　② 〔法〕布尔迪厄、华康德:《实践与反思——反思社会学导论》,李猛、李康译,北京,中央编译出版社,1998年,第136页。

的成就,而且对于两个文化生产场有比较自觉的区分,因此也就没有强烈地感受到于丹对于自己的学术地位的威胁吧。"①他的言下之意,像李泽厚、任继愈、葛晓音这样的学术资本比较雄厚的学者,之所以会支持于丹,是因为他们早已在内心区分出有限文化生产场和大批量文化生产场的不同,并自觉将自己归于有限文化生产场,而将于丹、易中天等归于大批量文化生产场,这样,两类群体不在一个场域,当然也就没什么好争执不下的了。

　　由于不同的学者拥有不同的文化资本数量及形式,因此他们在文化生产场中的位置就不一样,有的居于支配阶级,有的处于被支配阶级。那么对于一部分文化资本相对单薄的学者来说,他们向其他场域的靠拢,以及寻求新的资本认同的行为,也就可以理解了。从知识生产本身来看,它应该包括两种形式,一是知识的创新,一是知识的传播。而从事知识生产的学者,当然也应该分为两种,一种是研究型学者,他们潜心书斋,专心进行知识的创新,从事的是一种知识创造型的劳动;另一种是传播型学者,他们致力于将本领域的知识传播开去,从事的是一种知识普及型的劳动。研究型学者与传播型学者,都是文化生产场域中辛勤的工作者,他们都在以自己的方式进行着知识的再生产和传播,让一部分学者适当融入电视场域,以"文化代乳"的方式,将简约化、稀释化了的学术知识分与大众共享,也是精英文化服务大众的一种重要方式。这正如时统宇所认为:"我们不能以传统的知识分子标准来衡量一个学者的全部,但也不能完全抛弃。像余秋雨、刘心武、易中天这样的明星知识分子的出现,作为一种现象,他们遭到那么多的非议,也是他们作为学术明星的一个必然,很正常。这两个现象并不是对立的,现在很多人把它们对立起来,我并不赞同。我觉得,否认电视知识分子的作用,是一个很怪异的事情,因为其毕竟是有意义的,但反过来说,倘若把这个作为一个知识分子的学术理想或者唯一出路的话,那就更加错误了。"②

第四节　路径:专业性与公共性兼顾

　　诚如上节所论,无论是从电视媒体巨大的社会功能,还是从知识分子不同的场域位置来说,部分知识分子走上电视,是时代所趋,也是他们的历史

　　① 陶东风:《食利者的快乐哲学》,张法等,《会诊〈百家讲坛〉》,合肥,安徽教育出版社,2007年,第48页。
　　② 《打造学术明星》,http://space.tv.cctv.com/article/ARTI1198765561842424。

使命。然而,针对知识分子与电视的合作,学术圈的争议和忧虑从来都没有间断过。一方面,一部分知识分子走上电视是应有之意,另一方面,走上电视就会有"合谋"的危险,那么,接下来我们就必须明确这部分走上电视的知识分子,应该坚持何种原则,或者说通过什么样的路径才能尽量把这种"危险"降到最低,从而最大可能地发挥其应有的社会功能。

一、专业研究是介入活动的前提

那些以自己所学专业知识为日益复杂多变的生活背景下的观众提供知识、解疑释惑的学者,公众尊称其为"专家"。顾名思义,专家,首先得有一专之长,是某一领域的学识优秀者。因其有一般公众所不具备的知识储备,所以公众才会信任他们、追随他们。而那些我们称之为公共知识分子的学者,正如雅各比在《最后的知识分子》中所认为,真正的知识分子应当立足专业,放眼天下,用自己的言行和创作参与社会运转,并呼吁知识分子要富有社会责任感、勇于充当引路人。而 2004 年《南方人物周刊》公布的"影响中国的公共知识分子 50 人"名单的活动中,也认为它是特指具有某些学术或专业背景、有较大社会影响力的知识分子,具体指具有学术背景和专业素质的知识者、对社会进言并参与公共事务的行动者、具有批判精神和道义担当的理想者,并具体在文章里提出公共知识分子的三条标准:一是具有学术背景和专业素养的知识者,二是进言社会并参与公共事务的行动者,三是具有批判精神和道义担当的理想者。第一条是基本条件,第二条是言行,第三条是品格。① 也就是说,"公共知识分子"概念蕴含着两重特性:专业性和公共性,正是这两点使得其实现自我身份的认同和公共价值的建构。这就意味着,在社会生产空前繁复和专业分途日益细密的当今,公共知识分子必然会从属于某一专业知识领域,但就其社会价值而言,他们又应当积极介入,在公共领域创造或者阐释意义,并不断产生着舆论影响力。可见,走上电视的知识分子,无论他以何种形式何种面目出现在公众面前,他首先应具备较优秀的专业所长。

电视媒体具有很强的放大效应,走上电视的各专业知识分子,如果不具备扎实的专业累积,其不负责任或技术不过硬的言论,一旦被现实否认,所引发的公众情绪上的反弹将是巨大的,他们在电视上大加宣扬的知识或所下的论断,或远或近、或迟或早,都能够得到逻辑或事实的验证,而这类知识分子的声望、名誉乃至报酬和财富,都将会据此而发生变动,也从整体上影

---

① 　许纪霖:《另一种启蒙》,广州,花城出版社,1999 年,第 80 页。

响着公众对专家学者的印象。所以，专业知识有助于知识分子介入公众生活、参与公共事务的质量，正如福柯所言："知识分子的工作不是要改变他人的政治意愿，而是要通过自己专业领域的分析，一直不停地对设定为不言自明的公理提出疑问，动摇人们的心理习惯、他们的行为方式和思维方式，拆解熟悉的和被认可的事物，重新审查规则和制度，在此基础上重新问题化（以此来实现他的知识分子使命），并参与政治意愿的形成（完成他作为一个公民的角色）。"①

　　2001 年 1 月 13 日（当时股指 2104 点，市盈率 60 倍左右），吴敬琏在接受中央电视台《经济半小时》采访时，对中国股市当前状况提出了严厉批评，提出"中国的股市很像一个赌场，而且很不规范。赌场里面也有规矩，比如你不能看别人的牌。而我们的股市里，有些人可以看别人的牌，可以作弊，可以搞诈骗。做庄、炒作、操纵股价可说是登峰造极"。他的话，无异于一颗重磅炸弹，击中了中国股市庄家的要害，引起了市场恐慌。吴敬琏的观点引起了股民的震动和经济学界的热烈讨论，习惯于看多做多的投资者认为吴敬琏的话是唱衰股市，是对中国资本市场的否定。而经济学界几位重量级经济学家以厉以宁、董辅礽、萧灼基、吴晓求、韩志国为首公开站出来批评反对。社会几乎一片骂声，"经济间谍""第五纵队""右棍""一言而毁股市"等帽子甚至人身攻击充斥着媒体。新浪、证券之星、和讯三家网站论坛网友发言中的支持率分别为 11%、30%、5%，反对率分别为 73%、69%、84%。可以看出，反对他的不仅仅是经济学家，也包括中小投资者。现在回头看，吴敬琏当年的话无异于当头棒喝，是非常正确的。股指从当时见高 2245 点后开始了漫漫熊途，一年后见底 1357 点，跌幅达 40%。吴敬琏当时无奈地说"人们啊，我是爱你们的，你们要警惕！"当时如果听从了吴敬琏的忠告，很多人会减少损失。②

　　还有一个被称为"大嘴"的成思危。之所以称其为大嘴，是因为他敢讲，而他的敢讲，无疑来自其深厚的专业积累。2005 年 11 月，他说："股市先天不足，后天失调""仅有 30% 的 A 股值得投资。"2005 年股改时说："绩差公司股改无意义，不如直接退市""不赞成经济学家大量担任上市公司独董。"2005 年"房价中包括土地价格占 50%，政府的税费占 20%，开发商的利润占30%。但开发商这 30% 的利润率里头有一部分是灰色成本……"。2009 年

①　福柯：《知识与权力（6）》，图书连载，http://www.21ccom.net/book/story.php? id = 1612。
②　文贝：《从公共知识分子到公知》，http://wenbei.blogchina.com/1505898.html，2013 年 1 月27 日。

4月12日"目前国内独董制度装饰性过强,根本无法代表公众投资者对管理层进行制衡""上市公司治理大部分都不合格",等等。他关于经济学家担任独立董事的问题,矛头直指国内许多有影响和身份的专家学者,包括吴敬琏、吴晓求、董辅礽、朱武祥、高尚全、李扬、胡俞越、巴曙松等重量级人物。他的言论确实不像现职官员说的话,也不给同行及精英们面子。他既有揭露当前存在的问题又有对投资者的提醒,而且观点鲜明,直截了当,比较符合他"慷慨陈词岂能皆如人意,鞠躬尽瘁但求无愧我心"的性格。他是一个无所畏惧的学者,说"我不怕政府,怕民众"。他之所以"怕民众",是因为在当下经济建设迅猛发展的我国,人们对经济信息的需求和经济"导师"的渴望超过以往任何时代,而经济学家如果没有雄厚的专业知识,其发言和预测将很快被证伪,那势必会掀起舆论的狂潮,自身的形象也必将大大受损。许多知识分子,尤其是某一领域有专攻的精英们,不但有学识,而且有胆量,成为走上电视的知识群体的楷模。[1] 社会需要知识分子,不仅仅是批判和监督政府,而且能为民众在关键时刻做及时的提醒。

然而我们更多看到的是,一些所谓"专家",其本身在学术场的资本积累甚少,却热衷于和媒体积极"合谋",在媒体上随意发言,误导民众,却因有电视媒体上"专家"的头衔而名利双收。索维尔(Thomas Sowell)在他的《知识分子与社会》(Intellectuals and Society)一书中,通过大量历史和现实的案例发现,很多时候,这些热衷于借助媒体发言的所谓声誉显赫、学富五车的知识分子,他们为社会病症所开出的"药方",经常被实践证明并非良药,反而会带来巨大的、灾难性的后果。但这部分人却常常无视那些灾难而固执己见。他深刻批判了知识分子的言论判断即便不符合事实,或者造成巨大灾难,却往往毫发无损的现象。换句话说,知识分子似乎拥有一般社会成员并不具备的特权,其言论行为被免除了社会责任,处于无可苛责的状态。[2]

应该说,目前我国的知识分子还多数处于高校、研究机构等单位,也即今天我们常说的"体制内"。可以说,他们的本职工作是从事学术研究和教学,在大众媒体上抛头露面、发表意见只是副业。即使是发表意见,也应当是在自身的专业研究领域之内,以自己的专业知识来支撑其在公共问题上的意见。更重要的是,一般社会公众之所以重视甚至信任他们的意见,恰恰

---

[1] 文贝:《从公共知识分子到公知》,http://wenbei.blogchina.com/1505898.html,2013年1月27日。

[2] 刘军、托马斯·索维尔:《知识分子与社会》,http://www.lifeweek.com.cn/2013/1118/43255.shtml,2013年11月18日。

是因为相信他们有研究能力,知识比其他人更丰富,因此也更专业,更值得信任。比如经济学家就经济问题发表意见,法学家就法律问题发表意见,社会公众可能会当作权威结论。即使如此,每个学科都存在不同的专业领域,隔行如隔山。比如一个现当代文学领域的知名教授,在古典文学方面的意见未必是可靠的;一个微观经济学领域的专家,对宏观经济问题也不一定有研究;刑法专家不一定对民法问题很有研究。但我们现在面临的情况恰恰是,许多人经常在自己完全不熟悉的领域发言。糟糕的是,在当下的中国,尤其是在媒体上,不仅现代文学教授就古典文学问题发表意见、刑法学者就民法问题发表意见已经司空见惯,而且我们更经常地看到的是,文学教授在就经济问题发表意见,经济学家在谈论政治和社会问题,法学专家在谈历史问题。而且,越是如此,还越是被媒体和一般社会公众当成有公共关怀的表现。①

陶东风对此也有同样观点:"现在败坏公共知识分子名声的那些离开自己的专业随意发表对社会问题见解的那些人。一个文学评论者居然可以从股票到房地产,从体育到国际政治无所不谈,发表大量不负责任的言论,以此沽名钓誉,作为扩大知名度或捞取其他好处的手段,或者投权力者和商人所好,获取利益。这些人败坏了公共知识分子的声誉"。对于自身的定位,他也显得极为谨慎:"我自己不敢以公知自居,但是我也会对公共问题发表一些评论。我的一个基本原则是:对于公共话题的参与应该是自己研究工作的一个自然延伸,对那些离自己专业太远的问题,我不愿也不敢随便发表意见,哪怕是非常时髦的公共话题。知识分子的意见也不具备不可挑战的真理性和权威性,更不应该成为公共决策的唯一依据,甚至主要依据也谈不上,只能是一个参照。公共决策必须具有一个合理的、民主的程序,专家意见只是一家之言。"②

目前很多走上电视的知识分子,其专业知识并不雄厚,却热衷于和电视"合谋",他们已日渐脱离学术场,而成为电视场中的"自己人",成为如布尔迪厄所说的依靠"在电视上挖一块时间"生存的人。而这部分学无所长的所谓"专家"却恰恰是引起公众对知识分子群体,对"专家"不屑一顾的重要原因。笔者在台湾访学时,访问了经常上电视的世新大学的历史学博士、教授李功勤老师和口语传播系的博士、教授游梓翔老师,虽然他们二人的专业不

①　萧武:《是知识分子还是姿势分子》,http://www.guancha.cn/html2/60417/2012/06/19/79818.shtml。

②　陶东风:《关于公共知识分子答爱思想网站》,http://blog.ifeng.com/article/38546978.html,2015年11月12日。

同,所参与的电视节目也不尽相同,但有一点是相同的:他们都一致认为,
走上电视的学者首先必须立足于自己的专业,不可信口开河。李功勤说:
"我不反对知识分子上电视,但应该只讲有关自己专业的知识,也就是说讲
自己熟悉的专业知识。就我而言,我更喜欢上内地的电视节目,因为我参与
的都是历史节目,而在台湾地区上的都是政治节目,那不是我的专长,我也
不习惯用那样夸张的表情和语言去骂、去批。"①游梓翔认为知识分子应当
走上电视:"西方有个说法叫'公共知识分子'。就是说,知识分子不能只待
在象牙塔内,只顾埋头搞学术和理论,还要走上社会,发挥自己的社会作用。
在具体做法上,我赞成在价值观一致的情况下,充分走上电视,发挥自己的
社会影响力,影响公众和社会,比只待在象牙塔内要好。比如我上电视参加
关于两岸关系的节目,对大陆对台湾都好。在沟通的过程中,促进两岸和
平,这样对双方对社会都有利的事,我会去的。"在谈到知识分子应当如何上
电视时,他认为:"首先,自己得具备一定的素质,也就是本专业本职业的修
炼不能少。因为你要向外界展现你的知识,如果自己深度不够,必定言之无
物。其次,上电视要把握个度,不能过度销售自己,否则很快就技穷了,要以
知识为前提,加强自己的底蕴。"②

二、公共关怀是介入电视的追求

前文所讨论的"公共知识分子"问题,从概念到基本观点,都源于西方的
知识分子理论。西方知识分子理论始于 20 世纪初,1894 年,法国发生了躁
动一时的陆军上尉犹太人德雷福斯受诬陷事件。为伸张正义,法国一批著
名知识分子在报上刊登抗议书,要求对这一事件复审。这份抗议书被称为
"知识分子的宣言",认为是现代知识分子作为一种对社会公共事务发挥重
要作用的社会力量登上历史舞台的标志。1899 年,美国作家威廉·詹姆斯
(William James)在论及此事件时,提出美国知识分子应保持自身独立性,保
持独立于体制之外的品格的观点。后来,德国社会学家马克斯·韦伯把知
识分子界定为掌握文化成果并领导某一文化共同体的群体。从此,西方思
想家对知识分子的研究成为一个热门课题。德国哲学家卡尔·曼海姆系统
阐述了知识分子的特征和作用,认为知识分子应是超越本阶级的局限,"自
由地漂浮"于各阶级之外,并以知识为依托,保持对历史和社会清醒的分析
和判断的"漫漫长夜的守更人"。在这些思想家们看来,现代知识分子是一

---

① 参见附录本人的访谈记录。
② 参见附录本人的访谈记录。

个具有普遍性和超越性的社会群体,他们既掌握较丰富的专业知识,又能超越个人专业领域,参与自身之外的社会事务,发挥引领社会的领导性作用。① 所以,知识分子对公共事务的参与,既要立足于专业,又要超越专业,主动参与自身之外的社会公共事务,应该说,公共关怀是知识分子介入电视的追求所在。

雅各比在他的《最后的知识分子》一书中认为,在 20 世纪 50 年代,美国出现了一批活跃的公共知识分子,但他们是最后一批知识分子。知识界渐渐凋敝,随后登场的,不过是一些受过学院训练的庸庸碌碌之辈。在 20 世纪上半叶的美国,很多知识分子以写书论、言论为生,他们的生活空间是城市的大街和咖啡馆,写作对象是那些有教养的公众读者。而到了 20 世纪 50 年代,开放的文化空间不断萎缩,仅靠写作难以维持生计。随着大学的普及,老派的知识分子已被大学教授和高科技专家所取代。现在年轻的"知识分子"几乎都是学院教育模式培养出来的,他们只是在校园和狭隘的学术话语里谋生。② 雅各比对这种知识分子专业化感到无比忧虑,他的忧虑来自对知识分子应承担使命的期盼。他这里指的"公共知识分子"也即是跟"大学教授和高科技专家"不一样的,具有公共关怀情结,积极参与社会生活的那样一批知识分子。

对此,刘继明在他的《公共知识分子:告别还是开始》一文中也表明了相同的担忧:"由于公共社会的畸形发育,尚未形成一种真正具有民主氛围的社会对话机制,再加上权力与资本对舆论的双重渗透,使得中国的大多数公共知识分子要么附庸于那些已经通过各种途径参与到国家决策层的企业精英用利益打造的丰满羽翼之下,要么就是活跃于各种同样为企业集团收购或控制的强势媒体的所谓'媒体知识分子'或媒体名人,借用许纪霖的话表述,这些媒体知识分子的身份是多种多样的:作家、艺术家、技术专家、人文学者,等等,虽然看起来与过去的公共知识分子没有什么区别,似乎也是面对公众,除了大量令人厌烦的插科打诨之外,有时候谈论的似乎也是一些严肃的公众话题。但媒体知识分子与公共知识分子的区别在于,即使在讨论公共话题的时候,他们所遵循的,不是自己所理解的公共立场,而是隐蔽的市场逻辑。"③

这样看来,走上电视的知识分子们,"越界"发言是必然的。周濂在《当

① 《警惕"公共知识分子"思潮》,《光明日报》,http://www.people.com.cn/GB/lilun/40551/3053088.html,2004 年 12 月 14 日。
② 〔美〕拉塞尔·雅各比:《最后的知识分子》,洪洁译,南京,江苏人民出版社,2006 年。
③ 刘继明:《公共知识分子:告别还是开始》,《天涯》,2005 年第 2 期。

公共知识分子变成"公知"》中认为,如果物理学家只准谈物理,经济学家只准谈经济,文学家只准谈风花雪月,那就无所谓公共知识分子这个群体。可见,越界本身不是问题,越界的方式、程度以及效果才是问题。① 他进而提到,爱因斯坦既是理论物理学的权威,也是公共知识分子。所谓公共知识分子,《公共知识分子——衰落之研究》一书的作者波斯纳告诉我们说,那些以公众为对象、就政治和意识形态的公共问题发表意见的知识分子。一个物理学家尽管他在物理方面可能卓有建树,但他因为不参与社会问题而不是公共知识分子。在所有越界发言的公共知识分子中,爱因斯坦的苏联同行、著名的物理学家安德烈·萨哈罗夫最让人神往。1968 年,在"布拉格之春"的影响下,萨哈罗夫在其发表的《关于进步、和平共处和思想自由的见解》一文中指出:"在现代社会里,思想自由面临着三种威胁:一种是来自蓄意制造的通俗文化麻醉剂,一种来自胆小、自私的庸俗的意识形态,第三种来自官僚独裁者的僵化的教条主义及它的得意武器——思想检查制度。因此,思想自由要求保护一切有思想的诚实的人。"除了维护思想自由,这位苏联"氢弹之父"还热衷于反核运动,积极宣传绿色环保理念,抨击苏联入侵阿富汗。1975 年,萨哈罗夫被授予诺贝尔和平奖,颁奖词中有这么一段描述:"萨哈罗夫……对精神自由的勇敢捍卫,他的大公无私以及强烈的人道主义信念,使他成为一个人类良心的代言人。"②

　　结合前文所述的"公共知识分子"概念,我们可以说,对公共领域而非专业领域的批判性参与,才是成为公共知识分子的关键。波斯纳给公共知识分子下了个定义,这个定义也是学术界普遍认同的,即公共知识分子就是越出自己的专业边界,就公众关注的问题在公共媒体上发表意见的知识人。由此看来,一个人要成为公共知识分子,只需具备两个条件:一是要有一定的专业知识,首先是知识分子;二是能经常就公共问题在公共媒体上发表意见,并且这些意见超出了自己的专业范围。鄢烈山在一次学术沙龙中也认为:"公共知识分子第一是要有知识,第二要强调公共。对于公共,我以前的概念里强调两点:一个是参与公共事务。如果他不参与公共事务的话,那他只是一个数学家或哲学家,在书斋里面或者实验室里面搞研究,那他就不是一个公共知识分子了,因此强调参与公共事务;第二个是,他一定是为了维护或者促进公共利益的,出于这样一个公心,

---

① 周濂:《当公共知识分子变成"公知"》,http://cul.sohu.com/20150918/n421518274.shtml,2015 年 9 月 18 日。

② 周濂:《当公共知识分子变成"公知"》,http://cul.sohu.com/20150918/n421518274.shtml,2015 年 9 月 18 日。

这是我以前强调的两点。"①

　　所以，"我们似乎可以得出这样的结论：公众知识分子并不使其自身局限于学院之内，他们服务于大众传媒、市民团体、社会运动、商业或政府部门等各个职业领域。新近出现的各种观念，诸如关于公共出版业、慈善机构、授权以及富有责任感的商业与政府活动启示了公众知识分子如何进行崭新的伦理对话。公众知识分子因而为文科教育的最优秀成果所指引，那就是一种根植于非功利性精神的普遍意识。事实上，正是非功利性精神使从属于各个领域的公众知识分子：学院的、大众传媒的、市民团体的、社会活动的、商业的以及政府部门的，能以一种超越职业化界限的方式相沟通，协商彼此的特殊利益并且参与一种不间断的对话，从而在整个社会展开批评性的公共讨论……公众知识分子则反过来说明了人文学科研究对于现代社会至关重要的作用。公众知识分子的人文关怀深具个人性，然而我们不能说这是纯属私人的问题。事实上，恰恰是因为他们的研究触及了我们共同生活世界的深层蕴义，因而这样的问题必须能相互融通而成为普受公众注目与关切的焦点。由于公众知识所给予的启示必定最终同市民社会的理想息息相关，而后者却又正是我们社会的价值观念与志向抱负之所在，因而公众知识分子将体现出这样一种品格，即热心投入社会生活而不丧失其非功利性精神的远见卓识。"②

　　一部分走上电视的知识分子，就应该充分利用电视这一大众化传播平台，充分关注那些关乎公众利益和福祉的公共事务，将其对事务的看法和分析摊开在公众面前，让公众清晰地看到，有那么一部分知识分子在电视上为公众的利益鼓与呼，由此，知识分子与公众的距离自然拉近，而知识分子自身的社会使命也自然得以实现。刘军宁提出了知识分子介入公共事务的四个方面：公共议题、社会政策、国是问题、发展方向。③　什么样的问题公众最关注，什么样的问题与公众利益最相关，与社会健康发展联系最紧密，电视知识分子们就应当关注什么。大到社会的发展方向，小到一例侵权案件，都应该引起公共知识分子的关切和参与，如农地被占、国企改革、损害民众利益的事件，甚至地沟油事件、牛奶品质、拖欠农民工资这样的事情其实都已成为当前最重要最迫切的社会问题，因此也应成

---

　　①　墨卡托沙龙：《"公共知识分子"的为与不为》，http://cul.qq.com/a/20150528/042227_all.html，2015 年 5 月 28 日。
　　②　杜维明：《人文学科与公众知识分子》，博正学术网，2011 年 10 月 18 日。
　　③　杜光：《关于公共知识分子的五个 W》，http://www.aisixiang.com/data/7200.html，2005年 6 月 19 日。

为知识分子关注的领域。虽然这些事件也会有记者进行相关采访,也会有媒体评论员进行相关评论,但是知识分子利用电视这一平台为公众利益摇旗呐喊,会使那些告状无门,处于弱势地位的群体倍感温暖,而且由于知识分子群体特殊的社会地位,也会容易引起相关部门的注意,有利于问题的解决。徐友渔在《当代中国公共知识分子的生成》一文中说:"今日中国社会生活的重要特点之一,是有一批公共知识分子尽其所能地就社会基本问题发表意见,对随时发生的重大事件表态,他们的观点和态度对舆论的形成与走向,以及对公共生活的气氛产生影响,有时甚至对政府政策的形成发挥作用。"①而知识分子要想就公共问题发表自己的见解,就少不了要以公共媒体为平台。

邢兆良在《当代中国公共知识分子群体缺失的原因》中对积极介入公众生活的公共知识分子有如下推断:"公共知识分子和专业型知识分子相比,其内涵具有明显的不同点。其一,公共知识分子具有相对独立的思想和批判精神;其二,他们以自己的理想和观念来看待现实社会,是现实社会的批判者;其三,他们将关注世界、国家、人类、民族、社会的公益之事,视为自身义不容辞的社会义务和道德责任;其四,他们把是否将对人类社会的人文关怀付诸实践提高到个人道德高低的判别标准,即所谓'铁肩担道义';其五,他们对现存的各种知识体系、观念体系存在一种本能的怀疑和批判;其六,他们往往会借助于职业平台来传播自己的思想和观念,以此来影响社会各阶层的思想选择和价值取向。他们本身也成为社会公众心目中的一种社会良知、社会理性的楷模;其七,他们更多的是从社会契约理性的高度,以一种穷根究底的精神来探索终极答案和完满境界。具有这些特征的公共知识分子在现代法制社会里有可能成为一种相对独立,具有很大社会影响和能量,代表社会的良知和人类理想的社会阶层。"②他在这里也极为强调,这些知识分子是代表社会的良知和人类的理想,并进而明确指出:"知识分子对文化价值的关怀,其实是关怀这个共同体的基本生存状态。他们所力图把握的,不是共同体内核的某些具体属性,而是共同体内核所归属的历史理性和终极命运……总的来说,知识分子的职责,就是通过对历史和现实的反思,阐释历史和现实中所潜藏的历史规律、公共理性,阐明它们的本有的精神结构、揭示它们的生存状况","他们的人文关怀就是以人类基本的价值取向

①　徐友渔:《当代中国公共知识分子的生成》,《当代中国研究》,2004 年第 4 期。
②　邢兆良:《当代中国公共知识分子群体缺失的原因》,http://www.21ccom.net/articles/sxwh/shsc/article_20100120337.html,2010 年 1 月 20 日。

（自由、平等）为前提，从而对人类、国家、民族的生存状态和发展前景表现出深切的关注。这种忧国忧民的忧患意识是公共知识分子人文关怀的核心内容，具体表现为对人类生存实态的忧虑，对现行社会秩序的批判，对弱势群体的关爱，对特权群体的监督。公众知识分子在各种场合表达人文关怀时，更多的是从思想、理论和制度的高度，批判现实的社会秩序，指出改进的途径和应该实现的前景"①。

　　诚然，我们在现实中看到的是，一些走上电视的知识分子，其应有的"公共情怀"并没有得到很好的体现，这恰如徐友渔所说，这些经常在公共媒体布道，自诩的公共知识分子，"他们真正关注的是对言说机会和效果的考虑，除了想当精神导师或言论领袖而必须了解动向与潮流，他们其实对中国的现实既没有兴趣也没有热情"②。洪治纲也指出："随着大量的知识分子在各种专业领域中霸权地位的形成，知识分子在公共领域中的表现，常常不是以批评者、建设者和引导者的身份出现，而是以明星式的话语集权者的形象出现。他们打着所谓的'知识分子'旗号，凭借自身的专业知识和大众传媒的力量，在公共领域中四处招摇。"③

　　然而，我们并不能因部分知识分子的不良表现就否认公众对这一群体的需求，不能就此就否认知识分子的社会作用，任何一个社会，都需要一些有知识有思想的人们在公众传媒上代表公共利益发声。我们不能否认他们在公共媒体上为公众的自由、平等发声的社会价值。2005年，英国《展望》(Prospect)杂志联合美国《外交政策》(Foreign Policy)杂志在网络上举行了一次"百大公知"读者投票，评选百位健在且积极参与公共生活的知识分子。最后美国语言学家乔姆斯基(Chomsky)名列榜首，中国经济学家樊纲榜上有名。此外，不在候选名单的经济学家弗里德曼、物理学家霍金、美国前总统克林顿等人也得到了读者的额外提名。2008年这一评选再次举行，乔姆斯基、樊纲等人仍然入选。他们都是积极利用大众媒体参与公共生活的典范。这正如许纪霖所认为的那样，现代意义的公共知识分子也就是指那些以独立的身份，借助知识和精神的力量，对社会表现出强烈的公共关怀，体现出一种公共良知、有社会参与意识的一群文化人。④

　　① 邢兆良：《当代中国公共知识分子群体缺失的原因》，http://www.21ccom.net/articles/sxwh/shsc/article_20100120337.html，2010年1月20日。
　　② 徐友渔：《当代中国公共知识分子的生成》，《当代中国研究》，2004年第4期。
　　③ 洪治纲：《公共知识分子：审视与追问》，《羊城晚报》，2004年8月14日。
　　④ 赵建国：《"公共知识分子"与媒介知识分子》，《新闻界》，2007年第1期。

三、客观理性是介入效果的关键

邢兆良在《当代中国公共知识分子群体缺失的原因》一文中指出,公共知识分子的人文关怀更多的是一种启蒙者、批判者的身份来表达,他们并不以从政、参政,直接干预现实政治为手段或目的,其人文关怀也不是和政治暴力、政权的更替相关联,而是以对现实社会秩序的怀疑和批判以及为理想的社会秩序进行构架的方式来实现他们的人文关怀。公共知识分子的人文关怀包含了怀疑、批判的理性力量。……现代法治社会从制度上保证了公共知识分子生存和思想的独立性,保证了公共知识分子与政治权力分离的合理性。也就是说,公共知识分子只有在现代法治社会中才有持续生存和发展的可能性。[1]　在这里,他特别强调只有在法治社会中,只有充分运用理性,知识分子才可能真正地进行启蒙和批判的工作,而这对于走上电视的知识分子来说则尤为重要,因为电视是一个效应无法预估的放大镜,知识分子在这个舞台上的一举一动,一言一行,都会备受公众关注,如果一旦出现缺乏理性和客观性的不智的言行,则势必会掀起舆论的挞伐,影响自身乃至这一群体的整体形象。

康德曾经说,真正的知识分子"有勇气在一切公共事务上运用理性"[2]。真正的学者需要的是理性思考和价值判断,把公信和良知传递给观众。他们应当具有一种强烈的责任意识,慎重思考自己应该在电视上对公众说什么、怎样说,从而对自己的言行负责。在这一点上,电视节目《锵锵三人行》做了很好的表率,它多年来始终能够将社会通俗现象进行公共意义上的宏观解读,注重利用嘉宾的不同公共视角,对信息进行加工,从而引起了处于不同背景下的受众思想的交流和碰撞,对受众的社会公民意识进行启蒙。2004年中国电视节目榜之"15年来中国最有价值的电视节目和主持人"对《锵锵三人行》的评语很好地概括了这一点"在众声喧哗的中国电视界,他以清醒的入世精神和默契的谈话格调示范了主流之外的观点价值"。许子东在谈到"知识分子如何介入公众媒介"时说:"知识分子独立思考的精神应该是写书、做电视、网络都一致,这是不应该放弃的。身份可以变、观点不可变,最坏的就是身份不变、观点变了。这种现象是存在的,这也就使得很多严肃的知识分子不愿意掺和在里面,因为他们觉得一旦介入到公众媒介

---

① 邢兆良:《当代中国公共知识分子群体缺失的原因》,http://www.21ccom.net/articles/sxwh/shsc/article_20100120337.html,2010年1月20日。

② 刘仰:《"公知"是公共的吗?》,http://www.m4.cn/opinion/2013-02/1202129_3.shtml,2013年2月24日。

中怎么就变了一副样子,他们宁可洁身自好。但我认为只要避免媚上、媚俗、炒作捞好处这几点,真正以知识分子的独立姿态就可以了,读书人就应该是这样的。"①

　　然而,电视知识分子之所以屡遭诟病,很大一个原因是部分电视知识分子将上电视作为自己追逐名利的手段,不惜心甘情愿地臣服于电视制作的规则,从而丧失了自身独立性,说些电视场域希望他说的话,做些电视场域希望他做的事,有的则为了博取关注,针对一些事实尚未明朗的事件不负责任地妄加臆断,将客观性和理性抛之脑后。托马斯·索维尔在他的《知识分子与社会》一书中反思了西方(美国)知识分子在社会发言中"说错了没啥",因此"随便说"的现象。对于那些越出专业领域、进入公共领域发言的"公共知识分子",索维尔着墨颇多。他重点批评了声名显赫的专家越出自己的专业领域而发表的大量"非专业"或"公共"言论的现象,其中很多言论今天听起来其幼稚愚蠢的程度令人咋舌。比如在"二战"爆发的前夜,罗素主张废掉英国的陆海空三军;萧伯纳认为希特勒着手管理的欧洲可以让他安心入眠,而责怪美国人"过于畏惧独裁者"。这类越出了知识分子专业领域的言论,诚如波斯纳冷嘲热讽的那样,并不比报头刊尾的读者来信或者街谈巷议的大众闲谈更具备"知识含量",却因为这些知识分子的"名人效应",往往具备放大了的社会影响力。② 波斯纳在其《公共知识分子——衰落之研究》一书中,对于公共知识分子错漏连连的"胡言乱语"做了经济学式的分析。他的核心观点是,当前社会中活跃的公共知识分子大多是学院教师(拥有博士学位、终身教职),多为专业领域内的狭隘专家和职业保障无虞者。他们在公共领域内的"胡言乱语",一般不会影响其职业保障(不会因此而失去终身教职),公共知识分子在公共领域的退出成本极低,从而导致其提供的公共知识产品质量缺乏保障③、"许多公共知识分子,只是偶然踏入聚光灯下的品性谦虚的学人,他们利用那一机会令其声誉获得了充分认可,进而成为媒体竞相追逐的时事评论家"④。他们之中有些人,正是布尔迪厄所认为的那种舞文弄墨的空谈家。

---

　　① 许子东:《知识分子如何介入公众媒介?》,http://difang.kaiwind.com/shandong/whsysy/201403/26/t20140326_1501361.shtml,2014年3月26日。

　　② 〔美〕托马斯·索维尔:《知识分子与社会》,张亚月、梁兴国译,北京,中信出版社,2013年,第223页。

　　③ 〔美〕波斯纳:《公共知识分子——衰落之研究》,徐昕译,北京,中国政法大学出版社,2002年,第124页。

　　④ 〔美〕波斯纳:《公共知识分子——衰落之研究》,徐昕译,北京,中国政法大学出版社,2002年,第179页。

在这一点上,萨义德和德里达等人的立场和表现出来的高贵品质,堪称公共知识分子的楷模。2003 年 9 月 30 日,杜克大学举行了小规模的悼念萨义德的聚会。会上简要地概括了萨义德的一生,称他是一位杰出的"巴勒斯坦知识分子、欧洲知识分子、大都会知识分子",精辟概括了萨义德在后现代社会的多种角色、多重身份。萨义德不言自喻的核心身份,就是"左翼知识分子的身份"。例如萨义德反复强调"公共记忆"的建构,甚至号召知识分子去召唤被人们忘却或忽视了的东西,并指出其目的在于"共享"而不是乏味地争席位。他说,因为弱者可能争得的只是"拥挤的房间逐个点名时"的"在场",形同虚设;而强者亦同样受制于"置换的逻辑",强大的对手很有可能将你的"在场"取而代之。因此"共享智慧"可帮助我们避免琐碎和渺小。而德里达在临终前接受的最后一次访谈中,以其作为 20 世纪 60 年代人"最后的幸存者"口吻说:"我用换喻的方式指认出某种不妥协甚至是拒腐蚀的写作与思想,即便是面对哲学也不让步,这种写作与思想不让自己被舆论、媒体或吓唬人的评论幻觉所吓倒,即便可能会面对后者要求我们简化或压抑我们的思想。……这种责任今天变得更为迫切:它呼吁向成见宣战,向那些'媒体知识权力'宣战,向那些被媒体知识权力组装过的一般性话语宣战,因为这些媒体权力就在各种政经利益团体、编辑部与学术利益集团的掌控之中。但抵制并不意味着回避媒体。必要时必须促其发展,助其多样化,向他们提醒这种责任。"①

对于媒体的自身属性会使参与其中的知识分子丧失本应秉持的理性和客观性的担忧,在知识学术场从未停止过。诚然,我们不能否认,电视场有电视场的惯习,政治商业的双重挟持确实使其越来越成为知识分子和公众诟病的对象,然而,电视场毕竟是个重要的大众传播平台,知识分子要想更多地传播知识、引领社会、发表观点,就不得不与这个平台进行某种程度的协商与共处,这或许是一个悖论,但却是知识分子可以为之,也不得不为之努力的一个方向。如果知识分子群体放弃了这个平台,无疑就等于放弃了其崇高品质的社会使命,而这种使命也是几千年来知识分子孜孜以求的目标。面对这种情况,米尔斯(Wright Miles)认为,知识分子对公众社会可做的一件重要事情就是贡献批判性的知识。他指出,现代生活,尤其是现代知识分子的生活,因缺乏这种批判性而变得缺乏道德性。具有讽刺意味的是,现代知识分子的知识(Knowledge)越多,批判智能(Critical Intelligence)则往

① 以上参见刘继明:《最后的公共知识分子?》,http://www.aisixiang.com/data/5533-2.html,2005 年 1 月 22 日。

往越低。米尔斯坚持认为,这是一种应当扭转,也必须扭转的情况。米尔斯反复强调,放弃了价值讨论和价值坚持,就根本不可能有批判知识分子:"形成任何社会问题都需要我们陈述其中涉及的价值,涉及这些价值现今遭受何种威胁。只有当宝贵的价值,如自由和理性,受到威胁时,一切重大的社会问题,一切公众议题和个人烦恼才会获得实质的道德内容。"①实际上,目前的西方学术界也存在知识分子过分依附政治权力和政治意识形态,向体制和商业投降的现象,如有的西方学者所认为的那样:现实中知识分子为了个人的利益,大都投靠于政治集团或商业集团,从而丧失了其批判性②,因而连西方学界都在感叹知识分子独立性与批判性的丧失。③

哈贝马斯也看到了这一点,"具有操纵力量的传媒褫夺了公共性原则的中立特征"④。但是,细想起来,传媒公共性的缺失,媒介知识分子是否也有责任呢?近些年来,无论我国还是西方,知识分子越来越多地走向媒体,其中大部分人默认了媒体的"规训",将个人利益和媒体利益作为核心追求,以媒介的"市场运行规律"形塑自己,丧失了对公共利益发表意见的勇气和信念。很多电视知识分子在世俗欲望和市场激情的道路上一路高歌猛进,名利双收的同时,也失去了这一群体一向引以为傲的权威性和个体尊严。公共知识分子"应当做的,就是将个人困扰和思虑转换为可直接诉诸理性的社会论题和问题"⑤。优秀的公共知识分子应该能够在信息狂潮中,凭借其敏锐的选题能力、冷静的判断能力、清晰的解读能力和理性的分析组织能力,发现人们普遍冷漠情绪中实在的公共议题,帮助人们从私人视野中走出来,走到更加宏大的历史场面中,从而把握到私人生活之外的公共性价值。电视知识分子的这种"想象力"将帮助他们引领公众理解我们所置身的时代,理解我们的经历并把握我们的命运。

为了最大可能地维持自身的理性形象与客观性追求,对于电视这个公共领域而言,知识分子要做的,除了就公共事务积极、谨慎地发表言论外,更重要的是推动建立一种有助于推动理性对话的发言方式,他们的身份所内

①　C. Wright Mills:"Culture and Politics." In Irving Louis Horowitz, ed.: *Power*, *Politics and People*, 1963, p.245.

②　〔英〕保罗·约翰逊:《知识分子》,杨正润等译,南京,江苏人民出版社,1999年,第2页。

③　索飒、〔墨〕海因兹·迪特里希:《知识分子危机与批判精神的复苏》,分别载《读书》2002年第5期,第31~37页;《读书》2002年第6期,第72~77页。

④　〔德〕哈贝马斯:《公共领域的结构转型》,曹卫东等译,上海,学林出版社,1999年,第15页。

⑤　郑晓娟:《解读公共知识分子角色——简述米尔斯关于社会科学家的理想形象》,《党史博采(理论)》,2009年第7期。

含的"公共性",乃指捍卫公共领域对话之根基,以及在此基础上的对社会公共性的不断参与与重构。"互动与对话的关系即一种平等的,充满人对人的尊重的,以能看到和体现出人类崇高责任感的相遇关系"①。今天知识分子面临的困境是,要么无法发出声音,从而无法"公共",要么就是发出的声音在商业和政治场域中被主流化,从而丧失批判性。这说明我们的问题不在于没有公共知识分子,而在于没有公共领域。而这种打造公共领域的任务,部分地就落在走上电视的知识分子自身。20 世纪末,布尔迪厄在电视上剖析包括电视在内的媒介对社会生活的负面影响,萨义德以知识分子的身份在英国广播公司进行知识分子批判,为知识分子利用媒介进行社会批判树立了典范。在当前消费力量笼罩一切社会空间的情况下,时代呼唤更多有独立思考意识和批判精神的布尔迪厄和萨义德。

走上电视的知识分子首先应当明白,他们与媒介的关系并不是一种单向的使用与被使用的关系,而应是双向的互动与对话性的关系。一方面可以把媒介作为知识的对象,另一方面也可把媒介视为反思自我与社会现实的对象。进一步而言,生存的现实需要媒介知识分子既能处身于媒介之中,又能身在其外,对媒介的信息生产与社会影响产生清醒的认识,并获得通过媒介来反思自身的真实体验。如果缺少这一种能力,媒介知识分子与媒介的关系就会沦为一种道具或工具的关系,就会产生为媒介所使用的道具的感觉,其理性与客观性也便无从找寻与实现。《锵锵三人行》中经常会出现对公共话题观点的分歧,这是知识分子交流中经常发生之事,《锵锵三人行》的处理风格就是亲切平等。但这并不表示观点之间没有碰撞,其实节目的最大特色就是不同观点的汇集,只是这种汇集被融合在古典的理性的辩论之中。有了这种良性的互动对话关系,知识分子就公共性问题的表达会更为顺畅。有了这种对话,即使一些知识分子的话语有所偏激和失误,也会在对话中被及时予以修正,从而将负面影响降到最低。公共性传媒知识分子要做社会的对话者,而不是高高在上的意见的播撒者。作为传播活动中的一方,媒介知识分子不仅要关注信息传播多少,传播多快,吸引多少关注,更应该关心怎么传播,传播什么。在现实生活中,媒介知识分子最容易犯的毛病是自说自话,以有限的专业背景和并不宽广的阅历,对一切事务发表意见。不考虑受众需求、缺乏人文关怀和社会责任感的单向播撒是以媒体中心论的传播方式,暗含着的仍然是媒体的利益和媒介知识分子的个人诉求。

----

① 《媒介知识分子与媒介的可能性关系》,http://www.exam8.com/lunwen/wenxue/xinwenchuanbo/200907/1097893.html。

而我们的社会需要媒介知识分子能够利用其特有的专业知识实现公共对话并分析一些社会议题,同时确保这种对话有益于公共政策。① 同时,媒介知识分子不单单是社会公认的基本价值的解释者,更是社会标准原则以及违背这些原则时的提醒者。②

　　布尔迪厄电视知识分子理论有一个著名的观点:"上电视的代价,就是要经受一种绝妙的审查,一种自主性的丧失,其原因是多种多样的,其中之一就是主题是强加的,交流的环境是强加的,特别是讲话的时间也是有限制的,种种限制的条件使得真正意义上的表达几乎不可能有。"③电视作为一个场所域,一个行业,有自身的规则和场域惯习,而电视虽有话语权,但这种话语权却无可避免地要受到政治、经济的限制,在种种条件约束下,知识分子在电视场域中很容易丧失其独立性、客观性和批判的理性。知识分子这个批判的群体在看问题时要求冷静严谨,分析问题要理性深刻,而电视的本性却决定了他追求喧嚣和轰动效应,追求市场和收视率,在媒体掌握生产工具的情况下,知识分子的言论容易被变形和扭曲,电视媒体需要的恰是布尔迪厄所说的"快思手"。王鲁湘也承认:"主体的丧失是知识分子进入电视场必然要付出的代价,你要转换到这个角色,就必然要接受这个条件。以中国目前的情形,任何一个媒体的话语空间都是有限的,电视的话语空间更狭窄一些。"④这似乎是电视知识分子的宿命:一方面既要利用电视这个大众传播平台传播知识、表达思想,另一方面,就要与电视场域的惯习进行抗争,最大限度地争夺可能性的话语空间。这就要求电视知识分子要有一种自我警醒的能力,时刻提防电视媒体对自己观点的扭曲和不良的放大效应。

　　另外一点需要特别强调的是,电视知识分子是否具有理性和客观性,将直接影响着他们介入公共生活的程度和效果,也关乎人们对他们这一群体的整体认识。然而,电视知识分子能否真正树立理性客观性的形象,不仅取决于他们的知识程度,还取决于他们对自身的道德要求。因为在媒体时代,

---

　　① C. Kay Weaver:"Reinventing the Public Intellectual Through Communication Dialogue Civic Capacity Building", *Management Communication Quarterly*, 2007, p.21, p.92.

　　② Stefan Müller-Doohm, translated by Stefan Bird-Pollan, Theodor W. Adorno and Jürgen Habermas:"Two Ways of Being a Public Intellectual: Sociological Observations Concerning the Transformation of a Social Figure of Modernity", *European Journal of Social Theory*, Vol.8, No.3, 269 - 280(2005).

　　③ 〔法〕皮埃尔·布尔迪厄:《关于电视》,许钧译,沈阳,辽宁教育出版社,2000 年,第 11 页。

　　④ 王鲁湘:《导演最怕一根筋》,http://news.163.com/06/0808/17/2O15KTAG00011E7V. html,2006 年 8 月 8 日。

这些电视知识分子无疑是公众心目中的"导师型明星",公众相信并追随他们,一旦他们不恰当的行为公之于众,其在公众心目中形象的坍塌也是极其迅速的。也就是说,对于电视知识分子的评价标准不仅体现在他们对信仰和理想的坚定性和实践性,体现在他们的思想和批判的独立性,而且也体现在他们个人的道德表现和职业道德的水平,尤其是在当下娱乐化的消费社会语境下,几乎没有什么是不可以拿来娱乐的,这同样包括电视知识分子的个人道德方面,因为电视知识分子的社会地位和社会影响使他们成为公众人物,社会公众对他们个人道德和职业道德标准的要求也会远远高于一般未上电视的知识群体,社会公众不能容忍一个职业道德或个人道德败坏的知识分子在各种媒体上大谈社会诚信、人文关怀,大谈社会的公平与正义。所以走上电视的知识分子,就必须要做好被公众放大检视的心理准备,在日常行为中处处严格要求自己,以面对社会公众的审视和批判,同时也必须具备因自己的道德缺失向社会公众公开忏悔的勇气。公共知识分子对社会的影响是公开的,他们接受社会公众的审视和监督也就是必然的。公共知识分子不能一方面享受社会公众人物的"红利",另一方面却拒绝承担社会公众人物的道德责任。作为社会公众人物的知识分子的道德作伪最为社会公众所不齿,认为这是对现代文明的公开亵渎。

从职业道德讲,事实上,今天的中国社会,已经存在一股强劲的对于学院知识分子的不信任感,认为其为体制的既得利益者与合谋者,认为其精英的身份与上层的地位已经决定了不可能真正为底层代言。从这个角度而言,电视知识分子的专业知识诚然至关重要,而道德操守上的纯正与诚实则更为根本。

从个人道德讲,笔者在台湾访学时,2016 年 7 月底备受公众关注的新闻就是闹得沸沸扬扬的医生丑闻。这些丑闻不是来自他们的医疗技术,而全部都是因为私生活不检点而引发的风波。其中一位蔡姓美女医师,毕业于台湾大学医学系,因经常上电视进行皮肤病方面的专业咨询而为公众广泛知晓,可最近却曝出她两年前为给一所谓富商做情妇而与丈夫离婚,怀孕后索要 2 亿台币无果后打掉孩子与前夫复婚的新闻,其丈夫陈姓医师同为台大医学系毕业,两人相互指责对方先出轨和家暴,女方否认为富商怀孕,男方却拿出录音证明那孩子确实不是他的,并且两人都拿出对方家暴后的验伤单,合起来多达 18 份。台大教授也出面证明陈姓医师早就花名在外。另一被称为"名嘴"的外科洪姓男医师,离婚后仍与前妻生活在一起,经常在电视上秀与"太太"的恩爱图片,然后却背地里与多名女性保持不正当关系,在与一女记者的手机聊天中竟出现"想上宾馆的时候说一声""看来你只有用身体还了"等不雅语句。一名叫 judy 的女性公开指责这名洪姓医师欺骗她的感情八个月,隐瞒其与前妻同居的事实。台湾《新闻龙卷风》栏目在 2016 年 7 月 28 日晚专门梳理了近两年与医生有关的丑闻。在栏目中,主持人评论说,医生本是白衣天使,然而这些医生在电视上的优良表现却和他们私下的真实状况相差太远,没想到他们的私生活是如此糜烂不堪,他们的所作所为严重影响了公众对他们乃至这一群体的尊重和信任感。

　　总体说来,知识分子遵循的是文化学术场逻辑,知识的创造是根本,而电视场遵循的是市场的商业逻辑,收视率高于一切。两者在逻辑起点和追求目标上有很大差异,文化在本质上追求的是批判性与精神创造,而电视的商业性最终追求的是利益。走上电视的知识分子,在电视的市场逻辑的推动下,所应持有的批判性、理性、建设性很容易被市场的逻辑所消解,对社会所持的理性反思也很容易被电视这个大众娱乐的工具异化为追逐收视率的工具。在大众文化的消费时代,电视知识分子应运用自身所学去客观理性地传播知识、普及学术、表达观点。在电视这个场域中发言的知识分子,要时刻保持冷静和理性,与电视观众平等对话,同时允许不同声音的存在,以声音的异质性来减少和纠偏知识分子群体中发言的不当性。电视知识分子在电视上呈现思想碰撞、观点交锋的整体状态,就会给观众展现一个更科学、更全面的思想宝库和知识谱系,从而在电视、知识分子、观众的互动中达成共识。这种平等交流的能力不仅反映在现场的谦虚倾听,认真回应,也表现在当自己的观点或者言说出现错误时,要有勇气及时承认并且道歉。

　　虽然知识分子需要寻求机会走上电视普及知识、发表观点,而电视受到种种力量的限制和控制,也有着自己的规则和惯习,介入电视的知识分也必然会受到这种逻辑的限制,然而,电视知识分子却不应就此屈从于这种规范,而应努力作为独立的主体而存在,哪怕这种主体性是相对的,也要努力去协商,以争取最大的发言空间,保持自己的批判性、理性和客观性,而不要作电视的依附者,心甘情愿地接受电视的"修剪",要为维护自己的主张和立场据理力争。在这方面,西方有很多可以借鉴的例子。比如萨义德在接受媒体采访时,就经常会拒绝回答记者的某些包含倾向性的提问。[1] 同样,布尔迪厄甚至要求电视台在他的节目上不得添加解释性的图像。利奥塔则更加极端,他甚至在一档访谈节目中要求:或者不出现自己的形象只保留声

---

　　[1]　王怡红:《媒介知识分子与媒介的可能性关系》,《中国传媒报告》,2007 年第 4 期。

音,或者出现自己的形象,但声画不能同步。① 当萨特没办法改变媒体的现状时,他则以拒绝合作相抗争,以此表明一个作家/学者的姿态和立场。他的远离电视很大程度上便可说明这一问题。即使他愿意与国家垄断的电视台合作,他也依然突出的是他及他的作品的主体地位,而绝不会服从电视台的制作意图,任其宰割。这从他给电视二台台长朱利昂(Julliandy)的信中可见一斑。在这封信中,萨特强调他所搞的 10 集电视节目是一个戏剧节目,而并非电视纪录片,因为"我们没有声称要考虑到这段历史的所有事实:我们所追求的不是文献式的客观性""为了实现这一点,我们要运用各种美学手段:象征手法、抒情风格、真实再现、戏剧场面、材料的借用";"因此,我认为,这一作品只能被看成电视戏剧节目,完全不是纪录片"②。这封信中的遣词造句以及它背后所隐含的理性思考和逼人气势,呈现出来的其实是一个学者与媒体交往时不妥协、不退让的精神气质,只有这样的气质才可能改变或塑造媒体。中国的很多知识分子也有了一些与媒体合作成功经验,比如李银河在 2006 年 3 月接受采访时,向记者索要一小时 500 元的费用,也是一种有效的媒体合作方式。这既规范了电视节目的内容生产质量,也打击了某些电视媒体从业者的傲慢态度。事实上,很多行业外电视知识分子与电视的合作,都可以书面合同的方式,事先约定好双方应该遵守的事项,这对于知识分子是一种保护,对于电视媒体也是一种约束。

刘易斯·科塞(Lewis Coser)在他的《理念人》(Men of Ideas)一书中认为:"如果知识分子能设法避免完全退缩和彻底整合的双重诱惑,那么他们在未来的美国当然仍然会发挥重要的作用。"③这在中国同样适用,也就是说,走上电视的知识分子,应努力以一个"介入的旁观者"的姿态协商与电视的所有关系,旁观是电视知识分子自身独立性的有效保障。电视知识分子要以"旁观者"的姿态"介入"电视,客观冷静地发表自己对社会事务的看法。陈平原认为:"当客聊而不是当雇员,保持若即若离的态度,可能是知识分子介入大众传媒时应采取的姿态。"④电视知识分子应有自己的立场和主张,这种立场和主张不应随意受到电视媒体的干扰,以此保持对公共事务进行客观的分析和判断,以旁观者的姿态介入生活、表达思

① 陆荣杰:《后现代知识分子当代使命——论利奥塔的"知识分子之死"的理论实质》,《哲学动态》,2003 年第 6 期。

② 〔法〕西蒙娜·德·波伏瓦:《萨特传》,黄忠晶译,南昌,百花洲文艺出版社,1996 年,第 91~92 页。

③ 《作为边缘人的理念人》,https://book.douban.com/review/5374521/2012 - 04 - 04。

④ 孔令顺:《电视知识分子:游走娱乐学术之间》,http://www.china.com.cn/book/txt/2007 - 02/22/content_7852510_3.html,2007 年 2 月 22 日。

想、引导舆论。

第五节　角色：知识分子介入
电视的角色考量

当电视的功能日益强大，当电视对人们生活的影响日益深入的时候，我们恐怕很难完全建立一个象牙塔，彻底隔绝电视对知识分子的诱惑。如果知识分子介入电视，已是时代所趋的话，那进入电视场域中的知识分子又该如何最大限度地避免电视场域对自身的干扰，既保持自己的自主性，又充分利用电视以实现他们引领社会、启蒙公众的理想呢？

一、以文化普及型角色介入电视

对于一些在文史哲方面有较多文化资本的学者（即人文型知识分子）来说，以文化普及型角色介入电视是他们最好的选择。

汤因比（Arnold Toynbee）曾说：“当某个社会被分为知识分子和大众两部分，产生相互隔离的时候，这预示着社会已经不健康了。”①知识分子以文化普及者的角色进入电视，向大众普及中国传统文化，是拉近知识分子与大众关系、保持社会有机统一的理想途径。可以说，“学术明星”的出现，就是当代中国传统文化大众化发展的必然结果，是大众传媒利用现代传播手段使中国传统文化走向大众的一次成功尝试，也为中国人文型知识分子介入电视，找到一个最佳的入口。它既关系到中国传统文化的当代走向，也关系到中国人文型知识分子在日益被边缘化的市场经济、消费经济时代的新走向。

对于中国知识分子来说，普及传统文化是他们的当代使命之一。因为随着学科的日益分化，知识被过分专业化了。特别是对于人文科学来说，其本就应当是与个人身心修养及生活实践相联系的。如果此类知识长期被禁锢于学院高墙内，必然会使它远离公众，既不利于国民的素质提升，也不利于传统文化的继承与发展。“毕竟传统典籍的意义，不仅在于书斋中的传承、研究与欣赏，而且在于如何在更大的范围内应用和普及”②。所以，对于

---

① 转引自汤学智等编：《台港及海外学者论中国知识分子》，郑州，河南人民出版社，1994 年，第 1 页。
② 吕绍刚：《聚焦〈百家讲坛〉：“讲坛”告诉我们什么》，《人民日报》，2007 年 3 月 30 日。

知识分子以传统文化普及者的角色走上电视,我们应该是予以理解和支持的。当然,我们支持的是知识分子的这一勇敢的时代行为,而对于有些学者以不严谨态度面对观众,以致学术硬伤比比皆是的行为,我们则是要坚决批判的。

像《百家讲坛》这样的电视栏目,我们暂且不说它的收视率重压以及其自身的消费本性,从客观效果来讲,它确实在知识分子与大众之间架起了一座桥梁。学者们走出学府与书斋,通过精英文化与大众文化的联袂,在传媒为其铺设的这一领域中,既找回了自身久违的大众话语权,又重新担当起文化启蒙的角色,这对于重拾知识分子的文化自信与人格尊严确实大有好处。另一方面,知识分子将自身的学术积淀通过通俗化的语言,借助电视媒体,深入浅出地传播给公众,提供了对经典和历史的诠释与解读,从而唤起了大众对传统文化的兴趣与关注。学者对中国传统历史文化的这种“反刍”,让那些无法在大学课堂听课的观众享受到知识的盛宴,有力地推动了传统文化在当代社会的复苏与回归。这种“文化反哺”行为,符合社会大众的需求,起到了普及知识、提高人文素养的作用。因此,对于学者来说,走出象牙塔并利用电视传承文化确实具有很重要的现实意义。

电视的传播特决定了它固然有着挥之不去的娱乐功能,但是同时,它的传播特性也决定了它必然要承担一部分文化启蒙的功能。有了大众媒体的积极支持,有了学者主动的文化普及行为,传统文化经典的大众化也便有了可能。弗兰克·富里迪认为知识分子可以被视为启蒙传统的化身,他还借用了雷吉斯·德布雷的话说,“知识分子不是根据教育的程度来定义的,而是根据‘对民众的影响’”[1],从这种意义上来说,知识分子应该首先承担起文化普及者的重任,激起大众对传统文化的兴趣,尽到“知识分子”的启蒙责任,为向全社会传播传统文化的经典之美作出贡献。

其实,知识分子借助电子媒体进行文化传播和思想启蒙,是现代知识分子的一大人文传统。从现代知识分子的发源地西方来看,早在广播时代,著名知识分子以赛亚·伯林便通过英国广播电台进行了思想史的系列演讲,成千上万的听众收听了该节目,其思想启蒙的作用至今为人称道。而在20世纪70年代,欧美发达国家也都曾经历过类似的经典“代读”的历史阶段。乔姆斯基与福柯在荷兰电视台曾进行过一场题为“人性:正义与权力之争”的辩论。其中1975年1月法国电视二台创办于的《毕沃读书》最具典范意

---

① 〔英〕弗兰克·富里迪:《知识分子都到哪里去了》,戴从容译,南京,江苏人民出版社,2005年,第3~33页。

义。《毕沃读书》因主持人贝纳尔·毕沃（Bernard Pivot）而命名，每周五晚九点半播出，时长约 90 分钟，节目全由主持人、作者和读者一起自由论谈组成，甚至不插播任何画面与音乐。在毕沃主持《毕沃读书》的十多年里，这个高雅节目最高达到了 20% 左右的收视率，长时间居于法国全国收视率排行榜前列，成为法国电视史上最著名、最长寿的文化节目，被称为法国的"文学弥撒"①。法国作家、学者都将在《毕沃读书》中亮相视为无上的荣耀，其声誉与影响显然已超越国界。与《毕沃读书》相类似的栏目，在美国有《奥普拉读书俱乐部》，在英国有《理查德和朱迪读书俱乐部》。此外，还需提及的专题系列节目有：英国广播公司制作的电视系列节目《思想家——当代哲学的创造者们》（Men of Ideas），英国广播公司第三台制作的《人文科学中大理论的复归》（The Return of Grand Theory in the Human Sciences）②，以及"美国之音"制作的《美国划时代作品评论集》（Landmarks of American Writing）③。其中，录制于 20 世纪 70 年代中期的《思想家——当代哲学的创造者们》颇值一提，它是由英国广播公司邀请的如伯林、马尔库塞、奎因（Quine）等十几位当代著名哲学家、主要思想学派的代表人物，进行哲学对话和辩论而制作成的 15 集电视系列节目。这些兼顾普及性与学术性的读书栏目或专题系列节目，在普及文化、激活思想、提升素养方面担负了重要责任。与西方相比，当前我国所处的经典"代读"时代在文化导向与历史作用上与此并无二致，只是在思想高度及影响深度上存在着较大的差异。在中国，以 1999 年 7 月 11 日湖南经济电视台推出的别具特色的余秋雨《走向21 世纪的中国文化》的电视演讲为开端，开启了"文化讲坛"类电视节目的先河。继而，湖南卫视于 1999 年 10 月开播《新青年》（后更名为《千年论坛》）。随后，一大批"文化讲坛"类电视节目应运而生，如中央电视台社会与法频道的《法律讲堂》、北京电视台科教频道的《名师讲坛》、北京卫视的

---

① 该节目一直延续到 1990 年。次年，毕沃另行创办《文化汤》专栏节目，基本延承《毕沃读书》的风格与传统，依然好评如潮。

② 这是 20 世纪 80 年代英国广播公司第三台组织的一组谈话，这组节目旨在讨论当时人文科学的理论趋势，在"大理论的复归"（The Return of Grand Theory）总标题下，分别有对汉斯-格奥尔格·伽达默尔、米歇尔·福柯、托马斯·库恩、约翰·罗尔斯、约根·哈贝马斯、路易·阿尔库塞、年鉴派史学家等在当代产生重大影响思想家的评介。后来，剑桥大学政治学学者昆廷·斯金纳在把这些谈话编成书时，增加了书目和阅读指南，还增加了"德里达"和"列维-斯特劳斯"两章，书名叫《人文科学中大理论的复归》（The Return of Grand Theory in the Human Sciences），并由王绍光、张京媛等学者译成中文，于 1991 年 12 月由香港社会理论出版社出版。

③ 此节目集合众多专家学者，讨论 32 部代表美国历史及精神价值的重要作品。后来，美国学者库恩（Cohen, H.）将之编为《美国划时代作品评论集》一书，朱立民等译，三联书店又将之收入《美国文化丛书》，于 1988 年出版。

《中华文明大讲堂》、东方电视台的《东方大讲坛》,上海教育电视台的《世纪讲坛》、河北卫视的《文化大讲堂》、江苏城市频道的《万家灯火》、南京新闻综合频道的《金陵往事》、长沙政法频道的《世说新语》,等等。①

对于知识分子的文化普及及思想启蒙作用,不少学者有着较早的文化自觉,这使他们与电视的关系与同行相比走于前列。于丹曾这样说过:"经典应该是被尊重的。经典的纯学理意义,被少数精英知道、研究,其成果作为一种传承,但经典的外延,在生活中的延伸,应是被越多人知道越好。这种文化可以给人一种温暖的力量,一种启发,未尝不是好事,在普及的意义上还是应该被大众了解。"②易中天在接受记者采访时也表示,应该有一部分文化人具有社会责任感,不计名利地担负起继承和传播传统文化的重任。他认为,实际上在电视节目里做一个传统论的传播者是有风险的,这种风险意味着被学术界抛弃。在学术研究领域,既需要有能够安守书斋、就一些专业问题进行深入研究和刻苦工作的学者,他们做的是文化的提高工作,但同时也需要一部分知识分子走出来深入浅出地宣传精英文化中可以向大众普及传播的部分,让专家们的研究成果尽可能地为大众所认知,他们做的是文化的普及工作。在普及与提高之间,很难说两者谁高谁低、孰轻孰重,两种工作都需要有人去做。对于这些致力于文化普及的学者来说,正如李泽厚所言,他们是文化布道士,是精英和平民之间的桥梁。因为"人民需要这样轻型的历史读物,而知识分子应该放下身架,和传媒结合,采取民众能够接受的方式传播知识"③。南怀瑾说:"一个民族需要一种精神力量支撑,而一个没有文化根基的民族是没有希望的,没有自己的文化,民族就不会有进步,不会有创新。"④所以,一个民族文化的提高必须把精英文化普及到人民群众当中去,使群众文化素养普遍提高。"事实上一切民族都要求艺术中使他们喜悦的东西能够表现出他们自己,因为他们愿在艺术里感觉到一切都是亲近的,生动的,属于目前生活的"⑤。

阿诺德认为:"伟大的文化人是这样一些人,他们具有一种激情,要将他们时代最好的知识,最好的思想从社会的一端传播、搬运到社会的另一端,使之流行不衰;他们殚精竭虑,要为知识去除一切粗糙的、粗野的、难解的、

① 罗艳:《"文化讲坛"类电视节目研究》,长沙,湖南师范大学,2009 年,第 66 页。
② 《于丹解读:"我为什么这样红?!"》,千龙网视频中心,2007: 龙行天涯系列访谈,http://v.youku.com/v_show/id_XNjI2OTM5MTI=.html。
③ 丁洁如、孟宪实:《知识分子可以讨好大众》,《北京青年周刊》,2007 年 6 月 14 日。
④ 转自罗艳:《"文化讲坛"类电视节目研究》,长沙,湖南师范大学,2009 年,第 45 页。
⑤ 李泽厚:《他们是精英与平民之间的桥梁》,《南方周末》,2007 年 3 月 22 日。

抽象的、专业的和孤傲的成分,要把他人性化,使他在绅士和学者的圈子之外,也见成效,与此同时,又保留了时代最好的知识和思想,因而成为甜美和光明的真正源泉。"①目前在我国出现的以文化普及者身份出现的知识分子,在某种程度上说就充当了这样的角色,他们在艰深的学术与平民大众间建构起了交往的桥梁,从而带动文化知识的普及、引发人们对于文化的痴迷和热爱。正如武汉教育电视台频道艺术总监王新生所说:"只要他们(知识分子)一方面坚守自己的学术领域,另一方面又抓住机会去布道,不是很好吗?布道是一种精神、信仰的传播,需要执着的毅力。对此,根本没必要去指责、怀疑。"②刘行芳也认为:"我们千万不要把自己关在象牙塔里,知识分子通过传媒讲历史、生活、文化、礼仪,以及他们自己的思考,都是对的。如果知识分子不讲,不对公众做一些知识建构的工作,那么主流文化的建构就会出问题。所以,知识分子还是应该走上大众传媒,面对公众,解答问题,这样有利于精英文化、主流文化的普及和提高。"③所以,知识分子以文化普及者、学术传播者的身份走上电视,既有利于实现知识分子经世致用的人生理想,同时又能服务"当代人的幸福生活"④。

二、以专业服务型角色介入电视

对于一些在专业技术领域有较多文化资本的学者(即科技型知识分子)来说,以专家服务型角色介入电视是他们的理想选择。

专业服务型的知识分子,类似福柯的"专门知识分子",与"普遍知识分子"相对应。福柯认为:"很长一段时间以来,左派知识分子真理和正义之宗师的身份在言说,人们也公认他们有这种言说的权力和能力。听众把他们当作,或者他们想使自己被听作普遍大众的代言人。"⑤然而在1968年"五月风暴"之后,社会的变化导致了那种"独立自主、无处不在的普遍形式上的主体"消失了,只剩下在各专业领域里忙碌的"专家"。人们已经不再要求知识分子充当代他人发言的角色了。在后现代的知识背景下,"普遍知识分子"已难觅踪迹,"知识分子"身上的神圣光环已然褪去。

无论是在中国还是西方传统社会,知识分子的物质境遇都不十分美好,

①　Matthew Arnold: *Culture and Anarchy*, Cambrage University Press, 1960, p.70.
②　源自本人访谈。
③　源自本人访谈。
④　易中天认为,知识分子要服务当代人的幸福生活。参见刘蓓蓓:《易中天:另类解读的逻辑》,《中国新闻出版报》,2006年8月2日(第6版)。
⑤　崔卫平编:《知识分子二十讲》,天津,天津人民出版社,2009年,第218~219页。

但这并不影响他们在社会上享有较高的社会地位。他们垄断了文化的生产和传播,处于社会文化生活的中心,其中的杰出者被视为人类的圣哲。利奥塔所言的"'知识分子'更像是把自己放在人、人类、民族、人民……或其他类似位置上的思想家"①,也是指传统的人文型知识分子。与他们相比,掌握一定技术、在专业领域有特建树的人,却无此殊荣。在传统社会中,由于科学技术尚未从生产实践中独立出来,此领域中的从业者大多是些没有接受过正规教育训练的工匠,他们没有系统的科学知识只有技术经验,而技术的传授也大多仅限于师徒间的传承。与之相应的是,科学技术的发展十分缓慢,革新和发明不被重视,甚至被控告为巫术,只有那些"设计精巧的用于消磨时光的娱乐工具的发明,可免受控告,并被人们用来玩乐"②。所以,在传统社会中,尽管各科技行业中不乏杰出的科研者与发明人,但其科研也只能是他们的业余爱好,而不可能成为其主业或职业。与人文知识分子相比,此时的科学技术从业人员往往远离社会主流而处于边缘地位,属于被忽视的人群。

近代学科专业化的发展及科学技术建制的出现,使社会上出现一批有文化的科学技术工作人员,他们同人文主义知识分子一样接受过正规教育,那是近代科学技术的系统教育,因而他们更像是工匠和学者的复合体。与人文知识分子的审美主义、情感主义、理想主义不同,他们有着完全不同的精神气质:他们是理性的、经验主义的,同时也是功利的、实用主义的,所以他们的气质更接近工匠。如果说在传统社会中,以思想为业的人文知识分子曾经风光无限,能充当大众精神导师的话,那么这些新型人物的现身,则将人文型知识分子推到社会生活的后台。在近代,传统的人文知识分子日渐式微,技术专家走向了社会的前台,成为新的明星群体。③

所以,在大众传媒时代,知识分子以专业服务型角色为公众服务,是适应当今知识发展和人们生活实际需要的。利奥塔认为,我们以往谈论的"知识分子",其实是跟普遍主体不可分离的。在他看来,在后现代社会,普遍主体在今天已不存在了,传统意义上的知识分子已经死亡了,"知识分子"这一术语就应该走向坟墓,这就意味着知识分子传统职能的缺失。然而利奥塔又认为,当作为普遍主体的知识分子退位时,具体的知识分子将登堂入室。

① 〔法〕利奥塔:《后现代性与公正游戏》,谈瀛州译,上海,上海人民出版社,1997年,第116页。

② 〔波兰〕弗·茨纳涅茨基:《知识人的社会角色》,郏斌祥译,南京,译林出版社,2000年,第39页。

③ 谢江平:《现代社会中的知识分子》,《自然辩证法研究》,2009年第8期。

当启蒙的和解放的英雄消失的时候,在专门领域里工作的专家随即诞生,也就是说,按照利奥塔在《知识分子的坟墓》(*Tombeau de l'intellectual at autrespapiers*)中的说法,那些以普遍主体自居并进而对社会进行指导的全知全能型知识分子只能属于过去的时代,而不属于这个时代。科技社会中那种社会全能型与先知型的知识分子已进入坟墓,代之而起的是专业型的知识分子,他们从事自己的专业活动,而不承担人类共同体的责任。但这并不意味着作家只能进行文学创作,自然科学家只能做实证研究。这种新型的、具体的知识分子身上背负着一项新的责任,就是把真正的"知识"活动与导致现代性的妄想狂区别开来。

利奥塔所说的"知识分子"的消亡,指的是福柯认为的普遍知识分子。我们不能不看到,在当今时代中,普遍知识分子已难以生存,只剩下各领域的掌握各类不同知识的"专家",如此说来,知识分子以专业知识为资本走上电视,服务于需要这类知识的公众,也是时代的必然了。就目前来说,专业知识分子参与电视的形式可以有两种:第一,以某类特殊的专业知识满足人们生活实际需要。这主要是指一些专家手中掌握着与人们生活密切相关并为他们迫切需要的知识。比如专家可以参与到不同的服务性节目当中,系统地回答观众关于合理饮食、日常保健、股票期货、婚姻情感、心理治疗的问题。可以说,最近几年电视服务性栏目之发展迅速,和人们生活水平不断提高,从而对相关知识愈加需要,以及越来越多的专家愿意走上电视、服务公众理念的提升不可分离;第二,知识分子以理性的专业化思考服务公众。对于出现的一些社会问题、经济发展中遇到的难题、社会转型期中存在的一些矛盾等,人们需要知识分子给予理性的、客观的分析,以指点迷津、认识本质。而目前我们对社会问题的看法,都应该建立在专业背景之上,但这并不是说知识分子就毫无政治意识,而是说知识分子对社会生活的干预很多情况下只能是局部性质的,只能与其特定的研究领域有关,这也是目前知识学科专业化发展的现实规定。像成思危、许嘉璐、龙永图、胡鞍钢、温铁军等都在《中国经济大讲堂》电视节目中有过良好的表现。他们对中国经济形势和发展趋势的几个关键话题作了深入剖析,如:从关注三农看如何建设社会主义新农村? 如何转变经济增长方式? 从自主创新机制到如何走新型工业化道路? 从关注民生看如何走向和谐社会等? 同时,专家们也会就一些百姓关心的话题与观众作进一步沟通,比如"下一个五年我们会赚钱吗?""工作会越来越好找吗?""中国经济未来安全吗?""入世后的贸易摩擦会缓解吗?"等。①

---

① http://www.cctv.com/financial/special/C14781/01/,2006 年 3 月 28 日。

福柯对专家的这种行为意义说得十分清楚:"知识分子……要通过自己的专业领域的分析,一直不停地对设定为不言自明的公理提出疑问,动摇人们的心理习惯、他们的行为方式和思维方式,拆解熟悉的和被认可的事物,重新审查规则和制度,在此基础上重新问题化(以此来实现他的知识分子使命),并参与政治意愿的形成(完成他作为一个公民的角色)。"①不过福柯仍然认为,专业化的知识分子并不能因为其学有专长而放弃知识分子的批判职能,可以在专业领域里坚持"反叛话语",以及从专业角度透视和颠覆当代社会的中心和霸权。

在王鲁湘看来,真正对知识界和整个社会生活破坏力最强的不是知识分子在电视上"混个脸熟",而是知识分子群体专业化思考的缺失。他说:"我特别强调专业化思考!极其理性的专业化思考。我之所以不去对现在社会上的很多问题发表一个知识分子应该发表的言论,不是我放弃这个责任,而是因为我觉得自己没有这个能力,因为现在我们对社会问题的看法,都应该建立在专业背景之上。"②他认为,20 世纪 80 年代的知识分子还没有明确的专业化分工,虽然他们往往以理性的姿态出现,但他们的表达往往是极其感性的,因此他们极易愤怒,情绪化的东西比较多。而专业化程度不够,很多问题只能停留在两个基本层面,一是对社会问题笼统的否定和批判;二是笼统的道德批判。而到了 90 年代以后,知识分子看问题的专业化背景和专业化立场,就明显跟 80 年代不一样了,出现了大文科范围里的专业知识分子,比如法学家、经济学家、心理学家等。这样,知识分子就可以就同一问题而从不同角度,不同学科进行分析探讨,呈现给观众的是不同领域的百家争鸣,这种分析方式的结果,就是看起来每个专家都是"片面"的,因为他们是从本书领域出发的,然而,综合看起来,这些专家联合起来为我们提供了问题的全面看法,这也就是"普遍的法团主义"方式。如 2005 年红极一时的"超级女生事件",同样也激发了知识分子们言说的欲望,《南方都市报》《新京报》《南方人物周刊》《三联生活周刊》等平面媒体以及一些电子媒体,均给受众提供了丰富的学者视点,朱大可、许纪霖、刘擎、李银河等知名学者都参加了这场讨论,他们立足于各自专业,提出的观点犀利、敏锐而前沿,将对"超级女生"的评论与自己的最新学术思考相结合,在对同一个新闻事件的看法中折射出不同学科领域专家的观察视角和研究方向,这样的集体讨论为学术、学者走向大众、激发公众对学术的兴趣有相当重要的积极影

---

① 　福柯:《权力的眼睛:福柯访谈录》,严锋译,上海,上海人民出版社,1996 年,第 147 页。
② 　王鲁湘:《导演最怕一根筋》,http://news.sohu.com/20060731/n244543173_4.shtml。

响,也是知识分子以学术思想参与公众生活的重要例证。

专家的出现是社会分工和知识分化的必然产物。知识体系的日益庞大复杂和知识发展的日新月异,使得知识分子越来越局限于某一专业领域的研究当中。虽然"最后的知识分子"正在消失,但知识分子与电视的"专业主义"合作才刚刚开始。我们的社会需要媒介知识分子能够利用其特有的专业知识实现公共对话并分析一些社会议题,同时确保这种对话有益于公共政策。然而,在承认这种专业化合作的必要性时,我们也必须看到,正如福柯所指出的那样,在知识和权力之间总是存在着一种合谋关系。当知识化为一种权力而人们对这种权力又毫无防范和戒备之心的时候,危险也就潜藏在其中。专家学者在进入电视场后,应自觉保持自身的独立性,以知识为本位,以公众为理念,为社会提供真实的、有用的信息,切勿只为"混个脸熟",而轻易沦为媒体的工具,把自己专家学者的身份作为一种"媒介符号",换取本场域外的社会资本。

三、以理性批判型角色介入电视

对于一些以思想和批判思维为生命的学者(即思想型知识分子)来说,以理性批判型角色介入电视是发挥他们优势的最佳方式。

其实,一般说知识分子的社会责任时,就是指这种批判型或思想型知识分子。无论是从西方知识分子概念的两个源头(俄国和法国)来看,还是从中国现代意义上的知识分子的诞生来看,知识分子之所以受人推崇并能拥有话语权,是因为他们不同于一般的将自己局限于专业领域的专家或技术型学者,他们能够站在普遍的、超越的立场上去审视社会问题,参与社会生活,而正是由于他们这种普遍性、超越性的立场和对公共问题、社会现实身处其中又保持相对疏离的状态,使得批判型知识分子形成了既不同于大众也不同于上层建筑的独特气质,他们是社会的良心,手握着批判社会弊端与黑暗的利器。

然而,批判型知识分子需要有其生存的土壤与气候,只有土质优良、气候适宜,他们才能茁壮成长与繁衍生息,从而惠及众人、福及后代。梳理中西批判型知识分子的出现及发展的历史过程,可以发现,公共电视是知识分子发挥其批判作用的最佳平台。

(一)公共电视的界定及中西电视体制的差异

公共电视,一般被称作"Public Service Broadcasting",在美国则被直接称为"Public TV",或者"Public Service Broadcasting(PBS)"。一般国际上通行

的公共电视,又叫公共服务电视(Public Service TV Broadcasting),是指通过一定的制度设计,以公共视听费,或以社会资助为主,国家财政补贴为辅,以此消除商业营利的驱动力,在非商业主义、民主政治和中立自主的基础上,建立起来的服务于公共利益和对社会负责的电视体制,目标是促进言论的自由传播、文化的多元发展、信息的可选择性、教育的繁荣和高质量节目的制作。① 公共电视是相对于另外两种体制,即国家电视和商业电视而存在,伴随着西欧国家广播电视体制的发展而出现。在运营目的上,它与另两种形态截然不同,既不以政治宣传为目的,也不以追逐利润为诉求,它的根本目标在于向大众提供来自媒介的公共服务,以实现公共利益为最终归宿,它是一种最大限度地履行媒体公共服务职责为首要目标的电视体制。公共电视的两大源头是欧洲和美国,英国政府早在 1927 年就确立了以英国广播公司为代表的、世界上最早的公共广播制度。从此,公共广播电视制度成为欧洲的主要传播制度。目前,世界上大多数国家都拥有公共电视机构,最著名的有英国广播公司(BBC)、美国公共电视网(PBS)以及日本放送协会(NHK)等。

1998 年元旦,我国第一家公共频道——福建公共频道开播,目前全国已有近 30 家省级电视台开办了公共频道。② 由于我们特殊的国情与体制,中国公共电视有着与西方不尽相同的职责与要求。"中国公共电视是在法律保障下的、由独立电视委员会直接管理的非营利性机构。它秉承为大众利益服务的原则,肩负教育启蒙、道德传承和关注弱势的使命,注重设置公共议题,确保各个阶层特别是弱势群体能够发出自己的声音"③。

在国际通用的语境中,公共电视有着不同于商业电视的明显特征。大多不接纳商业广告,有的则容许接纳少量的商业广告,但明确规定不能影响节目的内容。如英国广播公司、日本放送协会,美国公共电视网等。在这些国家,"公共电视"中的"公共"强调的是电视的"公益""公众"与"非盈利"性。强调电视保障公共利益的根本宗旨,关注少数派和社会弱势群体、关心民族特性和社区生活,服务大众,为社会各界提供一个公开交流的平台。郭镇之认为,公共广播不仅是一种兼容各类服务内容的传播体系,更是一种公共事业的结构方法,而且它代表一种精神,更多的,是一种理想,在这种精神

① 金冠军、郑涵:《当代西方公共广播电视体制的基本类型》,《国际新闻界》,2002 年第 2 期。
② 琚若圲:《我国公共电视的定位游离分析》,长沙,中南大学,2007 年,第 68 页。
③ 石长顺、张建红:《公共电视》,武汉,武汉大学出版社,2007 年,第 16 页。

和理想中,有许多宝贵的财富,它们是人类传播事业值得珍重的历史遗产。①

从我国的电视体制来看,虽然目前冠以"公共"两字的频道已着实不少,但其运行机制却完全不同于西方。我国公共频道所谓的"公共",指的是公用、共有,强调传媒为传播者所有,而非接受者一方所享。在我国,公共频道其实就是省、市、县三级电视播出机构共享的一个公用共有频道,是为了平衡各传播机构之间(即省台、市台、县台之间)利益而设,它们只有公共电视之名而无公共电视之实。它的产生是一个政府、企业等各方利益博弈后的结果,完全不同于西方公共电视台非政府和非市场的初衷。也就是说,我们的公共频道和西方的公共电视根本就是两回事:西方是公众的公共频道,而我们是县级台的公共频道。尽管政府致力于把公共频道办成一个满足"各方"利益的共用频道,但这里所满足的"各方"利益是省、市、县各电视媒体的利益而非公众的"公共利益",社会公众的利益在媒介环境中并没有得到充分的表达和公平的实现。因此,就实质来说,目前中国只有"公有"频道,而没有"公众"的电视,它与国内其他电视频道一样是受到广告商的利益驱使,公众对其几乎没有任何影响作用。

马克·莱伯伊(Marc Raboy)认为,公共服务体制是区别于私营企业体制和国营广播体制的公共媒介。独立于政府,独立于市场,是"公共领域"的首要标准,公共服务目标和可靠经费来源是公共广播议题的关键。② 显然,判断一家广电机构是否"公共"的主要依据是其资金的来源,因为资金的来源决定了电视机构的性质。西方公共电视的资金主要来自视听费和社会资助。这是因为在他们看来,如果电视台的资金来自广告商或政府,那其日常运作势必会带有明显的商业性或沦为政治集团争夺权力的工具。家麦奎尔(Dannis McQuail)曾归纳出公共广播电视的七个特征:服务的普遍性、编辑的独立性、内容的多样性、社会责任至上、公共财政、高质独特的文化内容、经营的非营利性。境外公共广播电视至今已有近百年的历史,在法律保护、运营模式、节目制作及组织结构等方面都已形成了一套完整的体系,可以为我国公共电视的发展提供良好的借鉴。

反观我国的电视运营体制,电视传媒其实处于两难处境:众所周知,我国电视台都是事业单位,各级电视台都有相应的行政级别,最高领导机关是

---

① 郭镇之:《欧洲公共广播电视的历史遗产及当代解释》,《国际新闻界》,1998 年第 3 期。

② 〔加〕马克·莱伯伊:《世界公共服务广播的形势俯瞰与分析》,郭镇之译,《新闻与传播研究》,1997 年第 2 期。

各级党委宣传部门,但在市场经济条件下,它们又必须实行"企业化经营"。这样就造成了我国电视台既非公共性,又商业性的尴尬身份。它有事业单位的头衔和义务,因此必须讲究社会效益;同时,它还有着有企业单位的义务,即必须追求经济效益,养活自身,但同样没有企业单位应有的权利,不能自主经营。企业和事业的双重身份被强扭在一起,导致电视台的管理经常会陷入两难境地,既要讲宣传,又要搞创收,而最让电视台头疼的是,这两者在具体操作中往往又是相互矛盾的,经常顾此失彼。因此,我国电视机构在走向市场化、产业化的过程中,没有真正承担起为公众服务的公益性功能,常常深陷于收视率的泥潭中不能自拔。面对这种尴尬,一些媒介机构和从业者对中国电视的两难境遇进行了深刻反思,有评论者甚至这样认为:如果我们的电视台都是公共电视台的话,那我们的电视台就是全世界最脏的公共电视台;如果我们的电视台都是商业电视台的话,那我们的电视台就是全世界最差的商业电视台,又不好看,又不赚钱。① 这便形成了目前中国公共电视严重的问题所在,即由于其长期介于宣传、公共、商业之间的多元属性和复杂定位,导致了其分工不明,以及"公共利益"表达的模糊甚至缺失,也因此形成了我国公共电视的定位游离。有学者一针见血地指出:我国的电视媒体应该真正发挥其公共职能,即"将电视业中的强调娱乐的风气转变为强调信息和教育,向受众提供更多的了解政府行为的机会和渠道,让受众看到政治程序以及政府活动的全过程,最终让受众形成自己对公共事务的看法和观点。"②公共电视是非商业性的,它必须立足社会公益,其最基本的使命就是从公众立场对时代问题进行思考,它有权利提出问题,并有权利表达意见,而这一点,恰恰是我国公共电视所缺失的。

（二）公共电视的责任及公共知识分子的产生

郭镇之认为,公共电视的宗旨和原则主要体现在四个方面:第一,为公众服务,不以营利为目的。对此,他引用陆地的观点,即公共电视要对公共问题的报道给予充分、合理的时间;要提供各种展示不同观点的机会,以公正报道有争议的问题。③ 第二,独立性强,与政府和商业都保持距离。第

---

① 崔永元:《中国的电视台全世界最脏》,《南方人物周刊》,2011 年 7 月 30 日。
② 胡正荣:《竞争·整合·发展——当代美国广播电视业考察（上）》,http://www.66wen.com/05wx/xinwen/xinwen/20061102/25364_3.html,2006 年 12 月 2 日。
③ 陆地:《世界电视产业市场概论》,北京,中国人民大学出版社,2003 年,第 111 页。

三,电视节目多元化。第四,关注社会弱势群体。① 在公共电视的职责问题上,中西学者都认为,关注弱势群体、全面报道社会、反映公共议题、维护公民利益是公共电视的责任和归宿所在。

不管是欧洲还是美国,公共电视都成为公众利益的表达场所,成为知识分子表达个人见解、批判社会问题的有力平台。按照鲍曼的观点:知识分子的影响力要取决于一些条件,他们需要一个公共机构的或者社会的基地,这一基地促使那些拥有政治权力的人宽容他们,甚至雇佣他们。而大众传媒无疑是最佳的"公共机构"。② 在电视提供的这一宽松的媒体空间中,我们一般意义上的"公共知识分子"诞生了。虽然学术界对"公共知识分子"这一称谓还有不同意见(比如有学者认为知识分子本身就包含了"公共、公正、批判"之意),但随着现代知识分子群体身份的多元化,"公共知识分子"还是成为学术界热捧的术语和研究焦点。

说到电视与公共知识分子的关系,我们不能不首先提到电视与公共领域的关系,也就是说,公共电视、公共领域、公共知识分子,这三个概念是相辅相成、不可分离的。首先,公共电视符合公共领域对传媒的本质要求。哈贝马斯在 1961 年出版的《公共领域的结构转型》一书中探讨了传媒在公共领域结构转型中所扮演的重要角色。他认为:公共领域也叫公共性,是指"我们的社会生活的领域,在这个领域中,像公共意见这样的事物能够形成"③。也就是说,公共领域是介于公共权力领域和私人领域之间的一个领域,在这个领域中,公众能够对一般社会问题进行平等交流和批判。它是一个由对话组成的,并向所有公民开放的,旨在形成公共舆论、体现公共理性精神的一个批判空间。它高扬公共性特征,并以自由、民主、正义为基石。哈贝马斯认为,传媒在公共领域建设中具有双重作用。一方面,作为公共空间重要载体的传媒,在消除封建专制主义统治、为公众赢得公共话语空间的过程中曾经起了极为重要的作用。但随着大众传播领域商业性的迅猛增长,"一种新的影响范畴产生了,即传媒力量。具有操纵力量的传媒褫夺了公众性原则的中立特征,大众传媒影响了公共领域的结构,同时又统领了公共领域"④。即一度曾经是理性批判辩论论坛的大众传媒变成了一个文化

---

① 郭镇之:《欧洲公共广播电视的历史遗产及当代解释》,《国际新闻界》,1998 年第 5 期。

② 〔英〕丹尼斯·史密斯:《后现代性的预言家——齐格蒙特·鲍曼传》,萧韶译,南京,江苏人民出版社,2002 年,第 145 页。

③ 〔德〕哈贝马斯:《公共领域》,汪晖译,《天涯》,1999 年第 3 期。

④ 〔德〕哈贝马斯:《公共领域的结构转型》,曹卫东等译,上海,学林出版社,1999 年,序言第 15 页。

消费的领域,公共领域的功能和结构因而发生转型,传统的"公共领域"不复存在。另一方面,哈贝马斯也看到:"与自由资本主义时代的报刊业相比,一方面,大众传媒的影响范围和力度所达到了前所未有的程度——公共领域本身也相应地扩展了,另一方面,它们越来越远离这一领域,重新集中到过去商品交换的私人领域。它们的传播效率越高,它们也越容易受某些个人或集体的利益的影响。"①也就是说,哈贝马斯对传媒塑造公共领域的看法是有些矛盾的,他既看到了传媒的日益发展壮大对公共领域构建的作用,另一方面也看到由于商业因素的渗透对这种公共领域所形成的破坏,公共领域实际已经沦为被利益集团操纵的空间,伪公共性替代了真正的社会共识。对传媒在公共领域构建中作用,目前学者已有广泛的探讨。如有学者认为,现代传媒在调节国家发展、社会公共生活和公民个人利益方面起到重要作用,认为传媒在公共领域可以形成一种独立的力量,促成政府、社会、公民三者间的互动。② 也有人认为:作为民主社会公共领域构建的主导性力量,传媒具有公共责任对政府施政行为提出公共质疑,进行公共监督,使公共权力得到合理的公共运用。③ 还有学者提出:以传媒属性为逻辑起点,建立国家传媒、公共性传媒与商业性传媒共同建构的合理传媒结构,以达成政府、传媒、公众三者利益的博弈均衡,或可避免传媒公共性结构转型危机。④ 哈贝马斯认为,在传媒中,公共性从公众舆论发挥的一种功能变成了公众舆论自身的一种属性,公共性本身表现为一个独立的领域,即公共领域。⑤ 同时他还指出,公共性有两种,即批判的公共性和操纵的、展示的公共性,前者是资产阶级公共领域的主要功能,后者则是资本主义社会福利国家公共领域功能的异化。⑥ 毫无疑问,传媒需要的公共性理所当然是前者。

　　哈贝马斯认为,公共领域的基础是国家和社会的分离:"国家与社会的

---

　　①　〔德〕哈贝马斯:《公共领域的结构转型》,曹卫东等译,上海,学林出版社,1999 年,第224～225 页。

　　②　任金州、卞清:《增强公共性和服务性进一步开放"公共话语空间"》,《现代传播》,2006 年第 1 期。

　　③　曾水英:《关于公共领域构建过程中传媒公共责任的理性反思》,《长春工业大学学报》,2007 年第 19 期。

　　④　张金海、李小曼:《传媒公共性与公共性传媒——兼论传媒结构的合理建构》,《武汉大学学报(哲学社会科学版)》,2007 年第 6 期。

　　⑤　〔德〕哈贝马斯:《公共领域的结构转型》,曹卫东等译,上海,学林出版社,1999 年,第2 页。

　　⑥　〔德〕哈贝马斯:《公共领域的结构转型》,曹卫东等译,上海,学林出版社,1999 年,第2 页。

分离,首先是指社会再生产和政治权力的分离。"①公共领域的操作讲究平等原则和批判原则,传媒要筑造公共领域、发挥公共领域功能,首先必须做到的就是确保自身的独立性。这里的独立性包括两个方面:管理(政治)独立与经费(经济)独立。纵观各种传媒性质、结构及功能,只有公共电视与公共领域的本质要求最相符合,因此,公共电视是构建公共领域的最佳媒体形式。

其次,公共电视是现代社会公共知识分子发挥作用的良好平台。

由于中西电视不同的传播体制和传播理念,这就导致了中西电视媒体对知识分子的开放程度有所不同。虽然布尔迪厄对电视的种种弊端进行揭露,但他的基本观点却是:"抱有偏见,断然拒绝在电视上讲话在我看来是经不起推敲的。我甚至认为在条件合理的情况下有上电视讲话的'责任'。"②他的这一态度确实值得中国知识分子深思。如果走上电视发言是当代知识分子不可推卸的责任的话,那接下来的问题就是:走上什么样的电视,成为什么样的知识分子。虽然如前文所述,在当代知识分子角色分流的情况下,以文化普及者角色和以专业服务型角色介入电视,都是知识分子不错的不同选择,但就其介入的深度以及大众内心深处对知识分子的普遍期待来说,走上公共电视,成为一名公共知识分子,则是知识分子一种更为高明的介入方式。

1987 年,雅各比在《最后的知识分子》一书中最早提出"公共知识分子"概念。他认为真正的知识分子应当在立足专业的基础上,放眼天下,用自己的言行和创作参与社会运转,并呼吁富有社会责任感、能充当社会引路人的公共知识分子的出现。之后法国学者利奥塔、布尔迪厄,以及美国学者萨义德等都进一步论述了公共知识分子问题,从而形成了西方公共知识分子理论思潮。"公共知识分子"概念实质是:知识分子不能仅埋头专业,还应当服务公众,做公共利益的守护人、代言人。国内对公共知识分子研究较有权威的当数苏力教授了,他认为公共知识分子是那些越出自身专业领域,经常在公共媒体或论坛上就社会公众关心的热点问题发表自己的分析和评论,或是在特定时期就社会热点问题将自己专业知识大众化,并获得了一定的社会关注的知识分子。这是一个价值中性的经验性界定。其具体操作性标准有三:第一,看一些主要网站是否设置有

---

① 〔德〕哈贝马斯:《公共领域的结构转型》,曹卫东等译,上海,学林出版社,1999 年,第 170 页。

② 〔法〕皮埃尔·布尔迪厄:《关于电视》,许钧译,沈阳,辽宁教育出版社,2000 年,第10 页。

他或她的个人网页;第二,在过去 20 年里是否在《读书》《东方》《天涯》《南方周末》等报纸杂志经常发表学术随笔或就社会热点问题发表短文;第三,他或她的文章引发的社会的"学术"关注程度,以及最重要的是社会是否认同他或她是学者。①

　　由此可见,现代意义上的公共知识分子,是指那些以独立身份,并借助知识和精神的力量,表现出强烈公共关怀和公共良知、并有社会参与意识的一群文化人。许纪霖认为,公共知识分子与一般的技术专家、技术官僚和职业性学者很不相同,但必须明确的是:"对于公共知识分子来说,他的专业知识也是极为重要的,这不仅从功利的意义上说,在专业成就上获得了某种文化资本,就意味着在社会上获得了话语的某种权力;而且就知识的意义上来说,具有深厚的专业知识(不是很狭隘的),实际上也提供了自己对公共发言的一个重要的知识依据……专业的知识对于公共知识分子而言,并不是累赘,而是原初的出发点。"②应该说,许纪霖的观点更深一步,他指出了公共知识分子与专业知识分子并不矛盾,事实上,当公共知识分子就一些社会问题发表意见的时候,更需要其过硬的专业知识作后盾,唯有如此,其分析与批判才更有力度,更能获得公众的认可。所不同的是,公共知识分子决不是仅局限于自己专业领域的"专家",他的情怀更人性、视野更高远、目光更敏锐,他们扮演的是"人类的良知""社会的尺度"的角色。正如萨义德所言,当他(知识分子)决定为本专业领域之外的更广泛公众演讲或写作时,他或她就成了公共知识分子,对公共事务的积极干预,呼唤与伸张社会公理和正义,对一切在他们看来不合理的现象予以批判和抨击。比如在法国 19 世纪德雷斯福事件中以大义凛然的形象出现的雨果、左拉等,又比如美国 20 世纪格林威治村的那些自由的、完全不依附任何体制的知识分子,以及以萨特为代表,包括阿隆、加缪、波伏娃等在内的持不同政见者,他们都具备了曼海姆所说的"自由漂浮者"的身份。

　　最早注意到公共知识分子与媒体的关系的无疑是美国的波斯纳。他侧重研究媒体在现代公共知识分子产生过程中的作用。在《公共知识分子——衰落之研究》中,波斯纳反复强调,尽管学者们可以通过其他的言说方式使自己介入公共领域、成为公共知识分子,但在当代谁也不能否认,媒体无疑是最便捷、最有效的介入途径,因为媒体不仅能够使得学者无须另行

　　① 苏力:《中国当代公共知识分子的建构》,《思想与文化(第 3 辑)》,上海,华东师范大学出版社,2002 年,第 97 页。
　　② 许纪霖:《知识分子是否已经死亡》,陶东风主编:《知识分子与社会转型》,开封,河南大学出版社,2004 年,第 29 页。

构筑话语平台,降低他们与他人的沟通的成本,而且能借助媒体已经拥有的受众群,很好地克服传播中的障碍,增强传播效果。① 因此,公共知识分子是不应,也不能拒绝的,因为他们有继续存在下去的理由和条件。公共电视正是这样一种发挥公共知识分子社会作用的有力机制,即让他们从关心学理走向关心社会,让一部分的知识分子转变为公共知识分子,从而让更多的知识分子参与到社会的进程中,这应当是传媒与知识分子的最好互动。从这个意义上讲,传媒在塑造公共知识分子方面发挥重要作用,没有媒体,现代社会中公共知识分子意见的形成与交流就很难形成。

在西方,学者对待电视的态度是开放和进取的,利用电视的影响力宣传和传播自己的思想和主张是很多知识分子的重要文化行为方式。先看萨特,他与媒体的关系确实深远。他一生中既深度介入各类出版物之中(如他曾创办《现代》杂志并产生巨大影响),也与广播电视等电子媒体有过少量的亲密接触。② 萨特本人正是他所谓的"征服""使用"大众传媒的实践者。他提出了"新知识分子"的概念并对其寄予厚望,他认为若要成为这样的知识分子,自己必须首先行动起来,而介入、征服、使用大众传媒便是付诸行动的重要标志。③ 萨特对待电视的态度是谨慎而有原则的,绝不会服从电视台的制作意图,任其宰割。这从他给法国电视二台台长巴塞尔·朱利昂的信中可见一斑:1974~1975年,在法国电视二台的反复劝说下,萨特终于同意以他本人的讲述为中心,创作一部10集的电视系列节目,以此呈现一个世纪的历史状况。电视台把系列节目定位于纪录片,萨特不同意,于是他给朱利昂写信。在信中,他反复强调这一节目是一个戏剧节目,而并非电视纪录片。④ 知识分子只有具备了萨特所持有的理性气质与独立精神,才可能改变媒体或塑造自身在公众心中正义、权威的形象。再说罗素,英国广播公司也曾邀请他做通俗哲学演讲的节目,每次40分钟左右。与那些隐居书斋、脱离世事的纯学者不同,罗素一生热衷于政治活动和社会事物,电视媒体成为他与社会大众联系的重要渠道。

20世纪80年代末,三联出版社曾出版过一部根据英国广播公司创办的名为《与哲学家们交谈》的系列节目而出版成册的《思想家》(*Men of Ideas*)

① 〔美〕理查德·A.波斯纳:《公共知识分子——衰落之研究》,徐昕译,北京,中国政法大学出版社,2002年,第135页。
② See Michae Seriven: *Sartre and the Media*, New York: ST.Martin's Press, 1993.
③ 赵勇:《学者上电视与知识分子的缺席——以〈百家讲坛〉为例》,《和谐社会:社会建设与改革创新——2007学术前沿论丛(下卷)》,中国重要会议论文全文数据库。
④ 〔法〕西蒙娜·德·波伏瓦:《萨特传》,黄忠晶译,南昌,百花洲文艺出版社,1996年,第147页。

一书,它邀请的是当今西方思想界声望极高的思想文化大家,包括以赛亚·伯林、安东尼·奎因顿(Anthony Quinton)、威廉·巴雷特(William Barret)、马尔库塞、奎因、乔姆斯基等。他们以简洁、通俗而又富于文化内涵的讲述方式,向电视大众介绍了马尔库塞与法兰克福学派、海德格尔、维特根斯坦、奎因、乔姆斯基等当今西方的传统哲学、语言哲学、道德哲学各学派的思想观点,既树立了知识分子服务公众的形象,又丰富提高了受众的文化知识。陈丹青也给大家开了一份知识分子踊跃参与电视的名单:"二战前后欧美一流知识分子、艺术家、学者,都曾经高度重视媒体。譬如庞德、萨特和西蒙娜·德·波伏娃、约翰·伯格(John Berger)、以赛亚·伯林,等等,均深度涉入公众媒体,不仅利用,那还是他们在事业盛期或晚年的重要工作。萨特失明衰老后,放弃写作,全力主持电视节目,向全国和全欧洲人民说话,持续了 10 年。约翰·伯格在英国广播公司主持多年系列节目,几乎影响到上世纪 70 年代后的欧美文化形态。他的《观看之道》在中国是极小众的美学与文化研究丛书,可当时就是英国大众定期观看的电视节目……"①

　　最近,英国电视的 4 频道又造就了一位家喻户晓的公共知识分子类型的学者,他就是牛津大学的动物学家理查德·道金斯(Richard Dawkins)。4 频道曾播放了道金斯编写主持的两个钟头的电视纪录片《一切罪恶之根源》(*The Root of All Evil*),片中,道金斯把宗教称为世界上一切罪恶的根源,对所有的宗教都进行了充满激情的强烈抨击,片子播出后在英国引起了轩然大波。道金斯是一位优秀的学者,但却不是电视片主持的最佳人选。从纪录片中可以看出他在镜头面前并不放松,经常激情澎湃,有电视评论家们认为他有太多大学教授的不修边幅,太多知识分子的寒酸等特征。以前他向来是和持不同宗教见解的人打笔仗,习惯了酝酿笔下风云,所以,等到与摄制组一起扛着摄像机去和人对质,进行面对面的冲突,他就丝毫没有大多数主持人的那种从容不迫,对自己的直脾气也从不压抑,观众往往能看出他的怒火在直往上蹿。成为电视上的"明星学者"并不是道金斯的初衷,他并不想通过电视成名,他是要通过电视这种容易被人接受的大众传媒来撒播他的观点。片子出来后,许多宗教极端主义者对他大加谩骂,原本的中庸温和派也觉得道金斯把话说过了头。然而,作为一位科学家,道金斯把唤醒民众视为己任,特别是当今社会中,宗教狂热难以收敛,许多人体炸弹的恐怖分

---

① 袁跃兴:《明星学者的文化生存》,http://news. sina. com. cn/o/2007 - 01 - 08/064510945637s.shtml。

子都是以宗教为理由来把一般人作为他们的殉葬品。① 对这种现象,道金斯以知识分子的责任向社会发出正义的呼声。

大多数西方公共知识分子对电视媒体是持着既利用又警惕的态度的,他们利用公共电视为知识分子发表意见提供的渠道和平台,将自己对社会问题的立场、观点等公之于众,从而较为快捷、有效地进入公共生活领域,但同时,他们也十分注意维护自身的独立性与学术操守,当他们发现媒体的性质、功能和结构不利于他们观点宣扬和理性表达时,他们大多会采取拒绝或不合作的态度,萨义德就明确表示:"过去两年来,几度有媒体邀请我担任有职位的顾问,我都拒绝了,原因很简单,因为这意味着受限于一家电视台或杂志,也受限于那个渠道通行的政治语言和观念架构"。②

由于西方是公共电视产生较早以及公共知识分子发展比较成熟的地方,因此从以上梳理不难看出,西方无论是公共电视,还是发展相对成熟的商业电视,都给公共知识分子留下较充分的活动空间,从而较充分地发挥了知识分子在思想文化传播、社会监督批判方面的作用。因此,我们可以说,在媒体对生活影响日益深刻的今天,知识分子与媒体的关系是当代公共知识分子被人们辨识、真正发挥作用的重要依据。也就是说,人们对公共知识分子判断与认知,固然要看他的学识涵养,看是否言说了公共问题,以及这种言说引起了多大程度的社会反响,但人们已越来越看重他与媒体的关系如何,即他是否经常在电视上发表言论。如果他经常在媒体上露面,借助电视面向公众谈论公共问题,那么他就是公共知识分子,反之则很难将其列入这一社会群体之内。波斯纳就一直持这种观点。在他看来,公共知识分子的判断方法可以有很多,但若从经验角度看,知识分子与媒体的关系又是不可忽略的一条。任何专业人士和文化精英,只要你经常通过大众传播媒体,面向公众发表对公共问题的看法,就可被认为是公共知识分子。甚至他们被媒体曝光的次数,亦可作为重要的参考。因为专业人士和文化精英如果仅凭其在专业领域上的成功,而与百姓所关心问题关系不大的话,是不会引起媒体持续关注的。媒体的报道虽然不能导致公共知识分子的产生,但它却是人们感知公共知识分子的一个途径。它确实强化了人们对公共知识分子的认知。因此,那些想使自己成为公共知识分子的学者,最有效的办法就是尽量介入电视,以增加被媒体邀请去谈论公共问题机会。而时下那些关

---

① 《英国学者用电视向上帝挑战》,http://news.sohu.com/20060731/n244543173_7.shtml。
② 〔美〕爱德华·W.萨义德:《知识分子论》,单德兴译,北京,生活·读书·新知三联书店,2002年,第75页。

心公共知识分子问题的人员和单位(包括媒体自身),都将被媒体提及的次数多少作为辨识这一群体的标准,从而使得媒体对于公共知识分子认知问题上的重要性再次得到体现。

(三) 公共电视为中国知识分子的话语权和独立性提供保障

如前文所说,目前我国的电视体制是处于一种在夹缝中求生存的状态,既要承担宣传职责,又要兼顾市场效益,收视率对他们来说是永远无法解除的魔咒。在这种情况下,电视传播的一切运转就必须围绕经济展开,对那些思想型话语和批判型话语,虽有高雅文化的光环,却抵不住收视率低的重压。赵勇认为:"在中国当下的语境下,真正的知识分子(思想型学者)上不了电视。大概,这才是我们目前电视与学者之间关系的真实处境。"①陈平原曾讲述了一个他切身经历的事件,分析知识分子与电视的现实关系:

> 有一次,是在未名湖边,刚好碰到某电视台在采访季羡林。扛机器的人很粗暴地指斥:"转过来""转过去""抬起头""别动"。那种感觉,很难受。在大学校园里,像季先生这样的老教授,没有一个学生敢这样对待他的。就因为你扛着机器,代表了一种科技的力量,还有国家意识形态,就能用这种命令的口吻,指挥着采访对象转过来或者背过去。
>
> 我说,越是垄断性强的行业,这种权威感就越明显。这种没有来由的"权威感",很容易使从业人员显得浅薄和傲慢。所以,我很少跟电视台合作,也极少接受电视媒体的采访,就因为看不大惯。②

陈平原将他拒绝与电视合作的原因归结为电视台的浅薄和傲慢,其实,媒体从业人员不过是电视场域中的无奈棋子,他们身上必然带有场域内的惯习特征。在收视率的指挥棒下,一切不利于电视表达的,所谓深刻并需要回味的内容都是不受欢迎的,电视的特性决定了只有那些有煽动的、炫目的、刺激的内容,最好是全面占有人的五官,使他们瞬间被吸引并不需要思考的东西才是最受欢迎的,那些思想类的,甚至是稍显沉重的内容是无法存活的。同时,由于电视的"国有"性质,使它实际上成为政治或意识形态权

---

① 赵勇:《学者上电视与知识分子的缺席——以〈百家讲坛〉为例》,《和谐社会: 社会建设与改革创新——2007 学术前沿论丛(下卷)》,中国重要会议论文全文数据库。

② 陈平原:《大学何为》,北京,北京大学出版社,2006 年,第 288~289 页。

威,这种垄断性质就难免养成其居高临下的作风,知识分子要么拒绝进入电视场域,要么进入后就必须无条件接受电视场域规则的"修理"。很多情况下,学者的思想只能是根据节目的需要而被裁剪成支离破碎的片断,知识分子的思想根本无法清晰、连贯地传播出去。于是,不管是学者的形象,还是其思想,都被平面化、傻瓜化了。这主要是源于中国的现行新闻体制并没有给思想型知识分子提供一个可以自由交流的平台,从而使他们对社会问题的看法真正传播出去,这也是目前我国电视上批判型学者、思想型学者难觅踪迹的原因。

如果我们能创办一个真正属于公众的公共电视,使其能够向公众和为公众说话。这样参与其中的知识分子只需要为自己的言行负责、为公众的利益负责,而不受任何外来势力的干扰,他接受的只是公众的监督,他能公正、客观地面对社会公众,从而成为社会的良心,是公共利益的真正代言人。当人们生活当中遇到难题、困惑,而自己又很难明白症结所在的时候,这些思想型知识分子能够挺身而出,为公众鞭辟入里地剖析事实的原因及背后的逻辑。

其实,以批判的立场来关怀天下、干预社会,这与我国知识分子的传统秉性有关。这主要是由两方面因素决定的,一是知识分子自身的需要:"以天下为公""为天地立心,为生民立命,为往圣继绝学,为万世开太平"①是中国传统知识分子自觉承担的义务和责任,加之"文人究竟是敏感人物"②,所以,他们"对于社会永不会满意的,所感受的永远是痛苦,所看到的永远是缺点,他们预备着将来的牺牲,社会也因为有了他们而热闹,不过他的本身——心身方面总是苦痛的;因为这也是旧式社会传下来的遗物。"③批判似乎正是知识分子与生俱来并挥之不去的历史使命。因此,自从有了现代传播手段,他们更是充分利用着一切可能的手段,可以说,正是中国现代意义上知识分子的诞生才真正促使了中国现代报刊的产生。我国最早的报纸之一《循环日报》的办报宗旨就是:"强中以攘外,诹远以师长,变法以自强",其社会责任意识彰显。后来,康有为、梁启超、陈独秀等一批有着强烈社会责任感的知识分子,更是充分利用报刊等形式传播思想,开启民智,向社会传达着自己独特的声音,"文人办报""同人办报"成为当时的潮流。这

---

① 《近思录拾遗》,《张载集》,北京,中华书局,1978 年,第 376 页。
② 鲁迅:《坟·论睁了眼看》,《鲁迅文集全编(壹)》,北京,国际文化出版公司,1995 年,第 355 页。
③ 鲁迅:《关于知识阶级》,《鲁迅文集全编(贰)》,北京,国际文化出版公司,1995 年,第 1819 页。

些报刊视启蒙思想、鼓吹变法为己任,从而成为形成当时中国社会舆论的主要力量,也促使了第一次国人办报的高潮。第二个因素是来自民众方面的要求。无论中西,人们对知识分子的期望和要求要比其他身份的群体高得多,知识分子被公众赋予了一种极高又特殊的社会责任。每当社会变革或在转型期遇到问题的时候,人们总是对知识分子寄予很高的期望,希望他们能如探照灯般为公众厘清时局、指引方向。正是由于自我和民众的双重需要,使得知识分子往往义无反顾并自觉担当起时代的观察者和批判者。近现代以来,由于知识分子群体本身的分化,这一责任无疑落在了我们目前常说的"公共知识分子"身上。雅各比认为:"公共知识分子是一个国家历史和现状的观察者和批判者。他们肩负推动观念更新、揭露和批判丑恶、呵护文明、维护正义的重任。"①但发挥公共知识分子的功能,这需要条件,鲍曼就认为,知识分子的影响力要取决于一些条件,他们需要一个公共机构的或者社会的基地,这一基地促使那些拥有政治权力的人宽容他们,甚至雇用他们。就当代社来说,大众传媒无疑是最佳的"公共机构",因此,由于电视的普及和作用的日益增大,知识分子不得不与电视发生着各式关系。然而,无论是早年接触电视场域的余秋雨,还是当今天的"学术明星",他们对电视的融入都是浅表型的,或者说他们过多地遵从了电视场域的特性,而没有发挥知识分子的主动性,他们被电视所形塑,而没有主动地去影响电视,使电视能真正成为发挥知识分子作用、深度服务公众的工具,没有适当的传播平台,知识分子的"公共性"就无从体现。

因此,就中国而言,真正意义上的"公共电视"的建立,是发挥公共知识分子功能的前提,是知识分子深入介入电视的必备条件。知识分子只有身处于公共电视所提供的宽松场景中,才能卸去自身的精神紧张,真正以社会公众为目标,以公共问题为主题,以客观性和公正性为标准,站在普遍性、超越性的立场上参与到社会黑暗现象的揭露与公共利益的维护上,才能说出真理,揭露谎言,从而真正成为社会的良心与正义的旗手。用萨义德的话说就是,以自由人的视角来对现代社会进行审视,对主流文化的霸权进行批判与揭露。②

具体来说,处于中国目前的转型期,公共知识分子的批判功能主要体现在两个方面:物质层面和社会层面。物质层面的批判主要是指知识分子要

----

① 〔美〕拉塞尔·雅各比:《最后的知识分子》,洪洁译,南京,江苏人民出版社,2002 年,第113 页。

② 〔美〕爱德华·W.萨义德:《知识分子论》,单德兴译,北京,生活·读书·新知三联书店,2007 年,第 79 页。

注重对市场经济社会中物质与精神关系的思考上，即深入思考人们的商品拜物教心理以及这种社会思潮对人类精神的整体性伤害。虽然在工具理性大行其道、民众注重利益实惠超过一切的当代中国社会，再去讲所谓的精神操守、道德提升，似乎显得极不合时宜，然而，一个过于重视物质而忽视精神的社会与民族，一定是一个不健康、不正常的存在，谁来提醒民众这种危险的存在？除了知识分子恐怕没有别的阶层可以担当此重任，因此，虽然当代的人文知识分子自身无论是在物质还是在社会地位上都已渐渐被边缘化，然而，还是有一部分"固执不化"的知识分子仍旧艰难地坚守道德底线，守护着那日渐式微的价值标准，他们在用自己急切却不甚响亮的声音向社会发出疑问："一个有五千年历史的民族真的可以不要诸如信仰、信念、世界意义、人生价值这些精神追求就能生存下来，乃至富强起来吗？"[1]社会层面的批判是指，在中国目前的社会转型期，在中国致力于现代化建设的进程当中，针对可能出现的社会问题，知识分子要高屋建瓴，站在时代的高度替公众监测环境，如实向公众汇报社会现状及其意义，帮助大众看清时代发展方向及在前进道路上可能或已经存在的问题，分析利弊，探究本质，作好公众与政府之间的桥梁。目前中国已日益突出的社会现象，比如贫富悬殊加大、失业人口增多、城乡差距拉大、社会矛盾加剧、生态环境恶化、住房负担沉重、居民养老困难等，都应该能够刺激起知识分子的批判欲望。能否能对公共问题发表意义，是判断他是否是公共知识分子的重要标志。唯有如此，知识分子才能真正担当起自己肩上的社会使命和历史责任，也才能真正唤起公众的信任，公共知识分子的价值也才能够真正实现。

要完成知识分子的物质批判和社会批判，在当代社会，也唯有公共电视可以为知识分子提供这一平台。萨义德在他的《知识分子论》中说道："知识分子并不是登上高山或讲坛，然后从高处慷慨陈词，知识分子应该要在最能听到的地方发表自己的意见，而且要能影响正在进行的实际过程。"[2]就目前情况来说，公共知识分子要完成其使命是难以脱离电视的。公共电视恰好就给知识分子提供了反思和批判的平台，知识分子应该充分利用这种电视提供的出境机会表达自己的观点看法，体现自己的社会责任感，要站在大众最能听到的地方发出自己的声音。

在公共电视所提供的领域和空间中，知识分子的批判精神和道义担当

---

① 王晓明、张宏等：《旷野上的废墟——文学和人文精神的危机》，王晓明编：《人文精神寻思录》，上海，文汇出版社，1996年，第15~16页。

② 〔美〕爱德华·W.萨义德：《知识分子论》，单德兴译，北京，生活·读书·新知三联书店，2002年，第85页。

才可能充分体现出来,因为公共电视使"公共领域"成为可能。在这样的领域中,知识分子才可能真正成为社会公共事物的热心参与者,以理性和客观冷静的分析,成为社会问题的"阐释者"和"批判者",同时也才能真正成为靠思想和言论影响社会和他人,从而实现自我价值和社会价值的"理念人"。由此,知识分子的话语权得到恢复,他们的独立性得到体现。在哈贝马斯看来,公共领域的最重要特征在于实现自我的启蒙和形成对社会的批判,这是现代性的一个主要的方面。在现代文化语境中,其实并不存在着公共知识分子存在的是非问题,关键在于如何在现实条件下将其变为可能,或者在多大程度上实现这种可能。有学者对此发出疑问:"中国有三个公益出版社,却没有一个公益电视台;中国有数千万文化人,其所纳之税却养不起一个严肃文化的栏目;我们渴望与国际接轨,却自外于普世性体制。我们念兹在兹于大国的崛起,却抽掉了崛起的思想文化根基。经过近十年的折腾,我们才认识到医疗、教育不能完全推向市场。还要经过多少年,我们才会认识到,作为社会公器的大众传媒不能全部沦为唯利是图的工具?"①

　　从某种意义上说,知识分子介入公共电视,是对知识分子原有"公共性"的重新唤醒。雅各比和波斯纳分别在《最后的知识分子》和《公共知识分子——衰落之研究》中,表达过对公共知识分子消亡的忧虑。在他们看来,学院化、专业化的建立以及大学教育的普及,造成了社会共同文化的式微。"今天已不再有一汪共享知识的池塘"②,各式的技术专家和大学教授成为知识分子的主体,普遍意义上的知识分子逐渐消失。而真正的知识分子应该有社会责任意识,能够放眼天下,用自己的言行和创作充当民众的引路人。如果公共电视真正能得以运转,那么雅各比和波斯纳的忧虑将会在一定程度上得到缓解。从西方来看,很多知识分子就十分重视利用电视所可能提供的公共空间,像晚年的布尔迪厄就逐渐从学术关怀转向更广阔的社会关怀,在后期亲身参与了媒体批判,提出并回答了在后工业社会中,批判性知识分子如何可能的问题,③从而由书斋中的特殊知识分子转变为批判性的公共知识分子。就像当年的萨特和福柯那样,布尔迪厄成为对当代法国乃至欧洲的政治、文化产生重大影响的知识分子。④

---

　　①　启之:《关于于丹"心得"的心得——兼评百家讲坛及媒介体制》,《社会科学论坛》,2007年第9期。

　　②　〔美〕理查德·波斯纳:《公共知识分子——衰落之研究》,徐昕译,北京,中国政法大学出版社,2002年,第99页。

　　③　许纪霖:《中国知识分子十论》,上海,复旦大学出版社,2004年,第69页。

　　④　David L. Swartz & Vera L. Zolberg eds: *After Bourdieu*, Kluwer Academic Publishers, 2004, p.355.

在我国当代社会,公共知识分子要想形成一股真正影响社会的势力,就必须借助公共电视这样的领域,可以说,如果没有公共电视提供的空间,现阶段我国真正的公共知识分子难以生存并发扬光大,难以实现我国传统知识分子"兼济天下"的社会理想。批判型知识分子必须是一个有责任担当的人,他以公众利益为旨归,只服从于自己的良知的判断,除此之外,他应该是没有任何顾虑和羁绊,他是一个"特立独行的人,能向权势说真话的人,耿直、雄辩、极为勇敢及愤怒的个人,对他而言,不管世间权势如何庞大、壮观,都是可以批评、直截了当地责难的。"①批判是知识分子的预设性立场,每个有责任感的知识分子都不应该放弃对社会的忧思,对深层社会批判的追求。目前我们也看到,确实有一些知识分子冒着可能对自己不利的影响,勇担道义,敢于说真话,将批判的矛头直指当今社会问题及制度,用自己的一腔热血唤起政府对一些民生问题的重视,如从"非典""黄静事件""孙志刚事件"等事件中,我们看到了一批勇于承担社会责任的批判的、挑剔的、否定的知识分子及其话语表达。在"非典"期间,我国媒体竟连续几个月为公众提供的是关于疫情传播的不实信息,是退休医生蒋彦永,站在大量事实证据面前,从一个知识分子起码的道德与良知出发,在《时代》周刊发表北京"非典"疫情的证言,从而引起国内外的广泛关注,促使政府采取了切实有效地防范非典的措施。还有一批以钟南山为代表的知识分子,他们在社会出现应急问题、民众处于危急的时刻,不计个人得失,公然站出来讲真话、求真理、揭真相。他们的行为最终推动了"非典"危机的解决,他们的影响远远超越了"手术室",他们对社会的贡献也远远超过了医学本身,这就是公共知识分子的力量。再说"孙志刚事件",2003 年 3 月 17 日,湖北青年孙志刚在广州因为没有随身携带任何证件而被当地一个派出所收容并最终被殴打致死。这一事件被新闻媒体曝光后,许志永、俞江、滕彪三位青年法学博士以普通中国公民名义上书全国人大常委会,要求对《收容遣送办法》进行违宪审查。随后,贺卫方、盛洪、沈岿、萧瀚、何海波五位著名法学家同样以中国公民的名义,再次联名上书全国人大常委会,就孙志刚案及收容遣送制度实施状况提请启动特别调查程序。在这次事件中,知识分子因他们的知识与过人胆识,不但成为当时公共知识分子的典型代表,而且也在加速中国政府废除旧有的强制收容制度,建立符合当代实际的新制度,推动了中国民主和法制的向前发展方面立下了时代的里程碑。

——————————

① 〔美〕爱德华·W.萨义德:《知识分子论》,单德兴译,北京,生活·读书·新知三联书店,2002 年,第 15 页。

公共知识分子的存在是以其"公共性"为前提的,其中的"公共"指的是:第一是面向(to)公众发言的;第二是为了(for)公众而思考的,即从公共立场和公共利益,而非从私人立场、个人利益出发;第三是所涉及的(about)通常是公共社会中的公共事务或重大问题。① 有着这样的内在秉性,公共知识分子就必须以其深刻的批判和敏锐的思想为武器。"知识分子的职责就是批评,他们的批评基于正义、事实和逻辑,而不是现实利益"②。也许会有人疑问:我们的社会总体是在进步的,为什么这些知识分子只看到问题,看到社会不公正,总盯着社会的阴暗面不放呢? 应该说,社会取得的任何进步、政府做出的任何努力,我们都是应当予以肯定的,然而,真正的知识分子,其职责不是歌颂进步,他想的总是:如果制度合理,进步应该更大,还可以进行哪些改进,让更多的人享受到好处。有良知的知识分子是不会大加追捧和赞美当局政府的,在他们看来,政府不是用来歌颂的,而是用来"为人民服务"的,若其服务的不好,是可以用来批评的。批评得对并被其接受,会令其更加健康、有效。若批评得不对,也便如"牛虻"般令其警醒、防患于未然。知识分子的终极角色是批判,永远要保持批判的立场,睁大眼睛对权力保持警惕。这种职责,除了知识分子,还有什么阶层能够担当呢? 鲁迅认为:真的知识阶级是不顾利害的,他们对于社会永不会满意,所感受的永远是痛苦,所看到的永远是缺点,他们准备着将来的牺牲,社会也因为有了他们而热闹,不过他本身——心身方面总是痛苦的。③

然而,我们不能仅将知识分子的这种勇气和职责担当看作是他们自己的事,只单纯寄希望于他们自身反抗现实的单枪匹马,要想真正发挥其作用,是需要制度支撑的。这需要政府与社会为其提供一个宽松的空间。就目前中国的社会现状来说,公共电视是比较理想的现实途径。政府应当有意识地在众多电视资源中,辟出一个或若干个真正的公共电视台或公共频道出来,让他们不必有创收的顾虑和收视率的重压,从而与知识分子进行亲密的合作,让知识分子在其中掌握较大的自主权,在保证相对独立性的情况下,充分行使其话语权,在体制允许的范围内为公众排忧解惑,为政府出谋划策。因此,建立公共电视台,以保障知识分子的独立性与话语权,这既是未来我国电视体制的一个发展方向,也是未来更好发挥我国知识分子社会

① 许纪霖:《从特殊走向普遍》,摘自许纪霖:《公共性与公共知识分子》,南京,江苏人民出版社,2003 年,第 29 页。

② 长平:《从"神舟五号"到诺贝尔文学奖》,《外滩画报》,2003 年 10 月 23 日。

③ 转引自周宪:《德布雷与中国知识分子问题》,http://www.studa.net/Present/060112/14551117.html。

作用的一个努力目标。如果此目标实现,那无疑会开辟电视与知识分子合作的"双赢"时代。

第六节　展望:新的媒介时代与新的舆论环境

一、电视媒体在媒介生态中的权威性

不可否认,互联网时代来了。互联网以其内容的丰富性和便捷性,加上移动终端的迅猛发展,以电脑和手机为代表的新媒体越来越在人们的日常生活中占据重要地位,这对电视媒体的生存有着巨大的冲击,有调查显示,当前不但看电视的总体人数明显减少,而且其主流观众的年龄都在40岁以上[1],也就是说,电视几乎成了中老年媒体。互联网和手机成为很多人尤其是年轻人获取信息的主要媒介。

互联网确实有其优势,信息传播快、互动性强,容易形成舆论的漩涡,它同样也成为很多知识分子看重的活动空间,于是,很多意见领袖、微博大V应运而生,知识分子的社会作用得到了新形式的彰显。当然,知识分子的形象也有了新的调整,当知识分子使用新媒介时,就不可避免地受新媒介所影响,被新媒介所形塑,当然这就属于另外一个问题了,不在本课题的研究范围内。但是我们不能因此就忽视了电视在知识分子生活当中的重要性。互联网具有的信息丰富性和参与多样性的特征,也造成了其众声喧哗、鱼龙混杂的后果,公众在信息的海洋中被拍打得无所适从,真假难辨。

与此相对应,电视的优越性就彰显出来。作为传统媒体之一,它有着新媒体无可比拟的权威性,人们对电视上信息的信任程度明显高于互联网,而在电视上出现的知识分子,公众对其信任程度也明显会高于互联网。这样,电视知识分子在电视上的知识传播、观点表达,便正好可以纠偏互联网上议论的不理性和狂热,从而可以帮助公众接受知识、看清是非、引导正确舆论,达到正视听的效果,从而可以作为一种理性的批判力量来平衡那些激进的网络意见领袖。

所以,当今社会的知识分子,应对媒介生态有一个正确的认识,决不能因为互联网的热闹性而轻易放弃电视这一传播平台,相反,恰恰是因为互联

---

① 来自北方网的舆情监测,http://news.enorth.com.cn/system/2013/02/04/010608842.shtml,2013年2月4日。

网言论的嘈杂和无序，公众反而更会渴望得到权威信息的印证，得到对周围环境监测的可靠信息。而且，从媒体生态的整体情况而言，恰如崔保国所讲："媒介是一条鱼。"电视媒介就相当于一条充满生命力的"鱼"，它在媒介生态系统中就相当于鱼生活在水中，在受到媒介生态系统的影响的同时，也会影响着整个媒介系统的进化和变革。互联网的巨大魅力谁都不能忽视，电视媒体本身也在进行着媒介融合的历史性进程，那么，展望未来，人们对电视知识分子的期望将会更高，其能发挥的社会作用的范围将会更广，强度也势必会更大。

二、时代将赋予知识分子更多的话语空间

2016 年 4 月 26 日，习近平总书记在安徽调研期间召开座谈会，同来自安徽省和全国各地的七十多名知识分子、劳动模范、青年代表座谈。他充分肯定了知识分子在我国社会建设中的作用："知识分子，顾名思义，就是文化水平较高、知识比较丰富的人，其中不少是学有所长、术有专攻、在某个领域某个方面的行家专家。知识分子对知识、对技术掌握得比较多，对自然、对社会了解得比较深，在推动经济社会发展、推动社会文明进步中能够发挥十分重要的作用。在我们党领导革命、建设、改革九十多年的历程中，广大知识分子为党和人民建立了彪炳史册的功勋。"他鼓励说："广大知识分子、广大劳动群众、广大青年要紧跟时代、肩负使命、锐意进取，把自身的前途命运同国家和民族的前途命运紧紧联系在一起，努力为全面建成小康社会贡献智慧和力量。"

习近平总书记指出，天下为公、担当道义，是广大知识分子应有的情怀。他对知识分子寄予了很高的期望："知识分子是工人阶级的一部分，是一个正日益壮大的劳动者群体。随着物质文明和精神文明的不断进步，今天，这一群体用知识的力量影响社会、改变社会的作用越来越大。""天下为公、担当道义，是广大知识分子应有的情怀。我国知识分子历来有浓厚的家国情怀，有强烈的社会责任感。'修身齐家治国平天下''为天地立心、为生民立命、为往圣继绝学、为万世开太平''先天下之忧而忧，后天下之乐而乐'，这些思想为一代又一代知识分子所尊崇。现在，党和人民更加需要广大知识分子发扬这样的担当精神。这是一份沉甸甸的责任。广大知识分子要坚持国家至上、民族至上、人民至上，始终胸怀大局、心有大我。要坚守正道、追求真理，立足我国国情，放眼观察世界，不妄自菲薄，不人云亦云。要实事求是、客观公允，重实情、看本质、建真言，多为推进党和人民事业发展献计出力。任何时候任何情况下，都不能做有损国家民族尊严、有损知识分子良知

的事。"

习近平总书记强调，各级党委和政府以及各级领导干部要就工作和决策中的有关问题主动征求他们的意见和建议，欢迎他们提出批评。对来自知识分子的意见和批评，只要出发点是好的，就要热忱欢迎，对的就要积极采纳；即使一些意见和批评有偏差，甚至不正确，也要多一些包容、多一些宽容，坚持不抓辫子、不扣帽子、不打棍子。各级领导干部要善于同知识分子打交道，做知识分子的挚友、诤友。①

2016年4月19日，习近平总书记在主持召开网络安全和信息化工作座谈会时也曾强调："对网上那些出于善意的批评，对互联网监督，不论是对党和政府工作提的还是对领导干部个人提的，不论是和风细雨的还是忠言逆耳的，我们不仅要欢迎，而且要认真研究和吸取。"②

"为天地立心，为生民立命，为往圣继绝学，为万世开太平"，这曾经是千百年来中国知识分子的最高理想。耶稣也曾对他的门徒说："如果最优秀的分子丧失了自己的力量，那又用什么去感召呢？如果出类拔萃的人都腐化了，那还到哪里去寻找道德善良呢"？无论我们身处何种时代，都需要知识分子作为社会良知坚守底线。这正如钱理群在北京大学校庆上感叹的那样："曾经有那样一个时代，曾经有那样一批人物。他们那样地想着，那样地活着。读着他们，我们感到恍如隔世；抚摸历史，我们常常浩叹不已。"③

我们目前身处互联网时代，互联网只是一种工具，在传播上与传统的媒体并没有本质的区别，但中国的互联网时代伴随着一种这样的状态：如社会学家孙立平所言："我们社会正在加深的裂痕——精英寡头化与下层的民粹化。"④这种民粹化的情绪在互联网上得到了体现和聚集。媒体市场实际类似于广场政治，民粹化是其自然的属性。一些低技术含量的"骂客"更容易吸引眼球，成为明星。因为，剧场效应对知识和技术的要求都不高。或者说，这里需要的只是迎合网民的情绪发泄，需要的只是煽动和作秀的媒体技术。这绝非是社会的福音，民粹化的情绪表达和开放言论虽有其价值，但并不能支撑起中国的稳定转型。在社会转型时期，知识分子的理性很可能是最后的理性，走上电视的知识分子尤其责任重大，我们的体制，应该容纳他

① 以上内容见习近平：《在知识分子、劳动模范、青年代表座谈会上的讲话》，http://news.xinhuanet.com/2016-04/30/c_1118776008.html，新华社合肥4月30日电。
② 《习近平主持召开网络安全和信息化工作座谈会》，http://media.people.com.cn/n1/2016/0420/c40606-28288948.html，2016年4月20日。
③ 赵建：《从精英知识分子到"说书艺人"》，《人民日报海外版》，2010年6月7日(第7版)。
④ 孙立平：《我们社会一道正在加深的裂痕——上层寡头化，下层民粹化》，http://www.360doc.com/content/10/0322/23/319711_19859759.shtml，2010年3月22日。

们在体制内的批判,给他们一个更好地发挥社会纠偏作用的舞台。

　　"电视知识分子"群体在未来的前景会是怎样一个情形? 不好妄加断言。这要取决于两个变量:一是媒体遴选发言者的标准,以及提供给他们怎样的言说空间;二是"电视知识分子"在屏幕前后的表现,即他们是否能抵御来自知名度和商业收益的诱惑和压榨。我们唯一可以肯定的,只要电视工业还存在一天,只要"知识分子"这个群体的社会道义感仍然存在,那么两者的结合与碰撞就不可避免。这些走上电视的知识分子注定将成为我们这个时代的一道别样的景观,并为公众广泛关注。

附录 1　调 查 问 卷

尊敬的老师:

　　您好,感谢您接受本次调查。为了了解目前中国知识分子参与大众文化生产的状况,我们组织了本次调查,希望得到您的帮助。本问卷结果只供学术研究之用,决不用作商业用途。您只需要根据自己的实际情况,在合适的答案上打"√"即可,谢谢您的合作。

　　祝您生活愉快、阖家欢乐。

1. 您的性别是　A. 男　　　　B. 女

2. 您的职称是　A. 副教授　　B. 教授

3. 您的年龄是　A. 30~40 岁　B. 40~50 岁　C. 50~60 岁　D. 60 岁以上

4. 您曾以下列方式参与过纸质媒体的大众文化生产吗?（可多选）

　　A. 在报纸杂志上参与生活时事类专栏

　　B. 出版与专业研究关系不大的畅销书

　　C. 偶尔向非专业研究的纸质媒体投稿

　　D. 其他

　　E. 都没有

5. 您曾以下列方式参与过电视吗?（可多选）

　　A. 节目嘉宾(包括被电视台采访)

　　B. 节目策划人

　　C. 文化讲师(如《百家讲坛》类节目)

　　D. 兼作节目主持人

　　E. 其他

　　F. 都没有(可直接进入第 7 题)

6. 您大概有过几次参与电视节目的机会?

　　A. 1~3 次　　　　　B. 4~6 次　　　　　C. 7 次以上

7. 如果有机会被邀请上电视,你会同意吗?

　　A. 同意　　　　　B. 不同意　　　　　C. 视节目性质而定

8. 就您和您周围的情况看,您觉得电视这种大众媒体是否对学术场或学者
   (知识分子)个人产生一定的影响呢?
   A. 有轻微影响　　　B. 有严重影响　　　C. 没什么影响
9. 您认为知识分子对电视的态度应该是以下哪项?
   A. 拒绝　　　　　　　　　　　B. 配合
   C. 适度走上电视　　　　　　　D. 无所谓

附录 2 主要访谈对象名单及 部分访谈内容

本书所访谈的对象主要分为四类：一是曾经在类似《百家讲坛》的节目中主讲的知识分子；二是曾在电视台做嘉宾或接受电视台采访的知识分子；三是电视台频道或栏目的负责人；四是一般大学教师（副高以上职称）。之所以做这样的划分，是希望通过对不同类型知识分子及新闻从业人员的采访，使本调查所得到的材料更为真实、全面，从而最大限度地保证本书过程及结果的客观性和科学性。本书前后曾访谈近 30 人，主要对象列举如下：

1. 屠忠俊：华中科技大学新闻与信息传播学院，教授，博导
2. 詹骁勇：华中科技大学中文系，副教授（主讲"中国学术史"）
3. 邓晓芒：华中科技大学哲学系，教授，博导
4. 孙秋云：华中科技大学社会学系，教授，博导（曾为武汉教育电视台《名家论坛》主讲人）
5. 李敬一：武汉大学新闻学院，教授，博导（曾前后四次在《百家讲坛》主讲，并多次在北京、上海等地方电视台讲坛类节目主讲）
6. 刘行芳：江苏师范大学传媒与影视学院，教授（多次参与电视节目）
7. 李昌集：江苏师范大学文学院，特聘教授，博导（曾在《百家讲坛》主讲"西厢记"5 集）
8. 游梓翔：台湾世新大学传播学院口语传播系教授、主任（多次在大陆、台湾参与电视节目）
9. 李功勤：台湾世新大学教授、通识教育中心／异文化研究中心主任（多次在大陆、台湾参与电视节目）
10. 胡正强：南京理工大学设计艺术与传媒学院，教授
11. 郭赫男：四川外语学院新闻传播学院，副院长，教授
12. 高玲：上海《青年报》要闻部，主任
13. 翟志荣：上海《东方大讲坛》，制片人

14. 赵惠侠：上海东方卫视《东方夜新闻》，主编
15. 马良柱：武汉教育电视台，副台长
16. 王新生：武汉教育电视台，频道艺术总监
17. 向培凤：湖北电视台湖北卫视频道，总监（原湖北电视台综合频道总监）
18. 王忠理：湖北电视台公共频道，总监
19. 孙汀娟：湖北电视台教育频道，总监
20. 冷智红：湖北电视台孕育频道、职业指南频道、碟市频道三频道总监
21. 王亮：湖北电视台教育频道，《点亮真相》《书香荆楚》制片人
22. 王坦：湖北电视台体育频道，《我为读书狂》制片人

访谈一

被访者：屠忠俊（华中科技大学新闻与信息传播学院教授、博导）

时间：2011 年 11 月 5 日

问：您认为《百家讲坛》是个什么性质的节目，如何看待"学术明星"这一称呼？

答：《百家讲坛》不是学术节目，是娱乐节目。电视不能作为正规的学术传播工具。学术重在思考、逻辑。明星是娱乐产物，过去没有将学术与明星联系起来，这种称呼是娱乐化的结果。

问：学术明星有什么样的积极作用吗？

答：人们通过娱乐节目学习，寓教于乐，但这不是严谨的学术的内容。从电视台角度来看，可以扩大收视率，有利于文化的普及。我平时不看这类节目。

问：为什么一部分知识分子热衷于上电视？

答：是出自他们对名利的追逐。真正的学术是没有必要上电视的。上电视可以赚取出场费，可以使他们有名，是他们名利双收的手段。这也取决于个人，有些人看重这种名利，有些人则不看重。

问：电视场僭越学术场，对学术场及学者个人都产生了怎样的影响？

答：上电视是一部分知识分子获取名利的手段，但也有相当一部分知识分子坚守学术操守，所谓清者自清。

问：有一种说法，认为在学术场内来说，赞同学术明星现象的是在学术场域内学术资本较多、地位较高的，而那些学术资本不厚、地位较低者则倾

向于抵制态度,您觉得呢?

答:可以作为一种理解方式。

问:学术明星的产生,是不是精英文化向大众文化的妥协? 精英文化该不该走大众化路线?

答:精英文化始终是精英文化,它和大众文化截然不同。《百家讲坛》本质上是一档娱乐节目,最多是娱乐节目中有较多社教性质、文化含量较高的节目。而电视是面向大众的,电视文化是大众文化,它最多只能是介绍精英文化的皮毛,做的是普及工作。真正的精英文化是不可能大众化的。

问:您觉得"学术明星"到底是什么身份呢?

答:一个人的身份是由他的经济地位和政治地位决定的。易中天,身份应该还是教授,不能因为他上了电视就改变了身份,顶多说他是个有钱的、有名的教授。

问:有人说"学术明星"是"文化奶妈",李泽厚认为于丹是"文化布道者",您觉得该如何定位学术明星们所起的作用呢?

答:我觉得李泽厚认为于丹是"文化布道者"的提法是不合适的,布道是很严肃的事情。我认为学术明星更像是"文化说书人"。

问:您认为现在的知识分子有没有冷坐书斋和走上媒体的困惑呢?

答:电视场对学术场域有诱惑,但清者自清。

问:您认为知识分子可不可以上电视呢? 知识分子和电视应该保持一种怎样的关系才好呢?

答:知识分子上不上电视是他们的自由,他们可以选择上电视,也可以选择不上电视。他们上电视,可以获取名利,并且使电视多了种节目类型。只要他们在电视上讲的内容有一定学术含量,是科学的、正确的,就可以上电视。

访谈二

被访者:詹骁勇(华中科技大学中文系副教授,主讲"中国学术史")

时间:2011 年 11 月 7 日

问:您经常看《百家讲坛》吗?

答:看过,不经常。

问:您觉得《百家讲坛》是学术节目吗?

答:《百家讲坛》面向的是大众,它不是严格的学术节目,是学术普及节目,更强调趣味性。它讲述的内容不涉及有争议的问题,即使涉及了,也是给个简洁明快的结论。它进行的只是普及性工作,普及类的节目能很快火,不是纯学术性节目。像易中天讲的三国,节目要求主讲人只要口才好就行,易中天确实收集了不少材料,但他不是这方面的专家。

问:您怎么看待易中天、于丹这样的电视传播行为呢?

答:讲经和讲史是不一样的。讲史,要讲求正确性,是可以证伪的。而经,是用来崇拜的,是必须相信的,绝不能证明它有什么错。它的作用是为圣贤立言,即使圣贤错了,讲经者也要配合现实,证明那是对的。像八股文的作用就是代圣贤立言,于丹是在讲经,不是在讲史。在中国,长期以来研究史是比较普遍的,讲经却很少。每个民族都需要有自己的经典,要维护自己的经典,这也是民族自信心的表现。比如西方的《圣经》,中国人看《圣经》,多是批评的,西方文化则是崇拜的,注重要维护经的权威地位,维护古人的地位,那不是我们说的传统的做学问的方式。经典,不需要证伪,只需要信仰。

问:那为什么那么多学者会反对于丹呢?

答:那很可能是因为嫉妒,于丹是靠讲经火的,不是靠讲史火的,也就是说她不是靠官方或者说大多数人通行的方式走红的。我跟易中天聊过,问他为什么要以讲史的方式,而不是以讲经的方式来讲三国,他说,中国一直是讲启蒙的,我们也习惯了。

问:您怎么看待学术圈内那么多批评于丹、易中天的人呢?

答:不应该对这一现象有这么多批判的声音,很多批评的人都是本身想走红的人,真正的学者是不会这样的。于丹是在解经,我们不能用讲史的方式来看待讲经。于丹们的讲解是有些问题,但他们进行的是学术普及,即是普及就不可能完美。

问:学者们上电视,会不会改变一些他们原来在学术场的惯习呢?

答:那是当然的。学者们上电视就是在进行普及工作,这些走红的学术明星们很知道如何取媚于观众。像葛剑雄讲得也很好,但他不懂电视的传播规律,一味按学术规则来进行,当然就失败了,老百姓只接受通俗的东西。

问:电视场对学术场的僭越,会不会对学术场造成严重影响?

答:影响是有一些,但还不至于严重,这取决于个人的价值取向。抗战时期有一个叫黎东方的人,靠演讲赚钱,讲二十四史,他并不完全懂二十四史,但他很会讲,也就是说他很善于归纳,自己并没有什么学术建树。他能将历史和当时的抗战结合起来,过了那段时期,现在看起来也没多大意思,但他适应当时的情况,他虽然火了,但对民国的学术不产生什么影响。

问:但电视出现以前,虽然也有说书人成名,但不像现在的学术明星那样一夜成名,且名利双收,难道电视场的这种功能对学术场没有吸引吗?

答:吸引肯定是有的。但这主要是看个人,不同的人有不同的追求,不是所有的人都想上电视的。有些人明明对内容不懂,但也敢在电视上讲,所以电视只提供文化快餐。电视本身不能把关,只提供传播平台。上电视就意味着要被电视节目的编导们"修理",可能会远离学术规则,有些人受不了,而易中天能受得了,再加上他个人的特点,所以他出名了。像我们系的何锡章老师,口才很好,知识也渊博,但他就不愿意上电视,说要被电视编导们修理的话太难受了。总的说来,也许年轻一点的老师们更愿意上电视。

问:为什么现在的电视场喜欢向学术场靠拢呢?

答:这里既有对收视率的追求,也有电视提升自身文化品位的需要。知识分子参与节目制作,无疑会提高电视节目的文化含量,人们对电视节目文化含量的需求也是在不断提升的。像西方国家的纪录片,就比国内的要好看得多。

问:您觉得《百家讲坛》是学术普及节目吗?

答:学术普及也是学术,不要否认普及学术的价值。高端的内容也需要普及,普及讲求的是形象生动,所以要培养明星,一旦成为明星,讲什么都可以了。

问:学术明星的产生,是不是精英文化向大众文化的妥协?精英文化该不该大众化?

答:确实是精英文化在向大众文化靠拢,精英文化大众化是正常的。像西方的纪录片,就是这种靠拢的一种尝试。

问:您觉得学术明星的积极作用是什么?

答:学术明星,可以促进学术的传播。但学术明星传播学术要有底线,即追求正确的内容。易中天就有底线,虽然历史确实无法完全求证,但至少重要内容都要有可靠的出处,决不能只为讲求效果就随便乱讲。

问:您认为这些学术明星的身份是什么呢?

答:那应该是学者加明星吧,更根本地来说,还是学者。

问:有人说学术明星是"文化奶妈",李泽厚也说于丹是"文化布道者",您觉得这种提法有道理吗?

答:大体上是对的。

问:您认为知识分子最重要的品行是什么?

答:社会良心。

访谈三

被访者：马良柱（武汉教育电视台副台长）

时间：2011 年 11 月 16 日

问：《名家论坛》栏目的总体定位是什么？

答：节目走的是高端路线，看节目的人也是层次较高的观众。当然，我们也讲收视率，我们每个栏目每天都会汇总收视率。目前在武汉落地的全国各地的电视台有 94 个，我们购买的央视索福瑞的数据，比如昨天他们抽取的是 17：30～23：00 时间段内的样本户，对象是四岁以上的人群，数据显示我们教育电视台在所有频道中排名第九（湖北经视第一）。像《名家论坛》是每周星期天的 10：53 播出，上周的平均收视率只有 0.002，收视率总排名比较靠后。总体说来，《名家论坛》品位较高，传播优秀文化，有着固定的观众群。

问：从时段来看，《名家论坛》好像并不占优势。

答：是的，因为我们还要有一个市场问题，所以会对栏目有一个时段问题的考虑，会把黄金时段留给那些适合大众品位的节目。全国除广电部门外，行业能办电视台的只有教育系统，我们与武汉电视台没有关系，所以国家给一部分资助，但很有限，我们必须要有一大部分面向市场。我们不像西方的公共电视台，完全是政府资助，不考虑收视率问题，我们不行。

问：您怎么看待"学术明星"这个说法？

答：这些学者依赖大众传播媒介，使校园外更多人了解他们平时无从了解的知识，他们的明星身份是大众传播造就出来的，少不了电视这个载体。

问：那您觉得他们的身份到底是什么呢？是明星还是学者？

学者身份与明星身份并不矛盾。各行各业都会出明星，学术明星的存在，使得学术领域扩大到校园之外，不是挺好的吗？只要有人接受、欣赏，学者就可以顺理成章地做这种工作，有粉丝也是正常的。

问：您觉得这是一种学术传播的新方式吗？

答：承担教育职能的媒体，要讲求教育方式，注意教育手段的创新，板着面孔不好，这未必是学术风范，要想办法让受众接受，只有观众认可才可能取得好的传播效果。传播者与接受者要互相适应对方的需求，电视创办的这种大众课堂挺好的，能够迎合观众，这就像武汉推出的"魅力教师评比"，老师讲课要深入浅出、通俗易懂，这正是教改所追求的。

问：那为什么还有那么人批评学者上电视讲学这种形式呢？

答：有些人可能是出于一种不健康的心态，看到本来一个层次的人名气比自己大了，就坐不住了，进行诋毁。这没必要。现在有大众传播媒介，这是一个好的时代，学者也要适应时代的变化，与时俱进。

问：您觉得这种讲坛类节目是大众文化，还是精英文化？

答：电视就是大众媒体的典型代表，这类节目也必定是作为大众文化被推出的，它的任何节目必须让大众听得懂，所以它才会以人文社科内容为主嘛。

问：你们当初创办这个栏目，是出于什么考虑呢？

答：提升品位，打开市场，讲座也是一种教育的方式嘛。

问：这种大众文化中文化含量比较高的节目，如央视的《读书》节目，因为收视率问题就被停播了，这种节目未来应该怎么发展呢？

答：这就涉及频道专业化的问题，要确实频道的专业定位，毕竟这种节目是小众节目。其他台可以不办这类节目，但教育台必须创办。

问：《百家讲坛》目前的收视率也不乐观，咱们《名家论坛》排名也是靠后，那这类节目将来会不会存在一个被淘汰的危险？

答：国家广电总局新出一个"三不"规定：不以收视率给节目排名；不以收视率看节目质量；不以收视率来淘汰节目。

问：像中央电视台这样的超级媒体和各省台，为什么不能养活几个不讲收视率的栏目呢？

答：这还是一个体制问题了。像我们武汉教育台有130人，政府只给30人买单，其他人都得靠自己的节目收视、靠广告养活自己。像我前几年去香港，香港教育电视台，每年政府给他们一亿六千万港币，根本不需要考虑收视率的问题，我们可不行呀。这也正是我们的悲哀，一群有文化的人做着给没文化的人看的节目。虽然新闻讲反三俗，但有时候市场逼得我们没有办法。

访谈四

被访者：王新生（武汉教育电视台频道艺术总监）

时间：2011年11月16日

问：创办《名家论坛》的初衷是什么？

答：《名家讲坛》是2007年3月的一档公益性栏目，目的是方便百姓获取各方面知识，是一个没有围墙的大学，没有院墙的课堂。请的都是业界精英，内容重点在人文方面。当时是武汉社科院、市委宣传部、市文化局、武汉晚报社、武汉教育台合办的。每周在武汉图书馆，是免费入场的。

问：你们请的主讲人主要是武汉的吗？

答：不是，是全国各地的在各行业取得显著成绩的学者，易中天也来过的。

问：你们请这些学者的时候，他们有不愿意来的吗？

答：基本上都愿意。

问：你们一般和主讲人都是如何沟通的呢，毕竟这些学者有他们的学术规范，而电视有电视场的要求？

答：一般来说，是主讲人先将他所想讲的题目报上来，当然我们有时也会提要求希望他们讲什么，这都是可以事先沟通的。这种栏目讲求的是学术问题平民化，要讲老百姓关心的问题。主讲人一般讲两三个小时，我们最后会裁剪到40分钟。还有其他方面的沟通，如主讲人的形象、着装、发型、语言等。当然我们也会对后期节目进行编辑，如我们会设四个机位，会选择最适合主讲人形象展示的那个机位的影像，我们必须要考虑节目的大众性、可看性。

问：一些在某些领域很有研究的学者，甚至是学术权威，最终却不被允许上电视，这是为什么呢？

答：毕竟他们是在电视上传播学术，还要考虑他们个人气质问题，以及个人表达能力问题。

问：你怎么看待这些"学术明星"呢？

答：中国目前研究《论语》的人很多，但于丹能把它讲得浅显易懂，起到了知识普及的作用。这要归于她的语言表达能力和个人的形象气质，以及对机会的把握。当然，每个"学术明星"都是团队打磨的结果，会告诉他们如何采取适合电视的表达方式，并且寻找适合他们电视表现的机位，包括后期的制作，这就是包装吧。

问：您觉得这类讲坛类节目是精英文化，还是大众文化呢？

答：肯定是大众文化。

问：有人说这种现象是精英文化向大众文化妥协，学术大众化的结果，您觉得呢？

答：它是学术通俗化，目的是让百姓爱看，让跟百姓共同分享学术，这就变成大众文化了，但它有学术思想在里面。这种方式是知识传播的有效路径，快捷。通过这种方式，学者成名了，他们张扬自己，显示个性，得到百姓的认可。

问：咱们台有没有其他形式的与学者或者说知识分子的合作呢？

答：有的，大多是阶段性的与高校的知识分子合作，如策划个栏目等。

问：但是，目前这类讲坛类节目的处境堪忧，咱们这个栏目收视率也较低，这怎么办呢？

答：这就是叫好不叫座，叫座不叫好的问题，一些有文化意味的栏目，如《读书》，就定位在小众群体。而电视经常是一种急功近利的媒体，以收视率来评品节目，常常是不科学的，怎么才能使收视率高呢？这往往会导致电视去窥视别人，涉及隐私，甚至造假。目前很多讲坛类节目都是在效仿央视的《百家讲坛》，电视的克隆是很普遍的，但得看本身有没有生存的土壤，要找到自己节目的社会效应，这种形式本身是没有错的。

问：您觉得知识分子应该上电视吗？

答：当然应该了，这还是个问题吗？至于为什么会有人反对，我想那是自己心理不正常，自己不行，看到别人做了，嫉妒了，这是对具有社会影响力的人的不正常评价。只要他们一方面坚守自己的学术领域，另一方面又抓住机会去布道，不是很好吗？布道是一种精神、信仰的传播，需要执着的毅力。对此，根本没必要去指责、怀疑。

访谈五

被访者：翟志荣(上海《东方大讲坛》制片人)

时间：2011年11月17日

问：能简单介绍一下《东方大讲坛》的节目特色吗？

答：《东方大讲坛》创办于2002年。我们请的都是各领域的专家、学者和社会名流，内容主要是关于文化和社会问题。我们跟《百家讲坛》的区别在于，《百家讲坛》基本是连续剧形式，有的长达几十集，而《东方大讲坛》则显得短小精悍，主讲人一次只讲一个主题，以单集形式出现。比如易中天也在我们这讲过，他也是一次只讲一个选题。有一些学者是先到我们这讲，后来被中央电视台发现后再到《百家讲坛》去讲的。

问：在选题上，你们跟《百家讲坛》的区别在哪呢？

答：《百家讲坛》的发展也不是一帆风顺的，也经过多次改版。作为中央电视台的节目，它有一些限制，有些选题它们是没法展开的，后来为了发展，它们只有改变方向，这就是后来它们定下的以文化、历史为取材范围，它很少涉及现代人的生活。我们就是要跟他们有一个选题上的错位。《百家讲坛》是回避当代社会选题的，只讲传统文化，而《东方大讲坛》则更多是针对当代的社会问题，更关注社会民生方面，如教育、就业等，这些《百家讲坛》

是不会说的。

问：《东方大讲坛》创办的出发点是什么呢？

答：这就涉及我们栏目的宗旨，有三：第一，正确舆论导向。这种舆论导向不是教条性的，是贴近生活的，在选题时注意接合现实，展现背景，给人思考。如在申奥成功后，我们就会请与申奥相关的人来演讲，如杨澜、邓亚萍，由他们来讲会更感人；第二，传承先进文化。由于我们节目是一期一人一个主题，所以主讲人就不能像在《百家讲坛》那样一讲几十集，必须选取他感觉最精华的部分，要讲核心价值；第三，倡导健康文明的生活方式。老百姓的衣食住行、生活健康等话题是我们特别喜欢的，而且收视率也会高一些。

问：你们是怎么找到合适主讲人的呢？

答：我们会预先策划、联络，这个工作量是比较大的。我们的导演都是干了 20 年以上的老导演了，他们都有着广泛的社会关系，这有利于他们寻找合作方，所以记者的人脉很重要。比如我们会找社联、妇联、体育局、上海图书馆、共青团委、宣传部及其下面的单位，这些系统也经常会请专家进行主题演讲，他们也愿意与电视台合作。

问：在你们邀请的学者中，有没有拒绝上电视的？

答：这个基本没有。一是我们跟这些系统都很熟了，二是专家如果不上电视，只是在课堂或会议上，那听者是很有限的，他们也希望自己的研究被更多人知道，而电视就是个很好的载体。再说，我们前期也会进行充分调查，我们只选取合适上电视的。

问："那什么是"合适上电视"的学者呢？

答：学者们也是有各自特点的。有的人对学术有深入研究，但不太善于把严肃话题转化为观众接受的形式，语言会呆板枯燥，他做学问可以，但演讲不是特长，而有些既会做学问，又会演讲的人，才是我们最欢迎的。像易中天，在研究三国的学者中，他不是最权威的，但他善于把久远的历史用一种近似现代的语言讲，他善于讲故事，虽然普通话不标准，但讲话抑扬顿挫，让大家感觉亲切。至于于丹，尽管对她讲的内容大家见解不同，但有一点不能否认，就是她口才很好，讲话滴水不漏。电视本质上讲就是快餐文化，电视传播跟学术著作不同，必须讲究语言朴实、贴近。这种传播特性也存在一个问题，就是当你听后有什么深刻感悟吗，我问过很多人，他们都说印象不深，虽然当时听着不错，但事后好像收获不大。他们提供的只是一碗心灵鸡汤。

问：那具体说来，你们选主讲人的标准是什么呢？

答：第一，是他的学术成果，就算不是这一领域的领头羊，但至少也要有一定影响力，对学术有他自己的见解。像刘心武，他对《红楼梦》确实有他自己的看法；第二，要适应电视传播。电视毕竟是大众媒体，其传播的内容必须要让百姓能理解，要讲求电视的个性。所以，选人非常重要。

问：你们是怎么让习惯学术圈规律的学者来适应电视传播要求呢？

答：还是要强调前期调研，在选人上就要把好第一关。有的学者学问很好，但在演播厅内灯光一打开，他可能就会紧张，不能坦然面对镜头，如果他们始终看稿念的话，那节目就没法播出，因为主讲人必须和观众有一个目光的交流。在流程上，我们一般是让主讲人自定选题，当然，这也会有一个前期商量的过程，需要双方都满意。然后我们会给他们提出一些意见，提醒他们注意电视的特点。他们会给我们一个大纲，不合适的地方，我们再一块修改。如果这还不行，最后还有一个后期制作呢，我们可以作一些技术处理，如考虑电视传播的特点，不能让主讲人从头讲到尾，那会引起观众的观看疲劳，我们可以将一个大问题分成几个层次，配上字幕、插上小标题、配音，适时做小结等。

问：您觉得"学术明星"这个词准确吗？他们到底是明星，还是学者呢？

答：不准确。他们应该还是学者，他们只不过是将自己的学术成果通过媒体进行传播，以满足那些没时间、机会看书学习的人看。他们能出名也是时势造英雄的结果。

问：这么说，您是很赞成学者，或知识分子上电视了？

答：是的，我非常赞成。

问：那为什么有那么多人会反对知识分子上电视呢？

答：可能是出于不健康的心态吧，其实我们是非常欢迎知识分子多上电视的，只要你有这个能力，我们希望再出个张中天、王中天最好。

问：您觉得知识分子热衷于上电视的动机是什么呢？

答：我国整个教育制度在市场经济转换中是很浮夸的，很多人没心思去做研究。可以说，积极上电视的人，都是盼望名利双收的人，他们从根本上讲，不是想盼望学术交流，电视是精神快餐，不适宜传播深奥的东西，如果学者真是想好好做学问，完全没必要上电视，埋头做学问就行了。

问：那您认为，电视是个传播学术的很好平台吗？

答：不是传播学术，只能说是普及学术。电视不可能传播真正的学术，真正的学术也不可能做到让人人都明白。

问：就您看来，这类讲坛类节目，是大众文化，还是精英文化呢？

答：是大众文化与精英文化的结合体。不过从主流上来讲，它还是大众文化。大众文化也是分层次的,有上中下的区别,有些就是文化含量比较高的大众文化,除了这类讲坛节目,还有纪实类节目都是这种类型,它做的是精英文化的普及化。毕竟电视是大众媒体,电视语言也是一门学问的,它非常适合讲故事。

问:从总体说来,这类讲坛类节目的收视率不高,它的未来发展实在令人担忧。

答:是的。电视是快餐文化,电视如果要传播深层次文化,其受众必定是有限的,但是不做这类节目,整个电视的品位就没法提升,所以对于电视来说,通俗与高雅也是要互补的。它的收视率是低,这也正是这种栏目的必然命运。但不管怎么样,我相信这种栏目是会继续办下去的,只不过它的形式会不断发生变化。

访谈六

被访者:刘行芳(江苏师范大学传媒与影视学院　教授

全国广播电视协会　常务理事)

时间:2011 年 11 月 21 日

问:您经常看《百家讲坛》吗?

答:有一段时间看得多一些。易中天的三国,王立群的汉代人物系列,我都喜欢。但后来感觉这个栏目的知识含量越来越少,深度不够,就不怎么看了。

问:您觉得易中天讲得比较好吗?

答:是的。这有几个原因:一是他对三国的历史确实比较熟,讲得深入浅出,语言表达也好;第二,他个人的风度、讲课的风格我都比较喜欢,有亲和力、平易近人,能自己给自己出难题,然后再找答案,很好地引导观众;第三,他把《三国演义》跟《三国志》结合得很好。利用史来证实演义,用演义来扩展历史,既不失史的庄重,又通过使用演义增加了讲述的故事性、提供评价,使故事形象化,人物形象更加丰满。这样将史和演义比较着分析,讲述得很清楚;第四,他讲得虽以演义为主,但总体态度很认真严肃,旁征博引,最后能得出令人信服的结论,不轻率。

问:在您看来,易中天讲的是学术吗?

答:这种方式是在普及过程中传播学术成果。这种普及和电视的定位有关。《百家讲坛》的定位就是普及文化知识,他的收视群体是初中水平的观众,不是定位学术群体。所以它不追求学术成功。但学者一旦进入讲坛,就会在不自觉间把自己的思考、发现、观点等表达出来,所以《百家讲坛》依然有着比较重的学术气味。我们也没有必要把生活和学术完全隔离,其实学术也离不开生活,《百家讲坛》的侧重点是普及科学、文化,但也确实融入了一些学术成果、方法,《百家讲坛》的做法还是值得肯定的。

问:那您是支持这种节目形式,支持知识分子上电视了?

答:是的,我支持知识分子上电视。我们千万不要把自己关在象牙塔里,知识分子通过传媒讲历史、生活、文化、礼仪,以及他们自己的思考,都是对的。如果知识分子不讲,不对公众做一些澄清知识的工作,那么主流文化的建构就会出问题。所以,知识分子还是应该走上大众传媒,面对公众,解答问题,这样有利于精英文化、主流文化的普及和提高。

问:也有人批评《百家讲坛》的选题以历史为主,消解了知识分子本应具有的批判性。

答:知识分子应该具备三个特性:第一是独立性,不应做任何利益集团的代表;第二,思辨性,他应该是理性的,注重用事实、数据、逻辑说话;第三,批判性。这三者是知识分子的生存底线。《百家讲坛》的批判性不够这是有目共睹的,但问题不在《百家讲坛》,这和大众传媒的制度设计和文化的历史渊源有关。先说制度方面,在中国,传媒是社会调控、管理机制,是作为政府的助手来被定位的,所以我国传媒自身的批判性就不够,这就造成《百家讲坛》走肯定、歌颂、普及、传播的道路,否则《百家讲坛》就不能生存。而在西方,传媒是社会雷达,是一种社会监控机制、净化机制。这就如同普利策所说,记者就是社会的瞭望者,必须以警觉的眼光看待社会问题,传媒的责任不是讲成就,而是发现问题,找出社会的弊端,所以定位不同。再说文化传统,西方文化就具有批判性,从柏拉图、亚里士多德一直到黑格尔,他们的学术都重视批判性。而中国文化就中庸,讲过犹不及,讲和为贵,所以中国人不能接受太尖锐的评价,所谓枪打出头鸟,如果展示批判一面,就会让人怀疑。正是这两方面原因,造成《百家讲坛》的不温不火,缺少批判的激情,但也不是没有一点批判性的。在它的一些讲授中,还是有一些深度和解剖色彩的,如易中天的《三国》讲到诸葛亮时,也是带有一定批判性的,讲关羽的愚忠时,也有批判的意味在里面。现在的问题是如何使批判性更有力度,能够针对当下的社会问题显示出批判性来,批判性不仅要体现在对历史问题和历史人物上,也要体现在对目前社会问题上。像刘心武讲的《红楼梦》,不是历史是文学,就没有必要非得与现实的某个人对位,其实这是转移了学者注意力,而像袁腾飞,他讲历史就能够结合现实,尽管他有时会用词尖锐,有些结论也许有些偏激,但他在讲述中显示出来的批判精神和学者的气节,是使他赢得社会声誉的重要原因。

问：现在我们常把易中天、于丹这样的学者称作"学术明星"，您觉得这个称呼恰当吗？

答：这称呼只是个比喻而已，这也是个时代概念。明星，就当代来讲，就是有社会知名度的人，这是社会对他们的一种肯定。

问：但是，这些"学术明星"的巨大声望，不是来自学术圈，而是在学术圈外的社会大众。

答：是的，这些学术明星在学术圈内不出名，是因为他们对学术的贡献是有限的，但他们却利用了大众传媒在学术圈外出了名，这就涉及了大众传媒的授予社会地位的功能。像于丹、易中天的成名，除了他们利用好了大众媒介外，还有它的时代背景：第一，现代社会正是人们对价值体系的崩溃感到纠结的时候，于丹们的讲述迎合了这种社会心理的期待，于丹的《论语》涉及了传统文化，其中有对道德建构有所启发的内容。易中天的《三国》，讲人际关系，讲人和人之间的勾心斗角，这又契合了市场经济中尔虞我诈的人际关系现状，其实都与当下的需求不谋而合；第二，易中天和于丹都是较早出现在《百家讲坛》的讲坛上的，人们过去没有接触过这种形式，感到新鲜，内容也契合人们的心理需求；第三，他们的表达能力都很好。善于在演讲时融入表演的成分。所以，正是以上种种综合力量，才造就了他们的成功。如果他们现在出现在《百家讲坛》，恐怕就很难引起当初的轰动效应了。从这个意义上来说，他们的出名，既是必然的，也是偶然的。

问：为什么学术圈内会有那么多人批判这种"学术明星"现象呢？大众的支持和学术圈内的批判形成了两个相反的阵营。

答：这是一个社会心理的问题。一般说来，你的付出与你的回报应该是相关的和成比例的，但是这些"学术明星"们的付出与回报看上去好像不对等。他们被选入《百家讲坛》具有很大的偶然性，在学术成果方面的贡献不大，但是他们却获得了社会知名度和财富，这超过了他们的学术贡献度，很多在学术上比他们更有造诣的学者却因为没有介入电视领域仍在辛苦做学问，而易中天、于丹成名很大一部分是因为他们打着学术的牌子，走的却是市场路线，成为这种巨大利益的独享者，这难免会使其他学者心里失衡。其实我认为，没有必要去批评，如果你想做学问，你就去做学问，如果你想成名，你就去接近传媒。其实丹们在获得利益的同时，自身也受到了损伤，如在学术圈内的评价不高，难以再沉下心来做学问，所以要从两方面看问题，不必对其进行围剿，再说，这种回报也不是他们所料想得到的。你看一下易中天的博客，还是有思想的，能坚守底线。每个人都会有成长的过程，我们应宽容一些,不能全盘否定或肯定,这样只能造成学术与公众的完全割裂。

问:为什么那么多知识分子都愿意上电视呢?

答:可能是出于这几种原因考虑吧,一是上电视就可以把自己的学术成果公之于众,可以起到支配社会的作用;第二,每个人多多少少都会有名利思想的;第三,参与学术争鸣。大众传媒应该作为社会的公共领域,为不同观点提供表达的机会。知识分子利用传媒在这个公共空间中发表意见,是件好事,我们应该鼓励,知识分子不应该把自己关在家里自我欣赏。

问:那您觉得这些"学术明星"是什么身份呢? 是学者? 还是明星? 或者是有些人所说的"文化布道者""文化奶妈"?

答:他们的身份应该是多重的,人一生会有许多身份的转换。当我们从事严谨的学术研究时,我们是学者,我们就要小心求证,严格核实材料的使用,但当我们面对公众时,我们就是文化的普及者,是和大众文化互动中的引路人,这时在表达上就可以灵活一些,选材上也可以更宽一些,这是为了接受对象能够理解,他们所要知道的只是故事大概和基本的判断和结论,不能用纯学术的标准去对待他们,这样,我们就成为科普工作者,或布道者,文化妈妈等。应该说,"学术明星"是上述角色的综合体,既是学者,又是布道者,有时还要加上表演者的成分在里面,因为学者要冷静,有时甚至是冷酷,而《百家讲坛》就希望主讲人能用情感的炸弹炸开观众的收视兴趣之门。但是,他们还是要有一个基本定位的,那就是学者,这是他们的基本社会身份,所以,尽管他们上电视,面对大众,但讲话也要严谨,注意出处,要言之成理,不能随心所欲、张口就来,因为大众是把你当学者来看待的,对你是充满信任的。

问:您觉得《百家讲坛》是精英文化? 大众文化?

答:是社教节目,总体上还是大众文化,它以故事串场来普及历史文化知识。但它与一般的大众文化还是有区别的。一般的大众文化是大众参与的文化,以大众标准为基础来呈现内容,但《百家讲坛》进行的是上对下、强对弱、主对从的传播,这和一般的大众文化不同。但为什么还要将它定位于大众文化呢? 因为它是对大众的文化,是对大众需要的满足,从内容到形式都是大众感兴趣的。而精英文化是高端文化,是精英阶层通行的文化,与大众没有直接关系,处于对大众的支配地位。我们一般认为大众文化没品位、粗俗,我认为不能这样评价大众文化,大众文化是精英文化之母,它会检验精英文化,精英文化引领大众文化。《百家讲坛》具有精英文化的某种性质,是由精英文化引领、反哺、丰富的大众文化。但它的基点还是大众文化,但不排除里面有精英文化的元素。

问：您认为知识分子该不该介入传媒？

答：知识分子分几种。第一种，顶尖级学者是不会介入传媒的，他们做的是原创，他们追求的是潜心研究问题；第二种，有一些成就，还想继续提升自身的学术素养，他也不会上介入传媒；第三种，有一定成就，又知道自己科研的后劲不足，学术追求不大，他们有介入传媒的冲动，可利用传媒为自己捞取社会声望和经济利益，但他一旦进入，学术生命也就很短了；第四种，自己没什么本事，又具有强烈的表现欲，想利用大众传媒表现自己，这类人也是积极介入传媒的人。每个人的追求不一样，走的道路也不一样。

问：那如果有机会，您愿意上《百家讲坛》吗？

答：有机会，我会上的，只是我现在没有过硬的学术成果。

问：也就是说，你不反对知识分子上电视，但要本着对大众负责的态度，是吗？

答：是的。

访谈七

被访者：孙秋云（华中科技大学社会学系教授　博导
　　　　研究方向：社会文化
　　　　曾为武汉教育电视台《名家论坛》主讲人）

时间：2012 年 1 月 14 日

问：您看过《百家讲坛》这个节目吗？怎么评价这个栏目呢？

答：前几年偶尔看过。它讲的是普及性的、常识性的、感受性的东西。就电视传播而言，它有着自己的目标、手段和包装。学者在学术圈里是"小我"，上了电视，面对的就是大众了。

问：那您觉得它讲的是学术吗？

答：它讲的不是学术，只是普及了学术，电视的特性及面对的大众决定了它是反对深奥的，但它的一些内容还是有学术含量的。我也上过武汉电视台的类似节目，讲的东西还是要有一定学术含量的。

问：您觉得知识分子上电视，这种行为对不对呢？

答：没有什么对不对的，如果你觉得你适合，你就去上，我不反对。每个人的追求不一样。

问：那为什么有一部分知识分子热衷于上电视呢？

答：想出名吧，通过这种途径可以出名快一些。

问：那就是说，上电视有可能给他们带来声望。

答：但是圈内对学者个人的评价，还是以他本身的学术贡献为主，而不以他是否上电视为准。但是如果学者通过电视出名了，会给他所在的学校或单位带来一定知名度的。

问：你觉得用"学术明星"这个词来形象这些通过电视几乎一夜成名的学者，准确吗？

答：准确。他们打着学术的旗号，做着表演的事。

问：那您觉得他们的身份是什么呢？学者？明星？还是其他？

答：当你到电视台去演讲的时候，你是个科普工作者，当你去跟你的研究生上课的时候，那你讲的内容就必须是学术性的，你就是个学者。在电视上只能是表演性的、宣传性的。

问：李泽厚说于丹是布道者，您怎么看呢？

答：那是太抬举她了。于丹讲的只是她自己的感悟，通俗易懂，她所做的不过是经典的通俗化。

问：为什么在"学术明星"走红的那两年，那么多学术圈的学者都持批判态度呢？

答：其实应该对他们多一点欣赏，他们也是在为大众服务。那些批评的人也许是出于几种原因吧，第一，是从严谨的学术角度来批评的，他们的批评态度是对的；第二，可能是嫉妒，想通过批判名人来使自己出名。

问：在您看来，《百家讲坛》是精英文化，还是大众文化呢？

答：它是由精英来讲的，重在把一些知识大众化、普及化。这种节目其实是太少了，它可以提升大众品位，让大众把时间抽出来接触这种文化，总比让他们把时间浪费在打麻将上好，但它本质上还是大众文化。我们不要把大众文化把精英文化截然分开来，在当代中国，精英必然会寻找一种大众化路线，电视就是实现这种目标的途径。

问：您也在武汉教育电视台的《名家论坛》讲过课，您觉得自己作为学者上电视，有不适应的地方吗？

答：也会有一些，比如说在选题上，不是我们想讲什么就讲什么的，一般是我们先把题目报上去，得等上面批准才行。我希望学者上电视，能有更多的自主性。

问：您觉得电视能传播学术吗？

答：电视能将学术思想普及开来，用它特有的通俗方式。

问：那能不能说知识分子奔赴电视场，是对当代知识分子话语权丧失的一种被动选择呢？

答：不是被动，是主动选择。

问：那就是说，电视场对知识分子还是很有诱惑力的？

答：当然，有很大诱惑力。

访谈八

被访者：李敬一（武汉大学新闻学院教授　博导
　　　　　曾前后四次在《百家讲坛》主讲
　　　　　武汉大学"四大名嘴"之一）

时间：2012年1月16日

问：您是在什么情况下上的《百家讲坛》呢？

答：我最早上《百家讲坛》是在2002年，那时它还没有改版，也没有出名。我在2003—2005每年一次在《百家讲坛》主讲，共四次，那时还基本是每位主讲人只讲一次，一个专题。那时请的都是各个领域的专家，像周汝昌、叶嘉莹等。在我讲后，易中天讲的，再后来，《百家讲坛》就改为连续剧似的了。所以在《百家讲坛》改版前的专题形式讲座中，我是做得最多的。改版后的《百家讲坛》走的就是连续性的、故事性的路线了，观众喜欢这样的风格。

问：后来您还上过类似的栏目吗？

答：2008年，上海电视台的艺术人生频道也是看到了我在《百家讲坛》的演讲，邀请我去讲《水浒》，连续讲了五期，这节目就把学术和普及结合起来，我在讲述中始终坚持学术底线。北京卫视也在2008年邀请我在《中华文明大讲堂》，他们也是看了我在《百家讲坛》的演讲后决定请我的，大概觉得我讲得有激情、儒雅、表达得清晰。我讲的是《壮哉唐诗》，共15讲，加上每集重播两次，等于一共是播了45次。后来也去过杭州、珠海、重庆讲过，还在深圳的《市民文化大讲堂》也讲过，这些演讲很多都在电视上播了。

问：您频繁上电视的经历对您个人有什么影响吗？

答：影响是有的。像易中天、于丹那样的出名很大一部分是炒作的缘故。我也出了书《壮哉唐诗》，在北京西单图书城举行了首发式。这些书跟学术著作是不一样的，像教材，那是针对学生的，是给圈内人看的，而现在出版的这些书是给大众看的，因为你此前在电视上露过脸，所以你的影响也就大一些，书自然也好卖一些。但我还不是明星式的，我上电视，对我自己的学术推进还是有作用的。比如一说到唐诗，别人就会想起我，知名度、号召力和影响力也就大一些。武汉的《名家论坛》我也上过三次，学者触电，确实对个人有影响,媒体将这一信息传播给社会,无形中肯定增加了你的影响力。以前只是圈内人看你的书,现在具有了社会影响。

问:作为一名大学老师,您觉得这种方式能让您获得另一种满足吗?

答:是的。学者触电后可以把知识广泛传播。以前,传道的对象只是高校的学生,现在通过各种社会讲座、培训,我更多地尽到了老师的责任,老师总是希望听众越多越好,这是老师的职业本能。通过媒体,更多的人分享到知识成果,这是好事情,老师也获得了心灵满足。

问:那您觉得这种学者触电讲学的方式对社会有什么作用吗?

答:现代社会需要构建新的文化体系,这就需要我们的传统文化。从政府角度讲,也需要有人去宣讲中国的优秀文化,这样有利于社会的和谐,对我国的文化产业发展,对社会公众品位的提升都有好处。所以,需要有更多的学者来做这件事,学者不应该关在象牙塔内,要走出来,做一些知识的普及工作。从国家、社会、民族文化提升各方面来讲,都需要我们去面对公众,我们不应该仅满足于讲故事,而是要讲真、善、美的东西,真正起到教育作用,能对人的心灵有所净化,丰富他们的知识结构和提升文化品位,这也是我们为社会服务的一个方式。

问:您这样频繁触电,会不会分散您的注意力、影响您的学术研究呢?

答:不是这样的。我感觉对学术反而有促进作用,没有什么负面影响。第一,我就必须做到专,注意研究新问题。尽管《百家讲坛》是普及的性质,但也要讲究创新,如比如我主讲诗词,对诗词流派、背景等都要十分了解,研究后还要将其消化,它需要研究的更深入;第二,要做到更严谨,电视传播影响面广、影响力大,作为学者必须十分谨慎。

问:这么说,您是很赞同知识分子上电视了?

答:是的。这需要满足两点:第一,你手中必须掌握了社会需要的知识,有些知识社会不需要,那就没必要积极触电;第二,个人也要具备讲的素质,本身也要能走出去。

问:那什么样的知识分子是适合走上电视的呢?

答:第一,要确实有学问;第二,要能讲得出来;第三,要有心理准备,准备着挨骂。

问:在"学术明星"最初红火的那几年,学界很多人撰文批判这种现象,然而,一般观众却非常喜欢这种形式,为什么会有这么大的反差呢?

答:可能是各取所需吧。老百姓感兴趣,因为它新颖,具有故事性,好听。而学者可能是从专业角度来看的。两者所站的角度不一样,当然结论就不一样了。老百姓只关心有条有理,而学者关心其严谨性。

问：有人担心，这种电视场的成名诱惑会对知识分子有负面影响，您觉得呢？

答：这个没有太大必要担心。成名的总是少数，并不是主流。于丹、易中天的成名很大程度上也还有偶然因素。知识分子本身也要有电视需要的素质才行。我相信明星教授不会成为大学教授的楷模。另外，社会上评价一个学者有没有学问，也不是以你上没上过电视来到评价的。

问：如果从布尔迪厄的场域理论来看，一些在学术场内文化资本不厚者，他可能会积极向场外寻求认可。

答：这种现象会有的，但毕竟不是主流，电视场确实对知识分子是一个诱惑，但不必太担心，人各有志。

问：那您觉得这些一夜成名的"学术明星"的身份是什么呢？学者？明星？

答：他们只是传播者、文化传播者。如果他们对客观严谨地传播知识，他们的基本身份还是学者。"学术明星"只是一个俗称，注定只是时间性的。学者们利用先进的传播工具传播知识，没什么坏处呀。

问：您认为这种电视讲坛节目传播的是学术吗？

答：就《百家讲坛》来说，它前期的节目还是很有学术分量的，但是后期改版后，学术含量就少很多了，它的定位就是文化普及栏目，不是学术栏目，传播的只是一些知识。

问：那您认为电视可以传播学术吗？

答：电视当然可以传播学术。电视只是一个工具，如果我们在电视上创办一个学术栏目，让学者去讲，怎么不可以呢，只是它只能给小众看。

问：但我们一般都认为电视是大众媒体，不适宜传播小众的东西。

答：大众媒体，是指办给很多人看的，不专属于哪一类群体，内容也不一定非得通俗才可，它也可以将一部分内容办给知识分子看，当然，这就需要电视要有足够的资本和实力，这类节目不可能像娱乐节目那样有广泛的收视率。这是一个媒体想不想做的问题，而不是能不能的问题。

问：从本质上来看，《百家讲坛》是精英文化呢，还是大众文化呢？

答：大众文化。它栏目就是办给初中水平以上的人看的。但它在大众文化中算是文化含量高一些的，因为有了这个平台，很多人都在看。从这个意义上说，电视更能承载学术。

问：电视场和学术场是两个各自独立的场，有着各自的运作规律，您初上电视时，有没有不适应的感觉，有没有和栏目有一个磨合的过程？

答：开始会有一些不适应，栏目对我们会有要求，如语速、口语习惯、形象、对镜头的表情等都有要求。因为是录播,所以我们在讲的过程中,随时都会被叫停,进行修改。我们讲了两小时,最后被编辑剪得只剩下40分钟,这也让我们不舒服,毕竟我讲的内容是连贯的,有逻辑性的。另外就是选题也会做一定程度的商量,也不是完全自由的。

访谈九

被访者:李昌集(江苏师范大学文学院 特聘教授 博导
　　　　在《百家讲坛》主讲《西厢记》五集)

时间:2012年1月8日

问:你怎么看待知识分子上电视现象呢?

答:有些栏目还是不错的,像《大家》《人物》。

问:那您觉得央视的《百家讲坛》呢?

答:《百家讲坛》开始还是不错的,请的都是各领域的专家学者,但后来就变了。这种方式就是把学术浅化、异化了。

问:那您觉得电视可以传播学术吗?

答:学术本身是不能面向大众的。但由于电视的介入,学术领域的某些方面开始面向大众,这也有一定好处,它可以深入浅出地把一些知识传播给大众,这也是学者迎合大众的结果,从某种程度说,也是异化了学术,它本质上是非学术的,虽然电视节目里面可能有一些学术的因素。

问:这种讲坛类节目是电视场介入学术场的结果,这对中国学术界会有什么影响呢?

答:这种学术传播方式与学术的本质是相对立的,这对目前中国的学术界没好处,对学者本人也没什么好处。

问:能说说您上《百家讲坛》的经历吗?

答:当时是《百家讲坛》的制片人万卫找到我,让我讲一些传统文化的东西,我当时觉得还不错,就同意了。我讲《西厢记》,共五集。

问:您作为一个学者,习惯了学术场的方式,那您上电视,是不是和电视场也有一个磨合的过程呢?您适应吗?

答:不适应。万卫当时跟我说了两条,一是要把我们打造成学术明星。其实,学术怎么会产生明星呢?学术没有明星。如果说学术有明星,那是在亵渎学术;二是要把我们打造成百万富翁。我对这个没兴趣。而且他们把我的演讲随意剪辑,远离了我的本意,这是对学术不负责的态度。我很生气,讲完《西厢记》就退出了。他们后来又找我希望我讲李清照,我拒绝了。

我对他们的宗旨、目标不满。

问：您觉得《百家讲坛》能走红的背景是什么呢？

答：在当时国学热的背景下，《百家讲坛》满足了大众对传统文化的需要。所以《百家讲坛》一方面追求流行文化，一方面也满足了对国学感兴趣的观众的需求。从这方面讲，它是好的，能扩大听众面。

问：《百家讲坛》是精英文化，还是大众文化呢？

答：精英文化和大众文化不能完全分开。精英文化本身就离不开大众文化。像白居易的诗，是属于精英文化吧，但还不是在百姓中，在歌妓中传唱？民族走向是则精英文化引领的，精英将这种精神传达到大众中去。

访谈十

被访者：李功勤（台湾世新大学　教授　历史学博士
　　　　　通识教育中心／异文化研究中心　主任）

访谈时间：2016 年 3 月 21 日

问：您都上过哪些电视节目？

答：我在大陆和台湾都做过各种电视节目。

在台湾的东森新闻台，做过说历史的专题节目，有对我上课情况的录像，也有几个学者在办公室聊历史的镜头；在年代新闻台，做过脱口秀，有主持人，有几个嘉宾，聊的话题很多，包括一些政治事件。还有一些历史事件，如黄埔军校问题。在世界电视台，做过访谈节目；做过一些专题节目，如两岸学生的竞争力问题。

在中国教育电视台做过《国史演义》的节目，谈胡适这个历史人物；在中央电视台第 4 频道，做过《天涯共此时》节目，以嘉宾的形式谈近代史、国共史。

问：上这些电视节目，会占有您很多时间吗？

答：会花费很多时间。在台上又不能看讲稿，所以为了讲好，事先都会做大量准备。比如说讲胡适时，共做了四集，一集 40 分钟，我足足准备了一个月，我自己做的脚本，自己定题目，事先要看很多书，查很多资料。

问：电视台会不会对您所要讲的内容进行大幅度修改？

答：有时会。比如我讲胡适时，电视台的工作人员会告诉我哪些地方不能讲，这样的话，胡适就失去了他某些方面的个性。录过六期的《天涯共此时》，一般来说，抗战内容是没问题的，像抗战时期蒋夫人去美国所做的工作,像美国的飞虎队的抗战等,都很精彩,这些大陆的媒体是支持的。1949年之后的历史,讲的时候会有要求,有一些限制。

问:您在台湾有这样的限制吗?

答:在台湾完全没有。虽然有一些媒体它本身有它的政治倾向,但即使我说了他们不爱听的话,他们也不会因为这个而删减我的观点,只是如果讲得太啰嗦时,后期会被压缩,但主要观点是要被保留的。

问:您认为,媒体为什么喜欢请大学教授去做节目呢?

答:就台湾来说,请我们去主要是去做花瓶的。其实他们最喜欢的,或许说他们认为节目最吸引人的是他们请来的那些“名嘴”,也就是记者们。他们说话很自由,可以说得很夸张,可以有很丰富的表情,但是教授们不行,节目加一个教授,只是为了显示节目严谨、客观。

问:就您个人而言,您是更喜欢在大陆,还是台湾上电视节目呢?

答:我更喜欢上大陆的电视节目。比如我在中央四台做节目时,节目是由一个主持人和两个嘉宾组成的,这样每个嘉宾都可以有充分表达自己观点的机会。而且大陆的电视制作技术也是很好的,比如摄像技术,比如灯光等。相比于大陆,台湾的很多节目会请很多嘉宾,多的达五六个,每个人也就只能说几句话而已。

问:据您了解,是不是教授们都喜欢上电视节目?

答:那也不一定。这得根据自己的时间来定。做电视节目,会很花费时间,如果自己工作很忙,就没有时间参与电视节目了,或者是当你对电视节目的题目没有把握时,就不能上电视了。就我个人而言,以前我行政事务比较多,就不能参加电视节目了,而现在,我个人的知识积累也比较成熟了,而且我还有助教,所以在不影响我正常上课的情况下,我是愿意上电视的。

问:您觉得大陆的电视媒体为什么会请台湾学者上电视呢?

答:我想主要是我们有深入挖掘主题的作用。台湾的资讯较多,资料也比较多元,大陆的媒体也想通过我们这不一样的视角来吸引观众。大陆的电视节目,有些政治色彩是比较浓郁的,但有些历史节目,则比较客观,比较尊重专业视角。

问:您知道大陆有一个电视栏目《百家讲坛》,当年推出众多的所谓“学术明星”,他们拥有像娱乐明星一样的粉丝,并且名利双收,你有这样的收获吗?

答:我的收获主要是“名”,利是没什么的,因为做一期节目也就是四五千台币(约一千人民币)。我说的“名”,主要是可以有更多的人知道我们世新大学,可以让更多的人知道历史知识。至于更多的物质利益,我倒没想过。像易中天、于丹那样的物质利益收获甚多的学者,只属于那个年代,我们不要有太多奢望。

问:说到易中天,您知道他虽然那段时间非常红火,但是对他的高度评价主要来自百姓,就学术圈而言,很多对他是持批评态度的,您觉得原因是什么?

答:我想主要是因为他们的讲述方式,就是主要是以说书的形式来宣讲,那不是严谨的学术方式。再有就是他们讲的有一些内容是有争议,甚至是错误的。

问:那您知道"电视知识分子"这个说法吗? 您怎么看待易中天们上电视进行历史讲座呢?

答:我感觉可以呀,我的态度是比较包容的。他们用浅显易懂的方式讲述历史,使更多的人了解历史,热爱历史,这也是他们获益时的附加价值吧,再说他们自己也付出很多,要准备讲稿,花费很多时间和精力。

问:对于目前越来越多的知识分子上电视,您有什么建议吗?

答:我不反对知识分子上电视,但应该只讲有关自己专业的知识,也就是说讲自己熟悉的专业知识。就我而言,我更喜欢上大陆的电视节目,因为我参与的都是历史节目,而在台湾上的都是政治节目,那不是我的专长,我也不习惯用那样夸张的表情和语言去骂、去批。

从更广的视角来看,知识分子上电视可以起到教化的作用,像我在大陆录制的节目,在一定程度上改变了大陆观众对胡适的看法,所以我们上电视,应该紧紧结合自己的专业,事先要做好充分准备。当然有一个基本前提,就是不能影响自己的本职工作。

访谈十一

被访者:游梓翔　(台湾世新大学　教授　传播学博士
　　　　　　传播学院口语传播系　主任)
访谈时间:2016 年 5 月 19 日

问:您主要是参与那些电视节目?

答:我在大陆和台湾都参与过电视节目。在大陆,上过多档不同性质的电视节目,比如说央视 4 套的《海峡两岸》。在台湾主要是一些政论性的谈话节目。

问:您在电视节目中主要是以嘉宾身份出现的吗?

答:在台湾的政论节目中,我做过嘉宾,也做过代理主持人,还有专题讲座的主讲人。在大陆的节目中,多以评论嘉宾出现。

问:我一到世新大学,就听不同老师向我推荐,说如果要采访上电视的老师,就一定要找您。说经常会在电视媒体上看到您。您觉得为什么电视媒体喜欢邀请您参与节目呢?

答:第一,因为我的专业是口语传播,讲求的就是与人沟通,与不同群体沟通。比如我在大陆讲两岸关系,就重在强调沟通,有些人过于强调大陆立场,而有些人过于强调台湾立场,这就要讲沟通技巧。第二,我有比较多的政治活动的经验。我经常从事台湾的政治讨论,而且我也做过不少政治人物的发言人。在做嘉宾时,也可结合我个人这方面有实际经验。

问:您在上大陆的电视节目时,会不会因为身份的特殊性而对言论方面有格外的限制?

答:基本上还好了,没有太多限制,不过我们自己说话时也会格外小心,照顾到两岸的微妙关系,当然媒体方对我们也会有一些小的要求,主要是在语言上,比如对于我们在台湾通用的职称,在大陆的节目中不能使用,如我们不能称“总统”,而只能说“地区领导人”。而且节目都是录播,真有什么问题,也可以后期剪辑嘛。总体上不会告诉我们要讲什么。

问:那台湾的电视节目,对你们所讲的内容有限制吗?

答:台湾的节目安全没有限制。但是台湾的媒体也各有各的政治立场,他们虽然不会明确对我们有一点要求,但我们在讲话时也会考虑媒体立场。

问:您经常参加电视节目,会不会对你的工作有影响?

答:当然是上课优先了。必须是得保证不影响到正常授课的情况下才会接受媒体的邀请。在十年前我刚跟媒体合作时,会做一定量的准备,但也都是占课下时间,自己晚上加班准备材料,后来也就好了,不影响正常的教学工作。

问:您经常参与电视节目,学校在这方面有没有什么管理与限制?

答:学校没有什么限制,只要不影响正常教学。不过学校也会有一定的规定,校外的兼职,一星期不超过四小时,我一般上一档电视节目不过20分钟,既不违反学校规定,也不影响本职工作。

问:您周围的同事,他们对老师上电视节目有什么看法吗?

答:那得看是什么样的电视节目了。如果是一些综艺节目,都是一些风花雪月的内容,老师们当然是反对了,那样会伤害老师们的形象。有些电视节目是要树立中立形象的,总体节目水平也不错,老师们是愿意去的。

问:您知道易中天吗?他曾作为央视《百家讲坛》主讲人讲述三国,引起众多关注。但是在学术场，却对他的评价并不高，您感觉这是什么原因呢？

答：我想可能是学术场的学者们感觉易中天们不务正业吧。易中天们参与电视节目的时间太长了，或许影响到他们正常的教学和科研，本人的身份也从学者变成艺人了，有点本末倒置了。他们讲授的内容，跟他们本身的专业离得太远，与学术也无关，变成说书的了。

问：那为什么一般老百姓对他们的评价又极高，他们拥有众多的粉丝？

答：因为他们讲述的内容比较简单，做的是知识普及的工作，有一定的知识含量，老百姓是喜欢的。

问：那您怎么看待这一现象呢？

答：应该说，学者上电视发表的言论，是有社会影响力的，而有影响力的言论会影响到更多的人，这样言论便取得了良好的效果。我认为，将自己培养成有影响力的人物，是具有正面意义的，而且也可以提升自己所在的学校的声望，对招生也有好处。美国有一些知名大学，它之所以知名，或许是因为它有一支知名的球队。

问：那就是说，您支持专家学者们上电视了？

答：我支持，但要把握一个度，要兼顾上课与科研。不要忘了教师本职。

问：您感觉怎样才能发挥知识分子的社会作用呢？

答：西方有个说法叫"公共知识分子"。就是说，知识分子不能只待在象牙塔内，只顾埋头搞学术和理论，还要走上社会，发挥自己的社会作用。在具体做法上，我赞成在价值观一致的情况下，充分走上电视，发挥自己的社会影响力，影响公众和社会，比只待在象牙塔内要好。比如我上电视参加关于两岸关系的节目，对大陆对台湾都好。在沟通的过程中，促进两岸和平，这样对双方对社会都有利的事，我会去的。

问：那您认为知识分子应具备怎样的素质，或是说在怎样的条件下，才能更好地参与电视节目、发挥社会作用呢？

答：首先，自己得具备一定的素质，也就是本专业本职业的修炼不能少。因为你要向外界展现你的知识，如果自己深度不够，必定言之无物。其次，上电视要把握个度，不能过度销售自己，否则很快就技穷了，要以知识为前提，加强自己的底蕴。再者，要具备营销自己的能力，比如说，要有语言能力，有一定的表达能力，要与电视机前的观众有适当的沟通交流，否则在象牙塔内功底再好，与观众的沟通能力不足也不行。

参 考 文 献

一、专著类

［1］〔法〕皮埃尔·布尔迪厄:《关于电视》,沈阳,辽宁教育出版社,
　　　2000 年。

［2］〔法〕皮埃尔·布尔迪厄、〔美〕华康德:《实践与反思——反思社会
　　　学导引》,北京,中央编译出版社,1997 年。

［3］〔法〕皮埃尔·布尔迪厄:《遏止野火》,桂林,广西师范大学出版社,
　　　2007 年。

［4］〔法〕皮埃尔·布尔迪厄、〔美〕汉斯·哈克:《自由交流》,北京,生
　　　活·读书·新知三联书店,1996 年。

［5］〔法〕皮埃尔·布尔迪厄:《艺术的法则》,北京,中央编译出版社,
　　　2001 年。

［6］〔法〕鲍曼:《立法者和阐释者:论现代性、后现代性与知识分子》,上
　　　海,上海人民出版社,2000 年。

［7］〔德〕卡尔·曼海姆:《卡尔·曼海姆精粹》,南京,南京大学出版社,
　　　2002 年。

［8］〔美〕爱德华·萨义德:《知识分子论》,北京,生活·读书·新知三联
　　　书店,2002 年。

［9］〔美〕约书亚·梅罗维茨:《消失的地域:电子媒介对社会行为的影
　　　响》,北京,清华大学出版社,2002 年。

［10］〔美〕拉赛尔·雅各比:《最后的知识分子》,南京,江苏人民出版社,
　　　2002 年。

［11］〔美〕科塞:《理念人:一项社会学的考察》,北京,中央编译出版社,
　　　2004 年。

［12］〔英〕弗兰克·富里迪:《知识分子都到哪去了》,南京,江苏人民出版
　　　社,2005 年。

［13］〔法〕朱利安·班达:《知识分子的背叛》,上海,上海人民出版社,

2005 年。

［14］〔法〕雷蒙·阿隆：《知识分子的鸦片》，南京，译林出版社，2005 年。

［15］〔法〕雷蒙·阿隆：《阶级斗争》，南京，译林出版社，2003 年。

［16］〔美〕理查德·A.波斯纳：《公共知识分子——衰落之研究》，北京，中国政法大学出版社，2002 年。

［17］〔英〕保罗·约翰逊：《知识分子》，南京，江苏人民出版社，2003 年。

［18］〔法〕戴维·斯沃茨：《文化与权力：布尔迪厄的社会学》，上海，上海译文出版社，2006 年。

［19］〔意〕葛兰西：《狱中札记》，北京，中国社会科学出版社，2000 年。

［20］〔波兰〕弗·兹纳涅茨基：《知识人的社会角色》，南京，译林出版社，2000 年。

［21］〔美〕道格拉斯·凯尔纳：《媒体奇观》，北京，清华大学出版社，2003 年。

［22］〔美〕尼尔·波兹曼：《娱乐至死》，桂林，广西师范大学出版社，2004 年。

［23］〔美〕杰弗里·C.戈德法布：《"民主"社会中的知识分子》，沈阳，辽宁教育出版社，2002 年。

［24］〔法〕费迪南·布伦蒂埃等：《批判知识分子的批判》，北京，中国社会科学出版社，2007 年。

［25］〔德〕卡尔·曼海姆：《意识形态与乌托邦》，北京，商务印书馆，2000 年。

［26］〔美〕杰弗里·C.戈德法布：《"民主"社会中的知识分子》，沈阳，辽宁教育出版社，2002 年。

［27］包亚明主编：《后现代性与公正游戏——利奥塔访谈、书信录》，上海，上海人民出版社，1997 年。

［28］〔德〕卡尔·曼海姆：《文化社会学论集》，沈阳，辽宁教育出版社，2003 年。

［29］〔德〕马克斯·韦伯：《经济与社会》，北京，商务印书馆，1997 年。

［30］〔英〕费瑟斯通：《消费文化与后现代主义》，南京，译林出版社，2000 年。

［31］〔法〕让-弗朗索瓦·西里奈利：《萨特与阿隆》，南京，江苏人民出版社，2001 年。

［32］〔英〕约翰·费斯克等编：《关键概念——传播与文化研究辞典》，北京，新华出版社，2004 年。

［33］〔法〕利奥塔：《后现代性与公正游戏》，北京，人民出版社，1997年。

［34］〔法〕福柯：《权力的眼睛：福柯访谈录》，上海，上海人民出版社，1996年。

［35］〔英〕丹尼斯·史密斯：《后现代性的预言家——齐格蒙特·鲍曼传》，南京，江苏人民出版社，2002年。

［36］〔英〕哈贝马斯：《公共领域的结构转型》，上海，学林出版社，1999年。

［37］〔法〕西蒙娜·德·波伏瓦：《萨特传》，南昌，百花洲文艺出版社，1996年。

［38］〔美〕周明之：《胡适与中国现代知识分子的选择》，成都，四川人民出版社，1991年。

［39］高宣扬：《布尔迪厄的社会理论》，上海，同济大学出版社，2004年。

［40］许纪霖：《知识分子十论》，上海，复旦大学出版社，2007年。

［41］许纪霖：《公共空间中的知识分子》，南京，江苏人民出版社，2007年。

［42］许纪霖：《启蒙如何起死回生：现代中国知识分子的思想困境》，北京，北京大学出版社，2007年。

［43］许纪霖：《公共性与公共知识分子》，南京，江苏人民出版社，2003年。

［44］许纪霖主编：《20世纪中国知识分子史论》，北京，新星出版社，2005年。

［45］张朋园：《知识分子与近代中国的现代化》，南昌，百花洲文艺出版社，2002年。

［46］何晓明：《知识分子与中国现代化》，北京，东方出版中心，2007年。

［47］陶东风主编：《知识分子与社会转型》，开封，河南大学出版社，2004年。

［48］陶东风：《社会转型与当代知识分子》，北京，生活·读书·新知三联书店，1999年。

［49］红孩主编：《且慢，易中天》，上海，学林出版社，2006年。

［50］李悦：《批评于丹》，呼和浩特，远方出版社，2007年。

［51］陈媛媛：《社会转型时期的知识分子媒介形象研究》，武汉，湖北人民出版社，2009年。

［52］赵勇：《大众媒介与文化变迁》，北京，北京大学出版社，2010年。

［53］祝勇：《知识分子干什么》，北京，时事出版社，1999年。

［54］牛慧清：《中国知识分子与电视媒体关系研究》，北京，中国传媒大学出版社，2011年。

［55］张景超：《文化批判的背反与人格：中国当代知识分子问题研究》，哈

尔滨,黑龙江人民出版社,2001年。

[56] 陶东风、周宪:《文化研究(第4辑)》,北京,中央编译出版社,2003年。

[57] 宫留记:《资本:社会实践工具——布尔迪厄的资本理论》,开封,河南大学出版社,2010年。

[58] 张法、肖鹰、陶东风等:《会诊"百家讲坛"》,合肥,安徽教育出版社,2007年。

[59] 余英时:《"士"与中国文化》,上海,上海人民出版社,1977年。

[60] 扈海鹂:《解读大众文化》,上海,上海人民出版社,2003年。

[61] 北京大学中文系等合篇:《东西方文化评论(第三辑)》,北京,北京大学出版社,1991年。

[62] 郑也夫:《知识分子研究》,北京,中国青年出版社,2000年。

[63] 戴元光:《传播学原理与应用》,兰州,兰州大学出版社,1991年。

[64] 张意:《文化与符号权力——布尔迪厄的文化社会学导论》,北京,中国社会科学出版社,2005年。

[65] 苏国勋:《理性化及其限制——韦伯思想引论》,上海,上海人民出版社,1977年。

[66] 周宪:《审美现代性批判》,北京,商务印书馆,2005年。

[67] 蔡栋主编:《说不尽的易中天》,长沙,湖南人民出版社,2006年。

[68] 尤西林:《阐释并守护世界意义的人——人文知识分子的起源与使命》,郑州,河南人民出版社,1996年。

[69] 李春青:《乌托邦与诗——中国古代士人文化与文学价值观》,北京,北京师范大学出版社,1995年。

[70] 王朔:《王朔文集·随笔集》,昆明,云南人民出版社,2003年。

[71] 崔卫平编:《知识分子二十讲》,天津,天津人民出版社,2009年。

[72] 朱羽君:《现代电视纪实》,北京,北京广播学院出版社,1997年。

[73] 石长顺:《电视传播学》,武汉,华中科技大学出版社,2004年。

[74] 陈龙:《在媒介与大众之间:电视文化论》,上海,学林出版社,2001年。

[75] 方鸣主编:《给易中天补牙》,重庆,重庆出版社,2006年。

[76] 陶东风等主编:《文化研究(第三辑)》,天津,天津社会科学出版社,2002年。

[77] 潘知常、林玮:《大众传媒与大众文化》,上海,上海人民出版社,2002年。

［78］王一川：《大众文化导论》，北京，高等教育出版社，2005 年。

［79］崔欣、孙瑞祥：《大众文化与传播研究》，天津，天津人民出版社，
2005 年。

［80］邹广文主编：《当代中国大众文化论》，沈阳，辽宁大学出版社，
2000 年。

［81］朱立言：《哲学与当代文化》，北京，中国人民大学出版社，1995 年。

［82］詹明信：《晚期资本主义的文化逻辑》，北京，生活•读书•新知三联
书店，1997 年。

［83］王岳川：《后现代主义文化研究》，北京，北京大学出版社，1992 年。

［84］汤学智等编：《台港及海外学者论中国知识分子》，郑州，河南人民出
版社，1994 年。

［85］陆地：《世界电视产业市场概论》，北京，中国人民大学出版社，
2003 年。

［86］杨国荣：《思想与文化（第 3 辑）》，上海，华东师范大学出版社，
2002 年。

［87］陈平原：《大学何为》，北京，北京大学出版社，2006 年。

［88］王晓明编：《人文精神寻思录》，上海，文汇出版社，1996 年。

［89］朱大可：《守望者的文化月历 1999～2004》，广州，花城出版社，
2005 年。

［90］李世涛主编：《知识分子立场：民族主义与转型期中国的命运》，长春，
时代文艺出版社，1999 年。

［91］张岱年：《中国知识分子的人文精神》，郑州，河南人民出版社，
1994 年。

［92］梁从诫主编：《现代社会与知识分子》，沈阳，辽宁人民出版社，
1979 年。

［93］陈平其：《当代中国知识分子的社会作用研究》，长沙，湖南人民出版
社，2005 年。

［94］Michael Soriven：*Sartre and the Media*，New York：ST. Martin's Press，
1993.

［95］Pieerre Bourdieu：*Outline of Pratice*，Cambridge：Cambridge University
Press，1997.

［96］P. Bourdieu、L. D. Wacquant：*An Invitation to Reflexive Sociology*，The
University of Chicago Press，1992.

［97］ Peter H. Mann：*Methods of Social Investigation*，New York：Basic

Blackwell Inc. 1975.

二、期刊论文类

[1] 赵允芳:《做电视科教节目的王牌——访中央电视台〈百家讲坛〉制片
人万卫》,《传媒观察》,2006 年第 11 期。

[2] 夏群友、虢美妮:《论葛兰西的知识分子理论》,《云南社会科学》,2007
年第 3 期。

[3] 张意:《拆解新闻场的七宝楼台:布尔迪厄的媒体批评》,《文艺研
究》,2007 年第 4 期。

[4] 丁莉:《媒介场域:从概念到理论的建构》,《社科纵横》,2009 年第
7 期。

[5] 周宪:《文化工业/公共领域/收视率——从阿多诺到布尔迪厄的媒体
批判理论》,《新闻与传播研究》,1997 年第 4 期。

[6] 孙玮:《新闻场解密——读布尔迪厄〈关于电视〉》,《新闻记者》,2006
年第 5 期。

[7] 李兴亮:《布尔迪厄的媒介哲学理论及借鉴价值》,《求索》,2011 年第
1 期。

[8] 罗四翎:《遭遇特洛伊木马〈百家讲坛〉与电视知识分子》,《上海文
化》,2010 年第 3 期。

[9] 郝曼宁:《〈百家讲坛〉的栏目特色与"学术明星"养成》,《电影文学》,
2009 年第 5 期。

[10] 闫翠静:《浅析大众文化背景下的"学术明星"现象》,《河北师范大学
学报(哲学社会科学版)》,2009 年第 1 期。

[11] 启之:《关于于丹"心得"的心得——兼评百家讲坛及媒介体制》,《社
会科学论坛》,2007 年第 9 期。

[12] 柯婧:《学术明星与文化快餐风潮下的符号暴力》,《才智》,2007 年第
20 期。

[13] 薛宝林:《基于〈百家讲坛〉的"学术明星"现象探析》,《理论观察》,
2007 年第 5 期。

[14] 李倩倩:《对学术性节目与"学术明星"的思考》,《新闻窗》,2007 年第
1 期。

[15] 薛宝林、张旭:《基于〈百家讲坛〉的"学术明星"现象探析》,《理论观
察》,2007 年第 5 期。

[16] 朱丹:《解构"学术明星"现象》,《声屏世界》,2007 年 5 月(下半月)。

［17］陈文艳：《从"易中天现象"解读〈百家讲坛〉的成功》,《承德民族师专学报》,2007 年第 3 期。

［18］李光斗：《如何看待学术明星》,《经济》,2009 年第 11 期。

［19］葛红兵：《我为什么批评易中天》,《读书文摘》,2007 年第 9 期。

［20］惠东坡：《"学术电视"需要"学术明星"》,《新闻与写作》,2004 年第 11 期。

［21］叶青：《"于丹"的文化意义及带给我们的启示》,《新西部》,2007 年 7 月（下半月）。

［22］王俊棋：《超越精英与大众的紧张——从于丹现象看传统文化的审美化传播》,《当代文坛》,2007 年第 5 期。

［23］李建群：《关于"于丹现象"的文化思考》,《西安交通大学学报（社会科学版）》,2007 年第 6 期。

［24］章芝羚：《学术明星：文化传播与大众传媒对接的产物》,《今传媒》,2007 年第 12 期。

［25］张颐武：《易中天走红与浅思维文化》,《青年作家》,2006 年第 Z1 期。

［26］李正国、凌燕：《学者+电视＝?》,《青年记者》,2001 年第 3 期。

［27］郭五林：《教授走进电视直播间的学理思考》,《当代传播》,2003 年第 6 期。

［28］李明伟、陈力丹：《教授走进电视直播间的学理追问》,《当代传播》,2004 年第 2 期。

［29］冯艳：《由"易中天现象"浅析大众文化背景下"知道分子"的出现原因》,《社会科学家》,2007 年第 S1 期。

［30］蒋艳芳：《电视精英文化拯救与公共电视的建立》,《声屏世界》,2006 年第 9 期。

［31］陈占彪：《论知识分子的专业性与公共性》,《社会科学战线》,2007 年第 4 期。

［32］陶东风：《知识分子与文化资本——读布尔迪厄〈反思与实践——反思社会学引论〉》,《博览群书》,1997 年第 12 期。

［33］袁同成：《以场域观消解知识分子公共性与自利性的对立》,《济南大学学报（社会科学版）》,2009 年第 5 期。

［34］时统宇：《试论"电视知识分子"》,《现代传播》,2003 年第 2 期。

［35］周浩峰：《当知识遭遇电视的速食文化——关注"知道分子"的出现》,《新闻知识》,2004 年第 7 期。

［36］李兴亮：《知识分子与电视的关系新论》,《河北大学学报（哲学社会科

学版)》,2005 年第 1 期。

[37] 白贵:《知识分子走入电视——电视与知识分子的双赢之举》,《社会科学论坛(学术研究卷)》,2006 年第 3 期。

[38] 黄宁:《电视知识分子的传播逻辑》,《声屏世界》,2006 年第 10 期。

[39] 胡畔:《解析电视知识分子现象》,《传媒观察》,2007 年第 11 期。

[40] 吴世文:《试论我国电视知识分子的公共事务参与》,《声屏世界》,2007 年第 10 期。

[41] 郑萍:《论中国电视知识分子的特殊性及其作用》,《青海社会科学》,2009 年第 1 期。

[42] 马俊丽:《浅谈电视与当代知识分子的关系》,《电影文学》,2009 年第 22 期。

[43] 郑萍、刘钫:《论中国电视知识分子的特殊性及其作用》,《青海社会科学》,2009 年第 1 期。

[44] 周东华:《中国电视知识分子发展策略探析》,《新闻界》,2010 年第 4 期。

[45] 时统宇:《电视知识分子的前世今生(1~3)》,《青年记者》,2011 年第 1、4、7 期。

[46] 张玉川:《中国"电视知识分子"与电视场域》,《符号与传媒》,2010 年第 1 期。

[47] 陈平原:《学者的人间情怀》,《读书》,1993 年第 3 期。

[48] 罗德尼·本森:《比较语境中的场域理论:媒介研究的新范式》,《新闻与传播研究》,2003 年第 1 期。

[49] 周鸿:《布尔迪厄的阶层场域论与阶层的形成》,《学术论坛》,2005 年第 1 期。

[50] 陈勇:《作为消费社会文学文本的媒介现象——对央视〈百家讲坛〉的个案分析》,《株洲师范高等专科学校学报》,2007 年第 6 期。

[51] 谢江平:《现代社会中的知识分子》,《自然辩证法研究》,2009 年第 7 期。

[52] 刘玉清:《精英文化借传媒走向大众》,《传媒》,2002 年第 10 期。

[53] 林怡:《精英文化与大众文化的科学定位》,《企业家天地》,2009 年 7 月(下旬刊)。

[54] 扈海鹂:《大众文化与人的现代性的结合》,《江苏社会科学》,1994 年第 6 期。

[55] 易前良:《透析"电视讲坛"现象——关于〈百家讲坛〉的思考》,《中国

电视》,2007 年第 3 期。

［56］张宏森:《中国电视剧给我们带来了什么》,《新华文摘》,1995 年第 10 期。

［57］马爽:《大众传播——后工业时代的仙女棒》,《法制与社会》,2007 年 第 6 期。

［58］肖鹰:《从"求真悦学"到"视学为术"——"于丹现象"批判》,《当代文 坛》,2007 年第 4 期。

［59］李宗陶:《历史学家朱维铮:于丹不知论语为何物》,《南方人物周 刊》,2007 年第 7 期。

［60］王俊棋:《超越精英与大众的紧张——从于丹现象看传统文化的审美 化传播》,《当代文坛》,2007 年第 5 期。

［61］《我走红因为我人性——易中天教授访谈》,《三联生活周刊》,2006 年 第 7 期。

［62］余靖静:《"学术明星"如何传播经典》,《检察风云》,2007 年第 7 期。

［63］丁莉:《媒介场域:社会中的一个特殊场域》,《青年记者》,2009 年第 16 期。

［64］赵晖:《电视——文化的诗意栖居》,《现代传播》,2005 年第 1 期。

［65］杨曾宪:《社会不公与易中天何干》,《学习月刊》,2006 年第 23 期。

［66］王朔:《王朔自白》,《文艺争鸣》,1993 年第 1 期。

［67］赵海萍:《从"知识分子"到"知道分子"》,《咬文嚼字》,2006 年第 6 期。

［68］赵勇:《从知识分子文化到知道分子文化——大众媒介在文化转型中 的作用》,《当代文坛》,2009 年第 2 期。

［69］《"知道分子"大逼供》,《新周刊》,2002 年第 5 期。

［70］赝居:《一个知道分子鲜为人知的日常生活》,《新周刊》,2002 年第 5 期。

［71］孙丽萍:《聚焦 2006"新明星学者"现象》,《北京纪事》,2007 年第 2 期。

［72］邵建:《知识分子的三个问题》,《粤海风》,2003 年第 3 期。

［73］杨丽媪:《〈百家讲坛〉的品牌炼金术》,《广告大观(媒介版)》,2006 年 第 5 期。

［74］张建永:《媒体知识分子与经典的危机》,《文艺评论》,2007 年第 1 期。

［75］程曦:《学术电视大有可为——从〈世纪大讲堂〉看电视节目的创新》,

《新闻知识》,2002 年第 7 期。

[76] 宣炳善:《"说史"还是"说书"——兼论易中天的知识分子历史观》,《学术界》,2007 年第 4 期。

[77] 时统宇:《试论"电视知识分子"》,《现代传播》,2003 年第 2 期。

[78] 罗锋:《幽雅的摆渡者:一场与收视率抗争的电视仪式——对电视学术论坛现象的学理审视》,《社会科学论坛(学术评论卷)》,2006 年第 11 期。

[79] 王小峰:《打造学术演讲明星》,《三联生活周刊》,2007 年第 4 期。

[80] 张迪:《〈百家讲坛〉与〈世纪大讲堂〉比较研究》,《现代视听》,2009 年第 6 期。

[81] 张富春:《王立群读〈史记〉:传统文化的现代传播》,《新闻爱好者》,2007 年第 6 期。

[82] 张帆:《易中天:我是流寇主义》,《传奇文学选刊(人物金刊)》,2006 年第 7 期。

[83] 林寅:《〈百家讲坛〉进入倒计时?》,《新闻天地》,2009 年第 1 期。

[84] 葛维樱:《〈百家讲坛〉现象观察》,《瞭望》,2007 年第 6 期。

[85] R.威尔逊:《商业社会中的高雅文化和通俗文化》,《国外社会学》,1990 年第 7 期。

[86] 禹建强、李永斌:《对媒体制造大众文化的批判》,《国际新闻界》,2004 年第 5 期。

[87] 王晓华:《精英文化能够拯救大众文化吗》,《探索与争鸣》,1996 年第 7 期。

[88] 陶东风:《于丹现象解》,《天涯》,2007 年第 4 期。

[89] 马瑞芳:《百家讲坛:这张魔鬼的床》,《人民文摘》,2007 年第 11 期。

[90] 李桂杰:《易中天:名利不是我关心的问题》,《环球人物》,2006 年第 11 期。

[91] 蒯乐昊:《易中天:我已经上了明星的"贼船"》,《南方人物周刊》,2006 年第 19 期。

[92] 哈贝马斯:《公共领域》,《天涯》,1999 年第 3 期。

[93] 李明伟、陈力丹:《教授走进电视直播间的学理追问》,《当代传播》,2004 年第 2 期。

[94] 贝淡宁:《〈论语〉的去政治化》,《读书》,2007 年第 7 期。

[95] 丁洁如、孟宪实:《知识分子可以讨好大众》,《北京青年周刊》,2007 年第 6 期。

［96］林子、秦西：《余秋雨回答》，《文友》，1997 年第 1 期。

［97］张金海、李小曼：《传媒公共性与公共性传媒——兼论传媒结构的合理建构》，《武汉大学学报（哲学社会科学版）》，2007 年第 6 期。

［98］〔加〕马克·莱伯伊：《世界公共服务广播的形势俯瞰与分析》，郭镇之译，《新闻与传播研究》，1997 年第 2 期。

［99］金冠军、郑涵：《当代西方公共广播电视体制的基本类型》，《国际新闻界》，2002 年第 2 期。

［100］郭镇之：《欧洲公共广播电视的历史遗产及当代解释》，《国际新闻界》，1997 年第 3 期。

［101］陈红梅：《互联网上的公共领域和群体极化——整合设计的思考》，《新闻记者》，2015 年第 5 期。

［102］陈红梅：《电视"明星消费"现象的演进与隐忧》，《传媒侦察》，2013 年第 8 期。

［103］陈红梅：《超级媒介奇观与全民优雅狂欢》，《吉林师范大学学报》，2014 年第 4 期。

［104］C. Kay Weaver：" Reinventing the Public Intellectual Through Communication Dialogue Civic Capacity Building," *Management Communication Quarterly*, 2007, 21（1）.

三、学位论文类

［1］张翼飞：《场域理论视角下的中国电视知识分子》，长春，吉林大学，2009 年。

［2］刘钫：《中国电视知识分子发展现状研究》，西安，西北大学，2007 年。

［3］冯洁：《电视媒介中的知识分子话语意义探寻》，北京，中国传媒大学，2006 年。

［4］张焱生：《机械复制与知识分子的身份转型》，福州，福建师范大学，2007 年。

［5］成珊：《知识分子的传媒化生存》，武汉，华中科技大学，2004 年。

［6］林嘉维：《从讲坛类栏目看学者的电视生存》，长春，吉林师范大学，2007 年。

［7］金文菲：《当代中国新闻传播中的专家角色分析》，北京，中央民族大学，2009 年。

［8］黄佳利：《"易中天现象"研究》，武汉，华中科技大学，2007 年。

［9］王珊珊：《论易中天〈品三国〉通俗化与幽默化的语言特征》，济南，山

东大学,2009 年。

[10] 张娜:《古代经典的当代解读》,保定,河北大学,2009 年。

[11] 莫幼兰:《从余秋雨到易中天、于丹》,广州,暨南大学,2009 年。

[12] 王丁:《于丹〈论语心得〉世俗化传播研究》,兰州,兰州大学,2009 年。

[13] 于婷:《"于丹现象"研究》,石家庄,河北师范大学,2009 年。

[14] 杨群:《"于丹现象"简论》,海口,海南师范大学,2007 年。

[15] 许婕:《百家讲坛于丹〈论语心得〉现象解读和文化研究》,广州,暨南大学,2007 年。

[16] 李仲庆:《大众传媒语境下的于丹热解读》,长春,吉林大学,2007 年。

[17] 张沛:《媒介专家的专业性和公共性探析》,合肥,安徽大学,2010 年。

[18] 高哲辉:《于丹〈论语感悟〉商榷》,太原,山西大学,2010 年。

[19] 张雪雁:《于丹〈论语感悟〉纠谬》,太原,山西大学,2010 年。

[20] 张沛:《媒介专家的专业性和公共性探析》,合肥,安徽大学,2010 年。

[21] 温波:《大众传媒时代知识分子与媒体关系研究》,广州,暨南大学,2007 年。

[22] 哈晓光:《从大众文化批判角度看〈百家讲坛〉的娱乐性》,沈阳,辽宁大学,2007 年。

[23] 陈鹏:《当代电视媒体中的传统文化传播》,济南,山东大学,2009 年。

[24] 牛蕊:《从〈百家讲坛〉看我国电视讲坛节目的问题与发展》,长春,东北师范大学,2010 年。

[25] 宋义凯:《〈百家讲坛〉成功策略探究》,苏州,苏州大学,2007 年。

[26] 杨群:《"于丹现象"简论》,海口,海南师范大学,2007 年。

[27] 李仲庆:《大众传媒语境下的于丹热解读》,长春,吉林大学,2007 年。

[28] 罗艳:《"文化讲坛"类电视节目研究》,长沙,湖南师范大学,2009 年。

[29] 琚若圩:《我国公共电视的定位游离分析》,长沙,中南大学,2007 年。

[30] 樊葵:《传媒崇拜:现代人与传媒的异态关系》,杭州,浙江大学,2006 年。

四、报纸类

[1] 曹建文:《"学术明星",化学术之"祸"为学术之"幸"》,《光明日报》,2006 年 9 月 13 日。

[2] 张健:《李泽厚:他们是精英和平民之间的桥梁》,《南方周末》,2007 年 3 月 2 日。

[3] 于敦康:《我们需要更多的于丹》,《光明日报》,2007 年 5 月 17 日。

［4］《易中天现象是浮躁的标志——访作家梁晓声》,《重庆晚报》,2006 年 7 月 21 日。

［5］《问题的思考比批评于丹更重要》,《中华读书报》,2007 年 3 月 14 日。

［6］黄振伟:《〈百家讲坛〉财富缔造秘密》,《财经时报》,2006 年 6 月 12 日。

［7］孟蔚红:《〈百家讲坛〉:非常静,非常火》,《成都日报》,2006 年 7 月 14 日。

［8］曹建文:《"学术明星",化学术之"祸"为学术之"幸"》,《光明日报》,2006 年 9 月 13 日。

［9］蒋升阳、陈杰:《三问易中天——给大众怎样的学术》,《人民日报》,2006 年 6 月 26 日。

［10］《于丹现象启示录》,《人民日报(海外版)》,2007 年 2 月 10 日。

［11］《于丹:"我不是娱乐圈的,我是个学者"》,《广州日报》,2009 年 7 月 13 日。

［12］肖复兴:《易中天现象是不是学者的僭越》,《文汇报》,2006 年 6 月 20 日。

［13］蒋升阳、陈杰:《易中天:我不怕人家说我"异类"》,《人民日报》,2006 年 7 月 30 日。

［14］姜小玲:《"明星学者"易中天》,《解放日报》,2006 年 5 月 19 日。

［15］周国平:《心平气和看"于丹现象"》,《新京报》,2007 年 4 月 27 日。

［16］吕绍刚:《聚焦〈百家讲坛〉:"讲坛"告诉我们什么》,《人民日报》,2007 年 3 月 30 日。

五、网络资料

［1］葛红兵:批易中天乱嚼三国遭"易粉"群殴,http://view.news.qq.com/a/20060725/000014.html。

［2］徐晋如:我们为什么要将反对于丹之流进行到底,天涯论坛:天涯杂谈,http://www.tianya.cn/post-free－870238－1.shtml,2007－3－2。

［3］《如此易中天,可以休矣》葛红兵的博客:http://blog.sina.com.cn/s/blog_473d270c010003up.html。

［4］顾晓萍、邢虹:易中天刘心武替你读书,何错之有? 人民网,2006－7－7。

［5］陶东风:赢者输与颠倒的经济——于丹现象解读,学术中国网站,2007－4－6。

［6］"赢者输"：于丹们赢在市场，输在学术圈，http：／／i. mtime. com／2110969／blog／2356132／。

［7］名嘴倡议抵制低俗化　崔永元称收视率是万恶之源，http：／／ent. sina. com. cn／x／2005－07－20／0306774917.html。

［8］天行健：应该把反对于丹歪批经典的斗争进行到底，http：／／www.tianya. cn／New／PublicForum／Content.asp？idArticle＝114467&strItem＝no05。

［9］赵静：《百家讲坛》如何酿造"好酒"，http：／／media. news. hexun. com／1271177. shtml，2005－7－16。

［10］打造学术明星，http：／／space.tv.cctv.com／article／ARTI1197765561742424。

［11］赵静：学术＋文化《百家讲坛》如何酿"好酒"？，人民网，2005－9－30。

［12］尹鸿：媒介文化研究：知识分子的发言域，http：／／www.tsinghua.edu.cn／docsn／cbx／cft／yh／diceng-shidian-mi.html。

［13］《百家讲坛》：让争议来得更猛烈些吧，http：／／www. china. com. cn／culture／txt／2006－10／27／content_7273749_2.html。

［14］赵何娟：电视学者易中天背后的商业逻辑，人民网，2006－7－10。

［15］陈丹青：也谈学者上电视，http：／／www. douban. com／group／topic／5679567／。

［16］易中天博客：我看《百家讲坛》（二），http：／／yizhongtian. qzone. qq. com／，2007－7－13。

［17］张英、梁轶雯：《百家讲坛》：当年险被末位淘汰，人民网，2006－12－7。

［18］作家的惶恐和学术明星的坦然，中国青年报，http：／／news. xinhuanet. com／newmedia／2007－10／15／content_6773755.html。

［19］易中天对话网友：偶尔出去打一下野食的圈养动物，http：／／news. xinhuanet. com／school／2006－10／30／content_5265035. html，2006－10－30。

［20］易中天"品三国"：让更多学者成为"大众情人". http：／／news. xinhuanet. com／school／2006／05／15／content_4546517_2.html。

［21］于丹聊天实录：《论语》与和谐社会有相通，http：／／book. sina. com. cn／author／2006－12－01／2324206939.shtml。

［22］《百家讲坛》新坛主：我能比易中天更易中天，青年周末，http：／／culture.people.com.cn／GB／42223／79152／79153／5542745.html，2007－3－30。

［23］英子：《曾经没人看　央视〈百家讲坛〉为什么这么火》，http：／／www.

21huashang.com/html/。

［24］王鲁湘：导演最怕一根筋，http：／／news. sohu. com ／20060731 ／n244543173_4.shtml。

［25］胡正荣：竞争·整合·发展——当代美国广播电视业考察（上），http：／／www.66wen. com ／05wx／xinwen／xinwen／20061102／25364_3. html，2006－12－2/2009－2－16。

［26］袁跃兴：明星学者的文化生存,http://news.sina.com.cn/o/2007－01－07/064510945637s.shtml。

［27］英国学者用电视向上帝挑战，http：／／news. sohu. com ／20060731 ／n244543173_7.shtml。

［28］周宪：德布雷与中国知识分子问题,http：／／www.studa. net ／Present／060112／14551117.html。

索引 | Index

后　记

　　一直以来，我都觉得"知识分子"是个极为神圣的字眼，虽然自己多年来一直处于求学奔波的状态，却始终不敢以"知识分子"自居。2009年做博后的一次偶然机会，我问我的导师我算不算是知识分子？老师立刻就笑了，他说："你都读到博士了，你要还不算知识分子，还有多少人是知识分子呢？"老师的话让我十分惶恐，我是"知识分子"吗？为什么我总感觉这个称号离我这么遥远呢？

　　从那以后，我慢慢对这个话题产生了兴趣。由于我本科是中文专业，我的脑海里总是浮现那些为挽救民族危亡，以启迪民智为己任的先行者们，他们以报刊、书籍为阵地，以思想为武器，那种深沉的情怀和无畏的战斗姿态让我钦佩，"虽不能至、心向往之"。即使是在和平年代，我想至少也应该是像季羡林那样学富五车、清心寡欲，将毕生精力投入学术研究并有卓越成果的人，才可以称得上是"知识分子"吧！像我这样的读书人，最多只能叫有点专业知识的"文化人"。

　　那到底什么样的人才能叫作"知识分子"呢？随着时代的发展，它的内涵产生了什么样的变化？加之我新闻传播的专业背景，这促使我对经常接触大众传媒的知识分子产生了兴趣，并决心将它作为研究对象，做学理上的梳理。

　　如何以一个合适的视角来透视这一现象，我找到了布尔迪厄的场域理论。将电视媒体的特征及其运作规律视为电视场域，将知识分子群体，包括其内部的独特性规则视作学术场，是一个分析此问题的合适距离和恰当视角。在电视媒体对人们日常生活的影响日益增强的今天，电视场出于自身利益的考虑，不断地靠近，并进而越入学术场，场域的视角很好地展示了这一现象的动态过程。

　　"知识分子"的内涵已随时代变迁而有了不小的变化，曼海姆意义上的"自由漂移的知识分子"已难觅踪迹，现今大量存在的只是"有机知识分子"（葛兰西语），即新生阶级的知识分子，行使着新社会阶级的技术组织职能，大部分代表人物是各个方面的专家,如工业技术人员、政治经济学家、新文化和新法律等的组织者。福柯曾悲哀地说,知识分子已经销声匿迹,只剩下在各专业领域里忙碌的"专家",社会的变化导致了那种"独立自主、无处不在的普遍形式上的主体"消失了。而萨义德意义上的"业余知识分子论",即真正的知识分子不是为某种利益而存在,而永远是为了某种兴趣而存在的论断如今恐怕也很难实现。一个无可争论的事实是,过去那种意义上的"知识分子",如今无论是在内涵上,还是在外在形态上均已发生变化,知识越来越以专业的形式存在,而知识分子也越来越被体制化和学院化了。

而且,在新的时代条件下,知识分子群体的生存环境也较过去发生了重大变化,他们越来越多地受到大众传播媒体的影响和诱惑。布尔迪厄深刻指出,传媒化的经济力量渗透到最纯粹的科学领域,媒体必须在它看重的"场"中找到同谋,于是一批批"电视知识分子"出现了,"快思手""媒介常客""搭梯子的人""特洛伊的木马人"等成了他们的代名词。

新的变化需要新的思考。学术场中个体及整个场域所发生的变化已不可避免,但这是不是说传统知识分子曾经发挥过的作用就不能再有? 专家学者们就只能待在自己的书斋里读圣贤书? 本书的结论是否定的。包括布尔迪厄本人,虽然他对电视对思想的表达所产生的危害大加批判,但他依旧走上电视,并认为一味躲避电视是不正确的态度,"在条件合理的情况下,知识分子有上电视讲话的责任"。

所以,在新的时代背景下,对一部分知识分子走上电视一味持限制或批判态度是不理性的。虽然电视场对学术场确实产生了一定的介越和影响,但拒绝和封闭不是健康积极的态度。学术场中的一部分专家学者走上电视,进行知识普及和文化传播的工作是应予以肯定的,而一旦他们走入电视场,我们就不能完全按照学术场的标准去要求他们,他们必然会受到电视场中场域特征的影响,对于这一点,不管是大众,还是学术场域中未参与电视大众文化生产的专家学者,都应该展现一种宽容的姿态。

进而,往深处思考,如果社会给予这种现象一定的宽容度,那这部分参与电视运作的知识分子,又应该以怎样的角色和形象出现在公众面前呢? 根据他们各自不同的专业背景及个性特征,他们的参与模式可有如下考量:以文化普及型角色介入电视、以专业服务型角色介入电视,或者以理性批判型角色介入电视。如何使专家学者群体与电视媒体产生优质互动,这需要专家学者们的自我约束和道德克制,也需要电视媒体拿出一定诚意,实现对知识分子的充分尊重,当然,也需要整个社会相关制度的支持与保障。

为了进一步思考当代知识分子在电视媒体中可能发挥的影响及其必要

条件，2016 年初本人前往中国台湾地区进行实地考察。之所以选择台湾地区作为考查地，原因有两个：一是本人所在的学校与台湾的世新大学有着良好的交流背景，世新大学在新闻传播领域的实力在当地可谓首屈一指，在世新大学访学，一来可以获得较多的帮助，有助于课题调研的展开，二来也可以较便利地接触到他们学校中经常上电视的专家学者。二是相同的文化背景，知识分子也有着相同的文化渊源，考查他们知识分子走上电视的情况，相对于去欧美国家，会有更多的现实性和指导性。本人在此感谢国家社科基金办的资助，以及世新大学所给予我的各种帮助。

将新的媒介生态环境与传统知识分子研究结合起来，深究其中的问题并进行学理上的梳理，实在是一个新的时代课题，因为专家学者走上电视，已不是一个要还是不要的争论，而是一个怎样才能更好的问题。在我看来，就这一问题将国外相关理论和视角与中国实际情况相结合，对于目前的中国学术界来说，无疑是一个令人神往的研究领域。